DUMONT

Reise-Taschenbuch

madagaskar

Heiko Hooge

Senkrechtstarter

Eine Landschaft wie ein Gemälde. Nicht nur aus der Vogelperspektive scheinen die Roten Tsingys bei Antsiranana aus einer anderen, einer uns fremden Welt zu stammen. ›Wo man nicht barfuß laufen kann‹, lautet die Übersetzung für das madagassische Wort ›Tsingy‹ – treffender könnte sie kaum sein. Die bizarren Kalksteinnadeln, die meterhoch aufragen, findet man an mehreren Orten der Insel, aber sie sind nicht die einzige Besonderheit Madagaskars. Lassen Sie sich überraschen, was es hier sonst noch zu entdecken gibt. Unwirkliches, Bezauberndes, ganz und gar anderes, als es sonst auf der Welt zu sehen gibt!

Überflieger

Antsiranana
(Diego-Suarez)
Parc National de
Montagne d'Ambre
**Diegos
Zuckerhut**
Wasserfälle
Badeinsel
Nosy Be
Sambava
**Vanille im
Überfluss**
**Wanderschuhe
schnüren**
Masoala-Halbinsel
Wild!
Parc National
Ankarafantsika
Nosy Sainte Marie
Pirateninsel
**Wo die
Könige
hausten**
**Singend
Lemure**
**Der größte
Hafen
der Insel**
Toamasina
**Bizarre Landschaft
mit spitzen Felsen**
Parc National Bemaraha

Madagaskar — Die viertgrößte Insel der Welt lässt sich nicht mal so eben überfliegen. Nehmen Sie sich Zeit für Ihre Entdeckungen!

Querfeldein

Fundstücke — zwischen Küste und Hochland, abseits oder mittendrin. Auf Madagaskar gibt es neben außergewöhnlicher Fauna und Flora viel Raum für neue Erfahrungen.

Der Regenwald

In intensivem Dunkelgrün präsentieren sich die madagassischen Regenwälder, aber erst bei einer Wanderung eröffnet sich die Diversität des Pflanzenreiches: mannshohe Baumfarne, ineinander verschlungene Lianen, Orchideen in den Astgabeln. In den Wäldern von Montagne d'Ambre und Ranomafana schlägt das Herz der Natur.

Geschichtliches

Gerade einmal seit 2000 Jahren ist Madagaskar vom Menschen besiedelt, ein zeitlicher Wimpernschlag im Verhältnis zur 180 Mio. Jahre langen Geschichte als Insel. Dennoch gibt es Historisches zu entdecken, z. B. der Palast der Königin in Antananarivo, heute UNESCO-Weltkulturerbe. Für den Beginn der Kolonialbestrebungen stehen die Reste des Fort Flacourt in Tolagnaro. Interessant ist auch das Fort Manda, das die Könige aus dem Hochland zur Verteidigung der Ostküste bei Mahavelona (Foulpointe) errichteten.

Die Küste

Umgeben vom Indischen Ozean verfügt Madagaskar über eine rund 5000 km lange Küstenlinie – mit Sandstränden, so weit das Auge reicht. Bei Spaziergängen umschmeichelt das warme Wasser die Füße und verleitet zum Baden. Sichere Badestrände finden sich auf den vorgelagerten Inseln und an der von einem Riff geschützten Westküste.

Auf einem der riesigen Granitfelsen inmitten des Anja-Reservats bei Ambalavao sitzen und den Geräuschen des Trockenwaldes lauschen. Dabei die Lemuren bei ihrem Sozialverhalten beobachten, oder einfach beim Sonnenbaden. Die Natur nimmt einen auf, und niemand möchte so schnell wieder gehen.

Die Berge

Nördlich und südlich des Hochlandes erstrecken sich sehenswerte Gebirge. Das ausgewaschene gelbrötliche Miniaturgebirge im Analamerana Reservat ist ein regelrechter Augenschmaus. In den nahegelegenen Amber Bergen zieht man durch dichtes Grün von Wasserfall zu Wasserfall. Im südlichen Isalo regen die Kalksandsteinfelsen die Fantasie an und lassen Fabelwesen lebendig werden, während die imposanten Granitfelsdome im Andringitra Massiv einen Wanderer überwältigen.

Kommunikation?
Madagassen sind offen und gerne für einen Plausch zu haben. Ob bei einem Spaziergang querfeldein, auf einem Markt oder bei einer Fahrt mit dem Taxi-Brousse. Aber in welcher Sprache kommunizieren? Französisch? Malagasy? Keine Sorge: Wenn die Worte fehlen, tun es meist auch Hände und Füße.

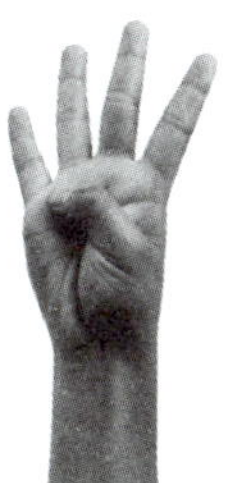

›Stadt der Tausend‹ wird Antananarivo genannt, wo sich auf engstem Raum das Traditionelle mit der Moderne verbindet.

Eine Insel, viele Inseln

Um Madagaskar herum verteilen sich zahlreiche kleine Inseln, jede für sich ein kleines Paradies. Nosy Hara beispielsweise, wo die kleinste Chamäleonart der Welt lebt, oder Nosy Tanikely, deren bunte Unterwasserwelt insbesondere Taucher und Schnorchler anlockt. Haben Sie schon von Nosy Boraha mit dem Piratenfriedhof oder von Nosy Analala mit Afrikas höchstem Leuchtturm gehört? Zieht es Sie nach Nosy Ve im Südwesten mit seiner Brutkolonie von Tropikvögeln oder eher nach Nosy Mangabe mit seinen ›Camouflage-Spezialisten‹, den Plattschwanzgeckos? Jede Insel hat ihre Besonderheit.

Inhalt

Vor Ort

Antananarivo und Umgebung 14

Ihre Kopflast ist überschaubar, es grenzt jedoch an ein Wunder, welche Gewichte manche Frauen durch die Gegend balancieren und dabei noch ein fröhliches Lächeln im Gesicht haben.

Das Hochland 54

Der Südwesten 88

Die Südspitze 114

Die Ostküste 130

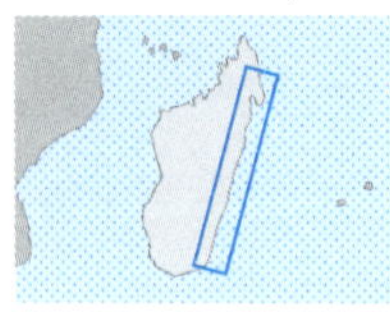

Der Norden 172

Neben dem allgegenwärtigen Reis ist Fisch ist das Hauptnahrungsmittel an der Küste.

Segel gehisst und los geht's zum Fischen – oder auch mal Touristen von A nach B bringen.

Der Westen 200

Das Kleingedruckte

Das Magazin

Vor

Ort

In Belo-sur-Mer südlich von Morondava ist das Boot das Hauptverkehrsmittel Nr. 1 – nur in der Trockenzeit kann man den kleinen Ort auch über Land erreichen.

Antananarivo und Umgebung

Die Hauptstadt – lockt mit ihrem bunten, urbanen Leben, das Umland mit speienden Geysiren und wildem Regenwald.

Eintauchen

Seite 17

Antananarivo

Die Hauptstadt Madagaskars erstreckt sich malerisch über mehrere Hügel. Mit ihrer Kolonialarchitektur, den roten Backsteinhäusern und engen Altstadtgassen gehört Tana, wie die Stadt liebevoll von den Madagassen genannt wird, wohl zu den schönsten Hauptstädten Afrikas.

Seite 35

La Boussole

Das Lokal mit Bar und Restaurant ist ideal für ein geselliges Beisammensein in Antananarivo. Ob zum Essen oder zum Plaudern, ist es der richtige Ort für einen schönen Abend.

Auf den Märkten wird es bunt und sehr wusselig.

Seite 36

Tany Mena Tours

Alternative Stadttouren durch Tana und Ausflüge in die Umgebung – »Zu den königlichen Stätten« oder zu »Madagaskars heiligen Orten und Traditionen«.

Seite 40

Parc National Analamazaotra

Der meistbesuchte Nationalpark des Landes schützt einen der letzten Bergregenwälder Madagaskars und ist vor allem für die hier lebenden Indris bekannt, die man auf einer Wanderung beobachten kann.

Seite 23

Rosengarten

Der kleine Rosengarten am Ende der Treppe zur Oberstadt von Antananarivo, an der Place de l'Indépendance, lädt zum Verweilen und Ausruhen ein.

Seite 28

Park Andohalo

Auf der Bühne in diesem Park von Antananarivo finden am Wochenende oft Konzerte oder Tanz- und Theateraufführungen statt.

Seite 28

Museum Andafivaratra

Das Museum in Antananarivos Palais de Rainilaiarivony, dem ehemaligen Palast des Premierministers, zeigt die wenigen königlichen Gegenstände aus dem 19. Jh., die vor dem Brand des Rova 1995 gerettet werden konnten.

Seite 24

Der Rova

Als erster Merina-König errichtete Andrianjaka 1610 auf dem höchsten Hügel der heutigen Hauptstadt Antananarivo einen Palast. Spätere Könige und Königinnen erweiterten das Areal zu einem repräsentativen madagassischen Palastbezirk.

Noch nie ein Chamäleon gesehen? Im Madagascar Exotic Park (s. S. 39) nahe Tana werden sie fündig.

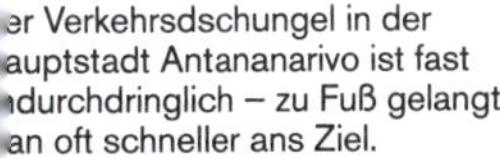

er Verkehrsdschungel in der auptstadt Antananarivo ist fast ıdurchdringlich – zu Fuß gelangt an oft schneller ans Ziel.

Malerisch gelegene Metropole

Antananarivo liegt inmitten des Hochlandes und verteilt sich über mehrere Hügel. Sie ist das politische, wirtschaftliche und kulturelle Zentrum des Landes. Dabei unterscheidet sich die mit rund 2 Mio. Einwohnern größte Stadt der Insel auffällig von anderen afrikanischen Hauptstädten. Mit ihren engen Altstadtgassen, die sich die Hügel hinauf- und hinunterschlängeln, und den vielen roten Backsteinhäusern mit ihren Balkonen steht sie im Kontrast zum Betoneinerlei anderer urbaner Zentren des Kontinents, was sie zu einer der schönsten Metropolen Afrikas macht.

Über dem Zentrum thront auf dem mit 1668 m höchsten Hügel der Stadt der Rova, der alte Palast der Königin – architektonischer Zeuge einer Zeit, in der noch Monarchen von hier aus das Land beherrschten. Die Stadt ist ein Schmelztiegel der ethnischen Vielfalt der Insel, neben Menschen mit afrikanischen Wurzeln gibt es ebenso viele asiatischer Herkunft.

Abseits der Innenstadt wird es schnell ländlich, und zwischen den Hügeln stößt man bis heute auf Reisfelder. Noch vor 100 Jahren befanden sich in der heutigen Innenstadt große Flächen für den Reisanbau. Ihre Trockenlegung schuf Platz für die Errichtung neuer Gebäude und Straßen.

ORIENTIERUNG

Infos: ORTANA (Office Regional du Tourisme d'Antananarivo), Haus FJKM, Treppe zur Oberstadt, neben dem Goethe-Zentrum, Antananarivo-Antaninarenia, T 0261 20 22 270 51, info@ortana.mg; sowie Esplanade Jardin, Andohalo, T 020 24 600 93, contact@ortana.mg.
Im Internet: www.tourisme-antananarivo.com (Stadtinformationen mit Hotel- und Restaurantführer sowie Tourenvorschlägen für die Hauptstadt und und ihre Umgebung; fr.).
Transport in der Stadt: Es gibt ein enges Netz von Minibuslinien, die auf festgelegten, jeweils auf einem Schild an der Windschutzscheibe angezeigten Routen verkehren. Es gibt jedoch keine Fahrpläne und kaum ausgezeichnete Haltestellen, daher ist die Nutzung für Ausländer etwas schwierig. Die Preise sind dafür unschlagbar günstig (im Zentrum 0,20–0,90 € pro Strecke). Einfach zu bekommen sind die cremeweißen Taxis, die vor vielen großen bzw. zentralen Hotels stehen. Ansonsten ist es üblich, ein Taxi einfach auf der Straße durch Handzeichen anzuhalten (Preis aushandeln, in der Innenstadt 3–5 €/Strecke).

Antananarivo 

J 15

Tananarive, wie die Stadt auf Französisch heißt, wird von den Madagassen liebevoll kurz *Tana* genannt. Die Stadt liegt auf einer durchschnittlichen Höhe von 1435 m und wirkt durch ihre Hügel auf den ersten Blick etwas unübersichtlich, doch sind ihre wichtigsten Stätten und Sehenswürdigkeiten gut zu Fuß zu erreichen. Die Innenstadt lässt sich grob in zwei Bereiche teilen: die Unterstadt (Ville Basse) und die Oberstadt (Haute-Ville).

Das Herz von Antananarivo ist der Stadtteil Analakely mit der Avenue de l'Indépendance. Diese von den Franzosen gebaute Prachtstraße führt vom Bahnhof aus in südöstlicher Richtung. Mit dem sich südwestlich anschließenden Stadtteil Tsaralalana bildet sie die sogenannte Unterstadt.

Die südöstlich angrenzende Oberstadt erstreckt sich im Bereich des Präsidentenpalastes bis hinauf zum Rova, dem Palast der Königin, und umfasst die Stadteile Antananirenina, Ambatonakanga bis Andohalo.

Geschichte

Die ›Stadt der Tausend‹

Die Gründung der Stadt geht zurück auf den Merina-König Andrianjaka, der sich 1610 auf dem 1668 m hohen Hügel Analamanga (›blauer Wald‹) niederließ und dort seinen Palast errichtete. Nachdem er seine Armee am Fuße des Hügels

Blick vom ehemaligen Königspalast Rova über Antananarivo, die madagassische Hauptstadt

stationiert hatte, erhielt der Ort einen neuen Namen: Antananarivo, ›Stadt der Tausend‹. Um seine Soldaten und deren Familien ernähren zu können, ließ der König die umliegenden Sümpfe in Reisfelder umwandeln. Doch nach seinem Tod verlor das kleine Reich schnell an Macht und das Machtzentrum der Merina verlagerte sich.

Das Gebiet des heutigen Antananarivo kommt erneut in den Blickpunkt der Politik, als König Andrianampoinimerina 1795 den Hügel eroberte und sich entschloss, seinen Sitz vom 16 km entfernten Ambohimanga ins südlichere Anatananarivo zu verlegen. König Andrianampoinimerina stirbt 1809 und sein junger Sohn Radama I. wird sein Nachfolger. Zu diesem Zeitpunkt ist Antananarivo mit etwa 25 000 Einwohnern bereits die größte Stadt Madagaskars. Durch die Eroberungen weiter Teile Madagaskars sichert sich Radama I. die Macht und Antananarivo den Status als Hauptstadt.

Madagaskar wird französisch

Am 30. September 1895, während des Zweiten Französisch-Madagassischen Krieges, nehmen französische Truppen die Stadt ein. Einige Tage später wird Madagaskar offiziell zum Protektorat Frankreichs erklärt. Ein Jahr später bekommt die Insel den Status einer Kolonie. Die Franzosen entscheiden sich, *Tananarive*, wie sie die Stadt selber in Anlehnung an die Aussprache nennen, zur Hauptstadt ihrer Kolonie zu machen. Schon bald werden ausgedehnte Reisfelder rund um die damalige Stadt – große Bereiche der heutigen Innenstadt – trockengelegt; auch die heutige Avenue de l'Indépendance »lag« damals noch inmitten eines großen Reisfelds.

In den Jahrzehnten bis zum Zweiten Weltkrieg errichtet man eine große Anzahl neuer Gebäude und Straßen. So wird etwa die ehemalige Botschaft zum Gouverneurspalast (heute Präsidentenpalast) erweitert, der Bahnhof (1908–10), das Rathaus und die heutige Avenue de l'Indépendance gebaut.

Unter Gouverneur General Gallieni realisiert man weitere Großprojekte. Zwischen 1924 und 1934 können u. a. die beiden Tunnel, die die Stadtteile Analakely mit Anosy und Ambohojatovo mit Antshabe verbinden, fertiggestellt werden. Ebenso entsteht in dieser Zeit der zentrale Marktplatz mit seinen Marktgebäuden.

Nach dem Zweiten Weltkriegkommt die Stadtplanung fast zum Erliegen. Erst nach der Unabhängigkeit 1960 gelingen wieder Umsetzungen größerer Projekte wie z. B. der Neubau von Parlament und Ministerien. Am Anosy-See entsteht allmählich ein regelrechtes Regierungsviertel. Doch der Enthusiasmus der ersten Jahre nach der Unabhängigkeit ist bald verflogen.

Aufbruch nach der Diktatur

Bei den Unruhen gegen Präsident Tsiranana im Jahr 1972 wird das kolonialzeitliche Rathaus Opfer der Flammen. Mit der Machtübernahme des Militärs und Diktator Ratsirakas geht es mit dem Land und damit auch der Hauptstadt weiter bergab. Anfang der 1990er-Jahre haben viele Geschäfte in den Arkaden der einstigen Prachtstraße geschlossen, die Häuser sind teilweise marode und auf den Straßen reiht sich ein Schlagloch ans nächste.

Mit dem Ende der Diktatur 1992 geht es wieder leicht bergauf. Häuser werden saniert, Straßen erneuert. Ein wirklicher Aufbruch gelingt aber erst nach der Wahl des Geschäftsmannes Marc Ravolomanana zum Bürgermeister. Er schafft es, örtliche Firmen zu mobilisieren, sich aktiv an Stadtentwicklungsprojekten und anderen städtischen Maßnahmen zu beteiligen. So entschließt sich etwa eine Autofirma den zur Jau-

Die Treppe zur Oberstadt führt zum Viertel Faravohitra.

chegrube verkommenen Behorika-See im gleichnamigen Stadtteil zu sanieren. Der zu versumpfen drohende See wurde ausgebaggert und ist heute ein Schmuckstück. An einem anderen ursprünglich vermüllten See im Stadtteil Ambodivona entstand in den letzten Jahren die Tana Waterfront, ein großer Komplex mit modernem Einkaufszentrum sowie Wohn- und Geschäftshäusern.

Die Unterstadt

Die Unterstadt wird dominiert von der Avenue de l'Indépendance und ihren Arkaden. Die ehemalige Prachtstraße aus der Kolonialzeit ist nach der Abschaffung des früheren Wochenmarktes Zoma sowie einigen Verschönerungsprojekten Ende der 1990er-Jahre wieder eine beliebte Flaniermeile. Etliche Häuser der Arkaden sind seither renoviert oder ganz erneuert worden, in viele zuvor leer stehende Ladenlokale sind erneut Geschäfte gezogen, es gibt Restaurants und gemütliche Cafés. Des Weiteren befindet sich in dem Analakely (›Kleiner Wald‹) genannten Stadtteil der Bahnhof und der zentrale Markt (Place Rabarihoela). Im sich westlich anschließenden Viertel Tsaralalana liegt neben weiteren Geschäften und Bankinstituten auch das Rotlichtviertel. Die Bars bringen abends etwas Leben in die Straßen.

Hauptbahnhof und Avenue de l'Indépendance

Antananarivos **Hauptbahnhof** ❶ (Gare de Tananarive bzw. Gare de Soarano) wurde als kolonialzeitlicher Monumentalbau errichtet und 2009 kernsaniert. Entstanden ist er in den Jahren zwischen 1908 und 1910, nach Plänen des Architekten Fouchard im französisch-italienischen Stil. Er markiert den Beginn der Prachtstraße **Avenue de l'Indépendance** ❷ (madag.: Araben' ny Fahaleovantena), die vom Bahnhof Richtung Südosten verläuft. Sie wird auf beiden Seiten von Arkaden gesäumt, die 1936 erbaut wurden und heute unter Denkmalschutz stehen. Auf dem Weg unter den weiten Rundbögen kann man auch bei Regen trockenen Fußes shoppen. In der Mitte der Allee gibt es einen breiten Grünstreifen, der zur Kolonialzeit mit Blumenbeeten bestückt war.

Hôtel de Ville

Auf halber Strecke auf der Avenue de L'Indépendance Richtung Marktplatz steht links auf der Höhe des großen Springbrunnens das 2011 eingeweihte **Hôtel de Ville** ❸. An gleicher Stelle befand sich einst das historische Rathaus, das bei den Unruhen 1972 einem Feuer zum Opfer fiel. Pläne zum Wiederaufbau scheiterten zunächst an fehlenden finanziellen Mitteln und so wurde auf

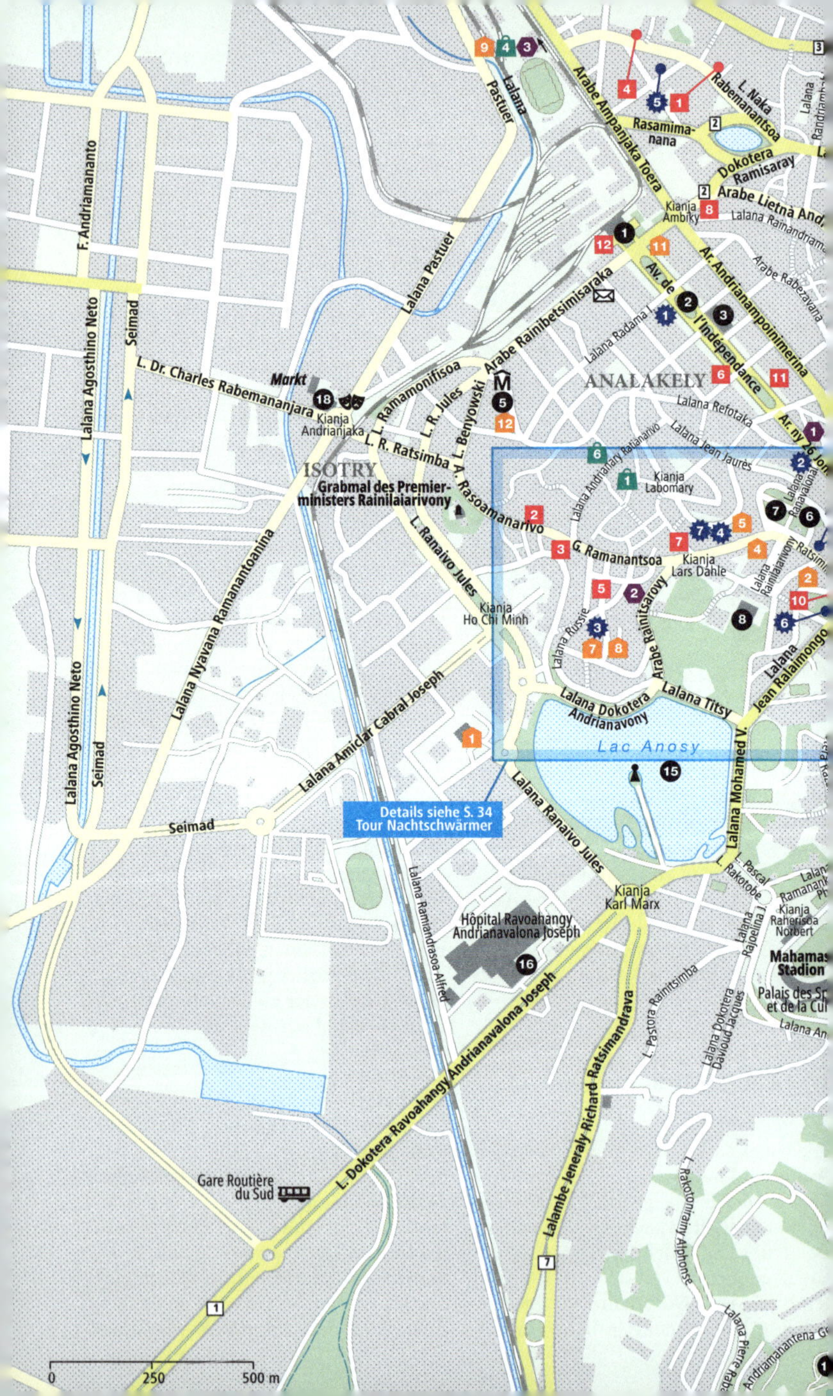

ANALAKELY
ISOTRY
Markt
Kianja Andrianjaka
Grabmal des Premierministers Rainilaiarivony
Kianja Ambiky
Kianja Labomary
Kianja Lars Dahle
Kianja Ho Chi Minh
Lac Anosy
Details siehe S. 34
Tour Nachtschwärmer
Kianja Karl Marx
Hôpital Ravoahangy Andrianavalona Joseph
Kianja Raherisoa Norbert
Mahamasina Stadion
Gare Routière du Sud
Lalana Pastuer
L. Dr. Charles Rabemananjara
L. R. Ratsimba
A. Rasoamanarivo
G. Ramanantsoa
Arabe Rainibetsimisaraka
L. Ramamonifisoa
L. R. Jules
L. Benyowski
L. Ranaivo Jules
Lalana Ranaivo Jules
Arabe Ampanjaka Toera
Rasamimanana
Dokotera Ramisaray
Arabe Lietna Andr
Av. de l'Indépendance
Ar. Andrianampoinimerina
Lalana Refotaka
Lalana Jean Jaurès
Arabe Rainitsarovy
Lalana Russie
Lalana Dokotera Andrianavony
Lalana Titsy
Lalana Jean Ralaimongo
Lalana Mohamed V.
Lalana Nyavana Ramanantoanina
Lalana Amicar Cabral Joseph
Lalana Agosthino Neto
F. Andriamananto
Seimad
Lalana Ramiandrasoa Alfred
L. Dokotera Ravoahangy Andrianavalona Joseph
Lalambe Jeneraly Richard Ratsimandrava
L. Pastora Rainitsimba
Lalana Dokotera Davidoud Jacques
L. Rakotonirainy Alphonse
Lalana Pierre Rabe
L. Naka Rabemanantsoa
Lalana Radama I
0
250
500 m

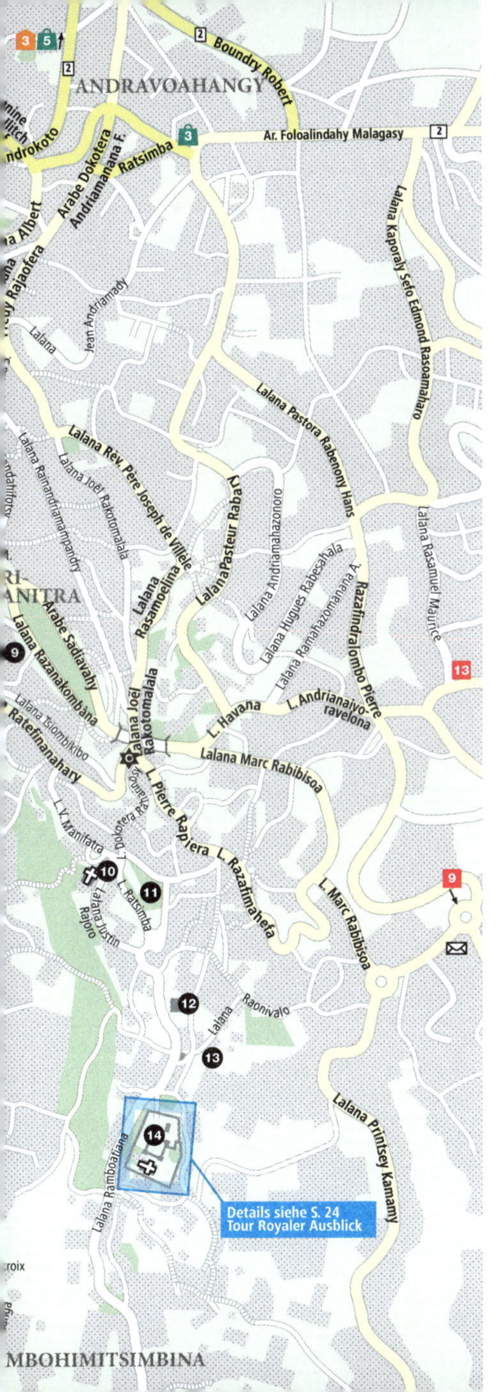

Antananarivo

Ansehen

1. Hauptbahnhof
2. Avenue de l'Indépendance
3. Hôtel de Ville (Rathaus)
4. Marktplatz und -gebäude
5. Piratenmuseum
6. Place de l'Indépendance
7. Rosengarten
8. Palais d'Ambohitsoro-hitra
9. Kirche Ambatonakanga
10. Kathedrale Andohalo
11. Andohalo-Park
12. Palais de Rainilaiarivony
13. Königlicher Gerichtsplatz
14. Rova
15. Lac Anosy
16. Blumenmarkt
17. Zoologisch-Botanischer Garten
18. Théâtre Municipal d'Isotry

Schlafen

1. Carlton
2. Colbert
3. Tamboho Hotel
4. De Louvre
5. Tana
6. Palissandre
7. Le Pavillon de l'Emyrne
8. Rova
9. Chez Jeanne
10. Aina
11. Le Muraille de Chine
12. Anjary

Fortsetzung S. 22

Antananarivo Fortsetzung von Seite 21

Essen
1 Villa Vanille
2 Le B
3 La Villa
4 Le Marrakech
5 Kudeta
6 O'Poivre Vert
7 Tatao
8 Grand Orient
9 Tranovola
10 Le Jardin du Raphia
11 Café La Potinière
12 Café de la Gare
13 La Gastro Pizza

Einkaufen
1 Roses & Baobab
2 Fusion Iray
3 Markt in Andravoahangy
4 Marché d'Artisanal
5 Waterfront
6 Hazomanga

Bewegen
1 Tany Mena Tours
2 La Medina
3 Madagascar on Bike

Ausgehen
1 Alliance Française
2 Goethe-Zentrum
3 La Boussole
4 Le Caveau
5 Le Club
6 Pandora
7 La Caverna
8 La Suite 101
9 The Green
10 Le 6

---

der brachliegenden Fläche Ende der 1990er-Jahre ein kleiner Park angelegt. Der Wunsch zur Wiedererrichtung des Rathauses blieb bestehen und Ende 2008 begannen die Bauarbeiten. Das Rathaus wurde mit geringen Modifikationen wieder im historischen Kolonialstil errichtet.

Marktplatz und Marktgebäude
An ihrem Ende mündet die Allee in die **Avenue de 26 Juin 1960,** benannt nach dem Datum der Unabhängigkeit. Dort stehen etwa 100 m weiter links die historischen **Marktgebäude** ❹. Diese wurden mitsamt dem umliegenden Platz ab 1925 auf Geheiß von General Gallieni erbaut. Neben einem zentralen Gebäude kommen einige Dutzend kleine Häuser in den Blick, die alle mit roten Backsteinziegeln gedeckt sind. Der Markt ist täglich von 7 bis 17 Uhr geöffnet und bietet Lebensmittel, Textilien und Imbisse.

Auf dem asphaltierten Platz davor, der heute als Parkplatz dient, fand früher der Wochenmarkt statt. Der *Zoma* (›Freitag‹) genannte Markt entwickelte sich in Laufe der 1980er-/1990er-Jahre zum größten Freiluftmarkt Afrikas und weitete sich allmählich vom angestammten Platz über die Avenue de l'Indépendance bis weiter in die Nebenstraßen aus. Die Stadt versank wegen der zu dieser Zeit gesperrten Straßen allwöchentlich im Verkehrschaos. Und was für Besucher sicherlich ein einmaliges Erlebnis war, erwies sich für die Hauptstadt zunehmend als ernstes Problem. Ende der 1990er-Jahre entschied der Bürgermeister, den Wochenmarkt abzuschaffen. Die Händler wurden, nach Warengruppen getrennt, an dezentralen Orten untergebracht, an denen heute der jeweilige Markt die ganze Woche über stattfindet.

Piratenmuseum
Seit 2008 befindet sich im Stadtteil Tsararlanana, nur fünf Gehminuten südwestlich vom Bahnhof, das **Piratenmuseum** ❺. Auf Schautafeln wird in Französisch die allgemeine Geschichte

der Piraten dargestellt. Ein Schwerpunkt bildet dabei die madagassische Piratenzeit. Daneben gibt es einzelne historische Exponate, so ist z. B. eine alte Kanone zu bewundern. Führungen gibt es auf Deutsch und Englisch (www.piraten museum.ch).

103, Rue de Liége (4. Etage), Mo–Fr 8–17 Uhr, Sa/So nach Voranmeldung, 30 000 MGA

Die Oberstadt

Place de l'Indépendance und Rosengarten

Auch die Oberstadt besteht aus mehreren Stadtteilen. Zentral liegt der Stadtteil **Antaninarenina,** dessen Mittelpunkt die kleine **Place de l'Indépendance** ❻ (›Platz der Unabhängigkeit‹) ist, der wiederum am Ende der Treppe liegt, die gegenüber den alten Markthäusern von der Unterstadt heraufführt. Auf diesem Platz steht das Denkmal des ersten Präsidenten Madagaskars, Philibert Tsiranana.

Anschließend wird der **Rosengarten** ❼ erreicht. Mit seinen Sitzbänken lädt er besonders nach dem anstrengenden Treppenaufstieg zum Verweilen und Ausruhen ein.

Palais d'Ambohitsorohitra und Umgebung

Der nordwestlich hinter dem Garten angrenzende Stadtteil **Isoraka** hat sich zur Topadresse für gute Restaurants gemausert. Etliche renovierte alte Backsteinhäuser geben dem Viertel Flair. Gegenüber dem **Präsidentendenkmal** führt eine kurze Straße mit Mittelstreifen (Rue Rainilaiarivony) zum **Palais d'Ambohitsorohitra** ❽, dem alten Präsidentenpalast. Dieser wurde vom Architekten Jully im Jahre 1890 zunächst als französische Botschaft errichtet, diente dann einige Jahre später der Kolonialverwaltung und war nach der Erlangung der Unabhängigkeit 1960 Sitz des Präsidenten. Links vor dem Palast gelangt man in eine Gasse, die am kolonialzeitlichen **Hôtel Colbert** 2 vorbeiführt, das 1928 als Hôtel du Commerce eröffnet wurde. Auch wenn es von außen wenig hermacht, zählt es bis heute zu den besten Adressen der Stadt, insbesondere wegen seines vorzüglichen Restaurants und der seit 1946 dort etablierten Patisserie.

Neben dem Präsidentenpalast und dem berühmten Hôtel Colbert zieht vor allem die Einkaufsstraße **Rue Ratsimilaho** die Besucher an. In der urigen schmalen Straße, wegen der ehemals zahlreichen Schmuckgeschäfte von den Einheimischen früher ›Straße der Juweliere‹ genannt, reihen sich heute Boutiquen, Banken, Buchläden und Restaurants aneinander. Auch einige Juweliere sind dort noch zu finden. Folgt man der Straße nach rechts aufwärts, gerät rechter Hand eine winzige Moschee in den Blick, eines der wenigen islamischen Gotteshäuser der Hauptstadt.

Kirche Ambatonakanga

Etwas später folgt an einer Kreuzung auf der linken Seite die **Kirche Ambatonakanga** ❾. Die Kirchengemeinde wurde 1831 gegründet und erlebte unter der antichristlich regierenden Königin Ranavalona I. schwere Zeiten. Zur Erinnerung an die Märtyrer jener Jahre errichtete man diese Kirche, deren Weihe 1867 stattfand.

Nachdem man die Kreuzung geradeaus passiert hat, gabelt sich die Straße. Die rechte, steilere Rue Ratefinanahary führt weiter durch den Stadtteil Andohalo bis auf den höchsten Hügel der Stadt, den Anatirova.

Auf dem Königshügel

Der Anatirova überragt als höchste Erhebung die anderen Hügel die Stadt. Mitsamt der eindrucksvollen Palastruine

TOUR
Royaler Ausblick

Rundgang durch den Rova

Der Merina-König Andrianjaka ließ sich 1610 auf dem höchsten Hügel der heutigen Hauptstadt nieder und errichtete dort seinen Palast, den **Rova.** Spätere Könige und Königinnen erweiterten das Terrain zu einem regelrechten Palastbezirk mit eigener Kirche und königlichem Friedhof. Die späteren Gebäude entstanden unter zunehmender Beeinflussung des europäischen Architekturstils.

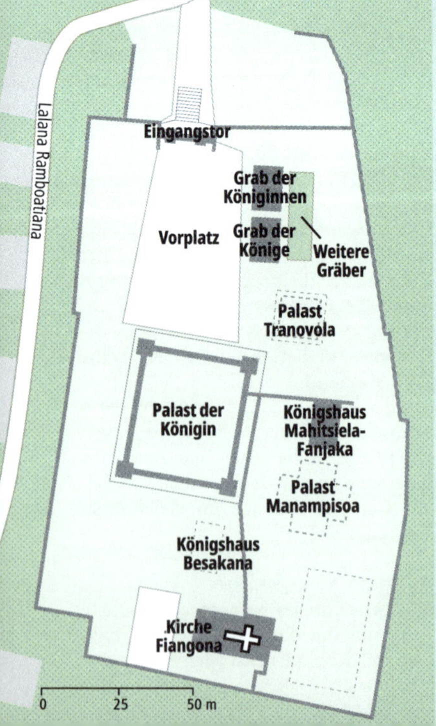

»Das Meer soll die Grenze meiner Reisfelder sein«, sprach einst König Andrianampoinimerina, der Gründer der Hauptstadt. Auch wenn man nicht ganz so weit schauen kann, die Aussicht vom Königshügel Anatirova auf die Stadt ist grandios. Die letzten sieben Monarchen der Merina residierten hier und schufen im Laufe der Zeit ein herrschaftliches Areal mit zahlreichen Palastbauten, eigener Kirche und Königsgräbern.

Das königliche Areal

Den Zugang zum königlichen Areal ermöglicht ein stattliches, 1855 errichtetes **Eingangstor** im Norden. Auf ihm sitzt ein königlicher Adler (Voromahery), der majestätisch seine Flügel ausbreitet, es ist ein Geschenk Napoleons III. Durch das Tor hindurch betreten Sie einen **Vorplatz,** Kianja genannt, der den Herrschenden für Audienzen und Verkündigungen diente. Die kleinen ›Häuser‹ auf der linken Seite des Kianja sind königliche Gräber. Im ersten dem mit einem roten Spitzdach versehenen **Grab der Königinnen,** wurden

Prächtiger Eingang zu einer prächtigen Residenz, dem Rova

die Gebeine von Ranavalona I., II. und III. sowie Rasoherina beigesetzt. Im **Grab der Könige** fanden Andrianampoinimerina sowie Radama I. und II. ihre letzte Ruhe. Hinter den beiden Hauptgräbern befinden sich **weitere Gräber** in Form von kleinen königlichen Holzhütten, in denen frühere Könige sowie deren Familienangehörige bestattet sind.

Direkt neben diesen Gräbern stand ursprünglich der **Palast Tranovola** (›silbernes Haus‹), der bei einem Feuer 1995 vollkommen zerstört wurde. Nur ein nackter Platz ist anstelle des Palasts geblieben, den König Radama I. im Jahr 1818 in Auftrag gegeben hatte und der 1820 fertiggestellt wurde. Das Dach bekam als erstes in Madagaskar hölzerne Dachziegel, die später mit silberner Farbe angestrichen wurden, daher der madagassische Name des Gebäudes. Bei der Renovierung 1845 erhielt es außen herum eine europäisch beeinflusste Säulengalerie als Zierde.

Der Palast der Königin

Aus der Mitte des Areals ragt als größter Palastbau der weithin sichtbare **Palast der Königin** (Manjakamiadana) heraus. Schon von Weitem sind die vier Türme, die den verheerenden Brand von 1995 überstanden haben, als Wahrzeichen zu sehen. Der Palast wurde zunächst im Stil eines traditionellen Königshauses aus

Infos

Cityplan: S. 21

Start/Ziel: Haupteingang des Königspalastes Rova ⓮

Öffnungszeiten: tgl. 9–17 Uhr

Eintritt: 10 000 MGA

Infos/Planung: Zeitweise ist der Palast wegen Wiederaufbauarbeiten werktags geschlossen. An Sonn- und Feiertagen sind aber geführte Besichtigungen möglich.

Holz errichtet, nur um einige Dimensionen größer. In der Mitte des Gebäudes stand ein mächtiger Edelholzstamm von 39 m Höhe, der das Dachgeschoss stützte.

Den Auftrag dazu erteilte Königin Ranavalona I. ihrem Vertrauten Jean Laborde, der den Bau 1838/39 errichtete. Er war einer der wenigen ausländischen Vertrauten der häufig fremdenfeindlich agierenden Königin. Ihr missfiel die Überfremdung der madagassischen Kultur. »Wer immer der neuen Religion folgt, wird den Tod finden«, sagte sie bei ihrer Thronrede. Fortan begann sie Christen zu verfolgen. 1837 wurde die erste Christin zum Tod verurteilt. Zehntausende ereilte das gleiche Schicksal, und Ranavalona erhielt einen wenig schmeichelhaften Beinamen: die Schreckliche (s. S. 261).

Auf dem Gelände des Königspalastes sind auch noch Überreste nicht mehr existierender Gebäude zu sehen.

30 Jahre nach dem Bau des Manjakamiadana gab Königin Rasoherina dem Engländer James Cameron den

Auftrag, den teilweise maroden Holzpalast mit einem dreistöckigen Bau aus Stein zu ummanteln. Dieser Steinbau wurde 1875 fertiggestellt und überstand das große Feuer von 1995.

Die traditionellen Königshäuser

Rechts neben dem heute nicht mehr vorhandenen Palast Tranovola steht das rekonstruierte traditionelle **Königshaus Mahitsiela-Fanjaka.** Das Original wurde 1796 von König Andrianampoinimerina errichtet. Die traditionellen Paläste waren rechteckige Holzbauten, die durch ein hochragendes (fast doppelt so hohes) und von drei Säulen getragenes, steiles Spitzdach gekrönt wurden. Im Innern befand sich nur ein Zimmer, das als Schlaf-, Ess- und Empfangsraum diente. Auf dem gestampften Lehmfußboden standen einfache Hocker. Der König nächtigte in einem Hochbett, sodass darunter noch Platz zum Sitzen war.

Auf dem Platz neben dem Holzhaus errichtete auf Geheiß der Königin Rasoherina der Brite James Cameron (1800–75) zwischen 1863 und 1866 den **Palast Manampisoa.** Das Gebäude hatte die Grundform eines Kreuzes und ähnelte einem englischen Landhaus. Es diente in den Jahren vor dem Brand als Museum zur madagassischen Geschichte.

Links hinter dem Palast der Königin stand das ebenfalls durch das Feuer zerstörte traditionelle **Königshaus Besakana.** Es war das erste der auf diesem Areal errichteten Königshäuser. König Andrianjaka ließ es 1610 erbauen. Die Stelle ist derzeit durch einen wiederaufgestellten Holzrahmen gekennzeichnet, der als Grundstock für einen späteren Wiederaufbau des Hauses dienen soll.

Den hinteren Abschluss des Palastareals bildet die königliche **Kirche Fiangona.** Königin Ranavalona II. bekannte sich zum Christentum und beauftragte den Briten William Pool in den 1870er-Jahren mit dem Bau. Die anglikanische Kirche wurde 1881 eingeweiht. Ebenfalls durch das Feuer stark zerstört, konnten die dadurch notwendigen Wiederaufbauarbeiten, vor allem die Rekonstruktion des hölzernen Altars, im Jahr 2003 abgeschlossen werden.

schon von Weitem zu sehen, bietet er einen guten Orientierungspunkt. Auf der Rue Ratefinanahary von der Oberstadt kommend, etwa 300 m nach der Gabelung an der Kirche Ambatonakanga, erscheint auf der rechten Seite die katholische **Kathedrale Andohalo ⑩.** Sie ersetzte 1873 einen hölzernen Vorgängerbau. Papst Johannes Paul II. hielt hier während seines Madagaskarbesuches 1989 eine Messe ab. Rechts neben der Kirche befindet sich eine Treppe mit 200 Stufen, die hinab zum Stadtteil Mahamasina führt. Neben der Kirche steht das rekonstruierte Haus des französischen Ingenieurs Jean Laborde, der in der Regierungszeit von Königin Ranavalona I. (1828–61) einige Bauwerke sowie den ersten Industriekomplex Madagaskars errichtete (s. S. 38).

Oberhalb der Kathedrale liegt der **Andohalo-Park ⑪.** Offiziell heißt er Kianja Edoard Andrianjafintrino, benannt nach einem bekannten madagassischen Schriftsteller und Journalist (1881–1972). Auf dem Platz befindet sich eine Bühne, auf der an Wochenenden und Feiertagen oft Konzerte oder Tanz- und Theateraufführungen stattfinden. Die Woche über spielen dort Kinder Fußball.

Oberhalb des Platzes befindet sich das vor wenigen Jahren neu gestaltete **Denkmal zur Unabhängigkeit** und ein kleiner Stadtpark mit Sitzgelegenheiten. Darüber markiert der Nachbau eines ehemaligen Tores den Beginn des königlichen Bezirks auf dem Anatirova-Hügel.

Die Straße geht beim Steintor in die **Rue Ravelojaona** über. Schon bald ist links ein herrschaftliches Gebäude mit vier auffälligen Türmen zu sehen, das **Palais de Rainilaiarivony ⑫,** der ehemalige Palast des Premierministers Rainilaiarivony. 1872 vom Briten William Pool erbaut, wurde er 1976 durch ein Feuer teilweise zerstört. Nach Renovierungsarbeiten in den späten 1980er-Jahren war das Gebäude 1990 wiederhergestellt und beherbergt heute das **Museum Andafivaratra,** das die bei dem Feuer im benachbarten Rova geretteten Gegenstände der Merina-Könige zeigt (tgl. 9–17 Uhr, Erw. 10 000 MGA).

Unterhalb des Museums, auf der gegenüberliegenden Straßenseite, stehen links vor einer kleinen Kirche noch zwei ursprüngliche Holzhäuser, wie sie in der Hauptstadt im 19. Jh. noch zahlreich zu finden waren. Unweit des Palast-Museums liegt ein Gebäude, das an einen offenen römischen Tempel erinnert. Unter dem durch diverse Rundsäulen getragenen Dach befand sich zur Zeit der Monarchie der **Königliche Gerichtsplatz ⑬.** Hier wurden nicht nur die Urteile, sondern hinter dem Gerichtsgebäude auch gleich die Todesurteile vollstreckt. Entlang einer Mauer mit einem Tonrelief, das traditionelle madagassische Szenen zeigt, führt die Straße auf den **Rova ⑭** (s. S. 24) zu, das königliche Palastareal der Merina-Dynastie.

Hier oben endet der Rundgang durch die Ober- und Unterstadt Antananarivos. Taxis für eine Rückfahrt sind in der Regel am Eingang zum Rova zu bekommen. Für einen Rückweg zu Fuß empfiehlt es sich, nur bis zur katholischen Kirche Andohalo zurückzulaufen und dann die Treppen rechts neben der Kirche nach unten zu nehmen. Die Stufen führen hinab zum schönen Anosy-See. Über die Rue Jean Ralaimongo gelangt man wieder zum Stadtteil Analakely, wo der Rundgang begann.

Lac Anosy

Der **Lac Anosy ⑮** westlich der Oberstadt gab dem heutigen Stadtteil seinen Namen. Er entstand durch die Entwässerung des Umlandes. Im See steht weithin sichtbar ein großer goldener Engel, ein von den

Franzosen zunächst in Erinnerung an die im Ersten Weltkrieg Gefallenen errichtetes Denkmal. Heute dient es den Madagassen zum Gedenken der zahlreichen Toten während der beiden Weltkriege, als viele zum Dienst in der französischen Armee gezwungen wurden.

Von einem Steg, der hinüber zum Denkmal führt, hat man eine wunderbare Aussicht auf den Rova. Ein Spaziergang um den schönen See herum ist besonders im Südfrühling (Mitte Sept.–Ende Okt.) ein Genuss. Dutzende Jacaranda-Bäume, die das Ufer säumen, bilden dann mit ihren türkisblauen Blüten einen herrlichen Anblick.

Blumenmarkt

Beim Rundgang um den See lohnt sich ein Abstecher zum **Blumenmarkt** ⓰ in der Rue Ravoahangy Andrianavalona. Außer farbenfrohen Blumen gibt es dort kunstvoll geflochtene Kränze sowie Topf- und Gartenpflanzen. Beim Blumenmarkt liegt auch die Bushaltestelle für regionale Ziele Richtung Südwesten entlang der RN 1, u.a. nach Fenoarivo, Arivonimamo und Ampefy.

Zoologisch-Botanischer Garten

Im Stadtteil **Tsimbazaza** befinden sich einige Ministerien und der **Zoologisch-Botanische Garten** ⓱ (s. S. 30) der Hauptstadt. Der Stadtteilname Tsimbazaza bedeutet auf Deutsch ›nicht für Kinder‹. Ein ungewöhnlicher Name für einen Ort, an dem sich der Zoo befindet. Der Name entstand allerdings zu einer Zeit, als dort Soldaten stationiert waren und Kinder daher den Ort tunlichst meiden sollten.

Der Zoologisch-Botanische Garten wurde von Pierre Boiteau 1925 gegründet. Sein Ursprung geht auf die 1902 von Didier Joseph Gallieni gegründete Académie Malgache zurück. In der Akademie wurde viele Jahre über die Gründung eines Gartens diskutiert. Die Realisierung sowie Sicherstellung der Finanzierung nahm dann wieder etliche Jahre in Anspruch.

Heute zeigt der 20 ha große Garten einen Querschnitt der madagassischen Flora und Fauna. In einem großzügig angelegten Park mit zwei kleinen Seen werden auf Inseln auch einige Lemurenarten gehalten. Ein Highlight ist sicherlich das Nachttierhaus, in dem die nächtlich aktiven Lemurenarten wie etwa das ungewöhnliche Fingertier oder die winzigen Mausmakis beobachtet werden können. Erwähnenswert ist zudem die Haltung des äußerst seltenen Madagaskar-Seeadlers *(Haliaeetus vociferoides)*. In einem vom Botanischen Garten Missouri (St. Louis/USA) gestalteten Gartenbereich wachsen besonders interessante Pflanzen aus dem Südwesten Madagaskars. Etliche internationale Institutionen haben durch Spenden eine kontinuierliche Verbesserung der Tierhaltung ermöglicht, darunter auch einige deutsche Zoos. 2006 besuchte Bundespräsident Köhler den Park und setzte sich für eine weitere Zusammenarbeit beider Länder in Naturschutzfragen ein.

Das dem Garten angeschlossene **Museum der Académie Malgache** präsentiert sich mit zwei ständigen Ausstellungen. In der naturkundlichen Schau gibt es u.a. Skelette ausgestorbener Tiere zu bewundern, z.B. des legendären Vogel Rock sowie prähistorischer Lemurenarten. Eine umfangreiche Sammlung präparierter Tiere zeigt eine Übersicht der Säugetier-, Vogel- und Insektenwelt Madagaskars. Die zweite, ethnologisch ausgerichtete Ausstellung widmet sich den 18 Ethnien Madagaskars und zeigt ihre Kultur und ihre Bräuche. Auf dem Parkgelände finden sich zudem einige Beispiele von Gräbern unterschiedlicher Volksgruppen. Das Museum ist seit

Lieblingsort

Ort der Besinnung

Der 1935 gegründete **Zoologisch-Botanische Garten** ⓱ (s. S. 29) bietet dem Besucher eine Oase der Entspannung inmitten des Trubels der Millionenstadt. Bei einem Spaziergang bekommt man einen Eindruck von der Vielfalt der Pflanzen und Tiere Madagaskars. Auch Liebespaare, die ein wenig Zeit für sich haben möchten, kommen gerne hierher. An Wochenenden, wenn viele Familien unterwegs sind, kann es allerdings recht voll werden.

mehreren Jahren wegen Renovierung geschlossen, ein Zeitpunkt für eine Wiedereröffnung steht noch nicht fest.
Tgl. 9–17 Uhr, 10 000 MGA

Schlafen

Dominierend

1 **Carlton:** Das ehemalige Hilton ist das höchste Gebäude der Hauptstadt. Das aus den 1970er-Jahren stammende Hochhaus liegt malerisch am Anosy-See, von den Zimmern bietet sich Ihnen ein herrlicher Blick auf die Stadt.
Rue Pierre Stibbe, Anosy, T 020 22 260 60, www.carlton-madagascar.com, contact@carlton.mg, €€€

Traditionell

2 **Colbert:** Eines der ältesten Hotels Madagaskars. Auch wenn es heute vergleichbaren Komfort auch in anderen Hotels gibt, so versprüht das 1935 gegründete 4-Sterne-Hotel noch reichlich kolonialen Charme. Zum Hotel gehören ein exzellentes Restaurant (Hauptgerichte ab 6 €), ein Casino, ein Café, eine ausgezeichnete Patisserie und eine Bar.
29, Rue Printsy Ratsimamanga, Antaninarenina, T 020 222 02 02, www.hotel-restaurant-colbert.com, €€

Markante Lage

4 **De Louvre:** Das Hotel befindet sich in einem umgebauten ehemaligen Kaufhaus, in direkter Nähe zum Präsidentenpalast in der Oberstadt.
4, Place P. Tsiranana, Antaninarenina, T 020 22 390 00, www.hotel-du-louvre.com, hoteldulouvre@simicro.mg, €€€

Design

5 **Tana:** Stylisch und modern eingerichtet. Kein Restaurant.
4, Rue Rabehevitra, Antaninarenina, T 020 22 313 20, www.tana-hotel-madagascar.com, tanahotel@moov.mg, €€

KUNSTVOLL WOHNEN

Eine herrliche Atmosphäre erwartet den Gast im **Tamboho Hotel** 3, das mit seinem großzügigen roten Backsteinbau die Architektur des Hochlandes aufgreift. Im Inneren gibt es vielfältige Beispiele madagassischer Kunst. Angenehmen Komfort bieten dem Gast ein 25 m langes Schwimmbecken, Massage-Angebote und kostenloser Internetzugang. Das Hotel liegt im Bereich der Waterfront im Stadtteil Ambodivona (Tana Water Front, T 020 22 693 00, www.hoteltamboho.com, €€€).

Mit Aussicht

6 **Palissandre:** Schön mit Holz eingerichtetes Hotel im Zentrum, mit herrlichem Blick über die Stadt. Restaurant mit Terrasse, kleines Schwimmbad.
13, Rue Andriandahifotsy, Faravohitra, T 020 22 605 60, www.hotel-palissandre.com, resapalissandretanahotel-palissandre.com, €€–€€€

Romantisch

7 **Le Pavillon de l'Emyrne:** Das kleine Hotel liegt in der Nähe der Botschaft der Komoren. Es besteht aus zwei schön renovierten alten Stadthäusern, jedes Zimmer ist anders.
12, Rue Rakotonirina Stanislas, Isoraka, T 020 22 259 45, www.pavillondelemyrne.com, reservation@pavillondelemyrne.com, €€

Modern

8 **Rova:** Das 16 Zimmer umfassende Hotel ist modern eingerichtet. Von einigen der Zimmer in den oberen Stockwerken bietet sich ein schöner Blick auf den Rova.
Rue Docteur Vilette, Isoraka, T 020 22 292 77, www.rovahotel.com, resa@rovahotel.com, €

Familiär

9 Chez Jeanne: Gepflegtes, ruhig gelegenes Gästehaus mit Garten unweit des Flughafens.

Amboropotsy, Ambohimanarina, T 034 74 170 93, https://chezjeanneauberge.com/de, €

Fairer Preis

10 Aina: Das kleine Stadthotel liegt günstig in der Oberstadt. Es gibt kein eigenes Restaurant. Gutes Preis-Leistungs-Verhältnis.

Rue Ratsimilaho, T 020 22 630 51, ainahotel@gmail.mg, €

Zentral

11 Le Muraille de Chine: Das alteingesessene Hotel liegt günstig in der Nähe des Bahnhofs. Im angeschlossenen chinesischen Restaurant können Sie preiswert speisen.

1, Av. de l'Indépendance, T 020 22 230 13, murchine@moov.mg, €

Mittendrin

12 Anjary: Hotelkomplex mitten in einem lebendigen Stadtviertel in der Innenstadt von Antananarivo. Vermietet werden einfache, aber saubere Zimmer.

Rue Ranaivo, T 033 370 67 61, www.anjary-hotel.com, €

Essen

Altes Stadthaus

1 Villa Vanille: Europäische und madagassische Speisen im gehobenen Ambiente. Dazu allabendlich heimische Livemusik.

Place Antanimena, T 020 22 205 15, villavanille@simicro.mg, tgl. geöffnet, €–€€

Modernes Ambiente

2 Le B: s. S. 35

72, Av. Grand Didier, Isoraka, T 020 223 16 86, tgl. 12–15, 18–24 Uhr, €–€€

Klein & Fein

3 La Villa: Internationale Küche mit Schwerpunkt auf italienischen Gerichten. Altes Stadthaus mit kleiner Außenterrasse und einigen Gästezimmern.

Rue Ramanantsoa, Isoraka, T 020 24 220 52, tgl. 12–14, 18.30–23 Uhr, €–€€

Nordafrikanisch

4 Le Marrakech: Einfaches Restaurant mit nordafrikanischer Küche. Kleiner Garten zum Draußensitzen.

Route des Hydrocarbures, Ankorondrano, T 020 22 335 01, marrakech.tana@gmail.com, €

Mit Stil

5 Kudeta: Gelungene Mischung aus Bar und Restaurant. Das Essen ist hervorragend, macht Lust aufs Wiederkommen.

Rue de la Réunion, T 020 226 11 40, www.kudeta.mg, €–€€

Der Klassiker

6 O'Poivre Vert: Gute französische Hausmannskost, vor allem leckere Steaks in grüner Pfeffersoße.

S

MADAGASSISCHE SPEZIALITÄTEN

Das **Restaurant Tatao** 7 bietet *Sakafo Malagasy* – madagassische Spezialitäten. In rustikaler Atmosphäre können Sie hier authentische Landesküche probieren (€). Nehmen Sie am besten das Tatao Royal Dish, dann bekommen Sie die unterschiedlichsten Speisen in vielen kleinen Schälchen serviert und haben eine Auswahl (reicht für 2 Pers.). Nebenan befindet sich mit **Art et Jardin** ein netter kleiner Souvenirladen (Stadtteil Isoraka, Rue Ramanantsoa, im Hotel Radama, tgl. 6–22 Uhr).

Seitlich der Av. de l'Indépendance (Hotel de France), Analakely, €–€€

Chinesisch

8 **Grand Orient:** Das Restaurant liegt an einem kleinen Platz. Lange Zeit das beste chinesische Restaurant der Stadt. Gediegene Atmosphäre mit klassischer Musik.

Rue Andrianampoinmerina, die Straße am Bahnhof rechts hoch, T 020 22 20288, €

Traditionell

9 **Tranovola:** Das Restaurant befindet sich im gleichnamigen Aparthotel. Gute traditionelle madagassische Küche, Möglichkeit, verschiedene Gerichte zu probieren.

Rte. d'Ambohipo, Ambatoroka, T 020 22 334 71, tranovola@moov.mg, €

Rustikal

10 **Le Jardin du Raphia:** Mittagsbuffet, nette Atmosphäre mit Blick von oben auf die Stadt.

Rue Ranavalona III., Ambatonakanga, T 020 22 253 13, hotelraphia@moov.mg, tgl. 12–22 Uhr, €

Süßes

11 **Café la Potinière:** Konditorei und Eiscafé nahe dem Air-Madagascar-Büro. Leckere Törtchen und Gebäck laden zum Verweilen während eines Stadtrundgangs ein.

35, Av. de l'Indépendance, T 020 22 233 54, €

In kolonialem Ambiente

12 **Café de la Gare:** Lokal im renovierten Hauptbahnhof, mit Kulturprogramm.

Av. de l'Indépendance, www.cafetana.com, T 020 22 611 12, Mo–Sa 6–23, So 11–22 Uhr, €

Pizza & mehr

13 **La Gastro Pizza:** Madagassische Pizza-Kette mit preiswerten Pizzen und anderen Gerichten. Es gibt 14 weitere Filialen im Stadtgebiet.

Antanimora, T 034 06 786 63, lagastropizza@yahoo.fr, Mo–Sa 10–20 Uhr, €

Einkaufen

Kunsthandwerk

1 **Roses & Baobab:** Die Galerie einer madagassischen Künstlervereinigung bietet ein breitet Spektrum. So verkauft der Künstler Solo hier seine Mini-Nachbildungen aus Blech. Autos, Motorräder und andere Fahrzeuge wurden mit viel Liebe zum Detail hergestellt.

Rue des 77 Parlamentaires, Antsahavola, T 032 40 615 60, www.rosesetbaobab.com

Kreatives in Holz

2 **Fusion Iray:** Das Geschäft liegt an der Straße zum Energieversorger JIRAMA, 150 m vom Hotel Palissandre. Kunstvolles aus Holz, von Skulpturen bis zu Möbelstücken.

Faravohitra, T 020 22 636 28, fusion@moov.mg, Mo–Sa 9.30–18.30 Uhr

Souvenirs

Kunsthandwerksmärkte: Zwei Märkte in Antananarivo bieten eine große Auswahl an Kunsthandwerk und traditionellen Souvenirs, der **Markt in Andravoahangy** 3 und der **Marché d'Artisanal** 4 an der Hauptstraße Richtung Flughafen.

Modernes Shoppen

5 **Waterfront:** Ein renaturierter See bildet den Mittelpunkt dieses Stadtteils mit einem modernen Shoppingcenter, das kaum Wünsche offen lässt.

Natürliche Souvenirs

6 **Hazomanga:** Kunsthandwerk und Souvenirs aus sozialen Projekten. Alle Artikel sind naturverträglich hergestellt.

Nähe Hotel Sakamanga, T 032 02 527 43, Mo–Sa 9–18.30, So 10–17 Uhr

TOUR
Für Nachtschwärmer

Ausgehtour durch Antananarivo

Infos

Cityplan: S. 21

Start: Théâtre Municipal d'Isotry, Stadtteil Isotry (Unterstadt)

Ziel: Club Le 6 in der Rue Ratsimilaho (Oberstadt)

Dauer: ca. 4 Std. (Hira Gasy ca. 2 Std.)

Infos: Eintritt Hira Gasy 2000 MGA, Veranstaltungsorte und -zeiten können sich immer mal wieder ändern! Informationen über ORTANA, T 020 22 270 51 oder 034 20 270 51, info@ortana.mg.

Antananarivo bietet einiges für Nachtschwärmer – von traditionellem Sprech- und Tanztheater bis zu coolen Clubs. Außerdem gibt es zahlreiche Restaurants für jeden Geschmack.

Es wird schon früh dunkel zwischen Äquator und dem südlichen Wendekreis des Steinbocks. Spätestens gegen 19 Uhr sind die letzten Sonnenstrahlen verschwunden und das abendliche Leben in der Hauptstadt Antananarivo beginnt. Neben den Veranstaltungen der internationalen Kulturinstitute gibt es auch eine typisch madagassische Form der Unterhaltung: das *Hira Gasy.* Im **Stadtteil Isotry,** westlich des Bahnhofs und des daneben liegenden **Viertels Tsaralalana,** befindet sich das **Théâtre Municipal d'Isotry** ⓲, eine Institution, die die Tradition des Sprech- und Tanztheaters weiterleben lässt.

Typisch madagassisch

Der Ursprung des **Hira Gasy** geht zurück auf den Merina-König Ralambo (1575–1610), der die *Pihira Gasy* genannten Tanz- und Musikgruppen dazu nutzte, das Volk zu versammeln und seine Anordnungen zu verkünden. Bei den zunächst *Jejilava* genannten Veranstaltungen nutzten die Monarchen die Musik- und Tanzdarbietungen für ihre politischen Zwecke. Heute dient das *Hira Gasy* zur Unterhaltung des Publikums, dennoch ist zuweilen auch eine politische Note beabsichtigt. Die traditionelle Veranstaltung wird von mindestens zwei Gruppen von Männern und Frauen gestaltet. Diese tragen jeweils unterschiedliche Auffassungen zu gesellschaftlichen Fragen und Themen wie Freundschaft, Liebe, Ehe, Politik oder Arbeit unterhaltsam und wie in einem Wettstreit vor. Auf die *Kabary* genannten Reden folgen Gesangseinlagen und traditionelle Tänze. Etwa 25 bis 30 Vortragende wirken mit,

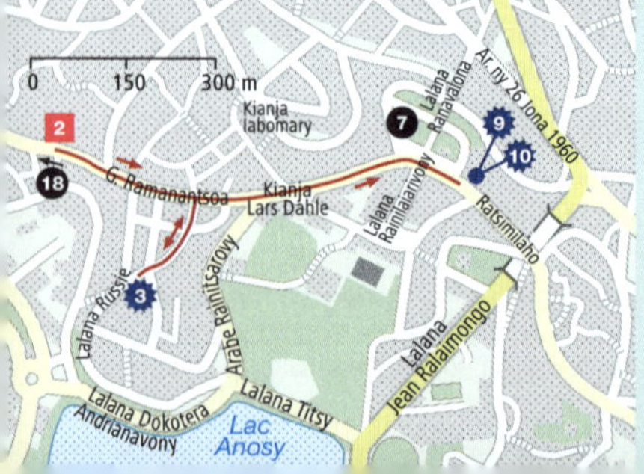

Hira-Gasy-Aufführung

moderne Technik ist verpönt, es gibt weder Mikrofone noch Verstärker. Auch wenn die meisten Europäer kein Madagassisch verstehen, ist der Besuch dennoch ein Erlebnis, oft lassen sich Besucher mitreißen, man lacht und diskutiert miteinander und die zahlreichen Lieder und Tänze sind eine überaus sehens- und hörenswerte Abwechslung.

Perfektes Abendprogramm

Voller neuer Eindrücke geht es mit hungrigem Magen in südöstlicher Richtung zur Avenue Grand Didier. Im Restaurant **Le B** 2 erwartet Sie ein modernes Ambiente mit viel Holz. In der schönen Atmosphäre dieses Lokals wartet man gerne auf die leckeren Speisen. Nachdem der freundliche Kellner eine Schiefertafel mit den tagesaktuellen Gerichten vor Ihnen aufgestellt hat, bleibt nur die Qual der Wahl. Die Auswahl lässt bereits ordentlichen Appetit aufkommen.

Nach dem vorzüglichen Essen führt Sie die Straße links weiter hinauf zum oberen Teil von Isoraka. Dort befindet sich die gemütliche Bar **La Boussole** 3, in der es übrigens ebenfalls hervorragendes Essen gibt. Die Bar bietet zudem lokalen Künstlern die Gelegenheit, ihre Werke auszustellen. Daher sind immer wieder neue und interessante Objekte zu bewundern. Bevor sich die Nachtclubs der Stadt füllen, genießt man hier z. B. bei einem heimischen Three-Horses-Bier ein geselliges Beisammensein.

Von dort können Sie später – auch nachts – bequem zu Fuß zum Nachtclub **Le 6** 10 gehen. Auf dem Weg dorthin kommen Sie am **Rosengarten** 7 vorbei. Dort befindet sich das bei Reisenden beliebte **Le Buffet du Jardin** mit Fast Food und Snacks (Sa/So 24 Std. geöffnet). Im Le 6 tanzt ein gemischtes Publikum zu moderner europäischer und afrikanischer Musik. Im benachbarten Café **The Green** 9 können Sie noch eine Runde Billard spielen, bevor die Taxifahrt zurück zum Hotelbett die lange Nacht beendet.

Wenn Sie nach Einbruch der Dunkelheit in der Stadt unterwegs sind, ist es ratsam, nicht zu Fuß unterwegs zu sein, sondern längere Strecken mit dem Taxi zurückzulegen. Kurze Strecken sollten nie alleine, sondern in Gruppen gegangen werden. Lassen Sie ihre Wertsachen im Hotelsafe und nehmen Sie nur das benötigte Geld mit.

Bewegen

Stadttouren

1 **Tany Mena Tours:** Alternative Stadttouren zu verschiedenen Themen. Die Halb- bis 2-Tages-Touren führen auch in die ländliche Umgebung der Hauptstadt.

Rue 26 Juin 1960, Analakely, T 020 22 326 27, www.tanymenatours.com, tanymenatours@simicro.mg

Entspannung

2 **La Medina:** Verschiedene Massagen und Kuren zum Verwöhnen.

Rue Rainitsarovy, Isoraka, T 034 04 134 33, www.lamedinatana.com, Mo–Do 10–19, Sa 10–21, So 14–20 Uhr

Motorradtouren

3 **Madagascar on Bike:** Die Firma Madagascar on Bike organisiert Motorradtouren. Nach Voranmeldung kann man Motorräder für eigene Touren mieten.

Mandrosoa-Ivato, Lot MD 1300, T 020 22 484 29, www.madagascar-on-bike.com

Ausgehen

Kulturzentrum

1 **Alliance Française:** Im französischen Kulturzentrum finden Ausstellungen, Filmvorführungen und Konzerte auch madagassischer Künstler statt.

Av. de l'Indépendance, Analakely, T 020 22 211 07, 22 208 56, www.alliancefr.mg, aftananarive@alliancefr.mg

Kulturräume

2 **Goethe-Zentrum (Cercle Germano Malagasy):** Das deutsche Kulturzentrum liegt direkt an der Treppe zur Oberstadt. Hier finden Ausstellungen, Konzerte und zuweilen auch Theateraufführungen statt.

Immeuble FJKM, Analakely, T 020 22 330 92, 22 214 42, info@cgm-mada.de

Gemütliche Bar

3 **La Boussole:** Bar-Restaurant mit viel Atmosphäre und viel Kunst an den Wänden (s. S. 35).

21, rue Docteur Villette, Isoraka, T 020 22 358 10, Kaffee 1 €, Hauptgerichte ab 5 €

Alteingesessen

4 **Le Caveau:** Eine Institution seit über drei Jahrzehnten, gemischtes Publikum und Livemusik.

4, Rue J. Rabehevitra, Antaninarenina

Beliebt

5 **Le Club:** Große, moderne Diskothek im Norden des Zentrums.

Antanimena, Lot IVG 205, T 020 22 651 00, auf Facebook

Einfach

6 **Pandora:** Wechselnde Musik, hin und wieder Motto-Abende.

1, Rue Rabobalahy, Antaninarenina

Modern

7 **La Caverna:** Von 14 Uhr an Karaoke-Kneipe, ab 21 Uhr Club mit angesagter Musik. Junges Publikum.

Isoraka, T 033 05 058 04, www.facebook.com/Caverna.by.Siid

Gut besucht

8 **La Suite 101:** Café, Bar und Club im modernen Ambiete.

Rue Ratsimilaho, Ambatonakanga T 032 11 123 23, www.facebook.com/LaSuite101, tgl. 19–5 Uhr

Trendy

9 **The Green:** Kneipe und Billard-Bar mit Karaoke.

Rue Ratsimilaho, tgl. ab 19 Uhr

Gute Mischung

10 **Le 6:** Diskothek in der Oberstadt (s. S. 35).

13, Rue Ratsimilaho, T 032 02 573 65, lesix@moov.mg

Feiern

Aktuelle Veranstaltungen und Termine finden Sie in den zahlreichen Tageszeitungen der Stadt. Die zwei größten sind »L'Express« und »Midi Madagasikara«. Das kostenlose monatliche Anzeigenheftchen »Tana Planète« mit Informationen aus der Hauptstadt liegt in vielen guten Hotels und Restaurants aus.

- **Madajazzcar:** Das älteste Musikfestival Madagskars bringt seit über 20 Jahren alljährlich im Oktober den Jazz für zwei Wochen in die Stadt. Einige Konzerte finden auch außerhalb in anderen Städten statt. Programminfos bietet die Facebook-Seite.
- **Kunstmarkt Hosotra:** Seit vielen Jahren findet im August eine Ausstellung madagassischer Künstler statt. Drei Wochen lang zeigen sie in einer Open-Air-Ausstellung auf dem Parkplatz vor den historischen Markthäusern im Zentrum Antananrivos ihre Werke (www.craam.mg).

Infos

- **Teknet Internetcafé:** 32, Rue du G. Ramanantsoa, im Stadtteil Isoraka (gegenüber dem Isoraka Hotel), Mo–Sa 9–20, So 14–20 Uhr.
- **Flug:** Der internationale Flughafen Ivato liegt rund 15 km außerhalb. Von hier fliegt Madagascar Airlines alle wichtigen Städte des Landes an. Taxis warten vor dem Terminal (Kosten 15–20 €). Neben den Taxis gibt es zu einigen Hotels auch einen Shuttleservice. Eine preiswerte Alternative sind die öffentlichen Minibusse, die Station liegt 1 km außerhalb des Flughafengeländes an der Hauptstraße (nähe Mo-Café, ca. 2 €).
- **Überlandbus:** Malagasy Car, T 034 225 88 88, contacts@malagasycar.com, Abfahrt am Hotel Le Grand Melis in Analakely. Ziele: Morondava (Abfahrt tgl. 6 Uhr, 98 000 MGA), Mahajanga (6.45 Uhr, 78 000 MGA), Ambanja (6 Uhr, 168 000 MGA). Transpost, T 034 22 302 27, Abfahrt an der Post in Antaninarenina, Fahrzeuge nicht klimatisiert, aber besser als herkömmliche- Taxi-Brousses, z. B. Mahajanga (Di, Do, Sa, 40 000 MGA ohne Essen).
- **Taxi-Brousse:** Von Antananarivo aus gelangen Sie mit einem Taxi-Brousse in fast alle Teile des Landes. Die Taxi-Brousse-Stationen liegen außerhalb des Stadtzentrums, jeweils an den Ausfallstraßen der jeweiligen Richtung.
- **Mietwagen:** Mehrere internationale und nationale Mietwagenfirmen bieten Fahrzeuge an. Das Fahren ohne Chauffeur kann aber abenteuerlich werden. Die Straßenbeschilderung ist sehr dürftig und der Verkehr in der Innenstadt oft recht chaotisch. Durch die vielen engen Gassen, die meist Einbahnstraßen sind, drängen sich gerade zur Rushhour zu viele Autos, sodass es kaum ein Durchkommen gibt.

Östlich der Hauptstadt

Zahlreiche sanfte Hügel prägen das Landschaftsbild rund um die Hauptstadt. Schon am Stadtrand beginnt der landwirtschaftliche Anbau, auch einige Reisfelder sind darunter. Es ist das Stammland der Merina. Gute Straßenverbindungen in die nähere und weitere Umgebung von Antananarivo bieten nur die ausgebauten nationalen Hauptstraßen, die sogenannten *Routes Nationales* (RN).

Durch die stetig wachsenden Siedlungen an der Peripherie der Hauptstadt führt die RN 2 in ein regenreicheres, recht grünes Gebiet. Der ursprüngliche Wald auf den umliegenden Hügeln ist schon lange abgeholzt. Heute säumen überwiegend aufgeforstete Eukalyptus- und Nadelholzwälder die Strecke. Als Verbindung zwischen Antananarivo und der größten und wichtigsten Hafenstadt im Osten der Insel, Toamasina, ist die RN 2 die eigentliche Hauptverkehrsader Madagaskars. Ein Großteil aller Waren des landesweiten Handels wird auf dieser sehr kurvenreichen Straße transportiert. Daher sind hier zumindest tagsüber zahlreiche Lastwagen und Taxis-Brousses unterwegs. Gleichzeitig ist sie aber auch für Reisende der schnellste Weg in den Bergregenwald der Ostküste.

Lac Mantasoa K 15

Der ca. 2000 ha große Stausee liegt etwa 63 km östlich von Antananarivo. Die Abzweigung von der RN 2 befindet sich beim Ort **Manjakandriana.** Von dort gelangt man nach 15 km Piste an den See. Bleibt man noch einige Kilometer auf der RN 2, gibt es bei **Ambatolaona** eine zweite, ausgeschilderte Abzweigung, diese Piste ist in einem etwas besseren Zustand.

Am heutigen Lac Mantasoa befand sich einst der vom Franzosen Jean Laborde errichtete erste Industriekomplex Madagaskars. Auf Anordnung der damaligen Königin Ranavalona I. baute der Ingenieur Mitte des 19. Jh. hier eine industrielle Produktion auf. Neben einer Glasfabrik umfasste das Areal, Spinnereien, Backsteinbrennereien, Waffenschmieden und eisenverarbeitende Stätten und bot zeitweilig 20 000 Menschen Arbeit.

Nach dem 1857 fehlgeschlagenen Putsch gegen die Königin musste Jean Laborde fliehen und das Land verlassen, da Ranavalona I. davon überzeugt war, dass er in diesen Putschversuch verwickelt war. Kurz darauf zerstörten die Arbeiter auf ihre Anordnung hin die Fabriken. Nach der Kolonialisierung legten die Franzosen dann an dieser Stelle im Jahr 1936/37 einen Stausee an, wobei ein großer Teil der ehemaligen Industrieanlagen im Wasser versank.

Heute ist der Lac Mantasoa insbesondere an Wochenenden ein beliebtes Ausflugsziel für die Hauptstädter. Um den See zu erkunden, eignet sich am besten eine Bootstour (S. 38). Zudem ist Angeln sehr beliebt. Daneben bieten die Hotels am See sportliche Aktivitäten wie Tennis, Basket- und Volleyball an (Infos auf www.mantasoa.com).

Schlafen

Kolonialer Charme

Le Domaine de L' Hermitage: Das gemütliche Hotel stammt aus der späten Kolonialzeit und bietet Bootsfahrten und Reitausflüge an. Es verfügt über 32 Zimmer, Restaurant, Bar und Billard. Zudem gibt es einen Campingplatz.

Mantasoa, T 020 42 660 54, 032 44 149 09, www.ermitagehotel-mg.com, batoivre@moov.mg, €–€€

Beliebt

Mantasoa Lodge: Haupthaus und modern eingerichtete Bungalows, direkt am See.

Mantasoa, T 020 42 660 85, 034 10 087 23, www.mantasoalodge.com, €

Aussicht

Le Chateau du Lac: Mit Bootsverleih.

Oberhalb des Sees, www.lechateaudulac.org, €

Bewegen

Wassersport

Bootstouren: Ruderboote für Touren auf dem See kann man bei den oben genannten Hotels leihen. Der Stausee ist recht unübersichtlich und hat viele Seitenarme, daher ist es wichtig, sich die Strecke gut einzuprägen.

Madagascar Exotic Park

K/L 15

Unweit des Ortes **Mandraka** befindet sich ein privater Park (Réserve Peyrieras) der gleichnamigen Familie, auch bekannt unter dem Namen Madagascar Exotic Park. Ursprünglich als Schmetterlingsfarm in den 1980er-Jahren gegründet, spezialisierten sich die Betreiber später auf Reptilien und Amphibien. Der Biologe Francois Le Berre (Neffe des Besitzers) betrieb hier Mitte der 1990er-Jahre Forschungen zu diversen madagassischen Chamäleonarten. Den Besuchern bietet der Park heute eine gute Gelegenheit, die Vielfalt der madagassischen Reptilienwelt kennenzulernen. Im Wald hinter dem Park leben einige zahme, hier ausgesetzte Lemuren (Sifakas).

Tgl. 8–17 Uhr, Eintritt 20 000 MGA plus Kosten für den Führer (20 000 MGA mit Sifaka-Wald, 10 000 MGA ohne Sifaka-Wald)

Moramanga

L 15

Die Stadt Moramanga, 115 km östlich der Hauptstadt und an der Bahnstrecke Antananarivo–Toamasina gelegen, hat rund 32 000 Einwohner. Der Ortsname bedeutet ›billige Mangos‹. Geschichtlich hat die Stadt einige Bedeutung für die Madagassen. Am 29. März 1947 begann von Moramanga aus der madagassische Aufstand gegen das französische Kolonialregime. Dieser wurde von den Franzosen in wenigen Monaten brutal und blutig niedergeschlagen. Am Bahnhof befindet sich heute ein Denkmal, das an die Toten des Aufstandes erinnert.

Gendarmerie-Museum

In Moramanga befindet sich das bisher wenig bekannte Gendarmerie-Museum. Es zeigt unter anderem neben alten Fahrzeugen auch Waffen vergangener Zeiten. Außerdem informiert das Museum über den Kolonialaufstand vom 29. März 1947. Auf vergilbten Fotos werden die historischen Ereignisse wieder lebendig. Die Aufnahmen dokumentieren aber auch sehr schön, wie sich das Leben der Madagassen in den vergangenen Jahrzehnten verändert hat.

Di–So 9–17 Uhr, Eintritt ca. 1,20 €

Infos

- **Bahn:** Es gibt momentan keine Zugverbindung zwischen Antananarivo und Moramanga. Auf dem Streckenabschnitt Moramanga –Toamasina verkehren zweimal wöchentlich Passagierzüge (hin Mo und Do, zurück Di und Fr, Fahrzeit rund 10 Std.). In Moramanga beginnt auch die im Jahr 1920 gebaute, 167 km lange Bahnlinie Richtung Norden zum Lac Alaotra (T 020 568 24 71, hin Mi und Sa 10.30 Uhr, zurück Do und So 7 Uhr, Fahrzeit jeweils 6 Std., Fahrpreis 3–5 €).
- **Taxi-Brousse:** Überlandbusse fahren regelmäßig von der Busstation in Moramanga auf der RN 44 bis Ambatondrazaka (ca. 4 Std.). Dort in einen Bus nach Andreba umsteigen. Die Busse fahren dann in der Regel weiter entlang des Sees bis Andilamena, 40 km nördlich des Lac Alaotra.

Abstecher zum Aloatra-See

L 12/13

Der See liegt ca. 170 km nördlich von Moramanga und ist über die Nationalstraße RN 44 zu erreichen. Auf dem Weg dorthin wirkt die hügelige Landschaft, deren Höhen meist mit Gras bewachsen sind, zuweilen karg. Doch hin und wieder tauchen vor allem Richtung Osten Reste des Regenwaldes auf. Das am See gelegene **Andreba,** etwa 30 km oberhalb der Stadt **Ambatondrazaka,** ist die vorletzte Station der Bahnlinie nach Toamasina.

Das Gebiet um den See gehört zu den wichtigsten Reisanbaugebieten Madagaskars. Im Südsommer erstrahlen die zahlreichen Reisfelder in einem unglaublich intensiven Grün. Am Ufer des Sees befindet sich ein durch die örtliche Gemeinde in Zusammenarbeit mit der Naturschutzorganisation Madagascar Wildlife Conservation geführter Naturpark. Im Bereich des **Parc Bandro** lebt u. a. der vom Aussterben bedrohte Aloatra-Bambuslemur (Erw. 4 €, www.madagascar-wildlife-conservation.org).

Schlafen, Essen

Sehr einfach

Camp Bandro: Schön beim See gelegenes Camp mit einfachen Zimmern und einem Zeltplatz, Essen auf Bestellung, weitere Restaurants in Andreba.
Reservierung unter T 020 26 347 87, 034 10 147 60, contact@madagascar-wildlife-conservation.org, €

H

EIN BISSCHEN HISTORIE

Die Geschichte von Andasibe beginnt 1907 unter dem Namen Perinét, als die Eisenbahngesellschaft hier ein Lager anlegte. Nach Fertigstellung der Bahnstrecke entstanden ein Bahnhof sowie ein Umschlagplatz für Holz und Graphit, zwei wichtige Rohstoffe der Gegend. 1936 wurde ein größeres Bahnhofsgebäude errichtet, das Buffet de la Gare, bis 1993 das einzige Hotel weit und breit. Es wurde 2016 geschlossen, doch inzwischen gibt es viele neue Unterkünfte in dieser Gegend.

Bewegen

Birdwatching am Wasser

Kanutour: Organisiert vom Bandro-Park und dem Camp Bandro (s. oben). Mit einem Kanu können Sie geruhsam die ufernahen Bereiche und ihre Vogelwelt erkunden. Kanutour bis 1,5 Std. ca. 4 €.

Parc National Analamazaotra

26 km östlich von Moramanga und etwa 2 km abseits der RN 2 liegt der kleine Ort **Andasibe (Périnet),** Ausgangspunkt für einen Besuch von Madagaskars bekanntestem und ältestem Schutzgebiet: dem Parc National Analamazaotra. Gut damit verbinden lässt sich ein Abstecher in den Parc National Mantadia (s. S. 43).

Vielfalt sondergleichen

Das ursprüngliche Reservat Analamazaotra wurde 1908 als erstes Waldschutzgebiet Madagaskars gegründet, um einen Teil des östlichen Regenwaldes zu bewahren. Bei dem auf einer Höhe zwischen 900 und 1100 m gelegenen, rund 810 ha großen Areal handelt es sich heute allerdings um Sekundärwald. Die einstigen Urwaldriesen haben die Franzosen bereits in den 1930er-Jahren abgeholzt. Über die Jahrzehnte hinweg hat sich der Wald regeneriert und besteht nun zumeist aus mittelgroßen Laubbaumarten.

1970 bekam das Gebiet aufgrund des dort lebenden seltenen Indri (s. S. 41) den Status eines Spezialreservats (Réserve Spéciale d'Analamazaotra).

Auf Pirsch im Analamazaotra-Nationalpark: Hier gibt es die seltenen Indris zu sehen, außerdem 112 Vogelarten.

1989 wurde der Parc National Andasibe-Mantadia geschaffen, und Ende der 1990er-Jahre wurde das Spezialreservat zunächst in diesen eingegliedert und 2015 als eigenständiger Nationalpark wieder ausgegliedert. Analamazaotra umfasst heute ein Gebiet von 26,5 km² mit 1200 Pflanzenarten. Im Jahr 2014 wurden zwei Lemurenarten, die es in Analamazaotra nicht mehr gab, wieder angesiedelt. Drei Gruppen der wunderschönen Diadem-Sifaka *(Propithecus diadema)* und einige Schwarzweiße Vari *(Varecia variegata)*.

Indri & Co.

Der im Nationalpark Analamazaotra lebende Indri wird von den Madagassen Babakoto genannt und ist die größte heute noch lebende Lemurenart. Die mit einem plüschigen Fell ausgestatteten Tiere leben in kleinen Familiengruppen, bestehend aus jeweils einem Männchen, einem Weibchen und ihrem Nachwuchs. Das meist einzelne Jungtier wird nach einer knapp fünfmonatigen Tragezeit geboren. Die Indris ernähren sich hauptsächlich von Blättern heimischer Baumarten. Diese Tatsache sowie ihre Stressanfälligkeit sind der Grund dafür, warum es früher nicht gelang, diese Lemuren in menschlicher Obhut zu halten. Indris kennen drei unterschiedliche Kommunikationsschreie: den Paarungsruf, den Warnruf und den Territorialruf. Letzterer ertönt vor allem in den Morgenstunden und hat einen recht mystischen Klang. Mehrere Familiengruppen im Park sind an Menschen gewöhnt und sehr gut zu beobachten.

Außerdem leben hier 20 weitere Säugetierarten, die jedoch selten zu sehen sind. Zu den 112 Vogelarten des Nationalparks gehören u. a. der Rotstirn-Coua und die Blaue Madagaskartaube. Des Weiteren kommen eindrucksvolle 135 Reptilien- und Amphibienarten vor. Die größte ist die Madagaskar-Baum-

TOUR
Ein Wald voller Schrauben

Wanderung im Wald des Analamazaotra-Nationalparks

Infos

L 15

Start/Ziel: Eingang Parc National Analamazaotra (s. S. 40)

Länge: ca. 6 km

Dauer: 3–4 Std., bei intensiver Tierbeobachtung länger

Der Analamazaotra-Nationalpark eignet sich sehr gut für Wanderungen und Lemurensichtungen. Mehrere Touren von unterschiedlicher Länge werden angeboten, die alle beim **Parkeingang** beginnen. Einige Hundert Meter hinter dem Eingangsbereich, jenseits der Brücke über einen kleinen Fluss, befindet sich eine **Fischzuchtstation** für endemische Arten.

Von dort zweigen die Wege der verschiedenen Routen in den sekundären Regenwald ab. Der **Indri-2-Trail** führt von der Lichtung der Fischzuchtanlage eine Anhöhe hinauf in den Wald und folgt zunächst dem **Indri-1-Trail.** Entlang des Weges sind die auch im Sekundärwald typischen madagassischen Regenwaldpflanzen zu sehen wie Schraubenpalmen und Farnbäume. In diesem Gebiet besteht eine gute Möglichkeit, die größte Lemurenart zu beobachten: die in einen dichten, schwarz-weißen Pelz gehüllten Indris. An einer Gabelung zweigt der Indri-1-Trail links ab, der Indri-2-Trail geht geradeaus weiter.

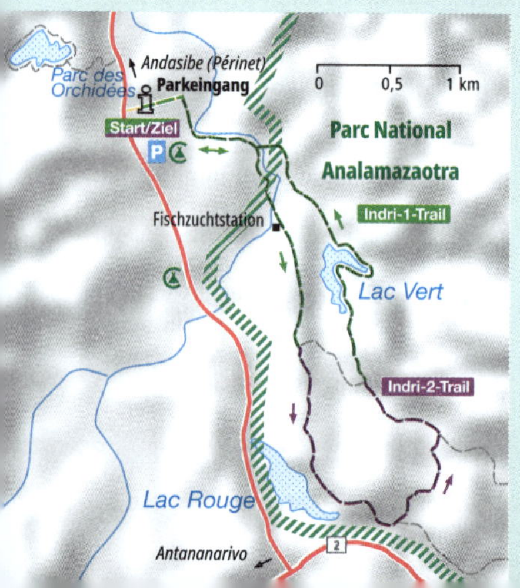

Nach etwa 2 km führt der Indri-2-Trail nach Norden und in einem Bogen zum **Lac Vert** (›grüner See‹). Entlang des romantischen Gewässers wachsen Farnbäume, durch die ab und an Reiher, Rallen und Eisvögel am See zu sehen sind. Dort bestehen auch gute Chancen, den Östlichen Bambuslemur *(Hapalemur griseus)* zu entdecken.

Am See trifft der Weg wieder auf den Indri-1-Trail, der über zwei Holzbrücken zurück zum Ausgangspunkt der Wanderung führt.

boa *(Sanzinia madagascariensis)*. In einem nur kleinen Sumpfgebiet des Parks lebt das von einem deutschen Biologen entdeckte Goldfröschchen *(Mantella aurantiaca)*.

Parc National Mantadia

L 15

Der 1989 gegründete Nationalpark hat eine Fläche von 150 km². Sein Gebiet befindet sich nördlich von Andasibe und ist über die Straße zur Vakona Lodge gut zu erreichen. Mantadia verfügt zum Teil noch über primären Regenwald, in dem auch einige Arten zu finden sind, die es in Analamazaotra nicht mehr gibt. Im Südwinter, vor allem bei Regen, kann es in beiden Parks recht frisch werden, die Tagesdurchschnittstemperatur beträgt ca. 18 °C.

Schlafen, Essen

Komfortabel

Vakona Lodge: Vakona ist der madagassische Name der hier weit verbreiteten Schraubenpalme, die im Nationalpark zu finden ist. Die Lodge liegt mitten in einem Eukalyptuswald. Das Restaurant mit Kamin und gutem Essen befindet sich auf Stelzen in einem kleinen See. Die Bungalows sind im Halbrund um diesen See angeordnet. Zur Lodge gehören eine Lemureninsel und ein kleiner Park mit Krokodilen (Eintritt Hotelgäste 3 €, sonst 5 €).

Ca. 4 km hinter Andasibe Richtung Mantadia, T 020 22 624 80, www.hotelvakona.com, €€–€€€

Naturnah

Eulophiella Lodge: Die Bungalows der Lodge liegen sehr ruhig am Waldrand. Gutes Restaurant, Nachtwanderungen werden angeboten.

1 km vor der RN 2 Abzweigung nach Andasibe rechts ab (ausgeschildert), knapp 6 km Piste bis zur Lodge, T 020 22 242 30, 032 07 567 82, www.eulophiella.com, €–€€

Viel Raum

Andasibe: 20 geräumige und stilvoll eingerichtete Bungalows mit großem Bad gruppieren sich um einen Pool.

Etwas außerhalb des Ortes, T 034 14 326 27, www.andasibehotel-resto.com, €€

Idyllisch

Feon ny ala: Der Name des Hotels bedeutet ›Stimme des Waldes‹. 30 Bungalows mit Blick auf einen kleinen Waldsee direkt am Reservat. Mit Glück werden Sie morgens bereits von den Rufen der Indris geweckt.

200 m nach der Abzweigung von der RN 2 auf der rechten Seite, T 020 56 832 02, €

Ortsnah

Mikalo: Die sechs großen Bungalows liegen am Wald, nur wenige Gehminuten vom Bahnhof entfernt.

Nähe Bahnhof, T 034 11 696 92, mikalo.andasibe@yahoo.fr, €

Modern

Mantadia Lodge: Stilvolle Bungalows mit Blick auf den Wald.

Nördl. des Ortes, T 034 051 00 42, www.mantadialodge.com, €€

Infos

Das **Parkbüro** des Nationalparks mit **Museum** ist Ausgangspunkt der Wanderungen, es liegt an der Straße zwischen dem Abzweig von der RN 7 und Andasibe (tgl. 7–18 Uhr, Eintritt 45 000 MGA plus Guide-Gebühren ab 20 000 MGA je nach Wanderung). Der Eingang zum eigentlichen Mantadia-Wald liegt ca. 17 km östlich von Andasibe, an der (privaten) Straße Richtung Vakona Lodge.

- **Bahn:** Per Bahn von Moramanga und Toamasina aus zu erreichen, zurzeit Di und Sa.
- **Taxi-Brousse:** Zwischen Antananarivo und Toamasina verkehren regelmäßig Überlandbusse. Von der Nationalstraße dann zu Fuß weiter zum Park bzw. zum Ort Andasibe. Von Andasibe aus gibt es regelmäßige Busverbindungen nach Moramanga. Dort kann man nach Antananarivo umsteigen.

Nordöstlich der Hauptstadt

Die Nationalstraße RN 3 führt in nordöstlicher Richtung aus Antananarivo hinaus. Zunächst passieren Sie auf der Fahrt Stadtteile mit zunehmenden Kleinstadtflair. Dann trennen immer öfter größere Reisfelder die einzelnen Stadtteile, bis hinter der Stadtgrenze die Siedlungen einen dörflichen Charakter annehmen. Die unterwegs in den Blick geratenen schönen Villen zeigen, dass dies eine bevorzugte Wohngegend wohlhabender Bürger ist.

Ilafy

J 15

Rund 10 km außerhalb der Stadt liegt auf der rechten Seite der RN 3 der kleine Ort Ilafy. Hier hatte einst der Hova-Klan Tsimiamboholahy seinen Sitz. Während der Monarchie repräsentierten die Hova, deren Großfamilien sich in Klans formierten, die gehobene bürgerliche Kaste der Merina. Einige ausgewählte Hova-Klans, deren Mitglieder beim Militär und in der Verwaltung des Reichs hochrangige Ämter bekleideten, dienten zugleich der Machtsicherung des jeweils herrschenden Königs. Ein kleines **Museum** zeigt eine Auswahl an Gegenständen des alltäglichen Lebens sowie Exponate zur religiösen und politischen Geschichte (Di–So 10–16 Uhr, Eintritt ca. 1,10 €).

Ambohimanga

J 15

Von der RN 3 zweigt bei Kilometerpunkt 16 links eine Straße zum 5 km entfernten Ambohimanga ab (ausgeschildert). Der 1468 m hohe ›blaue Hügel‹, so die deutsche Übersetzung des Namens, war einst der Herrschersitz der Könige des gleichnamigen Merina-Reiches. Die Erhebung ragt aus einer ländlichen Idylle mit Bauernhäusern und Feldern empor und ist durch seine teilweise bewaldeten Flanken schon von Weitem als grüner Hügel zu erkennen. Die auf ihm errichteten Palastgebäude, der erste entstand bereits im 15. Jh., befinden sich auf einem kleinen Plateau unterhalb der Hügelspitze und sind daher aus der Entfernung nicht zu erkennen.

Der letzte König von Ambohimanga, ein Herrscher namens Andrianampoinimerina (1788–1810), eroberte die Nachbarreiche und zog zu guter Letzt von seinem angestammten Hügel hinunter nach Antananarivo. Seitdem diente der Berg von Ambohimanga als eine Art Sommerresidenz der Könige von Antananarivo.

Zimmer mit Ausblick

Am Fuße des Hügels existiert noch ein originales **Eingangstor** von 1787. Dieses wurde allabendlich durch einen daneben platzierten riesigen rundlichen Stein verschlossen. Das königliche Areal oben auf dem Hügel ist von einer hohen **Schutzmauer** umgeben. Auf dem Platz davor, dem **Fidasiana,** steht links ein großer, über 460 Jahre alter den Madagassen heiliger Ficus-Baum, unter dem

Eine riesige Steinplatte verschloss im 18. Jh. allabendlich das Eingangstor von Ambohimanga.

einst die Ankündigungen des Königs verlesen wurden.

Auf dem Areal innerhalb der Palastmauer, das durch zwei Tore zugänglich ist, befinden sich mehrere Gebäude. Der originale **Holzpalast** von König Andrianampoinimerina thront zentral in der Mitte. Unter Königin Ranavolona I. erbaute man 1871 links daneben die zweistöckige **Sommerresidenz.** Im Erdgeschoss befand sich der Empfangs- und Speisesaal, oben lagen Schlaf-, Bade- und Ankleidezimmer. In einem ebenfalls zweistöckigen Anbau nutzte man den unteren Raum als Gästezimmer, den oberen als königliches Arbeitszimmer. Von dort hat man einen herrlichen Blick in die Landschaft.

Im Reich der Toten

Oberhalb des neueren Palastes kann man eine kleine Hütte besichtigen, die den Königsfamilien als **Totenhaus** (Tranomanara) diente. Davor liegt der eingezäunte **Friedhof** mit Opferstelle. Alle dort beerdigten Mitglieder der königlichen Familie wurden 1897 von den Franzosen nach Antananarivo überführt. Mehr als 100 Jahre später hat man Anfang 2009 die ursprünglichen Grabhäuser des Friedhofs wieder aufgebaut.

Dem Totenhaus am nächsten steht das **Grabhaus von König Andrianampoinimerina,** daneben ein größeres **Doppelgrabhaus** für seine Vorgänger Andriambelomasina (1730–70) und Andriantsimitoviaminandriana (1710–30). Neben dem Doppelgrabhaus wiederum gibt es ein kleineres **Grabhaus für die Mütter und Angehörigen der Könige.**

Gleich rechts neben den Grabhäusern befindet sich das **Bad der Königin** (kleines Becken) und das **Bad des Königs** (großes Becken). Ein Weg führt außen an der Palastmauer entlang weiter nach oben. Von einem kleinen felsigen Platz aus hat man einen schönen Blick auf die Hauptstadt Antananarivo. Ambohimanga ist seit dem Jahr 2000 als UNESCO-Weltkulturerbe ausgewiesen.

Infos

- **Eintritt:** tgl. 9–16.45 Uhr, 15 000 MGA (ca. 3,80 €)
- **Anfahrt:** Mit einem Taxi-Brousse vom Stadtteil Ambodivona aus zu erreichen (ca. 0,50 €), mit dem normalen Taxi etwa 20 € für Hin- und Rückfahrt.

Anjozorobe

K 14

Die kleine Stadt liegt rund 75 km nordöstlich der Hauptstadt und markiert den Endpunkt der RN 3. Sie ist von Antananarivo aus mit einem Taxi-Brousse in 2,5 Std. einfach zu erreichen. In der Nähe befindet sich das **Reservat Anjozorobe-Angavo.** Eine Piste unterhalb der Stadtverwaltung führt zum Reservat und zu den Unterkünften. Das Reservat selbst schützt ein 410 km² großes Gebiet mit einem der letzten Überreste des madagassischen Hochland-Regenwaldes. Die Vegetation ist allerdings eine sekundäre, weswegen die Bäume allesamt nicht sehr hoch sind.

Für den Besucher des Parks ist dies ein großer Vorteil, denn es erleichtert die Beobachtung von Tieren. Mit etwas Glück gibt es eine Reihe interessanter Arten zu sehen. Unter den zehn Lemurenarten, die in dem Reservat heimisch sind, kann man beispielsweise den schönen Diadem-Sifaka oder ein Exemplar des Schwarz-weißen Indris entdecken. Die Wege beginnen bei den beiden Lodges. Die besten Chancen, Tiere zu sehen, bieten sich, wenn man am frühen Morgen startet. Darüber hinaus werden Nachtwanderungen zum Beobachten nachtaktiver Tiere angeboten.

Schlafen, Essen

Naturnah

Saha Forest Camp: Zehn Bungalows an einem Hang sowie Restaurant mit Terrasse und Blick auf den Regenwald. Das Camp wird von der NRO Fanamby geführt, die auch Gemeindeprojekte im Zusammenhang mit dem Reservat leitet. Touren in den Wald und zu den Projekten werden angeboten.

9 km Pistenstraße von Anjozorobe (ausgeschildert), T 020 22 312 10, s.rajaobelina@fanamby.org.mg, www.sahaforestcamp.mg. €€

Bewegen

Wandern

Waldreservat Anjozorobe-Angavo: Wanderungen mit Führer kosten ca. 5 €/Pers., Nachtwanderung ca. 3 €/Pers. mit Möglichkeiten, verschiedene Lemuren und Reptilien zu sehen. Die Tiere sind allerdings noch nicht sehr an Menschen gewöhnt. Die Wandertouren sind recht einfach, die Höhenunterschiede gering.

Nördlich der Hauptstadt

Die kaum befahrene Nationalstraße RN 4 führt in nördlicher Richtung aus Antananarivo heraus. Sie ist die Hauptverbindungsstraße in den Nordwesten und Norden Madagaskars, allerdings im späteren Verlauf nicht immer in einem guten Zustand.

Die Landschaft des nördlichen Hochlands prägen zahllose Hügel und ebenso zahllose, wie eingestreut wirkende große, blanke Granitfelsen. Durch den Jahrhunderte andauernden Kahlschlag sind die einstigen Hochlandwälder fast vollständig verschwunden. In den Tälern befinden sich Felder für den Anbau von Reis und Gemüse. Die grasbewachsenen Hänge bieten den Zebu-Rindern Nahrung.

Die RN 4 führt zunächst 375 km nach Norden bis Ambondromany, biegt dann nach Westen und endet nach weiteren ca. 155 km in Mahajanga (Mahjunga) an der Westküste (s. S. 205). Weiter nach Norden gelangt man von Ambondromany aus auf der RN 6 bis hinauf nach Antsiranana (Diego-Suarez, s. S. 174).

Die Wasserfälle von Farahantsana J 15

Madagaskars zweitlängster Fluss Ikopa fließt in Ost-West-Richtung und sein Wasser führt über etliche Fälle und Stromschnellen. Die höchsten Wasserfälle sind mit 37 m die von Farahantsana. Sie befinden sich in der Nähe der Ortschaft **Mahitsy,** die an der RN 4 etwa 34 km nördlich der Hauptstadt liegt. Beabsichtigt man den Besuch der abseits gelegenen Fälle, sollte man in Mahitsy nach einem Führer fragen. Oberhalb des Ortes gibt es des Weiteren ein **Benediktinerkloster,** und auf einem Hügel in der Umgebung betreibt die Deutsch-Madagassische Gesellschaft seit 2000 ein Wiederaufforstungsprojekt (www.dmg-ev.org).

Ankazobe J 14

Ankazobe, die nächstgelegene Ortschaft zur Réserve Spéciale Ambohitantely (s. rechts), liegt etwa 95 km nördlich von Antananarivo und wird von der RN 4 in zwei Teile zerschnitten. In dem ruhigen Hochlandstädtchen gibt es keinerlei touristische Einrichtungen. Ein Markt bietet aber die Möglichkeit, Grundnahrungsmittel einzukaufen.

Réserve Spéciale Ambohitantely J 14

Eingebettet in die Hügellandschaft des madagassischen Hochlandes befindet sich etwa 140 km nördlich der Hauptstadt und 30 km von Ankazobe entfernt das Ambohitantely-Spezialreservat. Es erstreckt sich östlich der RN 4 auf einer Fläche von mehr als 5600 ha auf Höhen zwischen 1300 und 1660 m (Mont Ampasandoaka) und schützt einen der letzten noch verbliebenen Hochland-Regenwälder. Diese sind allerdings nur noch in einzelnen, immer wieder von Grasland unterbrochenen Parzellen vorhanden. Dadurch wirken sie wie dunkelgrüne Oasen, die den heutigen Besucher daran erinnern, wie es hier einmal vor dem Eingriff des Menschen ausgesehen hat. Die reine Waldfläche des Reservates macht etwa 1600 ha aus.

Der Wald selbst weist eine große Fülle von Tier- und Pflanzenarten auf. Unter den 17 Säugetierarten sind z. B. der Braune Maki *(Eulemur fulvus),* der Östliche Wollmaki *(Avahi laniger)* und der Braune Mausmaki *(Microcebus rufus).* Zudem leben 70 Vogelarten in diesem Reservat, u. a. die Madagaskarweihe *(Circus macrosceles)* und der seltene Schopfibis *(Lophotibis cristata).* Außerdem gibt es 34 Reptilien- und Amphibienarten, darunter die winzigen Erdchamäleons *(Brookesia sp.).* Bei den Pflanzen (insgesamt sind 35 Pflanzenfamilien vertreten) ist die winterharte Madagaskar-Königspalme *(Dypsis decipiens)* besonders verbreitet.

Keine Kühe, sondern Lemuren queren an manchen Stellen Madagaskars die Straßen – bitte langsam fahren!

Das Naturschutzgebiet wird als Schulungsstätte für Mitarbeiter des Ministeriums und für Studenten der Biologie genutzt. Es verfügt aber über keine touristische Infrastruktur. Campingausrüstung und Nahrungsmittel müssen daher selber mitgebracht werden.

Schlafen

Im Reservat gibt es drei **Campingplätze** mit Toiletten und Duschen (€).

Infos

- **Eintritt:** tgl. 8–17 Uhr, 45 000 MGA (ca. 11,50 €), Parkführer bis 2 Std. 5000 MGA (ca. 1,30 €), darüber 8000 MGA (ca. 2 €), T 033 01 958 04. Es gibt mehrere Wanderwege, Dauer 2–5 Std. Das Reservat wird seit 1996 durch das Nationalpark-Management (MNP) verwaltet.
- **Anfahrt:** Auf der RN 4 bei Kilometerpunkt 125 liegt das Dorf Firarazana. Dort befindet sich ein Pistenabzweig, der zum 15 km entfernten Reservat führt.
- **Taxi-Brousse:** Von der Bushaltestelle in Antananarivos Stadtteil Vassacos gibt es tgl. Verbindungen nach Ankazobe. Von dort fahren Busse weiter nach Norden, steigen Sie im Dorf Firarazana aus. Für die 15 km bis zum Reservat benötigen Sie zu Fuß 3 Std.

Waldreservat Sohisaka

J 14

Sechs Kilometer nördlich von Firarazana befindet sich ein weiteres, kleines Reservat. Das 33 ha große Sohisaka-Naturreservat ist Teil des **Ankafobe-Waldes,** einem kleinen Rest des schwindenden Hochland-Regenwaldes. Das Schutzgebiet wird vom Botanischen Garten Missouri/USA geleitet und wurde wegen einer akut vom Aussterben bedrohten endemischen Pflanzenart dort etabliert. Der Sohisaka-Baum *(Schizolaena tampoketsana),* benannt nach seinem madagassischen Namen, gehört zu den Malvenartigen Gewächsen; von ihm gibt es nur noch 160 wildlebende Exemplare, die Hälfte davon wächst in diesem Reservat. Der Laubbaum mit seinen kräftigen, mittelgroßen Blättern trägt kirschbaum-ähnliche weiße Blüten.

Maevatanana H 11

An der RN 4, 194 km nördlich von Ankazobe und sechs bis sieben Fahrstunden von Antananarivo entfernt, liegt Maevatanana. Die rund 25 000 Einwohner zählende Stadt am Ikopa-Fluss ist die Hauptstadt der Region Betsiboka, eines Gebietes, das sich von Mahatsinjo im Süden bis Ambondromamy im Norden erstreckt und vom Beveromay-Plateau (1300 m) im Osten bis zum Ankara Plateau (500 m) im Westen reicht. Mit durchschnittlich acht Einwohnern pro Quadratkilometer ist es eine der am dünnsten besiedelten Regionen Madagaskars.

Die Franzosen gründeten die Stadt etwa auf halbem Wege zwischen Antananarivo und Mahajanga. Im Zentrum weist noch ein Grabmal auf die einstigen Kolonialherren hin. Der 300 m hoch gelegene Ort zählt zu den Inlandsstädten mit den höchsten Tagesdurchschnittstemperaturen auf Madagaskar. Im Südsommer werden zuweilen 37 °C erreicht.

Im Umland der Stadt pflanzt man hauptsächlich Reis, aber auch Süßkartoffeln und Tabak an. Oft halten die Taxis-Brousses zwischen Antananarivo auf ihrer Fahrt nach Mahajanga in Maevatanana, damit Fahrer und Reisende eine Pause zum Mittagessen einlegen können. Es gibt keine touristischen Einrichtungen, nur einige einfache Restaurants und eine Tankstelle. Die Abzweigung nach Mahajanga (s. S. 205) liegt 90 km weiter nördlich.

Westlich der Hauptstadt

Die RN 1 verlässt Antananarivo im Südwesten. Sie ist die erste ausgebaute Asphaltstraße Madagaskars und führte ursprünglich zum alten Flughafen der Stadt bei **Arivonimamo.** Von dort sollte sie bis zur Westküste führen. Diese Pläne wurden allerdings nie realisiert. Die Nationalstraße endet heute auf halber Strecke in **Tsiroanomandidy,** ca. 210 km westlich der Hauptstadt.

Lemurs Park J 15

Beliebt bei den Hauptstädtern ist ein Ausflug in den 22 km außerhalb von Antananarivo liegenden Lemurenpark. Auf dem 5 ha großen Gelände werden neun Lemurenarten in Freianlagen gehalten und bieten hervorragende Möglichkeiten, schöne Bilder von den Tieren in ›natürlicher‹ Umgebung zu machen. Zudem wachsen 50 verschiedene Pflanzenarten im Park. Ein Restaurant und ein Shop sorgen für das leibliche Wohl der Besucher (Menü 42 000 MGA). Der private Park engagiert sich auch in pädagogischer Hinsicht und bietet Naturkundeunterricht für Kinder an. Transfer vom Carlton Hotel zum Park (9–14 Uhr, nur nach Anmeldung, T 033 112 52 59, 120 000 MGA inkl. Eintritt).

T 020 22 234 36, www.lemurspark.com, tgl. 9–17 Uhr, Eintritt 35 000 MGA

Antongona

J 15

Etwa 30 km außerhalb der Hauptstadt kann man einen ehemaligen Königssitz der Merina-Antongona besichtigen. Kurz vor Erreichen des Ziels zweigt beim Dorf **Imerintsiatosika** eine schlechte Piste ab (Allrad erforderlich, oder zu Fuß weitergehen), die zum 1500 m entfernten **Antongona** führt. Das Dorf liegt zwischen zwei Hügeln, Ambohibato im Osten und Ambohirandrana im Westen. Der große Granitfelsen, der die Spitze des westlichen Hügels bildet, ragt 200 m über Antongona empor. Von dort genießt man eine wunderbare Aussicht. Auf dem Felsen befinden sich zwei kleine hölzerne Königshäuser und ein Grab. Das Dorf Antongona, gegründet unter König Ralambo (1575–1610), war die Hauptstadt des Reiches Ambodirano, bis dieses Ende des 18. Jh. von König Andianampoinimerina erobert und in sein Reich integriert wurde. Seit 1982 ist der ehemalige Königssitz Museum.

www.tourisme-antananarivo.com, Di–So 9–16 Uhr

Ampefy

H 15

Seit Langem ist die Region um Ampefy an Wochenenden ein beliebtes Ausflugsziel für die Hauptstädter. Über eine gute Asphaltstraße ist das Gebiet mit dem Auto in 2,5 Std. zu erreichen. Die Abzweigung an der RN 1 zur RN 43 befindet sich in **Analavory,** von dort sind es noch 10 km bis Ampefy.

Beim kleinen **See Mahiatrondro** (›dürrer Fisch‹) zweigt der Weg zu den **Lily-Wasserfällen** (Chutes de la Lily) ab. Die Fahrzeit über die staubige Piste bis zum Parkplatz (Parkgebühr 0,40 €) dauert nur 15 Minuten. Von dort sind es gerade einmal 100 m bis zu dem schönen und während bzw. nach der Regenzeit höchst eindrucksvollen Wasserfall. Auf einer Breite von ca. 25 m stürzt das Wasser über eine Felskante 12 m in die Tiefe. Über einzelne Felsen ist es möglich, von unten recht nahe an den Fall heranzukommen, die Gischt macht dies allerdings zu einem etwas feuchten Vergnügen. Nach dem Wasserfall schlängelt sich der Fluss, an dessen Ufer einige Bananenstauden wachsen, durch eine grasgrüne Hügellandschaft.

Ampefy selbst ist ein kleiner, aber netter Hochlandort mit typischen roten Backsteinhäusern. Bei einem Spaziergang entlang der Hauptstraße bis zum kleinen Markt bekommen Sie einen Eindruck vom Alltagsleben der Merina.

Hinter Ampefy befindet sich der **Vulkansee Itasy.** Der Hauptstraße aus dem Ort folgend wird das Dorf **Antanimarina** erreicht, von dort biegen Sie links zum See ab. Der auf einer Höhe von fast 1800 m liegende Itasy-See ist 9 km lang und gehört zu den größten Binnenseen Madagaskars. Er wird von zwei Flüssen gespeist, der Fluss Lily entspringt aus ihm. Sein Wasser ist durch die Sedimente der Erosion recht trübe, die flachen Ufer sind kaum bewachsen. Der See ist durchschnittlich 4 m tief, die tiefste Stelle liegt 10 m unter dem Wasserspiegel. Auf einem Hügel, der sich wie eine Halbinsel in den See zieht, steht auf einem hohen runden Sockel eine Marienstatue – sie soll die absolute Mitte Madagaskars markieren. Von dort haben Sie einen schönen Blick über den See. Die hügelige Landschaft ringsrum ist leider weitestgehend abgeholzt und hat Feldern und Grasbewuchs Platz gemacht. Achtung: Auf das Schwimmen im See sollten Sie wegen Bilharziose verzichten!

Schlafen

Praktisch

Kavitaha: Das angenehme, seit 1930 bestehende Hotel, verfügt über saubere Zimmer, ein Restaurant und einen Pool. Direkt im Ort gelegen.

T 034 10 459 70, www.hotelkavitaha.com, kavitaha.ampefy@gmail.com, €

Idyllisch

Auberge La Terrasse: Im Gartenbereich des Hotels hinter der Hauptstraße gibt es vier saubere, im madagassischen Stil eingerichtete Bungalows mit je einem Doppelzimmer und zwei Familienbungalows mit je zwei Doppelzimmern. Am See Kavitaha liegen wunderschön vier Doppelzimmer in Bungalows mit eigener Terrasse.

An der Hauptstraße, schräg gegenüber dem gleichnamigen Restaurant, T 020 48 840 28, 032 07 167 80, www.ampefy.com, €

Einfach

Auberge Bellevue: Einfaches Gästehaus mit Zimmern und Bungalows, Restaurant, südlich des Ortes gelegen.

RN 43, T 034 06 118 21, www.auberge-belle-vue.com, €

Essen

Madagassisch & international

La Terrasse: Überdachte Terrasse.

An der Hauptstraße, T 020 48 840 28, laterrasse.ampefy@moov.mg, €

Am See

L'Eucalyptus: Idyllisch an einem kleinen See hinter Ampefy gelegen. Madagassische und europäische Küche.

T 032 022 75 17, €

Ampefy schmiegt sich ans Ufer des kleinen Sees Kavitaha – idyllischer kann ein Ort kaum liegen!

Klein, aber fein

Au bout du Monde: Kleines Restaurant mit einfachen Gerichten.
Beim Lily-Wasserfall, €

Italienisch

Lily Pizza: Mini-Pizzeria beim Parkplatz des Lily-Wasserfalls.
T 033 18 939 38, €

Geysir von Andranomandraotra H 15

Zurück auf der RN 1 lohnt ein Abstecher zum Geysir von Andranomandraotra. Von **Analavory** an der RN 1 bis zur Abzweigung zum Geysir sind es etwa 4,5 km. Von dort fahren Sie über eine gute Pistenstraße an Papayaplantagen entlang bis zum 25 Minuten entfernten Parkplatz (Parkgebühr 0,40 €, Eintritt 1 €). Von dort sieht man den Geysir bereits. Aus mehreren Öffnungen spritzt kalk- und mineralhaltiges Wasser an die Oberfläche. Kalkablagerungen haben an einigen Stellen wunderschöne, in Beigetönen leuchtende glatte Felsen entstehen lassen.

Tsiroanomandidy G 15

Eingebettet in eine sanfte Hügellandschaft liegt die Stadt am Ende der ausgebauten RN 1, 120 km von Ampefy und vier bis fünf Fahrstunden von Antananarivo (210 km) entfernt. Landesweite Bekanntheit verschafft der Stadt mit ihren ca. 36 000 Einwohnern der größte

Der farbenprächtige Geysir von Andranomandraotra bei Ampefy ist den Abstecher unbedingt wert!

Rindermarkt Madagaskars. Hunderte, oft auch Tausende von Zebus kommen zusammen und stehen zum Verkauf. Ein guter Teil wird von Zwischenhändlern später bis in die Hauptstadt getrieben. Die Stadt bietet ansonsten keine Sehenswürdigkeiten. Ein Besuch der überdachten Markthalle mit ihrem bunten Treiben ist aber lohnenswert. In der Stadt werden aus den Wurzeln des Grases Vetiver *(Vetiveria zizanioides)* Tierfiguren, Hüte und Körbe gefertigt, indem die Wurzeln in bestimmter Weise geflochten und gebunden werden. Die von einer Hilfsorganisation iniziierte Produktion kann besichtigt werden. Historisch gesehen erzielte der Ort eine gewisse Bedeutung, als Merina-König Radama I. hier im Jahre 1822 die Schlacht gegen König Ramitraho vom Sakalava-Reich Menabe gewann und damit einen großen Schritt in Richtung auf die Gesamtherrschaft über Madagaskar tätigte.

Schlafen

Sauber

Relais du Bongolava: Bestes Hotel vor Ort, dennoch recht einfach, mit Gemeinschaftsbad. Insgesamt zehn saubere, recht kleine Zimmer.

T 032 05 191 19, €

Einfach

Manambolo: Einfaches Hotel mit kleinen Zimmern und Restaurant.

Südl. der Hauptstraße, €

Feiern

- **Rindermarkt:** Zum bekannten Markt von Tsiroanomandidy werden die zum Verkauf stehenden Zebus der gesamten Region getrieben. Er findet jeden Mi und Do auf einem großen Platz etwas abseits des Zentrums statt.

DURCH DIE WILDNIS PADDELN

Ein außergewöhnliches Erlebnis bietet eine Bootstour auf dem **Manambolo.** Ein möglicher Startpunkt ist **Tsiroanomandidy,** wobei man zunächst vom dortigen Flughafen nach **Ankavandra** fliegt (ca. 30 Min.). Dort werden die Kanus bestiegen, und die 3- bis 5-tägige Bootstour nimmt ihren Lauf. Einzigartig sind die Landschaften und Dörfer, die fernab der Straßen nur vom Fluss aus erlebt werden können sowie die Bademöglichkeiten in romantischen Naturbecken. Übernachtet wird in Zelten. Infos zu Touren u. a. auf www.tanalahorizon.com (s. S. 216).

Infos

- **Flug:** Die Stadt verfügt über einen Flughafen mit Verbindungen nach Antananarivo und weiteren Westküstenstädten (je nach Flugplan).
- **Auto:** Die Weiterfahrt auf der Straße ist wegen der schlechten Pisten praktisch unmöglich.

Manambolo-Fluss G 14

Der Manambolo entspringt 130 km westlich von Antananarivo und gehört zu den größten und wichtigsten Flüssen Westmadagaskars. Über weite Strecken ist er mit dem Boot befahrbar. Rund 70 km vor seiner Mündung in den Kanal von Mosambik durchfließt er die spektakuläre Manambolo-Schlucht. Auf den Sandsteinfelsen sind mit etwas Glück Lemuren zu entdecken (s. Kasten).

Das Hochland

Kunstvoll angelegte Reisterrassen — schmiegen sich in die Hügellandschaft des Hochlands und vermitteln einen Hauch von Südostasien. Dazwischen als Farbkontraste rote Backsteingebäude und graue Felsen.

Seite 75

Fianarantsoa

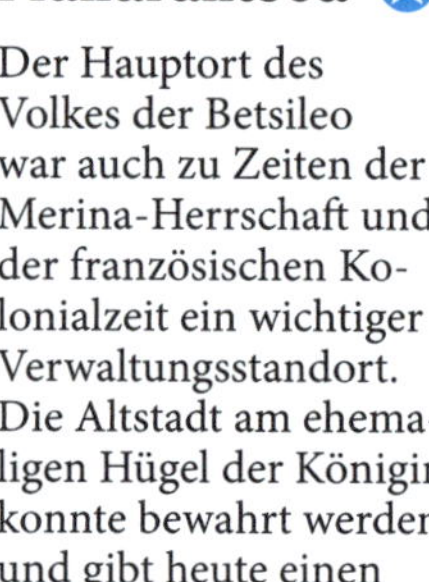

Der Hauptort des Volkes der Betsileo war auch zu Zeiten der Merina-Herrschaft und der französischen Kolonialzeit ein wichtiger Verwaltungsstandort. Die Altstadt am ehemaligen Hügel der Königin konnte bewahrt werden und gibt heute einen guten Eindruck davon, wie das Leben in der Stadt der vergangenen zwei Jahrhunderte ausgesehen hat. Die engen Gässchen führen vorbei an kleinen Kirchen und alten Stadthäusern, und zwischendurch geben die Häuserlücken einen herrlichen Blick auf die Stadt und die hügelige Landschaft ringsherum frei.

Lemuren entdecken im Regenwald von Ranomafana

Eintauchen

Seite 84

Papierwerkstatt von Ambalovao

Die Antaimoro lernten als erstes Volk Madagaskars von den Arabern die Herstellung von Papier. In Ambalavao wird dieses Papier noch mit traditionellen Techniken hergestellt – und Besucher können dabei zusehen.

Seite 72

Radtour von Ranomafana nach Manakara

Als herrliche Strecke für eine Radtour bietet sich die RN 25 zwischen dem Ranomafana-Nationalpark und dem Ort Manakara an der Ostküste an.

Seite 82

Moulin Rouge

Alteingessener Nachtclub in Fianarantsoa. Eine der wenigen Möglichkeiten im Hochland, am späten Abend auszugehen.

Seite 57

Auf den Tsiafajavona

Madagaskars dritthöchster Gipfel, der 2642 m hohe Tsiafajavona bei Ambatolampy, bietet eine gute Gelegenheit, die Bergwelt des Hochlandes zu erkunden.

Seite 78

Im Bummelzug durch den Dschungel

Die Bahnfahrt von Fianarantsoa im Hochland nach Manakara an der Ostküste führt vorbei an abgelegenen Dörfern mitten durch den Regenwald. Ein außergewöhnliches Erlebnis – Madagaskar pur.

Seite 67

Holzschnitzer von Ambositra

Die kleine Volksgruppe der Zafimaniry führt in Ambositra die Tradition der kunstvollen Holzbearbeitung weiter.

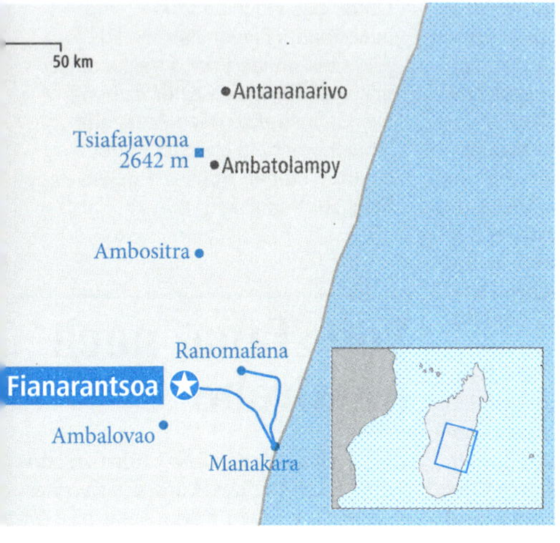

Auf den Hauptrouten des Hochlandes ist man bei selbst organisierten Reisen am besten mit einem Buschtaxi (Taxi-Brousse) unterwegs.

n Dorf Ranomafana befindet sich in Thermalbad aus kolonialzeitlichen agen. Der Pool bietet besonders ach einer Wanderung im Regenwald es Ranomafana-Nationalparks wohlende Entspannung (s. S. 73).

Zwischen Reisterrassen und sanften Hügeln

D

Das Hochland ist eine durch zahlreiche Hügel geprägte Landschaft im Zentrum Madagaskars. Es erstreckt sich vom Alaotra-See und dem Beveromay-Plateau im Norden bis nach Ambalavao im Süden. Im Osten bilden die Berge und Schluchten der Ostküstenkante seine Grenze, während es nach Westen hin langsam ausläuft. Dazwischen liegen teils ausgedehnte Reisfelder, auf denen das Grundnahrungsmittel der Madagassen angebaut wird. Zur Vergrößerung der Anbauflächen sind viele der Felder an den Hängen der Hügel im Terrassenbau angelegt worden. Die Hügel selbst sind vielerorts nur mit Gras bewachsen und dienen als Weideland für die Zebus (Buckelrinder).

Der im Hochland früher heimische Wald wurde bereits vor Generationen gerodet und das Holz als Bau- und Feuerholz verwendet. Mancherorts finden sich zur heutigen Holzgewinnung Wiederaufforstungen mit Eukalyptus- und Nadelbäumen. Durch die zeitweilige Holzknappheit lernten die Bewohner die Herstellung von Backsteinziegeln, aus denen seit dem 19. Jh. ein Großteil der Häuser im Hochland erbaut wurden, die bis heute die ländlichen Regionen prägen.

O

ORIENTIERUNG

Infos: ORTVA (Region Antsirabe), Rue Maréchal Foche, Antsirabe, T 020 44 961 86, www.antsirabe-tourisme.com; ORTF (Region Fianarantsoa), Fianarantsoa, T 034 085 70 84, ortfianara@yahoo.fr.
Anreise und Weiterkommen: Durch das Hochland führt die gut ausgebaute Nationalstraße RN 7. Alle Orte entlang der Strecke sind mit Taxis-Brousses zu erreichen. Die Bahnstrecke nach Antsirabe ist nicht mehr in Betrieb. In den Städten stehen Pousse-Pousse und Taxis zur Verfügung.

Von ›Tana‹ nach Antsirabe

Die Nationalstraße RN 7 führt in südlicher Richtung aus Antananarivo heraus. Nach einigen Kilometern passiert man den unter Diktator Ratsiraka in den 1980er-Jahren erbauten **Präsidentenpalast von Iavoloa,** der architektonisch dem Rova (Palast der Königin) nachempfunden ist. Neben dem offiziellen Präsidentenpalast in der Oberstadt von Antananarivo diente das Gebäude auch den nachfolgenden Präsidenten als Zweitsitz.

Etwa nach einer Fahrstunde erreicht man den direkt an RN 7 liegenden **Anamalanga-Park,** einen Freizeitkomplex mit Bungalows, Restaurant und verschiedenen Sporteinrichtungen. Dort verbringen madagassische Familien gerne ihr Wochenende.

Ambatolampy

J 16

Die kleine Stadt ist der erste größere Ort nach Antananarivo (70 km) und Zentrum der Aluminium-Verarbeitung. Ambatolampy liegt, wie der Name (›Ort der Felsen‹) verrät, am Fuß des **Ankaratra-Massivs.** Der 30 000 Einwohner zählende Ort ist seit Jahrzehnten für seine Restaurants bekannt. Zahlreiche Hauptstädter besuchen die Stadt am Wochenende, um hier frischen Fisch, Flusskrebse oder Froschschenkel zu essen. Für Wochenendausflügler ebenfalls interessant sind Wandertouren zum dritthöchsten Berg Madagaskars, dem **Tsiafajavona** (2642 m). Von dort oben genießt man einen herrlichen Blick auf die grüne Berglandschaft.

Musée de la Nature

Etwa 2 km außerhalb der Stadt liegt ein kleines naturkundliches Museum, dessen Besuch vor allem jene interessieren wird, die sich für die Vielfalt der madagassischen Insektenwelt interessieren. Besonders die große Sammlung an heimischen Schmetterlingen ist sehenswert.

T 020 42 492 64, tgl. 8–17 Uhr, Eintritt 10 000 MGA

Schlafen, Essen

Rustikal

Manja Ranch: Eine in ruhiger Lage. Zelten ist möglich.

Transportkarren Marke Eigenbau

In der beschaulichen Kleinstadt Antsirabe schaltet man automatisch einen Gang herunter …

Ca. 2 km außerhalb der Stadt (Mandrevondry), T 033 11 993 70, bijouxline@yahoo.fr, €

Backstein & Holz

La Pineta: Hotel im traditionellen Stil.
Nähe Hauptstraße, T 020 424 93 02, €

Im Zentrum

Rendezvous de Pécheurs: Madagassische und europäische Speisen in rustikalem Ambiente, netter Service. Das Lokal ist besonders mittags stets gut besucht. Es stehen auch einige einfache Zimmer zum Übernachten zur Verfügung.
Direkt an der Hauptstraße gelegen, T 032 050 98 43, €

Bewegen

Wandern

Auf den Tsiafajavona: Der 2642 m hohe Basaltberg liegt ca. 20 km westlich von Ambatolampy. Um sich über eine Piste dem Berg zu nähern, ist ein Allradfahrzeug erforderlich. Die Hotels vor Ort organisieren Touren und vermitteln Führer.

Tsinjoarivo K 16

Von **Ambatolampy** aus lohnt sich ein Abstecher zur ehemaligen Residenz der Königin Rasoherina, die etwa 45 km südöstlich davon liegt. Eine Piste führt über **Antsampandrano** nach **Tsinjoarivo,** wo man nach ca. 3,5 Fahrstunden den aus mehreren Gebäuden bestehenen Komplex erreicht, ein Wärter führt Sie herum. Von dort haben Sie einen fantastischen Blick in die Umgebung und auf die gegenüberliegenden **Wasserfälle des Onive** (tgl. 8–16 Uhr, Eintritt in Form von Trinkgeld für den Wärter).

Antsirabe

H/J 17

Rund 170 km südlich der Hauptstadt liegt Antsirabe (»viel Salz«) auf einer Höhe von 1550 m und ist mit ihren ca. 245 000 Einwohnern die höchste Großstadt Madagaskars. Im Südwinter wird es in Antsirabe sehr kalt, wobei die Temperaturen nachts bis zum Gefrierpunkt sinken können. Aber auch im Südsommer sind die Nächte oft recht frisch. Antsirabe ist von vier erloschenen Vulkanbergen umgeben, dem **Famoizankova** (2367 m) im Norden, dem **Itogafeno** (2202 m) im Westen, dem **Ibity** (2240 m) im Süden und dem **Vontovorona** (2054 m) im Osten.

Geschichte

Die zweitgrößte Stadt der Merina verdankt ihre Gründung den Wasserquellen, die hier auch heute noch sprudeln. Königin Ranavalona II. entdeckte die Quellen für sich und nutzte das dort für sie errichtete Bad während ihrer Erholungsaufenthalte an den nahe gelegenen Kraterseen. Zur Stadt entwickelte sich der Ort allerdings erst, als sich hier 1872 norwegische Missionare niederließen und eine Missionsstation mit Schule gründeten. Später wurde Antsirabe wegen des vorherrschenden gemäßigten Klimas sehr geschätzt, viele Franzosen etwa hatten hier ein Wochenendhaus und gaben der Stadt den Beinamen ›Vichy Madagaskars‹.

Heutzutage ist Antsirabe ein wichtiger Wirtschaftsstandort, befinden sich doch hier die größte Getreidemühle und die größte Brauerei des Landes (THB-Bier). Des Weiteren gibt es eine große Textilfabrik (Cotona) und einige milchverarbeitende Betriebe.

Stadtspaziergang

Wenn während der Kolonialzeit die überwiegend französischen Europäer für einige Tage in die Stadt kamen, reisten sie von der Hauptstadt aus mit dem Zug an. Nach ihrer Ankunft am prachtvollen **Bahnhof** ❶ wurden die Besucher mit einer Kutsche oder einem Pousse-Pousse über die Prachtallee hinüber zum Hôtel des Thermes gebracht. Von dort war es nur ein kurzer Spaziergang hinunter zum Thermalbad oder hinüber zur katholischen Kathedrale. Auch wenn die Bahnlinie zwischen Hauptstadt und Antsirabe heute stillgelegt ist und der Reisende nicht mehr unbedingt vom Bahnhof aus die Stadt erkunden muss, sind die damaligen Wege und die Atmosphäre noch gut nachvollziehbar. Die Fassade des Bahnhofs etwa präsentiert sich noch immer im Glanz kolonialzeitlicher Architektur; allerdings haben die Villen entlang der Prachtallee ihre gute Zeit schon länger hinter sich.

Im Zentrum der Allee stehen zwei **Denkmäler** ❷ – eines stellt die 18 ethnischen Gruppen Madagaskars dar, das andere wurde zu Ehren der Nationalhymne (»Fahaleovantena«) errichtet. Am Ende dieser Allee erhebt sich wie eh und je das 1897 im kolonialen Stil errichtete **Hôtel des Thermes** 2. Auch das schöne Hotelgebäude hat schon bessere Tage gesehen, aber der Charme der großzügigen Anlage lässt die mittlerweile renovierungsbedürftigen Zimmer vergessen. Dem Hotel zu Füßen liegt das ebenfalls aus der Kolonialzeit stammende **Thermalbad** ❸ (Centre Thermal). In dem schmucken Gebäude sind Zimmer mit Badewannen ausgestattet, sodass jeder Gast sein privates Bad mit Heilwasser nehmen kann.

Der Hauptstraße Avenue Mal Foch nach Süden folgend, liegt auf der linken Seite die katholische **Kathedrale Notre**

Dame de la Salette ❹. Der helle Steinbau verfügt über eine imposante Front, die mit kleinen Türmchen verziert ist. Auf der höchsten Spitze befindet sich ein eisernes Kreuz. Die architektonische Gestaltung des Kircheninneren erinnert an einen Basilikagrundriss. Zwei Reihen mit sieben Säulen, verbunden durch zugespitzte Rundbögen, tragen den Oberbau. Im Inneren fallen die schönen Glasfenster auf. Die zweigeteilten Glaskunstwerke zeigen Szenen biblischer Geschichten. Hinter der Kathedrale endet der Teil der Stadt, dessen Architektur auf die Koloni-

Antsirabe

Ansehen
1 Bahnhof
2 Denkmäler
3 Thermalbad
4 Kathedrale Notre Dame de la Salette
5 Markt

Schlafen
1 Arotel
2 Hôtel des Thermes
3 Residence Camelia
4 Imperial
5 Hasina
6 Au Geranium
7 Cercle Mess Mixte
8 Le Royal Palace

Essen
1 L' Arche
2 Le Venise
3 Manambina
4 Razafimanjy

Einkaufen
1 Chez Joseph
2 L'Artisant
3 Art en miniature

Bewegen
1 Bootstour

Ausgehen
1 Le Tahiti

---

alzeit verweist. Es folgt die madagassisch geprägte Altstadt mit ihren engen Gassen und auch der farbenfrohe **Markt** 5 lädt zu einem Bummel ein.

Schlafen

Gediegen

1 **Arotel:** Große Zimmer mit Heizung. Das dazugehörige Restaurant ist eines der besten der Stadt.

Rue Ralaimongo, T 034 500 00 00, arotel.inn@moov.mg, €–€€

Kolonialer Prachtbau

2 **Hôtel des Thermes:** Der schmucke Bau von 1897 mit seiner großen Gartenanlage und einem Swimmingpool versetzt Gäste zurück in vergangene Zeiten. Die Zimmer sind allerdings renovierungsbedürftig.

Place de l'Indépendance, T 020 44 487 62, www.sofitrans-sa.com, €–€€

Familiär

3 **Residence Camelia:** Älteres Anwesen, das sich über mehrere Gebäudeteile erstreckt, in denen sich die unterschiedlich großen Zimmer befinden. Das geschmackvoll eingerichtete Restaurant bietet sehr gutes Essen und im Garten lässt es sich herrlich sitzen, speisen und trinken.

T 020 44 488 44, camelia@simicro.mg, €

Einfach, aber zentral

4 **Imperial:** Einfaches Stadthotel in zentraler Lage. Mit Spielhalle und Disco am Wochenende.

Av. de l'Indépendance, T 034 312 85 36, imperialhotel@moov.mg, €

Zentral

5 **Hasina:** 34 unterschiedlich ausgestattete Zimmer in einem dreistöckigen Gebäude mitten im Zentrum.

Av. J. Ralaimongo, T 020 44 485 56, hotelhasina@moov.mg, €

Schlicht und gut

6 **Au Geranium:** Freudliches Gästehaus mit acht Zimmern etwas abseits der Innenstadt.

25, Route du Vélodrome, T 034 595 31 53, drlisy@yahoo.fr, €

Für Sparsame

7 **Cercle Mess Mixte:** Einfaches Hotel mit Snack-Bar, Internetcafé und Souvenir-Shop.
Av. Maréchal Foch, T 020 44 483 66, €

Modern

8 **Le Royal Palace:** Hotel mit Restaurant und Pool, freies WLAN.
Tsarasaotra, Straße nach Ambositra, T 020 44 490 40, www.leroyalpalace.mg, €

Essen

Für Feinschmecker

1 **L'Arche:** Eine Mischung aus madagassischer und französischer Küche, dazu gibt es manchmal Livemusik.
Rue Stavanger, T 032 02 479 25, €

Multikulti

2 **Le Venise:** Das Restaurant mit netter Atmosphäre hat eine schöne Terrasse zum Draußensitzen. Sehr gute Küche und nettes Personal.
Manodidina ny Gara, T 449 38 70, 033 11 411 61, restaurantlevenise@yahoo.fr, €

Man spricht deutsch

3 **Manambina:** Internationale Küche und vegetarische Gerichte.
Rte. d'Antananarivo, T 020 44 493 02, Mittags- und Abendtisch, €

Populär

4 **Razafimanjy:** Beliebtes Lokal mit madagassischen und chinesischen Gerichten.
Rue J. Ralaimongo, T 020 44 483 53, Mittags- und Abendtisch, €

Einkaufen

Edelsteine

Antsirabe ist Madagaskars Hauptstadt der Edelsteine. Dort befinden sich traditi-

Koloniales Ambiente: das Hôtel des Thermes in Antsirabe

onell die madagassischen Verarbeitungsbetriebe, denen meist auch ein Verkaufsraum angeschlossen ist. Der bekannteste ist **Chez Joseph** 1. Neben der Edelsteinschleiferei und dem Verkaufsraum sind die wichtigsten Halbedelsteine in ihrer Rohform zu bewundern.
Rue Kléber, in der Altstadt, T 020 44 483 05, Mo–Fr 8–12, 14–16, Sa 8–12 Uhr

Kunsthandwerk

2 **L'Artisant:** Der Souvenir-Shop bietet eine große Auswahl verschiedenster Kunsthandwerksarbeiten.
Av. de l'Indépendance

Stickereien

Im Hochland werden einfache, aber schöne Stickereien noch handgefertigt. In Antsirabe liegt eines der Zentren dieses Kunsthandwerks. Vor allem Tischdecken werden so verziert und von fliegenden **Händlerinnen** im Zentrum (z. B. vor dem **Arotel** 1), sowie in Souvenirgeschäften angeboten.

Blechfahrzeuge

3 **Art en miniature:** Der Künstler Mamy Rajamason beherrscht das Handwerk, aus alten Blechdosen höchst kunstvoll Autos, Fahrräder und sonstige Fahrzeuge herzustellen.
Lot 02-G-200, Parc de l'Est, T 032 42 693 00

Bewegen

Baden

3 **Thermalbad:** Das kolonialzeitliche, etwas renovierungsbedürftige Thermalbad (Centre Thermal) unterhalb des Hôtel des Thermes verfügt über ein Freibad und separate Badekabinen im Gebäude. Ein privates Bad im heißen Heilwasser ist ein interessantes Erlebnis und kostet 1 €. Außerdem werden verschiedene Massagen angeboten.
T 020 44 480 19

Bootstour

1 **Tsiribihina-Fluss:** Von Antsirabe aus ist der Ausgangspunkt Miandrivazo für Bootstouren auf dem Tsiribihina-Fluss zu erreichen. Diese herrliche Bootstour mit Zeltübernachtungen führt durch einzigartige Landschaften und eine Schlucht bis hinunter zur Mündung des Flusses in Belo sur Tsiribihina. Für die Rückfahrt ist von dort ein Transfer über eine schlechte Piste nach Morondava erforderlich. Die Bootstour dauert 3–5 Tage und ist bei mehreren Reiseveranstaltern zu buchen (Pauschalpreis für alle Tage all inclusive ca. 600 €).

Ausgehen

1 **Le Tahiti:** Eine der ältesten Discos der Stadt, die am Wochenende gut besucht ist.
Im Hotel Diamant am Nordende der Stadt, stadtauswärts links von der RN 7, T 020 44 488 40

Infos

- **Auto:** Antsirabe ist durch die RN 7 gut an die anderen Städte des Hochlandes angebunden und führt in südwestlicher Richtung bis nach Toliara (760 km). Nach Westen besteht die Möglichkeit, über die RN 34 nach Miandrivazo zu gelangen (250 km), dem Ausgangspunkt für Bootstouren auf dem Tsiribihina-Fluss. Im weiteren Verlauf endet die RN 34 bei Malaimbandy und mündet in die RN 35 nach Morondava.
- **Taxi-Brousse:** Für Überlandfahrten befinden sich am nördlichen und südlichen Ende der Stadt entlang der RN 7 die Taxi-Brousse-Stationen in die jeweilige Richtung.
- **Stadtverkehr:** Der innerstädtische Verkehr wird überwiegend mit Pousse-Pousses (Fahrrad-Rikschas) sowie einigen Taxis abgewickelt.

Die Umgebung von Antsirabe

In der Umgebung von Antsirabe befinden sich einige **Kraterseen.** Als Ausflugsziel leicht zu erreichen sind die beiden westlich der Stadt liegenden Seen Andraikiba und Tritriva. Auf der RN 34 ist nach wenigen Kilometern die Abzweigung ausgeschildert.

Andraikiba-See H 17

Bereits von den Merina-Königinnen, später dann von den Franzosen wurde der Andraikiba-See als Badesee geschätzt. An die Kolonialzeit erinnern noch alte Umkleidekabinen und ein Sprungturm. Als Ausflugsziel sind die Ufer des Andraikiba besonders an Wochenenden ein beliebter Ort, um hier ein Picknick zu veranstalten. Heute dient der See der Trinkwasserversorgung der Stadt und das Baden ist nicht mehr erlaubt.

Tritriva-See H 17

Landschaftlich reizvoller liegt der etwa 10 km weiter entfernte Kratersee Tritriva. Umgeben von einem Nadelwald, befindet er sich auf einer Höhe von 1880 m inmitten eines Vulkankegels. Für den Besuch des Sees muss Eintritt bezahlt werden (8000 MGA/2 €). Ein Führer erzählt Ihnen gerne die Legende des Sees. Diese handelt von einem König, der durch einen Traum rechtzeitig gewarnt wird und seinen auf dem Berg befindlichen Palast verlässt. Nach dem vorhergesagten gewaltigen Vulkanausbruch füllte sich der entstandene Krater mit Wasser. Dieses Wasser gilt als Geschenk des Gottes Zanahary und ist heilig, denn dieser hatte den König im Traum gewarnt.

Am gegenüberliegenden Ufer gab es bis vor wenigen Jahren zwei in sich verschlungene Bäume, die allerdings bei einem Zyklon 2005 ins Wasser stürzten. Auch zu den Bäumen erzählt man sich eine Legende, die Geschichte einer verbotenen Liebe. Das junge Paar (Ravolahanta und Rabenoro), dessen Eltern die Verbindung strikt untersagten, sieht keinen Ausweg mehr und stürzt sich in den See. An genau der Stelle, an der die beiden ertranken, wuchsen zwei ineinander verschlungene Bäume, die ewige Liebe des Paares symbolisierend. Es gibt einen Weg um den schönen See, der Spaziergang dauert etwa eine Stunde.

Ambositra J 18

Ambositra ist auf der RN 7 von Norden kommend der erste größere Ort der Betsileo. Diese ethnische Gruppe, heute die drittgrößte Volksgruppe Madagaskars, ist wie die Merina asiatischer Abstammung und für ihre kunstvoll angelegten Reisterrassen bekannt. Einer Legende nach wurden sie einst von einer Prinzessin der Antaimoro in das fruchtbare Hochland geleitet. Dort gründeten sie, mit den Merina vergleichbar, ab dem 16. Jh. kleine Königreiche.

Die Betsileo gelten als tüchtige Bauern. Neben Reis werden Taro, Maniok und Gemüse angepflanzt. Zudem halten die Familien einige Haustiere wie Zebus, Schweine, Hühner und Enten. Ähnlich wie die Merina führen auch die Betsileo bei ihren Toten regelmäßig ›Umbettungszeremonien‹ (Famadihana) durch.

Lieblingsort

Urig und gemütlich

Ambositra (J 18) ist eine Kleinstadt mit besonderem Flair. Die **Hauptstraße** wird von alten Backsteinhäusern gesäumt, in denen sich urige Läden befinden. Entlang der Straße bieten zahlreiche Verkäufer ihre Waren an. Und trotz aller Geschäftigkeit ist die Stadt ein gemütlicher Ort geblieben, in dem es stets Zeit für einen netten Plausch gibt.

Die Stadt Ambositra liegt auf einer Höhe von 1345 m und hat etwa 34 000 Einwohner. Als wichtiges Zentrum der Betsileo war sie im 18. Jh. Sitz ihres Königs. Doch Anfang des 19. Jh. wurde die Stadt noch unter dem Merina-König Andrianampoinimerina von dessen Sohn Prinz Rakoto, dem späteren König Radama I., erobert und dem Merina-Reich zugeschlagen.

Heute ist Ambositra das Zentrum der Holzschnitzer, was auch an der Nähe zum kleinen Volk der Zafimaniry liegt, jenem in den nahen Bergwäldern lebenden Volksstamm, der über Jahrhunderte die Kunst der Holzschnitzerei auf Madagaskar verfeinerte. Die Dörfer der Zafimaniry mit ihren wunderschönen, durch Schnitzereien verzierten Hütten sind in einem Tagesausflug von Ambositra aus zu besuchen.

Kloster Notre Dame

Die zahlreichen roten Backsteingebäude sind typisch für die Bauweise der Städte des Hochlands. Auffällig ist das große **Benediktinerkloster,** in dem ausländische Missionare auf ihren Aufenthalt in Madagaskar vorbereitet werden und u. a. die heimische Sprache Malagasy lernen.

Rova Ambositra (Tompon' Anarana)

Der ehemalige Sitz des Betsileo-Königs liegt auf einem Hügel etwas außerhalb der Stadt. Eine kurze Wanderung von etwa 40 Minuten führt vom Stadtrand auf den Hügel. Schöner ist allerdings der Weg durch die Reisfelder zum Rova-Hügel, der etwa 1,5 Std. in Anspruch nimmt. Lokale Führer (ca. 25 000 MGA, 6,50 €) sind über jedes Hotel in Ambositra zu bekommen.

Hat man den Hügel erreicht, führt ein Weg über Steinstufen zu einem kleinen Vorplatz. Dort befindet sich ein Fels, der über eine Treppe zu besteigen ist. Der König liebte diesen Ort und zog sich dorthin zum Fanoronaspielen zurück – einem traditionellen madagassischen Brettspiel für zwei Personen.

An einem rechteckigen Platz weiter oben stehen zwei Königshäuser. Eines war für den König selbst, das zweite für seinen engsten Berater bestimmt. Vor einigen Jahren brannte eines der beiden Häuser nieder und wurde 2009 durch einen Nachbau ersetzt. Auf der gegenüberliegenden Seite befindet sich das Grab des Königs. Links daneben eine neuere Grabstätte von 1988, in die Mitglieder der Königfamilie umgebettet wurden. Im Königshaus können historische und nachgebildete Gebrauchsgegenstände aus der royalen Zeit der Betsileo besichtigt werden.

Schlafen

Gemütlich

Motel Violette: Nette Unterkunft, vermietet werden acht Zimmer sowie einige Bungalows.

Madiolahatra, am südlichen Ortseingang, T 020 47 710 84, motel-violette@moov.mg, €

Traditionell

L'Artisan Hotel: Das Hotel hat einen Garten mit fünf Bungalows im Stil der königlichen Häuser der Zafimaniry. Deren Zimmer sind etwas klein, haben aber wunderschöne Holzschnitzereien. Größer sind die Familienhäuschen. Daneben gibt es DZ in zwei separaten Häusern. Frühstück ab 1,90 €. Angeschlossen ist ein gutes Restaurant (Menü ca. 5,50 €).

Manarintsoa, T 032 51 996 09, artisan_hotel@yahoo.fr, €

Rustikal

Nambinina Hotel: Abseits der Hauptstraße gelegen mit schönem Blick auf die Umgebung der Stadt. Kleines Hotel mit wenigen Zimmern, die aber nett und sauber im rustikalen Holzstil eingerichtet sind. Es gibt kein Restaurant, Frühstück auf Anfrage.

Nähe Palast de Justice (ausgeschildert), T 034 13 504 73, hotelnambinina@yahoo.fr, €

Einfach

Jonathan Hotel: Stadthotel mit insgesamt 12 sauberen Zimmern (mit TV). Das Restaurant hat eine recht umfangreiche Speisekarte.

Est-Vinany, gegenüber Jovenna-Tankstelle, T 032 07 019 72, 033 21 600 05, www.hoteljonathan.com, €

Großer Name, kleines Hotel

Grand Hotel: Das im Jahr 1912 gebaute Hotel war einst eine Institution in der Stadt und wurde vor mehreren Jahren renoviert.

Rue du Commerce, T 034 027 12 62, €

Essen

Die Stadt hat nur sehr einfache Restaurants zu bieten. Am besten essen kann man in den Hotels.

Einfach & Gut

Tanamasoandro: Nett eingerichtetes Lokal mit preiswerten madagassischen und europäischen Speisen.

Atsinanavinany (RN 7 Richtung Süden), T 020 47 713 65, €

Einkaufen

Alles aus Holz

Holzschnitzereien: Es gibt mehrere Holzwerkstätten in Ambositra, zum Beispiel gegenüber dem Grand Hotel. Alle haben ein angeschlossenes Geschäft, wo eine Auswahl an Schnitzereien angeboten wird. Traditionell sind Nachbildungen von Grabstelen oder Haushaltsutensilien. Daneben gibt es günstig schöne Einlegearbeiten aus Holz.

Bewegen

Ausflug

Dörfer der Zafimaniry: Eine schlechte Straße führt von Ambositra nach Osten Richtung **Antoetra.** Im Hauptort der Zafimaniry gibt es nicht mehr viele traditionelle Häuser, dafür aber etliche sehenswerte Holzwerkstätten. Die Holzkunst der Zafimaniry wurde 2003 in die UNESCO-Liste des immateriellen Kulturerbes der Welt aufgenommen. Von Antoetra aus können zu Fuß noch traditionelle kleine Zafimaniry-Dörfer erreicht werden, z. B. das nächstgelegene **Ifasina** (1,5 Std.) oder **Sakaivo-Nord** (2 Std.). In Antoetra gibt es zwei einfache Hotels (z. B. Papa Velo Backpackers).

Infos

- **Taxi-Brousse:** Überlandbusse fahren nach Norden über Antsirabe bis nach Antananarivo (RN 7). Nach Nordosten besteht eine Verbindung (RN 41) ins 35 km entfernte Fandriana. Von dort kommen Sie mit einem Taxi-Brousse über die RN 42 nach Antsirabe. Diese Busse fahren vom Busbahnhof an der nördlichen Ausfahrt (RN 7) der Stadt ab. Die Busse nach Süden bis Fianarantsoa (RN 7) und nach Westen (RN 35) über Ivato und Ambatofinandrahana nach Morondava (440 km) starten vom Busbahnhof an der südlichen Ausfahrt (RN 7) der Stadt.
- **Stadtverkehr:** In der Innenstadt stehen Pousse-Pousses für die Fortbewegung zur Verfügung (ca. 1 €).

Lemur Forest Ialatsara

J 19

Von Ambositra 84 km weiter südlich auf der RN 7 wird der **Wald von Ialatsara** mit dem Lemur Forest Camp erreicht. Seit 2002 schützt eine private Initiative den 2000 ha großen Wald. Die eine Hälfte besteht aus Naturwald, die andere wurde wieder aufgeforstet. Der von einigen Bächen durchzogene Wald gehört bereits zum östlichen Bergregenwald und liegt auf einer Höhe von etwa 1500 m. Charakteristisch sind seine zahlreichen Epiphyten (Aufsitzerpflanzen) wie Orchideen oder der Nestfarn, stellenweise gibt es dichtes Unterholz.

Auf einem Spaziergang kann man mit etwas Glück Lemuren wie z. B den Edwards-Sifaka beobachten (insgesamt gibt es sechs Lemurenarten) oder eines der hier heimischen Chamäleons. Das unterstützungswürdige private Waldschutzprojekt ist ein idealer Ort, um abseits der bekannten Nationalparks die Pflanzenvielfalt des Regenwalds und dessen Tiere zu erkunden.

Schlafen

Naturnah

Lemur Forest Camp: Die großen Zelte sind unter einem Holzdach mit Veranda platziert.

RN 7 zwischen Ambositra und Fianarantsoa, nächstgrößerer Ort ist Ambohimahasoa, T 033 11 671 69, iade@moov.mg, €

Infos

- **Eintritt:** 7 €, Guide für geführte Waldtouren (1–4 Pers.) 9 € (mehrere Wanderwege von 2–4 Std.).

Parc National de Ranomafana

J 19

Der Gründung des Nationalparks im Jahr 1991 ging eine kleine zoologische Sensation voraus. Zwei Forscher (eine Amerikanerin und ein Deutscher) entdeckten eine bis dato gänzlich unbekannte größere Säugetierart – ein in den vergangenen Jahrzehnten nur noch höchst selten vorkommendes Ereignis – und dokumentierten erstmals die Begegnung mit einem Goldenen Bambuslemuren. Eigentlich befanden sich die beiden Wissenschaftler unabhängig voneinander auf der Suche nach dem jahrzehntelang nicht mehr gesehenen Großen Bambuslemuren, von dem man befürchtete, dass er ausgestorben sei. Bei den Expeditionen im Regenwald von Ranomafana stießen die beiden zuerst auf den Goldenen Bambuslemuren und etwas später auf die verschollen geglaubte Art.

Mit Unterstützung der amerikanischen Entwicklungshilfe wurde das Gebiet unter Schutz gestellt und der Ranomafana-Nationalpark gegründet. Er umfasst eine Fläche von 416 km² und schützt den Bergregenwald der Ostküste bis hinauf auf eine Höhe von 1417 m. Insgesamt entspringen hier 29 Flüsse, und auch die jährliche Regenmenge von 3000 mm ist beachtlich (zum Vergleich: in Essen sind es 934 mm). Die Jahresdurchschnittstemperatur beträgt gemäßigte 18–20 °C.

Mensch und Natur im Einklang

Mit der Gründung des Nationalparks versuchten Entwicklungsorganisationen gleichzeitig mit den Menschen in

Idylle im Ranomafana-Nationalpark

den umliegenden Dörfern zusammenzuarbeiten und sie über den Grund der Schutzbemühungen aufzuklären. Nicht zuletzt wollte man ihnen Wege aufzeigen, wie sie vom Park profitieren können – etwa durch neue Arbeitsplätze im Tourismus oder auch den Verkauf von Nahrungsmitteln und Kunsthandwerk bzw. handgefertigten Gebrauchsgegenständen.

Den Nationalpark umgibt eine 3 km breite Pufferzone, in der ca. 27 000 Menschen leben. Von den Eintrittsgeldern der Besucher fließen 50 % in Projekte, die der dort lebenden Bevölkerung zugute kommen. Eine wichtige Fördermaßnahme richtet sich gezielt an Angehörige der relativ kleinen Ethnie der Tanala. Diese ist in einem Bergregenwaldgebiet ansässig, das sich im Norden zwischen Ambositra und Nosy Varika und im Süden bis Farafangana erstreckt. Da die Tanala traditionell Wanderfeldbau durch Brandrodung betreiben, schult man sie im Hinblick auf andere Methoden der Landwirtschaft.

Die Tierwelt

Der Nationalpark beherbergt eine eindrucksvoll vielfältige Tierwelt, im Einzelnen sind dies 43 Säugetier-, 115 Vogel-, 62 Reptilien-, 98 Amphibien-, sechs Fisch- und 115 Schmetterlingsarten. Hauptattraktion einer Wanderung durch den Regenwald sind sicherlich die dort lebenden 12 Lemurenarten, u. a. gibt es Edwards-Sifakas, Rotstirnmakis und den Östlichen Grauen Bambuslemur. Mit etwas Glück sieht man auch ein Exemplar der beiden seltenen Arten, für die der Park berühmt wurde: den Goldenen Bambuslemur und den noch selteneren Großen Bambuslemur. Von

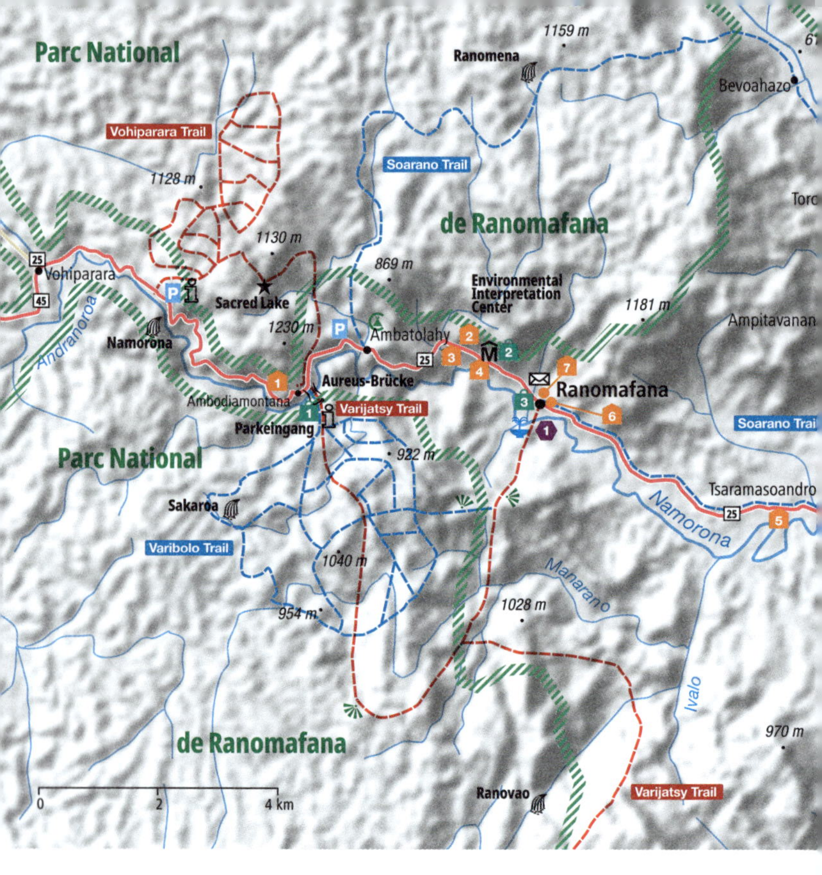

Letzterem sind lediglich acht Familienverbände im Wald bekannt. Er gehört damit zu den fünf am stärksten vom Aussterben bedrohten Primatenarten. Eine der Gruppen ist gut an Menschen gewöhnt und lebt im Gebiet jenseits der Brücke am Parkeingang.

Wanderungen

Der Hauptwanderweg **Varibolo Trail** beginnt am Parkeingang und führt über eine Brücke auf die andere Seite des Flusses Namorona. Dort gabelt sich der Weg mehrmals, sodass die Führer die Route nach den zeitlichen Vorstellungen der Besucher ausrichten können. Zugleich bestimmen die momentanen Aufenthaltsorte der verschiedenen Lemurenarten die Wahl der Pfade. Während der Hochsaison sind in diesem Bereich des Parks mitunter sehr viele Wandergruppen gleichzeitig unterwegs. Daher ist es gut zu wissen, dass es zum Varibolo-Wegesystem mittlerweile Alternativen gibt.

Der **Soarano Trail** beginnt einige Kilometer oberhalb des Parkbüros am Dorf Ambatolahy und endet in Tsaramasoandro südöstlich von Ranomafana. Die gesamte Rundwanderung dauert 3–4 Tage, die Wanderung kann auch als

Parc National de Ranomafana

Schlafen, Essen
1 Setam Lodge
2 Centrest Séjour
3 Domaine Nature
4 Forest Australe
5 Cristo Hotel
6 Ihary
7 Thermal

Einkaufen
1 Parkshop
2 Museumsshop
3 Markt

Bewegen
1 Thermalbad Ranomafana
2 Mahakaty Reserve

Hin- und Rückweg von/bis Ambatolahy als Tageswanderung gestaltet werden.

Der **Vohiparara Trail** ist insbesondere für Vogelliebhaber interessant. Er beginnt von Ranomafana aus gesehen 1,2 km vor dem Dorf Vohiparara. Verschiedene, relativ einfache Routen dauern zwischen einer und drei Stunden. Sie führen vorbei an kleinen Bächen durch ausgedünnten Primärwald. Für geübte Wanderer ist eine Verlängerung als Tagestour (8 Std.) über den Andranofady-Pfad möglich.

Der Ort Ranomafana

Der Nationalpark leitet seinen Namen von dem Dorf Ranomafana ab, dessen Thermalbad seit Ende des 19. Jh. ein beliebter Ausflugsort für Europäer war. Im Jahr 1880 wurden die warmen Thermalquellen entdeckt und der Ort bekam seinen Namen »Warmes Wasser« (Ranomafana). Einige Jahre später hat man durch den Bau eines Bades Besuchern die Möglichkeit gegeben, in dem als Heilwasser deklarierten Nass zu baden. Für die Gäste, die meist übers Wochenende von Fianarantsoa herüberkamen, wurde eigens ein Hotel errichtet, das **Station Thermal.** Viele Jahre war das marode Gebäude geschlossen, nach langer und umfassender Renovierung wurde das Hotel schließlich wiedereröffnet. Dann wird nur noch die Fassade einen Eindruck von der Architektur der frühen Kolonialzeit vermitteln. In dem etwa 2000 Einwohner zählenden Dorf befinden sich ein Markt sowie einige kleine Geschäfte und Restaurants. Einen Besuch lohnt das überschaubare **Museum** des Nationalparks am Ortseingang. Es informiert über den Lebensraum Regenwald, die unterschiedlichen Pflanzen- und Tierarten und stellt einige der vom Nationalpark initiierten Projekte vor.

Schlafen, Essen

Angenehm

1 **Setam Lodge:** Die komfortabelste Unterkunft im Nationalpark bietet zehn Häuser mit jeweils zwei Zimmern nebst grandioser Aussicht und ein sehr gutes Restaurant.
Buchungen über das Setam-Büro in Antananarivo, T 020 26 412 97, 032 05 324 33, www.setam-lodge.mg, setamlodge@setam-madagascar.com, €€ inkl. Halbpension

Gepflegt

2 **Centrest Séjour:** Eine herrliche Gartenanlage lädt zum Verweilen ein. Die 18

TOUR
Es rollt so schön!

Mit dem Fahrrad von Ranomafana nach Manakara

Infos

J/K 20/21

Start: Ranomafana
Ziel: Manakara
Länge: ca. 170 km
Dauer: ca. 11 Std.
Organisierte Touren: Mad Trekking in Fianarantsoa (s. S. 82) oder Madagascar Grace Tours in Antananarivo (s. S. 240)

Eine herrliche Strecke zum Fahrradfahren bietet sich zwischen dem Ranomafana-Nationalpark und der Küstenstadt Manakara an. Die asphaltierten Nationalstraßen RN 25 und RN 12 sind kaum befahren und führen meist leicht bergab, durch kleine traditionelle Dörfer und tiefgrüne Landschaften. Man sollte frühzeitig im Ort **Ranomafana** aufbrechen, sodass man die Tour an einem Tag gut bewältigen kann.

Die Hauptstraße führt in südöstlicher Richtung aus Ranomafana heraus und rechter Hand ist immer wieder der gleichnamige Fluss zu sehen. Der ursprüngliche Regenwald ist nur noch weitab der Straße zu sehen, bis zum Ort Irondro ist die Vegetation jedoch noch recht üppig. Dort angekommen, biegt man auf die RN 12 nach Manakara rechts ab. **Irondro** ist der größte Ort an der Strecke, und auf dem Markt findet sich sicherlich das ein oder andere zur Stärkung für die restliche Tour. Im weiteren Verlauf der Strecke wird die Landschaft mehr und mehr bestimmt durch von Gräsern bewachsene Hügel, aus denen vereinzelt die Ravinala ragt, wie der ›Baum des Reisenden‹ in Madagaskar genannt wird. Mit seinen gefächerten, großen Blättern ist die madagassische Nationalpflanze wahrlich ein Hingucker. Auf diesem Abschnitt bieten sich kaum noch schattige Picknickplätze. Sobald die Straße wieder parallel zur Eisenbahnlinie verläuft, wird die Landschaft flacher. Einige Kilometer vor der Küste führt die Straße auf einem langen, geraden Stück durch eine große Ölpalmplantage. Nach einer langen Tagestour wird die Küstenstadt **Manakara** erreicht.

Zimmer befinden sich im Gebäude neben dem Restaurant. Im oberen Teil des Areals gibt es acht einfache Hütten, z. T. mit eigenem Bad.

T 033 15 080 33, 034 16 524 33, centrestsejour@gmail.com, €

Naturnah

3 **Domaine Nature:** Wunderschöne Lage, die unteren Bungalows mitten im ›Dschungel‹, einige mit Blick auf den tosenden Fluss. Die neueren Bungalows mit herrlicher Aussicht auf den Regenwald liegen auf der anderen Straßenseite an einem Hügel (etliche Stufen sind zu bewältigen). Das rustikale gemütliche Restaurant befindet sich unten an der Straße.

Auf halbem Weg zwischen dem Dorf Ranomafana und dem Parkeingang, T 032 07 611 18, www.domainenaturemada.com, €–€€

Einfach & nett

4 **Forest Australe:** Das schön gelegene Hotel befindet sich oberhalb des Flusses und offeriert 18 kleine Bungalows. Strom gibt es nur begrenzt durch einen Generator (17–22 Uhr).

Auf halbem Weg zwischen dem Dorf Ranomafana und dem Parkeingang, T 033 09 873 61, 032 58 331 27, austral@netclub.mg, €

Außerhalb

5 **Cristo Hotel:** Ansprechendes Hotel mit Restaurant östlich von Ranomafana. Neben den Zimmern im Haupthaus können Sie auch einige idylisch gelegene Bungalows mit Blick auf den Fluss Namorona mieten.

Morafeno, ca. 6 km außerhalb vom Dorf Ranomafana Richtung Manakara, T 034 12 353 97, www.cristohotel.cabanova.fr, €

Einfach

6 **Ihary:** Haupthaus mit Restaurant und dahinterliegenden Bungalows.

Ranomafana, Hauptstraße, östl. Zentrum, T 033 12 857 22, iharyhotel@gmail.com, €

Historisch

7 **Thermal:** Das altehrwürdige Kolonialhotel wurde grundlegend saniert.

Am Dorfrand, T 034 755 12 26, www.thermal-ranomafana.mg, €€

Essen

In Ranomafana gibt es nur sehr einfache madagassische Restaurants. Am besten isst man in einem der Hotels, zum Beispiel im **Hotel Thermal** oder der **Domaine Nature.**

Einkaufen

Für einen guten Zweck

Park- 1 und Museumsshop 2: Am offiziellen Eingang zum Nationalpark gibt es einen kleinen Shop mit Souvenirs, der Erlös kommt Parkprojekten zugute. Das Gleiche gilt für den Shop am ehemaligen Museum am Ortseingang.

Traditionell

3 **Markt:** Auf dem Markt und dem zentralen Platz des Ortes gibt es einige Handarbeiten zu kaufen sowie die dekorativen großen Samen der Raphia-Palme.

Bewegen

Baden und Erholen

1 **Thermalbad Ranomafana:** Im Dorf Ranomafana, etwas abseits hinter dem Fluss, kann man in einem kolonialen Thermalbad baden. Der mit dem warmen Wasser einer Thermalquelle gespeiste Pool ist nach einer Wanderung eine wohltuende Erholung.

Tgl. 9–17 Uhr, ca. 1 €

Chamäleons

2 **Mahakaty Reserve:** Einige Kilometer östlich von Ranomafana Richtung

Manakara gelegen, kurz nach der Brücke auf der linken Seite. Ein kleines privates Stück Natur, in dem etliche Chamäleonarten zu Hause sind.

Tgl. 8–16 Uhr, Eintritt 12 000 MGA (ca. 3,50 €)

Infos

- **Parkbüro:** Das Parkbüro, ca. 16 km oberhalb vom Dorf Ranomafana an der RN 25, bietet alle Informationen zum Park, den Wandermöglichkeiten und vermittelt die obligatorischen Nationalparkführer.
- **Eintritt:** 55 000 MGA (ca. 14 €) pro Tag/Person, zzgl. der Kosten für den Führer, Höhe je nach Gruppengröße und Dauer der Wanderung. Eine Preisübersicht hängt im Büro aus.
- **Anfahrt:** Von der RN 7 zweigt etwa 5 km südlich von Ambohimahasoa links eine Straße zum Nationalpark ab. Die 22 km lange Piste führt teilweise schon an der Nationalparkgrenze vorbei und erreicht dann die asphaltierte Hauptstraße RN 25. Die nur wenig längere, aber bessere Alternative besteht darin, ungefähr 20 km vor Fianarantsoa direkt auf die asphaltierte RN 25 zum 30 km entfernten Ranomafana-Nationalpark zu wechseln.
- **Bahn:** Ranomafana ist nicht direkt über die Bahnlinie von Fianarantsoa aus zu erreichen!
- **Taxi-Brousse:** Es gibt Verbindungen nach Fianarantsoa und in östlicher Richtung nach Manakara und Mananjary (s. S. 143). Da Ranomafana lediglich eine Durchgangsstation ist, sind die Busse zuweilen bereits bei ihrer Ankunft voll besetzt. Um weiterzukommen, ist manchmal Geduld gefragt.
- **Tuctucs:** Im Ort stehen keine regulären Taxis, aber einige wenige Tuctucs bereit.

Nur eine von vielen: Allein in der Oberstadt von Fianarantsoa gibt es sechs Kirchen, die das Stadtbild prägen.

Fianarantsoa 

J 20

An der Nationalstraße RN 7 liegt 45 km südlich von Ambohimahasoa die Stadt Fianarantsoa. Sie zählt rund 200 000 Einwohner und ist die ›Hauptstadt‹ der Betsileo. Fianar, wie die Einwohner ihre Stadt liebevoll nennen, liegt auf einer Höhe von 1100 m und hat ein ähnlich gemäßigtes Klima wie andere Orte des Hochlandes, nur dass die Stadt im Vergleich dazu ausgiebiger mit Regen gesegnet ist.

Geschichte

Das gesamte Gebiet der Betsileo wurde Anfang des 19. Jh. vom Merina-König Radama I. erobert. Die Gründung Fianarantsoas geht auf seine Nachfolgerin Ranavalona I. zurück, die einen Verwaltungssitz im Land der Betsileo errichten wollte. 1830 ließ sie sich auf dem höchsten Hügel des Ortes eine königliche Residenz errichten. Hinter dem Hügel wurde ein künstlicher See angelegt, den man in Anlehnung an den zentralen See in Antananarivo ebenfalls Anosy nannte. Weil die Stadt anfangs viele Missionare anlockte, die hier Kirchen und Schulen in der Hoffnung bauten, abseits der Hauptstadt besser arbeiten und missionieren zu können, entwickelte sich Fianarantsoa zur katholischen Hochburg des Landes.

Orientierung

Die Innenstadt von Fianarantsoa ist in drei Bereiche aufgeteilt. Die von den Merina angelegte **Oberstadt (Haute-Ville)** zieht sich über den höchsten Hügel der Stadt, den 1269 m hohen Ivonea. Auf ihm thronte einst der Palast der Königin. Von ihm ist allerdings nichts mehr zu sehen, auf dem Platz steht heute eine Grundschule.

Die mittlere Ebene wird **Neustadt (Nouvelle-Ville)** genannt. Hier befinden sich zahlreiche Bankinstitute und administrative Gebäude. Der Stadtteil wurde von den Franzosen während der Kolonialzeit angelegt, nachdem die Unterstadt nicht mehr genügend Platz bot.

Für die Franzosen war die unterhalb der Neustadt liegende **Unterstadt (Basse-Ville)** die eigentliche Kernstadt. Dort befinden sich das unscheinbare Postamt und der 1935 erbaute **Bahnhof ❶**. Letzterer fällt durch sein doppeltes Satteldach auf. An der Vorderseite prangt eine überdimensionale Uhr. Das Innere der Bahnhofhalle erweist sich hingegen als recht nüchtern.

Altstadt

Die **Haute-Ville ❷** (›Oberstadt‹) genannte Altstadt von Fianarantsoa ist seit einigen Jahren als schützenswerte Stadtanlage anerkannt und steht auf der Liste der 100 schützenswerten und bedrohtesten Städte der Welt (World Monument Watch). Seitdem gibt es verschiedene Projekte und Initiativen, die sich den Erhalt und die Renovierung der Altstadthäuser zum Ziel gesetzt haben. Weitere Informationen hierzu bietet www.wmf.org/project/fianarantsoa-old-city.

Ein Spaziergang durch die Altstadt beginnt am Parkplatz vor dem Hügel hinter der roten Backsteinkirche mit den zwei silbernen Kirchturmkuppeln. Rechts neben der **Kirche Masombahoaka ❸** führt eine Treppe (Rue du Rova) hinauf in den historischen Teil. Nach etwa 100 m sehen Sie rechter Hand durch einen weißen Torbogen die malerische kleine,

weiß getünchte **Kirche Fahazavana** mit rotbraunen Fensterrahmen. Ihr Turm wird von einem traditionellen Dach aus Backsteinziegeln geschützt. Sehenswert sind auch die vielen alten Stadthäuser links und rechts der Gassen. Besonders ins Auge fallen die quadratischen Säulen und Balkone der Obergeschosse.

Am oberen Ende befindet sich ein kleiner Platz mit der 1859 erbauten **Kirche Antranobiriky.** Durch ein mit grünen Rankpflanzen bewachsenes Tor betreten Sie den Kirchhof. Ein Pfad führt um die Hügelkuppe herum zum obersten Platz, der **Place Ivonea ❹,** wo einst der Palast der Königin stand. Nur ein Opferstein erinnert noch an die ehemalige königliche Präsenz.

Neustadt

Museum Faniahy

In der Neustadt liegt im Stadtteil **Anjoma** das kleine **Museum Faniahy ❺.**

Fianarantsoa

Ansehen
1 Bahnhof
2 Haute-Ville
3 Kirche Masombahoaka
4 Place Ivonea
5 Museum Faniahy

Schlafen
1 Tsara Guest House
2 Zomatel
3 Soafia Hotel
4 Mahamanina
5 Vala Maison d'hôtes
6 Peniela
7 Old City Homestay

Essen
1 Espace Relax
2 Gosena
3 La Surprise Betsileo
4 Chez Dom

Einkaufen
1 Pierrot Men

Bewegen
1 Mad Trekking

Ausgehen
1 Moulin Rouge
2 Soafia Dance

Untergebracht ist es in einem 1908 erbauten Haus, das ursprünglich als Schulgebäude für Kolonialkinder diente. Nach Erlangen der Unabhängigkeit nutzte es die Stadtverwaltung, bevor es schließlich in ein Museum umgewandelt wurde.

In drei Räumen wird eine Ausstellung zur Geschichte und Kultur der hier lebenden Volksgruppe der Betsileo gezeigt. Zu sehen sind neben traditionellen Gebrauchsgegenständen des täglichen Lebens auch Fotografien und Aquarelle zu verschiedenen Themen, nicht zuletzt dokumentiert man hier den Alltag der Betsileo und deren Bräuche.

Mo–Fr 8–12, 14–17 Uhr, ca. 1 €

Schlafen

Stadtoase

1 **Tsara Guest House:** Das alte Kolonialgut mit romantischem Innengarten und vorzüglichem Restaurant ist heute eines der schönsten Stadthotels Madagaskars. Die einfachen, aber schönen Zimmer liegen im vorderen Haupthaus, die besseren Zimmer in den Gebäuden im Garten, sehr freundlicher Service und das beste Essen der Stadt (Hauptgerichte ab 4 €).

Oberstadt, T 020 75 502 06, 032 05 516 12, www.tsaraguest.com, €–€€

Praktisch

2 **Zomatel:** 53 Zimmer in einem kompakten Hotelbau in der Innenstadt, mit Hallenbad, Café und großem Restaurant.

Place de Zoma, Neustadt, T 020 75 507 97, www.zomatel-madagascar.com, €–€€

Ein Hauch von China

3 **Soafia Hotel:** Das von Chinesen geführte Hotel war lange Zeit das beste am Ort, mittlerweile etwas vernachlässigt. Mit Restaurant, Patisserie, Schwimmbad und Souvenirshops.

Ambalakosoa (RN 7), T 020 75 503 53, contact@soafia-hotel.com, €–€€

Zentral & preiswert

4 **Mahamanina:** 23 saubere Zimmer mit Frühstück.

Neustadt, T 020 75 502 50, 032 04 931 48, hotel-mahamanina@moov.mg, €

Altes Stadthaus

5 **Vala Maison d'hôtes:** Liebevoll restauriertes altes Stadthaus.

Altstadt, T 032 43 635 98, 032 05 390 85, vala.house@yahoo.fr, €

TOUR
Im Bummelzug durch den Dschungel

Mit dem Zug von Fianarantsoa nach Manakara

Infos

J/K 20/21

Start: Fianarantsoa

Ziel: Manakara

Dauer: 10–14 Std.

Fahrplan: Di, Sa um 7 Uhr (umgekehrt von Manakara Mi, So um 6.45 Uhr)

Preise: 1. Kl. 40 000 MGA, 2. Kl. 16 000 MGA, Reservierung inklusive unter T 034 554 99 17

Infos/Planung: Ticket mindestens 1 Tag vorher kaufen, Vorbestellung unter T 020 75 51355, fce@blueline.mg. Getränke und Essen mitnehmen!

Die Bahnstrecke von Fianarantsoa im Hochland hinunter nach Manakara an die Ostküste Madagaskars ist zurzeit eine von nur noch zwei funktionierenden Bahnstrecken. Für Touristen ist die Fahrt ein außergewöhnliches Erlebnis – Sie erleben Madagaskar pur.

Aus der Zeit gefallen

Wie ein Denkmal aus längst vergangenen Tagen steht er da, der Bahnhof von **Fianarantsoa** am Ende der kolonialzeitlichen Avenue du Dr. Cloitre, die ihre Glanzzeit lange hinter sich hat. Der Bahnhof markiert den Beginn einer oft von Zyklonen zerstörten und mühevoll wieder hergerichten Bahnlinie, die für viele Menschen die einzige Möglichkeit ist, ihre Waren von ihren abgelegenen Feldern in eine Stadt zu transportieren und dort zu verkaufen.

Auf geht's nach Osten

Die Bahnfahrt beginnt am frühen Morgen. Noch ist es in der auf 1100 m liegenden Stadt morgens recht frisch, und viele der zum Bahnhof eilenden Menschen sind in Decken gehüllt. Es herrscht ein reges Treiben. Große Gepäckstücke und Warenkartons werden in den Bahnhof getragen. Vor dem Ticketschalter steht eine lange Schlange. Wohl dem, der sein Ticket schon am Vortag ergattert hat. Alles wartet auf den Bahnhofswärter, bis er die Tür zum Bahnsteig öffnet und die Reisenden zu den Waggons laufen können. Die Wagen der Schmalspurbahn haben schon etliche Jahrzehnte auf dem Buckel. Als sich die Diesellok endlich unter großem Schnaufen in Bewegung setzt, ist der Zug bereits gut gefüllt.

Ein Ticket 1. Klasse, bitte!
Für Fahrgäste aus Europa empfiehlt es sich, erster Klasse zu fahren, die zweite Klasse ›quillt‹ meist regelrecht über. Reservieren Sie sich einen Platz auf der linken Seite, denn dort gibt es meist Interessanteres zu sehen. Von Fianarantsoa aus folgen nun 17 weitere Bahnhöfe, die der Zug in einem gemäßigten Tempo (ca. 30 km/h) in den nächsten Stunden anfahren wird.

Trubel am Bahnsteig
Nach der ersten Station **Vohimasina** folgt **Sahambavy.** In der Gegend um den kleinen Ort befinden sich die einzigen Teeplantagen Madagaskars. Im satten Grün erstrecken sich die Teesträucher über die Hügel. Die ersten Teepflücker sind schon am frühen Morgen unterwegs. Südlich des Bahnhofs liegt der **See Sahambavy,** ein beliebtes Wochenendausflugsziel für die Stadtbewohner aus Fianarantsoa. Es folgen die Bahnhöfe **Ampitabe** und **Ranomena,** wo man den Eindruck gewinnen kann, die Bewohner der dazugehörenden Dörfer scheinen alle am Bahnhof zu stehen. Auf der weiteren Fahrt durchfährt die Bahn den mit 1072 m längsten Tunnel der Strecke.

Wo die Bananen wachsen
Langsam nähert sich der Zug dem Bananenanbaugebiet. Zur Erntezeit transportieren Farmer die Früchte mit dem Zug nach Fianarantsoa, um sie dort zu ver-

kaufen; zurück fahren sie dann mit anderen Lebensmitteln und den sonst noch benötigten Waren. Bei Km 45 wird die Station **Andrambovato** erreicht. Von dort führt eine Wanderroute in vier bis fünf Tagen zum Parc National de Ranomafana (s. S. 68). Etwa 3 km nach Verlassen der Station liegt rechter Hand der schöne **Mandriampotsy-Wasserfall.** Zudem gibt es bei gutem Wetter immer wieder wunderbare Aussichten auf die Berglandschaft und den Regenwald.

Ingenieurbaukunst

Die während der französischen Kolonialzeit zwischen 1926 und 1936 realisierte Bahnstrecke ist eine Meisterleistung der Bauingenieure. Denn neben den 1100 Höhenmetern musste auch schwieriges Terrain wie u. a. der Bergregenwald bewältigt werden. Aufgrund der höchst anspruchsvollen Topografie war der Bau von nicht weniger als 67 Brücken und 48 Tunneln erforderlich. Mit Macheten und Äxten schlugen die Arbeiter eine Schneise durch den damals an vielen Stellen noch üppigen Urwald. Der Anstieg der Trasse vom Meer hinauf konnte nur in weiten Schleifen umgesetzt werden. Der Tunnelbau in einem so regenreichen Gebiet wiederum war äußerst gefährlich. Die schwierigen Arbeitsbedingungen sollen während der zehnjährigen Bauzeit fast 1000 Arbeiter das Leben gekostet haben.

Steil, steiler, am steilsten

Bei Km 54 folgt die Station **Madiorano,** anschließend absolviert die Bahn den mit 3,66 % Steigung steilsten Streckenabschnitt. Nach zwei weiteren Stationen, **Tolongoina** und **Amboanjobe,** erreicht der Zug **Manampatrana.** Der Ort liegt im Zentrum der Kaffeeproduktion – probieren Sie an der Station unbedingt einen Kaffee, er ist einfach köstlich. In Manampatrana hat die Bahn meist etwas länger Aufenthalt, da dort die Wassertanks aufgefüllt werden.

Aussichten erster Güte

Nach der Station **Ionilahy** folgt die Bahntrasse dem Lauf des Faraony und bietet wunderbare Panoramablicke. Viele Bewohner der Region nutzen den Fluss, um ihre Waren zur nächstgelegenen Bahnstation zu transportieren. Doch hat er auch seine Tücken: Bei

An jedem Halt des Dschungelzuges herrscht ein ziemliches Chaos: ein- und aussteigen, Waren verladen oder den Passagieren zum Kauf anbieten.

großen Überschwemmungen, etwa durch Zyklone, werden immer wieder Teile der Trasse unter- oder weggespült und legen dadurch den Zugverkehr meist für Wochen lahm.

Auf der weiteren Fahrt hält der Zug in den Bahnhöfen von **Mahabako** und **Fenomby.** Diese liegen in einer Region, in der viele verschiedene Früchte angebaut werden, etliche davon sind Saisonfrüchte, so Avocados (Febr.–April), Orangen und Mandarinen (Juni–Aug.), Mangos (Okt./Nov.) und Litschis (Dez.).

Das Meer wartet

Vom Bahnhof in **Sahasinaka** bei Km 116 verläuft parallel zur Bahntrasse eine Asphaltstraße (RN 12), sodass die Region hier nicht mehr ausschließlich auf die Bahn angewiesen ist. Weil nun das Verladen von Waren entfällt – der Transport auf der viel schnelleren Straße ist konkurrenzlos –, fallen die Aufenthalte in den Bahnhöfen deutlich kürzer aus. Noch vier Stationen, dann ist bei Km 163 das Ziel erreicht – die Endstation kurz vor dem Indischen Ozean: **Manakara** (s. S. 141). Vor dem Bahnhofsgebäude warten Taxi- und Rikschafahrer schon auf Gäste, um sie zu den wenigen einfachen Hotels des kleinen Küstenortes zu bringen.

Traditionell

6 **Peniela:** Wunderschön renoviertes Altstadthaus, besonders geeignet für Familien oder kleine Gruppen.

Altstadt, T 032 40 486 56, 032 02 739 63, peniela.house@yahoo.fr, €

Einfach & sauber

7 **Old City Homestay:** Die einfachen, aber sauberen Zimmer befinden sich in den Privathäusern mehrerer Familien, einfache Toiletten und Handdusche außerhalb.

Altstadt, T 032 55 357 95, psvv@moov.mg, €

Essen

Klein und fein

1 **Espace Relax:** Kleines Restaurant mit angeschlossener Bar. Gemischte Speisen aus guter Küche (inkl. Pizza).

Av. du Général Leclerc, Mittag- und Abendessen, €

Familiär

2 **Gosena:** Speisekarte mit asiatischen und madagassischen Speisen.

Über dem Tsara Guest House auf dem Weg zur Altstadt, €

Heimisches

3 **La Surprise Betsileo:** Madagassische und französische Küche.

Rue Pasteur Ramasitera, T 034 01 998 04, Di–Fr 11–14, 18–22 Uhr, €

Beliebt

4 **Chez Dom:** Café, Bar und Internetcafé in einem. Preiswerte Gerichte und angenehme Atmosphäre.

Ampansambazaha, T 020 75 5 12 33, €

Einkaufen

Künstlerische Fotos

1 **Pierrot Men:** Der 1954 in Fianarantsoa geborene Fotograf unterhält ein Fotogeschäft, in dem seine Werke – interessante Aufnahmen des madagassischen Alltags – als Postkarten oder Poster erhältlich sind.

Neben dem Hotel Soafia, Mo–Sa 8–18.30 Uhr

Bewegen

Organisierte Touren

1 **Mad Trekking:** Organisation von Wander- und Fahrradtouren um Fianarantsoa und in den Nationalparks, Autovermietung.

Ambatolahikosoa, gegenüber Tsara Guest House, T 020 75 9 01 73, 032 02 221 73, www.mad-trekking.e-monsite.com, mad.trekking@wanadoo.mg

Ausgehen

Nachtclub

1 **Moulin Rouge:** Der Club ist täglich geöffnet, aber nur Fr und Sa ist wirklich etwas los.

RN 7 bei der Einfahrt in die Stadt, tgl. geöffnet

Für Nachtschwärmer

2 **Soafia Dance:** Alteingesessener Nachtclub in Fianarantsoa. Eine der wenigen Möglichkeiten, im Hochland am späten Abend auszugehen.

Beim gleichnamigen Hotel, Fr und Sa abends geöffnet

Infos

- **Flug:** Fianarantsoa verfügt über keinen richtigen Flughafen. Die einfache Landebahn reicht lediglich für kleinere Maschinen.
- **Taxi-Brousse:** Die Stationen für Überlandfahrten zu Zielen wie Manakara, Toliara und Antananarivo befinden sich auf der RN 7 an der nördlichen Ortsausfahrt.

• **Bahn:** Von Fianarantsoa kann man mit dem Zug nach Manakara an die Ostküste fahren (s. S. 78).

Die Umgebung von Fianarantsoa

Sahambavy

J 20

Die Umgebung von Fianarantsoa ist ein wichtiges landwirtschaftliches Anbaugebiet, u. a. gibt es dort die einzigen Teeplantagen Madagaskars. Auf 335 ha wird Tee für den heimischen ebenso wie für den Exportmarkt (80 %) anbaut und verarbeitet. Die Plantagen befinden sich südöstlich von Fianarantsoa beim fast 1100 m hoch liegenden Dorf Sahambavy und sind entweder über eine 13 km lange Pistenstraße zu erreichen, die 12 km vor Fianarantsoa von der RN 7 abzweigt, oder mit dem Zug Richtung Manakara; der zweite Bahnhof ist Sahambavy (s. S. 79). In der Nähe des Ortes erstreckt sich zwischen den Teeplantagen der gleichnamige See, der für die Städter aus Fianarantsoa ein beliebtes Wochenend-Ausflugsziel ist. Direkt am See liegt das Lac Hotel (www.lachotel.com).

Weingüter

H/J 20

In der Umgebung von Fianarantsoa, beispielsweise südlich der Stadt an der Nationalstraße RN 7, sind einige Weingüter ansässig. Der zuerst von europäischen Missionaren in Madagaskar praktizierte Weinanbau wurde während der Kolonialzeit von den Franzosen ausgeweitet. Angebaut werden Hybridreben, die im tropischen Klima gedeihen, darunter Petit Bouschet, Chambourcin und Villard Blanc. Die auf Madagaskar produzierten Mengen von rund 1,5 Mio. Litern jährlich reichen allerdings nur für den heimischen Markt. Es werden Rosé, Weiß- und Rotweine von einfacher bis mittlerer Qualität hergestellt, wobei die Rotweine etwa mit französischen Landweinen vergleichbar sind.

Leider sind die Weingüter in der Regel nicht auf Besucher eingestellt. Versuchen können Sie es hier: Clos Malaza, T 034 07 505 00; Clos Nomena, clos.nomena@gmail.com.

Ambalavao

H 20

48 km südlich von Fianarantsoa erreicht man die Kleinstadt Ambalavao. Sie ist die letzte typische Stadt des Hochlandes auf dem Weg nach Süden. Charakteristisch sind die aus Backstein errichteten Häuser mit ihren Balkonen. Der Ort ist für seine Papierherstellung bekannt, bei der das Papier nach Traditionen der Antaimoro gefertigt wird. Diese kleine ethnische Gruppe, die an der mittleren Ostküste lebt, lernte als erstes Volk Madagaskars von arabischen Einwanderern lesen und schreiben und in diesem Zusammenhang auch die Herstellung von Papier. Die Werkstatt kann besichtigt werden, Besucher sind herzlich willkommen (s. S. 84).

Eine weitere Attraktion der Stadt ist der Zebumarkt. Zahlreiche Hirten von nah und fern kommen hierher, um ihre Tiere zu verkaufen. Dann ist auf dem Marktgelände am südlichen Ortsausgang (Abzweigung von der RN 7 bei der FJKM-Kirche Kelisatrana) ein buntes Treiben von Hirten, Händlern und Tieren zu beobachten – nicht nur auf dem Markt (s. S. 85).

P

PAPIER AUS MAULBEERBAUMRINDE

Bei einem Gang durch die **Papierwerkstatt von Ambalovao** kann man bei der Herstellung des Papiers der Antaimoro zuschauen. Das Papier wird traditionell aus der glatten Rinde einer Maulbeerbaumart gefertigt, wobei man die zuvor abgezogene Rinde in Wasser weich kocht und dann mit einem Holzhammer zu einem Brei klopft. Nachdem man in ein Wasserbecken einen mit Leinen bespannten Holzrahmen eingelassen hat, wird eine bestimmte Menge des Rindenbreis über dem Holzrahmen aufgelöst und schließlich das Wasser des Beckens abgelassen. Die Rindenmasse setzt sich nun gleichmäßig auf dem Leinentuch ab. Der Rahmen kann entnommen und in der Sonne zum Trocknen aufgestellt werden. Sobald das Papier trocken ist, lässt es sich leicht vom Tuch ablösen.
Auf dem Gelände der Papierwerkstatt befindet sich auch ein Shop mit einer breiten Palette an Produkten, die aus Papier hergestellt sind, z. B. Briefpapier, Umschläge, Grußkarten. Besonders schön sind die sehr unterschiedlich mit Blütenblättern gestalteten Papiere (beim Hotel Bougainvillées, T 020 75 340 01, tgl. 7.30–11.30, 13–17 Uhr, Eintritt frei).

Schlafen

Schlicht und schön

Bougainvillées: Saubere Zimmer mit Standardausstattung auf dem Gelände der Papierherstellung.

T 020 75 340 01, auxbougainvilleesambalavao@gmail.com, €

Einfach

Tsienimparihy: Etwas überdimensioniert wirkendes Gebäude mit großem Restaurant und 18 einfachen Zimmern.

An der RN 7, T 033 11 657 23, €

Gemeindeprojekt

Auberge d'Iarintsena: Dieses Projekt ermöglicht es den Dorfbewohnern, mit der Vermietung von Zimmern am Tourismusgeschäft teilzuhaben. Die einfachen und sauberen Zimmer befinden sich in einem traditionellen Haus. Wanderführer für die Umgebung und den Andringita-Nationalpark können vermittelt werden.

6 km südlich von Ambalavao, T 033 20 284 45, €

Essen

Beliebt

Bougainvilles: Gutes europäisches und madagassisches Essen. Das Restaurant ist bei durchreisenden Gruppen sehr beliebt. Wenn Sie es einrichten können, essen Sie früh (11.30– 12.30) oder spät (ab 14 Uhr) zu Mittag, dann ist es etwas ruhiger.

Bei der Papierwerkstatt, Nähe Markt, T 020 75 340 01, €

Bewegen

Weinprobe

Weinkellerei Soavita: Nördlich von Ambalavao liegt das südlichste Weinanbaugebiet. Die Führung ist kostenlos, auf Anfrage gibt es auch eine Weinprobe. Als Gegenleistung erwartet man allerdings von den Besuchern, dass sie etwas kaufen.

An der RN 7, Führungen Mo–Fr 8–17 Uhr (Mittagspause 11–13 Uhr)

Ausflug

Andringitra-Nationalpark: Der nahe Nationalpark lädt zum Wandern ein. Für einen Tagesausflug sollte früh aufgebrochen werden, da die Fahrt zum Parkeingang etwa zwei Stunden in Anspruch nimmt. Weitere Informationen s. S. 86.

Feiern

- **Zebumarkt:** Einer der größten Zebumärkte der Region findet in Ambalavao jeden Mi und Do statt. Die Hirten vom Volk der Bara bringen ihre Zebus und verkaufen diese meist an Händler, die diese dann zu den großen Städten ins Hochland transportieren lassen.

Infos

- **Büro des Andringitra-Nationalparks:** T 020 75 340 81, 033 12 340 81, pnandringitra@yahoo.fr. Neben Informationen und Tickets gibt es hier Parkführer, mit denen ein Aufenthalt im Nationalpark umfassend geplant werden kann. Eintritt: 45 000 MGA (ca. 12 €).
- **Taxi-Brousse:** Richtung Norden nach Fianarantsoa, Richtung Südwesten nach Ihosy und Toliara. Reisende mit Ziel Ranohira (Isalo-Nationalpark) nehmen ein Taxi-Brousse nach Toliara und lassen sich in Ranohira absetzen.

Anja-Park

H 20

Ein Beispiel für gelungenen gemeindenahen Tourismus *(community tourism)* ist der Anja-Park. Ein kleines Dorf 13 km außerhalb von Ambalavao schützt ein 8 ha kleines Waldgebiet zwischen malerischen Granitfelsen. Die Bewohner des Dorfes führen Besucher für einen Obulus in einer kleinen Wanderung durch den Wald und mit Glück sind Lemuren (Kattas, Larvensifakas) und diverse Vogelarten zu sehen. So profitieren die Dorfbewohner direkt vom Tourismus, durch Eintrittsgelder sowie Souvenir- und Getränkeverkauf. Zudem wird ein Stück Natur und die dort lebenden Tiere geschützt, denn diese sind die Hauptattraktion für die Besucher Weitere Informationen findet man auf der Website www.anjareserve.angelfire.com.

Bewegen

Kurzer Rundwanderweg

Ankaramahafanina: Ein Rundweg von ca. 1,5 km (ca. 1 Std.) führt zu den gleichnamigen Felsen, in denen es Gräber gibt (Eintritt 2,50 € plus Trinkgeld für den Führer).

Halbtagestour

Iandranbaky: Es gibt einen Rundweg über 4,5 km (6 Std.) und 400 Höhenmeter zum Berg Iandranbaky (1434 m). Eintritt 2,50 € plus Trinkgeld für den Führer.

AUSBLICK GENIESSEN

Idyllisch in der grandiosen Landschaft mit ihren markanten Granitformationen liegt das kleine Familienhotel des Ehepaars Joly. **La Varangue Betsileo** bietet eine private, fast familiäre Atmosphäre, und in den vier schönen Zimmern ist Wohlfühlen garantiert. Ein Erlebnis ist auch das Bad im Pool mit herrlichem Blick auf die Felslandschaft der Umgebung (Iarintsena, 8 km außerhalb von Ambalavao und 4 km vor dem Anja-Park, T 032 63 376 48, Netz funktioniert meist nur abends, jolymada@varangue-betsileo.com, €–€€, s. Abb. S. 86).

Schöne Aussichten beim Baden im Pool des Familienhotels La Varangue Betsileo zwischen Ambalavao und dem Anja Park

Parc National d'Andringitra

H 21

Der Nationalpark besticht durch seine grandiose Berglandschaft, aus der riesige Granitfelsen zu wachsen scheinen. Das Gebiet auf dem **Matsiatra-Plateau** wird von mehreren Tälern durchzogen und vom zweithöchsten Berg Madagaskars gekrönt – dem 2658 m hohen **Pic Imarivolanitra.** Er markiert zugleich die Grenze zwischen zwei ethnischen Gruppen: den Reis anbauenden Betsileo im Norden und den Rinder hütenden Bara im Süden.

Seit 1927 steht das Gebiet als Naturreservat unter Schutz. 1999 bekam Andringitra den Status eines Nationalparks, der seit 2007 zum UNESCO-Weltnaturerbe zählt. Er erstreckt sich über eine Fläche von 312 km² mit Höhen von 650 bis 2658 m. Hier leben 54 Säugetierarten, deren bekanntester Vertreter der Katta ist, gleichzeitig auch Wahrzeichen der madagassischen Nationalparks.

Unter den 108 Vogelarten des Gebietes fällt die Blaue Madagaskar-Fruchttaube *(Alectroenas madagascariensis)* mit ihrem dunkelblauen Federkleid auf. Besonders selten ist die braun und grün gefärbte Lätzchen-Erdracke *(Atelornis crossleyi)*. Das Nasenchameläon *(Calumma nasuta)* ist eine von 50 Reptilienarten im Park. Hinzu kommen 78 Amphibien- und 109 Insektenarten. Die Pflanzen von Andringitra gehören bereits zur speziellen Flora des Südwestens. Unter den rund 1000 Pflanzenarten dieses Nationalparks sind die endemische *Aloe andringitriensis*, die Würgefeige *(Ficus rubra)* und der *Rhipsalis baccifera*, eine epiphytisch lebende ursprüngliche Kaktusart besonders erwähnenswert.

Im Nationalpark herrschen recht unterschiedliche Temperaturen. Von nachts minus 7 °C auf den Bergspitzen bis tagsüber 27 °C in den Tälern. Auch die Regenmenge variiert stark, im östlichen Teil ist sie wesentlich höher als im westlichen.

Im Südosten verbindet ein 20 km langer Waldkorridor den Nationalpark mit dem **Réserve Spéciale Pic d'Ivohibe,** einem Regenwaldgebiet. Weitere Korridore sollen später ein zusammenhängendes Waldgebiet bis zum Ranomafana-Nationalpark entstehen lassen.

Schlafen, Essen

Herrlicher Ausblick

Camp Catta: Das Camp ist eher eine Lodge, bestehend aus vier komfortablen und acht einfachen Bungalows.

Tsaranoro, an der Piste zum Park im Nordwesten (Nähe Sahanambo Valley), T 033 15 347 19, www.campcatta.com, camp.catta@campcatta.com, €–€€

Romantisch

Tsara Camp: Die zehn sehr schön gelegenen großen Zelte sind mit Badezimmern ausgestattet. Das Camp gehört zum Tourveranstalter Boogie Pilgrim.

Etwas außerhalb des Parks im Nordwesten (Nähe Sahanambo Valley), www.boogiepilgrim-madagascar.com, €€

Der Natur ganz nah

Trano Gasy: Die Zimmer befinden sich in acht mit dem typischen roten Lehm verputzten Bungalows. Es gibt ein Restaurant. Transfers zum Hotel und zum Park nach Voranmeldung, z. B. mit Allradwagen zum Andringitra-Nationalpark.

T 033 11 2 64 27, www.tranogasy.com, contact@tranogasy.com, €

Einkaufen

Im Park und den kleinen Dörfern ringsherum gibt es kaum etwas zu kaufen. Für mehrtägige Camping-Aufenthalte im Nationalpark, oder bei Bergtouren, sind alle benötigten Utensilien, Lebensmittel und Wasser mitzubringen.

Bewegen

Wandern

Sahanambo Valley: Im Nationalpark stehen mehrere Wanderrouten zur Auswahl. Da sich die Lodges im westlichen Teil des Andringitra-Parks befinden, sind dort auch die meisten der Wanderwege, besonders jene um den Pic Tsaranoro (1910 m) und Pic Dody (2100 m).

Bergtouren

Pic Imarivolanitra (2658 m), **Pic Bory** (2630 m): Im Park gibt es zwei Gipfel für Bergtouren; auf der Tour zu m Imarivolanitra liegen drei einfache Camps zum Zelten.

Über den Wolken

Paragliding: Das Andringitra-Gebirge ist perfekt fürs Paragliding. Organisation durch das Camp Catta (s. S. 87).

Infos

Das **Nationalparkbüro** befindet sich in Ambalavao (s. S. 85). Dort gibt es neben Informationen auch Parkführer, mit denen ein Aufenthalt im Nationalpark umfassend geplant werden kann. Eintritt: 45 000 MGA (ca. 12 €).

- **Auto:** Der Andringitra-Nationalpark liegt etwas abseits der Nationalstraße RN 7 und ist über zwei Pisten zu erreichen. Die eine führt direkt von Ambalavao über Sendrisoa zum Namoly Valley Gate. Für die zweite Möglichkeit folgt man zunächst der RN 7 in südwestlicher Richtung (37 km) und dann der ausgeschilderten Piste über Vohitsoaka zum Sahanambo Valley Gate (Western Gate). Der letzte Teil der Pisten ist privat, Mautgebühr ca. 1,80 €. Für beide Pisten sind Allradfahrzeuge erforderlich.

Der Südwesten

Trockene Landschaften — Ein Gebiet voller bizarrer Pflanzen, eindrucksvoller Totenkultur und wechselnden Landschaftsbildern. Je südlicher der Weg führt, desto trockener die Umgebung.

Seite 92

Parc National de l'Isalo

Durch Erosion entstanden im Kalksandstein des Isalo-Gebirges tiefe Schluchten und natürliche Wasserbecken. Im Namaza-Canyon mit seinen kleinen Wasserfällen lädt die Piscine Noire während einer Wanderung zum Baden und Erfrischen ein.

Seite 101

Sakalava-Gräber

Ähnlich wie die Mahafaly bestatten die Sakalava ihre Toten in großen Einzelgräbern. Zwischen Zombitse und Andranovory kann man einige dieser Gräber sehen.

Der Südwesten ist die Heimat der Strahlenschildkröte.

Seite 106

Dornenwald 

Gleich hinter dem weißen Sandstrand von Ifaty erstreckt sich der für den Südwesten Madagaskars so charakteristische Dornenwald. Hier wachsen einzigartige Pflanzen wie etwa die Tentakel-Bäume *(Didieraceen)* oder die mit Dornen ausgestatteten Pachypodien.

Seite 100

Parc National Zombitse-Vohibasia

Der Trockenwald ist ideal für kürzere Wanderungen. Vogelliebhaber haben zudem Gelegenheit zur Tierbeobachtung.

Seite 110

Banyan-Baum von Miary

Alte Bäume haben in vielen Kulturen eine besondere Bedeutung. Sie werden mit Göttern oder den Geistern von Verstorbenen in Verbindung gebracht. Dies ist ein schönes Beispiel dafür.

Seite 98

Hotel Relais de la Reine

Ein herrlicher Ort zum Wohlfühlen und Entspannen nahe dem Nationalpark Isalo.

Seite 106

Schnorcheln und Tauchen

Der Küste südlich und nördlich von Toliara sind verschiedene Riffe vorgelagert, an denen sich die herrliche Unterwasserwelt des Indischen Ozeans erkunden lässt. Eine Tauchbasis gibt es u. a. in Mangily.

Seite 106

Ifaty

Der weite, weiße Sandstrand von Ifaty lädt zum Sonnenbaden und Spazierengehen ein. Wie gemalt sieht es aus, wenn die Männer der Vezo mit ihren Auslegerbooten zum Fischen rausfahren. Die Sonnenuntergänge sind oft spektakulär.

Die getrockneten Früchte des Baobabs dienen als Rassel, unverzichtbar in der traditionellen Musik.

s auf die ausgebaute RN 7 und
e RN 9 sind alle Straßen holprige
sten. Zeit ist daher etwas, was der
eisende im Südwesten unbedingt
tbringen sollte.

Von den Grassavannen bis zur Küste

E

Einzigartige Trocken- und Dornenwälder mit kuriosen Pflanzen sind das Wahrzeichen des madagassischen Südwestens. Ein sich vom Rest Madagaskars unterscheidendes, sehr trockenes Klima begünstigte die Entstehung einer ganz eigenen Flora. Fernab der Ostküste, die wie eine Barriere die Wolken abhält, fällt während eines Jahres nur wenig Regen. Durch die Verdunstungen des nahen Indischen Ozeans herrscht im Südwesten allerdings eine für Trockengebiete ungewöhnlich hohe Luftfeuchtigkeit von bis zu 80 %. Die Natur stellt an die Menschen, die in diesem Gebiet leben, ganz besondere Anforderungen. Die Völker der Mahafaly und Antandroy haben sich im Laufe der Jahrhunderte darauf gut eingestellt und Überlebensstrategien entwickelt.

Auf der Nationalstraße RN 7 vom Hochland kommend verändert sich nach Ambalavao merklich die Landschaft. Berg- und Felslandschaften werden zunächst von weiten Grassavannen abgelöst, die sich bis zum Horizont erstrecken. Nach dem Plateau von Horombe folgt das Isalo-Gebirge, dem sich ein weitläufiges Gebiet mit Resten des Trockenwaldes anschließt. Einzelne hochgewachsene Baobabs ragen wie Wegweiser empor. In der Region ist kaum Ackerbau möglich, die Menschen ziehen traditionell mit ihren Zebus und Ziegen durch die Landschaft. In den Niederungen der Küste wächst der Dornenwald. Er erstreckt sich in einem etwa 50 bis 100 km breiten Streifen entlang der Küste, etwa von Morombe im mittleren Westen bis hinunter nach Amboasary im Südosten.

In der gesamten Region gibt es nur eine größere Stadt, die Hafenmetropole Toliara (Tuléar). Sie ist für alle im Südwesten lebenden Volksgruppen das wichtigste städtische Zentrum.

O

ORIENTIERUNG

Anreise und Weiterkommen: Den Südwesten erreichen Sie über die RN 7 vom Hochland aus kommend über Fianarantsoa, Ambalavao und Ihosy. Die Straße ist asphaltiert und in gutem Zustand. Auf der Strecke verkehren täglich regelmäßig Überlandbusse (Taxis-Brousses). Ab Fianarantsoa gibt es durchgehend Busse bis Toliara (Tuléar) sowie Busse, die zumindest Teilstrecken zwischen den größeren Ortschaften bedienen. Die Route von Ihosy bis Toliara ist 312 km lang (rund 7 Std. reine Fahrtzeit).

Ihosy

G 21

Die kleine Stadt am Fuß des **Horombe-Plateaus** ist die Hauptstadt der Bara, ein Hirtenvolk, das halbnomadisch in den Weiten des zentralen Südwestens (etwa zwischen Andringitra-Nationalpark, Isalo-Gebirge und Betroka) lebt. In früheren Zeiten besaßen die Bara den Ruf, ein ziemlich wildes Völkchen zu sein, bei denen die Männer nur etwas galten, wenn sie gute räuberische Fähigkeiten z. B. als Rinderdieb bewiesen. So entwickelte sich der Rinderdiebstahl zu einer Art Volkssport. Und auch heute noch gelten die Bara bei den übrigen Madagassen als ›recht wilde Gesellen‹.

Ihosy (ausgesprochen: ie-jusch) liegt in 700 m Höhe und hat etwa 18 000 Einwohner. Die Stadt wurde 1948 als Stützpunkt der Merina gegründet, die von hier den Südwesten des Landes kontrollieren wollten. Ihosy ist ein verschlafenes Städtchen, das die meisten Reisenden nur auf der Durchfahrt wahrnehmen. Neben einem Busbahnhof und Tankstellen gibt es einige kleine Hotels und Restaurants.

Schlafen, Essen

Altbekannt

Zaha Motel: Eine schon etwas in die Jahre gekommene Anlage mit Reihenbungalows, die sich hinter dem Restaurantgebäude befinden. Das Restaurant ist bei vielen Durchreisenden beliebt. Nebenan gibt es auch einen kleinen Kiosk.

An der RN 7, südliche Ortsausfahrt, T 020 75 740 83, €

Zentral

Relais Bara: Hotel mit 16 Zimmern, teils mit Gemeinschaftsbad.

Nahe dem Kreisverkehr, T 020 75 800 17, €

Infos

- **Flug:** Der kleine Flughafen von Ihosy wird zurzeit nicht von Madagascar Airlines bedient.
- **Bus:** Vom zentral gelegenen Busbahnhof fahren Taxis-Brousses nach Norden (Fianarantsoa) und Westen (Toliara). Gelegentlich gibt es auch eine Mitfahrgelegenheit nach Fort Dauphin. Die Fahrzeit von Ihosy nach Ranohira (Isalo-Nationalpark) beträgt 1,5 Std.

Ranohira

F 22

Nach dem Verlassen von Ihosy führt die RN 7 hinauf auf das Plateau von Horombe. Oben angekommen befindet sich ca. 11 km hinter Ihosy die Abzweigung der RN 13 nach **Tolagnaro** (Fort Dauphin). Diese Piste ist allerdings in einem sehr schlechten Zustand. Weiter geht es auf der asphaltierten Nationalstraße RN 7 über die Ebenen von Horombe. Bis zum Horizont erstrecken sich die Graslandschaften, Weidegebiet für die Bara mit ihren großen Zebuherden.

Nach etwa 1,5 Stunden Fahrt ist der kleine Ort **Ranohira** zu Füßen des weithin sichtbaren Isalo-Gebirges erreicht. Der Name bedeutet ›Wasser der singenden Lemuren‹. *Hira* ist eigentlich die Bezeichnung für ein madagassisches Sprech- und Tanztheater (s. S. 34). Die Bara benutzen das Wort allerdings auch als Bezeichnung für die Kattas, da die ringelschwänzigen Lemuren den Eindruck erwecken, sich mit ihren Lauten zu ›unterhalten‹. Für menschliche Ohren klingt diese ›Katta-Unterhaltung‹ oft eher nach einem Klagen oder heiseren Rufen.

Ranohira lag ursprünglich noch einige Kilometer näher am Gebirge und an zwei Schluchten: dem Canyon des Makis und dem Canyon des Rats. Der damalige Platz wird heute **Andranokova** (›Wasser des Königs‹) genannt oder von den Parkführern schlicht **Old Ranohira.** Im Zuge der Entstehung der Nationalstraße wurde der Ort jedoch direkt an die RN 7 verlegt.

Die 830 m hoch gelegene Ortschaft ist Ausgangspunkt für den Besuch des Isalo-Nationalparks (s. S. 92). Außer dem **Parkbüro,** in dem es Informationen zu den Wanderungen gibt, der Eintrittspreis bezahlt werden muss und die Parkführer vermittelt werden, hat Ranohira nicht viel zu bieten.

Schlafen

Weitere Übernachtungsmöglichkeiten außerhalb von Ranohira siehe unter Parc National de l'Isalo (s. S. 98).

Praktisch

Motel d'Isalo: Zimmer in Reihenbungalows aus Stein. Mit Restaurant (gutbürgerlich, internationale Standardgerichte) und Schwimmbad.
Von Ihosy kommend am Ortseingang rechts gelegen, T 032 40 837 95, €

Alteingesessen

Chez Bernie: Die Zimmer befinden sich in unterschiedlichen Anbauten hinter dem Restaurant gleichen Namens. Die Zimmer im Altbau sind recht einfach, während die Zimmer im gegenüberliegenden Neubau modern und großzügig gestaltet sind.
Am zentralen Platz von Ranohira, T 032 05 257 69, hotelbernyisalo@orange.mg, €

Funktional

Orchidée: Relativ neue, funktional eingerichtete Zimmer, ideal für Reisende ohne eigenes Auto.
Zentral gelegen, gegenüber dem Hotel Chez Bernie, T 032 22 676 89, www.orchidee-isalo.com, €

Essen

Neu im Ort

Le Zebu Grille: Restaurant mit einem Angebot für jeden Geschmack, besondere Spezialität sind Steaks vom Zebu.
Am Hotel Orchidée, T 032 44 676 89, €

Einkaufen

Im Zentrum gibt es einige kleine Shops für das Nötigste sowie Souvenirstände.

Infos

- **MNP Office:** Das Büro des Isalo-Nationalparks liegt im Zentrum von Ranohira, geöffnet tgl. 7–17 Uhr.
- **Flug:** Beim Hotel Relais de la Reine (s. S. 98) befindet sich eine Landepiste für kleine Chartermaschinen.
- **Taxis-Brousses:** Ranohira hat keinen eigenen Busbahnhof. Der Ort ist daher nur Durchgangsstation für die Busse zwischen dem Hochland und dem Küstenort Toliara. Daher kann es schwierig werden, einen freien Platz in die eine wie andere Richtung zu bekommen.

Parc National de l'Isalo ✪ E/F 21/22

Der Isalo-Nationalpark schützt mit 815 km² einen Teil des Isalo-Gebirges. Dieses besticht durch seine einzigartigen Sandsteinformationen und die interessante und vielfältige Flora. Auffällig ist die Form von *Pachypodium rosulatum,* im Deutschen Elefantenfuß genannt. In den Fasern ihres kugeligen Rumpfes kann die Pflanze Wasser spei-

Lieblingsort

Wasser für Menschen und Makis

Im **Parc National de l'Isalo** gibt es viele Orte zum Staunen. Am Rande des Gebirges haben kleine Flüsse im Laufe der Zeit schmale Schluchten geschaffen. Sie wirken wie Oasen, wie in sich abgeschlossene Ruheräume. Der **Canyon des Makis** (📍 E/F 21/22) beeindruckt durch seine üppige Vegetation. Am Grund der Schlucht schlängelt sich ein Bach entlang. Das Plätschern seiner unzähligen kleinen Wasserfälle lädt während einer Wanderung zu einer Erholungspause ein. Am frühen Morgen können Sie mit etwas Glück die Kattas beim Trinken beobachten (s. S. 98).

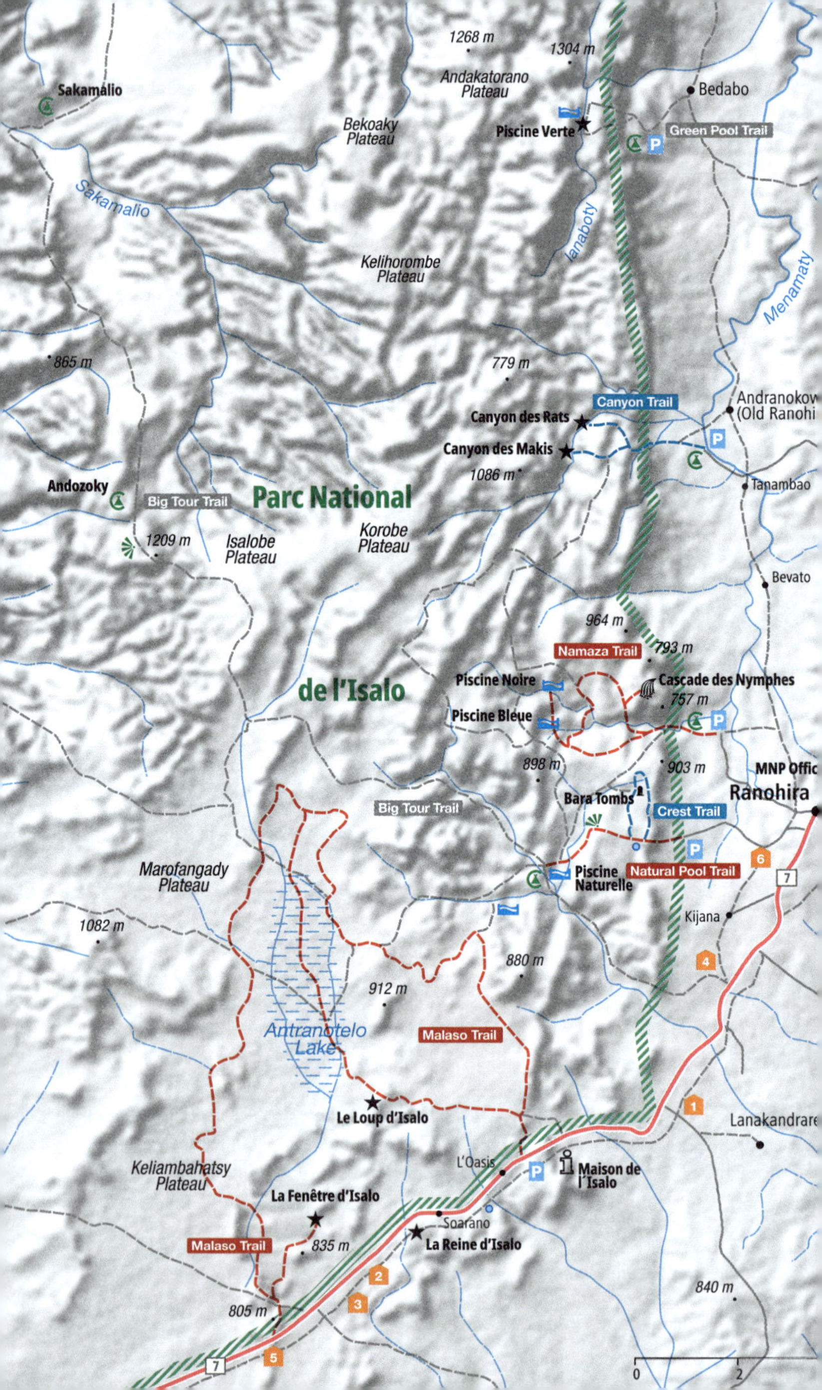

1268 m
1304 m
Andakatorano Plateau
Bedabo
Sakamalio
Bekoaky Plateau
Piscine Verte
Green Pool Trail
Sakamalio
Ianaboty
Kelihorombe Plateau
Menamaty
865 m
779 m
Canyon Trail
Andranokow (Old Ranohi
Canyon des Rats
Canyon des Makis
1086 m
Tanambao
Andozoky
Big Tour Trail
Parc National
1209 m
Isalobe Plateau
Korobe Plateau
Bevato
964 m
Namaza Trail
793 m
Piscine Noire
Cascade des Nymphes
de l'Isalo
757 m
Piscine Bleue
898 m
903 m
MNP Offic
Bara Tombs
Ranohira
Big Tour Trail
Crest Trail
Marofangady Plateau
Piscine Naturelle
Natural Pool Trail
6
7
1082 m
Kijana
880 m
4
912 m
Antranotelo Lake
Malaso Trail
1
Le Loup d'Isalo
Lanakandrare
L'Oasis
Maison de l'Isalo
Keliambahatsy Plateau
La Fenêtre d'Isalo
Soarano
Malaso Trail
835 m
La Reine d'Isalo
2
840 m
805 m
3
5
7
0
2

Parc National de l'Isalo

Schlafen

1 Satrana Lodge
2 Relais de la Reine
3 Le Jardin du Roy
4 Isalo Ranch
5 Le Palme de l'Isalo
6 Les Toiles de l'Isalo

chern und so auch lange Trockenperioden überstehen. Von örtlichen Parkführern wird sie oft fälschlicherweise als »Mini-Baobab« bezeichnet. Im Nationalpark leben 14 Lemuren- und 77 Vogelarten, darunter der endemische Benson-Rötel *(Pseudocosyphus bensoni)*, ein Verwandter der Drossel.

Markenzeichen des Isalo-Gebirges sind die bizarren Sandsteinformationen. Sie tragen teilweise so poetische Namen wie Reine d'Isalo (›Königin von Isalo‹) oder Fenêtre d'Isalo (›Fenster von Isalo‹). Bei der Königin von Isalo handelt es sich um einen steil aufragenden Fels links der RN 7. Er erinnert etwas an eine Frau im wallenden Kleid. Der obere Teil sieht einem Kopf mit Krone ähnlich.

Das Fenster von Isalo steht am Rand des Gebirges, einige Hundert Meter rechts der RN 7. Es ist ein aufrechter flacher Fels, in dessen Mitte sich ein etwa dreieckiges Loch befindet. Der Ort ist beliebt, um von dort aus den Sonnenuntergang zu erleben: Für kurze Zeit ist der sinkende Feuerball durch die Felsöffnung – also das ›Fenster‹ – hindurch zu sehen. Daneben ist die Fantasie eines jeden Besuchers gefragt, was er in den natürlich geformten Felsskulpturen erkennt.

Unterwegs im Nationalpark

Die einzigartige Felslandschaft kann gut zu Fuß erkundet werden. Innerhalb des Nationalparks gibt eine Reihe von gekennzeichneten Wanderwegen, die in puncto Länge und Schwierigkeitsstufe unterschiedlich sind. Die vom Parkbüro angebotenen Halbtages- und Tagestouren erfordern in der Regel keine besonderen Ansprüche an die Kondition. Bei Wanderungen innerhalb des Parks muss wie in allen madagassischen Naturschutzgebieten ein Parkführer mitgenommen werden, der vom Parkbüro vermittelt wird. Er kennt nicht nur die Wege, sondern kann auch über die Tiere, Pflanzen und die traditionellen Gebräuche des Gebietes Auskunft geben.

Natural Pool Trail

Der Weg zum Naturschwimmbecken ist die beliebteste Wandertour für Besucher des Nationalparks. Sie ist relativ einfach und hat landschaftlich viele Facetten zu bieten: bizarre Felsformationen, interessante Pflanzen, alte Gräber, einen Tapia-Wald und eine natürliche Oase – das namengebende Piscine Naturelle. Zunächst fahren Sie südwestlich auf der RN 7 aus Ranohira hinaus, dann führt nach einigen Hundert Metern rechts eine Piste zum Ausgangspunkt mit einem Parkplatz. Von dort gehen Sie auf dem Wanderweg zunächst eine Anhöhe hinauf, die restliche Strecke bleibt dann ohne größere Steigungen. Am Ende der etwa einstündigen Wanderung wird der zum Baden und Erfrischen einladende **Piscine Naturelle,** eine Art Naturpool (s. S. 97), erreicht. Auf demselben Weg gelangen Sie wieder zurück zum Ausgangspunkt.

TOUR
Überall bizarre Gestalten

Wanderung im Parc National de l'Isalo

Infos

E/F 21/22

Start/Ziel: Nationalparkbüro in Ranohira (s. S. 92) bzw. die Parkplätze am Nationalpark (s. Karte)

Dauer: 6 Std., auch Teilabschnitte sind möglich – Namaza Trail (ca. 3,5 Std. von Ranohira), Nature Pool Trail (ca. 2,5 Std. vom Parkplatz)

Majestätisch erhebt sich das Isalo-Gebirge aus den Grasebenen der Horombe-Region. Jahrtausende währende Erosion hat den Kalksandsteinfelsen ihr bizarres Aussehen verliehen. Am frühen Morgen, wenn die Temperaturen in den Ebenen noch frisch sind, begrüßen zahlreiche Vögel den Tag mit ihrem Gesang. Ansonsten herrscht absolute Stille, sobald der Ort **Ranohira** (s. S. 91) verlassen wird. Über eine endlos erscheinende Grasebene, auf der die Bara-Hirten ihre Zebu-Rinder treiben, nähert sich der Wanderer langsam, aber stetig dem Gebirge. Über der Ebene kreisen Schmarotzer-Milane und schwarz-weiße Schildraben halten nach etwas Essbarem Ausschau.

Durch den Lemuren-Wald

Durch einen kleinen Wald am Rande des Gebirges, in deren Baumwipfeln sich am Morgen die Kattas der wärmenden Sonne entgegenrecken, wird die schmale Schlucht des Namaza-Baches erreicht. Von Weitem schon ist das Rauschen der zahlreichen kleinen Wasserfälle zu hören. Der Weg führt über kleine und große Steine hinweg hinein in die Schlucht. Etwa 20 Min. später werden zwei größere Becken erreicht, die jeweils von einem Wasserfall gespeist werden. Die **Piscine Bleue** und die **Piscine Noire** bekamen ihre Namen durch die unterschiedliche Wassertiefe ihrer Becken, die das eine hell und das andere dunkel erscheinen lässt – ein idealer Ort für eine kleine Pause.

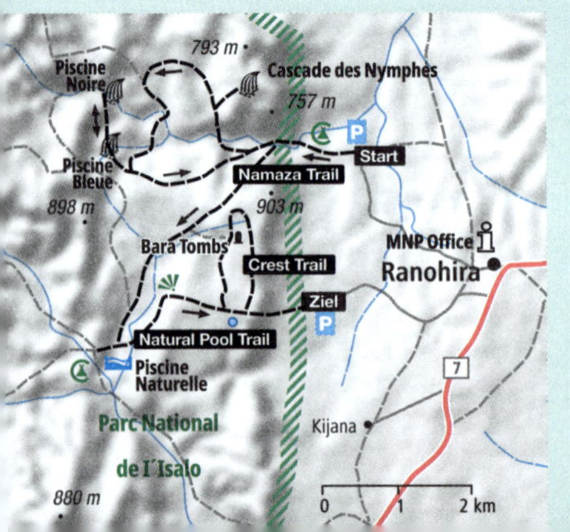

Bizarre Gestalten

Nach dem Abstecher in die Schlucht und der Rückkehr zum zuvor passierten Campingplatz geht es hinauf in das Kalksandsteingebirge. Der anstrengende Anstieg wird mit herrlichen Ausblicken

zurück auf die Ebenen bzw. voraus auf die endlos erscheinenden Felsformationen des Gebirges belohnt. Weiter geht es durch Täler und Anhöhen, immer wieder vorbei an bizarren ›Gestalten‹: Ist das nicht ein Krokodil? Oder das eine Schildkröte? Vielleicht aber auch ein Zwerg – der Fantasie sind keine Grenzen gesetzt.

Hinein ins Felsenwunderland: Mit etwas Fantasie lassen sich in den Steinformationen allerlei Gebilde erkennen.

Das Gebirge, das noch in der Zeit vor der endgültigen Trennung Madagaskars vom afrikanischen Kontinent entstand, besteht aus uralten Gesteinsschichten, die zurück bis ins Perm datiert wurden. Vor ca. 260 Mio. Jahren lag das Gebiet wesentlich tiefer als heute und damit eine Zeit lang sogar unter Wasser. Dies führte zur Bildung von unterschiedlichen Gesteinsschichten mit Sand und Kalk. Die heute sichtbare Felslandschaft entstand zwischen dem Mitteltrias (vor 245–228 Mio. Jahren) und dem Unterjura (vor 199–175 Mio. Jahren) und setzt sich hauptsächlich aus sandigen bis sandigtonigen Sedimenten zusammen. Diese hatten sich in einer breiten Erdsenke abgelagert. Durch tektonische Bewegung und durch Erosion der Umgebung wurde dieser Sandstein freigelegt. Es entstand ein Plateau von 180 x 20 km Größe. Durch weitere Erosion im Laufe der Jahrtausende entstanden dann innerhalb des Plateaus Schluchten und Felsformationen.

Natürliches Schwimmbecken

Bald fällt ein grünes Band in der ansonsten recht kargen Felslandschaft ins Auge. Ein Bachverlauf lässt seine Ufer in leuchtendem Grün erstrahlen. Wie eine Oase, versteckt hinter Schraubenpalmen, liegt das Wasserbecken **Piscine Naturelle** im Felsen, das durch den Bach stets mit frischem Wasser versorgt wird, ein herrlicher Platz für ein Picknick und ein erfrischendes Bad.

Wegen der Hitze empfiehlt es sich, spätestens um 7 Uhr morgens aufzubrechen. Genügend Wasser und Picknick mitnehmen!

Durch Tapia-Wälder, deren knorrige Rinde den hin und wieder aufkommenden Buschbränden standhält, verlässt der Wanderweg wieder das Gebirge und führt hinunter zu den Grasebenen, in denen sich der Ausgangspunkt Ranohira befindet.

Um die Wanderung etwas zu erweitern (1–2 Std.), ist der **Crest Trail** zu empfehlen, der als Rundweg von der Route abzweigt.

Namaza Trail

Der Namaza Trail ist ein relativ einfacher Wanderweg in die Schlucht des Namaza-Baches, nur 50 Höhenmeter sind zu bewältigen. Der Weg verläuft vom Parkplatz zunächst durch Wiesen und Felder bis zu einem Campingplatz – hier befindet sich eine Abzweigung, die in etwa zwei Stunden den Weg zum **Piscine Naturelle** (s. S. 97) erreicht –, in dessen Nähe sich oft Kattas aufhalten. Dann führt der Weg in die Schlucht zur **Piscine Bleue** (›blauer Pool‹) und zur **Piscine Noire** (›schwarzer Pool‹) und ein Rundweg weiter zur **Cascade de Nymphes** (s. S. 96). Der Hin- und Rückweg vom Ausgangspunkt (Parkplatz) nur zu den Pools dauert 2,5 Stunden, inklusive Wasserfall etwa 3,5 Stunden.

Canyon Trail

Der Canyon Trail besteht aus zwei Wanderwegen, die beide vom gleichen, 17 km nordöstlich von Ranohira entfernten Parkplatz starten (Fahrzeit ca. 45 Minuten). Der leichtere Weg führt in 1,5 Stunden über knapp 2 km zum **Canyon des Makis** (›Lemurenschlucht‹, s. S. 93). Im Wald vor der Schlucht sind mit etwas Glück Kattas und Larvensifakas zu beobachten.

Der zweite Wanderweg zum **Canyon des Rats** (›Rattenschlucht‹) ist mit 2,5 km etwas länger und dauert ca. 3 Stunden. Am dort fließenden Bach sind die mit dem Eisvogel verwandten Zwergfischer sowie diverse Froscharten zu entdecken.

Malaso Trail

Neben den Wanderrouten gibt es eine Panoramafahrt mit dem Auto. Dieser Malaso Trail startet unweit des Maison de l'Isalo (s. unten). Die zum Teil sandige Piste, für die ein Allradfahrzeug von Vorteil ist, erstreckt sich über 42 km und führt vorbei an verschiedenen Felsformationen, z. B. dem **Fenster von Isalo** (Fenêtre d'Isalo) und dem **Wolf von Isalo (Loup d'Isalo).** Es ist möglich, immer wieder auszusteigen und sich die nähere Umgebung zu Fuß anzuschauen. Eine detaillierte Karte ist im Parkbüro käuflich zu erwerben.

Maison de l'Isalo

Das Maison de l'Isalo ist ein kleines **Museum** und befindet sich rund 10 km außerhalb von Ranohira in Richtung Toliara auf der linken Seite. Es umfasst eine Ausstellung zur Entstehung und Geschichte des Isalo-Gebirges sowie zur Besonderheit der dortigen Flora und Fauna.

Tgl. 8–17 Uhr, Eintritt frei

Schlafen, Essen

Stilvoll

1 **Satrana Lodge:** Bei dem Hotel von Cortez Expeditions handelt es sich um eine luxuriöse Lodge im afrikanischen Stil. Von jedem der 40 Bungalow-Zelte genießt man einen herrlichen Blick auf das Isalo-Gebirge.

In der Nähe des Maison de l'Isalo, links der RN 7, T 033 20 123 14, 034 14 260 87, www.satranalodge-madagascar.com, satranalodgeisalo@yahoo.fr, €€–€€€

Romantisch

2 **Relais de la Reine:** Die Bungalows aus Stein stehen in Gruppen und fügen sich harmonisch in die Landschaft ein. Das Restaurant lässt kaum Wünsche offen, sehr aufmerksames und freundliches Personal. Das Hotel verfügt über Pferde für Reitausflüge sowie einen Pool.

T 032 05 123 08, www.lerelaisdelareine.com, €€–€€€

Luxus

3 Le Jardin du Roy: Das Schwesterhotel des Relais befindet sich ca. 1 km weiter westlich. Die Zimmer des im ähnlichen Stil erbauten Hotels gruppieren sich um einen Pool.

T 020 22 351 65, www.lejardinduroy.com, €€–€€€

Rustikal

4 Isalo Ranch: 20 Bungalows und Schwimmbad vor der Kulisse des Isalo-Gebirges – malerisch.

Ca. 2 km außerhalb von Ranohira, www.isalo-ranch.com, €–€€

Naturnah

5 Le Palme de l'Isalo: 19 Zimmer mit Bad am westlichen Rand des Isalo-Gebirges.

Gegenüber der Abfahrt zum Fenêtre d'Isalo, T 034 16 391 75, €€

Einfach und gut

6 Les Toiles de l'Isalo: Zehn Bungalows mit Blick auf das Isalo-Gebirge, Pool und Restaurant, das auch Picknicks für Wanderungen bereitet.

An der RN 7 kurz nach Ranohira, T 033 11 025 25, toilesdisalo@moov.mg, €

Bewegen

Bei Ausflügen in den Nationalpark sollte immer genügend Wasser mitgenommen werden; in den Monaten September bis Mai kann es gerade zur Mittagszeit recht heiß werden. Die meisten Besucher fahren zum jeweiligen Ausgangspunkt der Wanderung mit Auto oder Bus, da eine Wanderung dorthin durch die Grassavanne vielen nicht attraktiv erscheint. Wenn Sie über kein Transportmittel verfügen, können Sie die Wanderungen aber auch vom Parkbüro in Ranohira aus durchführen, sie dauern dann entsprechend länger.

Mehrtägige Wanderung

Big Tour Trail: Diese längste und anspruchsvollste Trekkingtour führt über 80 km einmal längs durch das Nationalparkgebiet, ein einmaliges Erlebnis inmitten dieser einsamen Felslandschaft. Je nach Kondition und Erfahrung müssen dafür 4–6 Tage eingeplant werden. Neben dem obligatorischen Parkführer sollten auch Träger für Proviant und Zelte angeheuert werden. Um zum Ausgangspunkt der Trekkingroute zu gelangen, müssen von Ranohira aus zunächst 40 km Piste bewältigt werden (Allradfahrzeug!).

Infos

- **MNP Office:** Büro des Nationalparks, siehe unter Ranohira, s. S. 92.
- **Eintrittsgebühr:** 65 000 MGA (ca. 17 €) plus Gebühr für den Parkführer, die sich aus der Länge der Wanderung und der Anzahl der Teilnehmer bemisst (bei 1–4 Pers. mind. der Eintrittspreis).

Von Ranohira nach Toliara

C–F 22/23

Nach dem Verlassen des Isalo-Gebirges breitet sich bis zum Horizont eine weite Grassavanne aus. Dort ist die endemische Satrana-Palme *(Bismarkia nobilis)* heimisch, die sehr widerstandsfähig gegen Buschbrände ist. Entlang der wenigen Bachläufe, die das Gebiet durchziehen, stehen Fandra-Schraubenpalmen *(Pandanus pulcheri)* und Vakaka-Palmen *(Ravenea rivularis)*. Das Gebiet macht einen verlassenen Eindruck, bis nach einigen Kilometern der Ort Ilakaka auftaucht.

Ilakaka

E 22

Der Ort hat in den letzten Jahrzehnten als ›Saphirgräberstadt‹ Geschichte geschrieben. Noch Anfang der 1990er-Jahre bestand die 1930 gegründete Siedlung nur aus einer Handvoll Häusern, die idyllisch am Bach Ilakaka lagen. Der zufällige Fund von Saphiren Anfang der 1990er-Jahre verbreitete sich wie ein Lauffeuer und der Ort wuchs in rasantem Tempo von wenigen Dutzend Einwohnern auf heute über 20 000. Auf dem Höhepunkt des Saphirfiebers 2001 lebten sogar bis zu 120 000 Menschen im Ort und seiner Umgebung. Alle kamen, um ihr Glück bei der Suche nach Edelsteinen zu machen.

Die Qualität der hier gefundenen Saphire ist außerordentlich hoch. Aufkäufer aus Deutschland (Idar-Oberstein) und Asien (vor allem aus Sri Lanka) geben sich ein Stelldichein. Aber nur wenige Edelsteinsucher sind wirklich reich geworden. Mittlerweile beginnt der Boom abzuebben, da für die Suche immer tiefer gegraben werden muss und die Arbeit sich nicht mehr für alle lohnt. Es gibt berechtigte Sorgen, dass das Saphirfieber die Menschen auch in den nahegelegenen Nationalpark treibt, da auch dort noch Edelsteinvorkommen vermutet werden. Am westlichen Ortsausgang gibt es einen **Showroom.** Von dort werden Führungen zu den Minen angeboten. Wenige Kilometer weiter Richtung Toliara in **Manombo Be** wurden 2008 ebenfalls Saphire entdeckt und auch dort wächst seitdem eine neue Stadt heran.

Parc National Zombitse-Vohibasia

D/E 22

Auf dem weiteren Weg nach Südwesten durchschneidet die RN 7 etwa 80 km von Ilakaka entfernt einen Teil des Zombitse-Vohibasia-Nationalparks. Er schützt die letzten Reste des Trockenwaldes im Südwesten und dient als Refugium für seltene Vögel. Der Park misst insgesamt 363 km², verteilt auf drei voneinander isolierten Schutzzonen. Kerngebiet bildet der **Wald von Zombitse** mit einer Fläche von 16 845 ha. Hinzukommen die **Wälder Vohibasia** mit 16 170 ha und **Isoky Vohimena** mit 3293 ha. Erstaunliche 47 % aller endemischen Vogelarten Madagaskars kommen dort vor, darunter eine regional endemische Art, der erst 1972 entdeckte Singvogel Appert's Tetraka *(Bernieria apperti)*, ein Verwandter des Bülbül. Auch unter den Reptilien gibt es lokal endemische Arten wie den Taggecko (*Phelsuma standigui)*.

Schlafen, Essen

Einfache Übernachtungsmöglichkeiten findet man im Ort Sakaraha.

Ökolodge

Zombitse Ecolodge: Die Ökolodge hat zehn Bungalows, davon drei mit eigenem Bad/WC. Ein kleines Restaurant bietet gutes Essen. Die Lodgebetreiber unterhalten auch eine nahegelegene Schule und andere lokale Projekte.

Andalamengoke, 7 km vom Parkeingang, 12 km nördlich von Sakaraha, T 033 12 325 64, www.zombitse.de, €

Bewegen

Wandern

Geführte Touren: Im von der RN 7 durchschnittenen Zombitse-Wald gibt es die Möglichkeit, auf verschieden langen Wanderwegen den Wald zu erkunden (1–3 Std.). Ausgangspunkt ist der kleine Parkplatz neben dem Nationalparkbüro. Wanderungen zur Vogelbeobachtung lohnen allerdings nur am Morgen oder Vormittag.

Infos

- **Eintritt:** tgl. 8–17 Uhr, Ticket 4 €, Führer je nach Länge der Wanderung und Größe der Gruppe 4–14,50 €. Ein einfaches Büro inkl. kleinem Parkplatz befindet sich von Ranohira aus kommend auf der linken Seite (nähe Nationalparkschild), der Posten ist allerdings nur am Vormittag besetzt. Wenn Sie den Nationalpark am Nachmittag besuchen möchten, melden Sie sich entweder über die Zombitse Ecolodge oder über das Büro des Nationalparks im einige Kilometer entfernten Sakaraha an.

Zwischen Zombitse und Andranovory

D 22/23

Sobald der Trockenwald von Zombitse endet, tauchen die ersten Baobabs auf, die eigentümlichen Affenbrotbäume. Das Land der Bara wird verlassen, die nun vorherrschende ethnische Gruppe sind die Sakalava. Sie sind ebenfalls hauptsächlich als Rinderzüchter tätig und bauen während der kurzen Regenperiode Mais, Hirse und Hülsenfrüchte an.

Ähnlich wie die Mahafaly bestatten die Sakalava ihre Toten in überdimensionierten Einzelgräbern, die links und rechts der RN 7 in kleinen Gruppen zusammenstehen. Auf den **Sakalava-Gräbern** wurden früher Holzfiguren platziert, die etwas über das Leben des Verstorbenen erzählten. Bei heutigen Gräbern findet man Malereien, die Auskunft geben über das Leben und die Vorlieben des dort Bestatteten.

Hinweis: Da es in der Vergangenheit immer wieder zu Grabschändungen durch Touristen gekommen ist, wird das Betreten und Fotografieren der Grabanlagen von den Anwohnern nicht mehr erwünscht. Die Fahrer und Reiseleiter sind vom Tourismusamt dazu angehalten, dort nicht anzuhalten. Es gibt aber eine Stelle mit Gräbern links der RN 7, bei der das Anhalten und Fotografieren (gegen Bezahlung) möglich ist. Die Reiseleiter, örtlichen Führer und Busfahrer kennen die Stelle. Bleiben Sie bitte an der Straße und laufen Sie nicht zwischen den Gräbern herum.

Auf dem weiteren Weg nach Toliara wird der Ort **Andranovory** passiert. Dort befindet sich die Abzweigung der RN 10 nach Süden (und Richtung Fort Dauphin, s. S. 133).

Toliara (Tuléar)

C 23

Am Ende der Nationalstraße RN 7, unterhalb der Flussmündung des Fiherenana, liegt die Stadt Toliara (franz. Tuléar). Sie ist mit 160 000 Einwohnern die größte Hafenstadt der madagassischen Westküste und gleichzeitig Hauptstadt der gleichnamigen, flächenmäßig größten Provinz des Landes.

Die mittlere Jahrestemperatur in der Stadt beträgt 23,7 °C. Im Südsommer kann es recht heiß werden, die höchste gemessene Jahrestemperatur betrug 38,6 °C. Im Südwinter können allerdings die Temperaturen in der Nacht auf bis zu 15 °C (bei 80 % Luftfeuchtigkeit) zurückgehen. Toliara liegt in der trockenen Klimazone des Südwestens, so ist Regen selten. Der mittlere Jahresniederschlag beträgt gerade mal 344 mm.

Der Name der Stadt entstand durch ein sprachliches Missverständnis im 18. Jh. bei der Anlandung der ersten Europäer. Als diese sich bei den Einheimischen nach dem Namen der Bucht und

Toliara (Tuléar)

Ansehen
1 Musée de la Mer
2 Musée Mahafaly-Sakalava
3 Arboretum Antsokay

Schlafen
1 Le Paille en Queue
2 Victory
3 Hôtel Le Paletuvier
4 Saphir
5 Hôtel L'Escapade
6 Hôtel Albatros
7 Auberge de la Table

Essen
1 Corto Maltese – Bistro Rital
2 L'Etoile de Mer
3 Le Jardin
4 Zansibar

Einkaufen
1 Le Tapis
2 Markt

Ausgehen
1 Zaza Club
2 L'Hacienda Nightclub

des kleinen Fischerdorfes erkundigten, sollen diese geantwortet haben: »Dort kann man gut ankern« *(Toly eroa)*. Erst 1895 entwickelte sich aus dem Fischerdorf eine richtige Stadt. Die Franzosen hatten sich entschlossen, in Toliara ein Verwaltungszentrum für den Südwesten und einen Hafen einzurichten.

Die Stadt ist Namensgeber einer Hunderasse, die übersetzt ins Deutsche ›Baumwolle von Toliara‹ heißt. Es handelt sich dabei um eine kleine Hunderasse mit mittellangem weißem Fell, das wohl zu diesem Namen inspirierte. Die Züchtung entstand während der französischen Kolonialzeit in Madagaskar als Mischung aus mehreren Rassen. Seit 1971 ist der Coton-de-Tulear auch in Deutschland anerkannt und wird seit 1986 regelmäßig in Deutschland gezüchtet (mehr Infos unter www.coton1.de, www.cotons-de-tulear.com und www.coton-de-tulear.biz).

Orientierung

Die Stadt ist großflächig angelegt. Die breite Straße Route d'Intéret General führt ins Zentrum der Stadt. Sie geht über in die **Rue No. 14,** an der zahlreiche Geschäfte und Restaurants liegen. Viele alte Gebäude erinnern an die französische Kolonialzeit. Der wie eine Prachtstraße angelegte **Boulevard Gallieni,** dessen einstiger Glanz sich nur noch erahnen lässt, führt hinunter zum Meer. Am südlichen Ende der Uferstraße (Route de la Porte) liegen der **Hafen** und ein ozeanografisches Museum. Am Rande der Hafenbucht gibt es noch Reste des früher ausgedehnten Mangrovenwaldes.

Sehenswertes

Musée de la Mer

Das kleine **Musée de la Mer** 1 an der Route de la Porte wird von der örtlichen Universität betrieben und gibt einen Überblick über das marine Leben um Madagaskar. Neben einer Muschelsammlung besonders hervorzuheben ist ein präparierter Quastenflosser *(Latimeria chalumnae)*. Von dieser Fischart, die sich vor etwa 350 Mio. Jahren entwickelte, nahm die Wissenschaft lange an, dass sie bereits während der Kreidezeit

ausgestorben sei. Erst 1938 ›entdeckten‹ Biologen im Indischen Ozean vor Südafrika ein erstes Exemplar, 1952 wurden auch vor Nordmadagaskar mehrere Quastenflosser gesichtet. Den örtlichen Fischern übrigens war der Kombessa genannte Fisch schon seit Langem bekannt gewesen.

Route de la Porte, Mo–Fr 9–12, 15–18 Uhr, Eintritt ca. 2 €

Musée Mahafaly-Sakalava

Das ebenfalls von der Universität von Toliara geführte **Musée Mahafaly-Sakalava** ❷ am Boulevard Philibert Tsiranana zeigt eine Ausstellung zur Kultur und Lebensweise der in dieser Region lebenden Volkgruppen der Vezo, Sakalava, Mikea und Mahafaly. In dem kleinen, liebevoll gestalteten Museum sind u. a. erotische Grabschnitzereien der Sakalava und Masken der Mikea zu sehen.

T 032 04 775 91, Mo–Fr 8–11.30, 15–17.30 Uhr, Eintritt ca. 2 €

Arboretum Antsokay

Das **Arboretum Antsokay** ❸ ist ein Muss für jeden botanisch interessierten Reisenden. Es liegt 14 km außerhalb von Toliara, eine ausgeschilderte Piste zweigt von der RN 7 ab. In dem Arboretum hat der im Jahr 2000 verstorbene Schweizer Botaniker Hermann Pétignat die spezielle Flora des Südwestens versammelt. Auf 50 ha wachsen die teils seltenen Pflanzen, die der Schweizer Wissenschaftler seit 1980 zusammentrug. Rund 7 ha davon sind als Botanischer Garten für Besucher zugänglich. Ein Führer präsentiert die Kostbarkeiten und weiß viel Interessantes von den Pflanzen zu berichten.

Bei dem Rundgang können mit Glück auch einige Tiere beobachtet werden, allein 35 Vogelarten leben in dem Garten. Ein kleines **Museum** zeigt Fossilien und Mineralien aus der Gegend sowie kulturelle Gegenstände der hier lebenden Volksgruppen der Vezo, Mahafaly und Antandroy. Im Restaurant wird Ziegenkäse aus hauseigenener Herstellung serviert, sehr zu empfehlen!

Tgl. 7.30–17.30 Uhr (im Febr. geschl.), www.antsokayarboretum.org, Eintritt 15 000 MGA (ca. 4 €)

Dieser Fang ist geglückt, doch nur allzu oft kehren die Fischer mit beinahe leeren Händen zurück.

Schlafen

In Toliara gibt es zahlreiche Hotels der mittleren und unteren Kategorien, aber derzeit (noch) keines im oberen Segment.

Gemütlich

1 **Le Paille en Queue:** Nett eingerichtete Bungalows mit roten Giebeldächern in einer Gartenanlage mit Schwimmbad.

Andranomena (RN 7 Stadteingang), T 020 94 447 00, 032 02 153 35, €€

Randlage

2 **Victory:** Eines der besseren Hotels in Toliara. Es liegt in einem weitläufigen Gelände mit Bar, Restaurant und Schwimmbecken am Stadteingang. Die 16 Komfortzimmer und die zwei Suiten liegen um einen Pool, die einfachen (kleinen) DZ im Haupthaus. Nettes Personal und Atmosphäre, kostenloses Internet.

Andabizy (an der RN 7), T 020 94 440 64, 032 42 820 87, www.hoteltulear-victory.com, €–€€

Modern

3 **Hôtel Le Paletuvier:** Das Hotel mit seinen 55 nett eingerichteten Zimmern liegt direkt am Meer mit herrlichem Blick auf den Mangrovenwald und den Hafen. Mit Restaurant und Seminarräumen.

Bd. Lyautey, T 020 94 440 39, 032 02 542 83, www.madadecouverte.com/le-paletuvier, €–€€

Funktional

4 **Saphir:** Älteres Hotel mit spartanischen Zimmern.

Tanambao, neben dem Hotel Eden, www.hoteltulearsaphir.com, €

Idyllisch

5 **Hôtel L'Escapade:** Das Hotel liegt zwar an einer Hauptstraße, aber die zehn Zimmer befinden sich in einer kleinen Gartenanlage (mit Schildkröten) hinter dem Haupthaus.

Sanfily, Bd. Gallieni, T 020 94 411 82, 032 02 202 05, www.escapadetulear.com, €

Einfach

6 **Hôtel Albatros:** 14 einfache und saubere Zimmer in einem Gebäude, dessen Rückseite zum Meer zeigt.

Tsimenatse, Av. de France, T 020 94 432 10, hotelalbatros@moov.mg, €

Außerhalb

7 **Auberge de la Table:** Kleines Hotel mit zehn schön eingerichteten Bungalows, einem empfehlenswerten Restaurant und Schwimmbad.

Am Arboretum Antsokay, 14 km außerhalb von Toliara, T 032 02 600 15, www.aubergedelatable.com, €

Essen

Feine Küche

1 **Corto Maltese – Bistro Rital:** Kleines, aber feines Bistro mit Tageskarte. Die Spaghetti mit Schafskäse sind ein Gedicht, der Apfelkuchen schmeckt wie bei Muttern zu Hause. Sehr zu empfehlen.

Tanambao, T 032 02 643 23, 032 04 657 42, corto@wanadoo.mg, €

Eine Instutition

2 **L'Etoile de Mer:** Gute Mischung aus Fischgerichten und asiatischer Küche.

Bd. Lyautey, gegenüber dem Hotel Paletuvier, €

Italienisch

3 **Le Jardin:** Sehr gutes italienisches Restaurant in einem rustikalen, liebevoll gestalteten Garten.

Rue Général Leclerc, Tanambao, T 020 94 428 18, €

Bodenständig

4 **Zansibar:** In diesem Restaurant gibt es internationale Küche, serviert von nettem Personal.

Route de l'Ecole, €

Einkaufen

Edle Teppiche

1 **Le Tapis:** Mohairteppiche aus Ampanihy mit traditionellen oder modernen madagassischen Motiven.

Rue de Coquillages, T 032 07 767 16, www.mohairmallet.com

Souvenirs

2 **Markt:** Auf dem täglichen Markt kann man diverse kunsthandwerkliche Souvenirs erstehen.

Bd. Gallieni, nahe des Denkmals

Ausgehen

Das Nachtleben in Toliara ist wie in vielen Küstenstädten Madagaskars etwas ausgeprägter als im Hochland. Nach der Hitze des Tages trifft man sich in einer Bar und später in einem Club.

Altbekannt

1 **Zaza Club:** Die Disco ist eine Institution in Toliara. Seit mehr als 20 Jahren lockt sie die Nachtschwärmer an. Gespielt wird eine Mischung aus europäischer, madagassischer und afrikanischer Musik. Die besten Zeiten sind aber wohl vorüber. Achtung: viele junge Frauen, die auf Touristen warten.

Bd. Lyautey

Angesagt

L'Hacienda Nightclub: Das ist der zurzeit angesagteste Club in Toliara, meist ist die ganze Woche über etwas los. Tanz zu afrikanischen Rhythmen.
Bd. Lyautey

Infos

- **Office du Tourisme de Tuléar:** T 020 94 446 05, www.tulear-tourisme.com, ortu@tulear-tourisme.com.
- **Öffnungszeiten:** In Toliara haben über die Mittagszeit Geschäfte (12–15 Uhr) und Banken (11.30–14 Uhr) geschlossen.
- **Flug:** Toliara wird tgl. von Madagascar Airlines angeflogen. Verbindungen mit Antananarivo, Tolagnaro und Morondava.
- **Taxi-Brousse:** Der Busbahnhof befindet sich am Stadtrand an der RN 7. Taxis-Brousses verkehren in Richtung Norden (Morombe), nach Osten (Fianarantsoa) und Süden (St-Augustin und Tolagnaro).
- **Innerstädtischer Verkehr:** Es stehen Pouse-Pousse, Taxis und Taxi-Be zur Verfügung.
- **Boot:** nach Anakao vom kleinen Hafen aus, dort befinden sich auch die Agenturbüros der Bootseigner, darunter Anakao Express, T 020 94 924 16, 034 60 072 61, www.anakaoexpress.com, das Schnellboot braucht etwa 1 Std., Hin- und Rückfahrt ab 31 €.

Nördlich von Toliara

Im Norden wird Toliara vom Fluss Fiherenana begrenzt. Die gut ausgebaute Nationalstraße RN 9 verbindet über eine Brücke die Stadt mit den nördlichen Küstenorten. Weite Teile der Küste um Toliara waren ursprünglich mit Mangroven bewachsen, doch sind davon nur noch wenige Reste zu finden. Der für die Entwicklung von Jungfischen und Krebstieren enorm wichtige ökologische Brackwasserbereich ist an der Südwestküste in den letzten Jahrzehnten durch Abholzung stark zurückgegangen.

Ifaty und Mangily ⚲ C 23

Einige Kilometer nördlich der Stadt beginnt die langgezogene **Baie de Ranobe.** Dort befinden sich wunderschöne Strände, die schon zu Kolonialzeiten Besucher anlockten. Sie werden von einem weit draußen liegenden Riff geschützt. Die asphaltierte RN 9 führt an der Küste entlang durch traditionelle Fischerdörfer der Vezo.

Der bekannteste Strand der Region liegt beim kleinen Dorf **Ifaty,** etwa 22 km nördlich von Toliara. Nicht weniger populär ist der Strandabschnitt beim kurz dahinter liegenden Dorf **Mangily.** Beide Strände entwickelten sich in den letzten 20 Jahren zu einem beliebten Erholungsgebiet. Zahlreiche Strandhotels laden zum Erholen und zum Wassersport ein. Durch das weit draußen liegende Riff ist der Wasserstand im Bereich der Strände allerdings vor allem bei Ebbe sehr niedrig, sodass dann Schwimmen kaum möglich ist; nur bei Flut reicht das auch dann recht flache Wasser zum Baden und Wassersport.

Der Dornenwald

Direkt hinter der Küstenstraße RN 9, die manchmal direkt am Strand verläuft und dann wieder das Meer einige Hundert Meter hinter sich lässt, beginnt der sogenannte **Dornenwald.** Es ist ein botanisch sehr interessantes und vielfältiges Gebiet, in dem es zahlreiche ungewöhnliche Pflanzen zu entdecken gibt. Unglaublich dicke Baobabs, auch Affenbrotbäume genannt, ragen aus den meist dornigen Büschen hervor. Dazwischen finden sich Aloearten, die von den Einheimischen als Heilpflanze verwendet werden. Überhaupt bietet der Dornenwald eine ganze Reihe von Pflanzen, die der örtlichen Bevölkerung die Möglichkeit geben, Krankheiten zu lindern, Wunden zu desinfizieren oder Blut zu stillen. Daneben eignen sich einige Bäume auch als Baumaterial für den Haus- oder Bootsbau.

Von Weitem zu sehen sind die *Didieraceen* mit ihren tentakelähnlichen Stämmen. Sie werden von den hier lebenden Vezo auch Kompassbäume genannt. Da der Wind meist von Nordosten kommt, weisen die Spitzen der stark dornenbewerten Stämme immer nach Südwesten.

Während der langen Trockenperiode von Mai bis November sehen viele Pflanzen des Dornenwaldes wie tot aus, da sie in dieser wasserlosen Zeit ihre Blätter abwerfen, um so ihren Wasserbedarf zu verringern. Aber kurz vor (November/Dezember) und kurz nach der Regenzeit (April) erlebt der Besucher eine wahre Explosion an grünen Blättern, und viele verschiedene Blüten geben der sonst so trockenen Vegetation einen bunten Anstrich.

Leider ist das botanische Paradies an vielen Stellen durch die schnell wachsende Bevölkerung bedroht. In einigen Abschnitten entstanden daher private Parks wie das **Reniala-Reservat,** um die einzigartige Vegetation vor der Zerstörung zu bewahren. Sie können direkt von der Küstenstraße aus in den Dornenwald wandern oder sich

Typisches Fischerboot der Vezo am Strand von Ifaty

mit einem Auto oder Zebu-Karren zu einem der privaten Schutzzonen bringen lassen.

Village des Tortues C 23

In der Nähe von Mangily liegt das **Village des Tortues,** ein Projekt in Zusammenarbeit mit WWF und Parc National de Madagascar (PNM/ANGAP). Seit 2005 werden in dem ›Schildkrötendorf‹ die vom Aussterben bedrohten Strahlen- und Spinnenschildkröten gehalten und gezüchtet. Interessierte Besucher werden von Führern über die Arten, ihre Lebensweise und die Arbeit des Zentrums informiert.

Tgl. 9–18 Uhr, Eintritt 1,50 €

Salary-Bucht B 22

Von Ifaty führt die RN 9 zunächst nach Norden, knickt nach der Abzweigung nach Massilia etwas in nordöstlicher Richtung ab und verläuft damit nicht mehr parallel zur Küstenlinie. Die nächste Abzweigung ist die Piste über **Manombo** zur Salary-Bucht (65 km), die Strecke führt nun wieder direkt an der Küste entlang. An diesem Küstenabschnitt befinden sich einige abgelegene Strandhotels, die zur Erholung einladen. In Salary sind Sie abseits der Touristenrouten und können den herrlichen weißen Sandstrand genießen. Salary bietet sich auch als Ausgangspunkt für den Besuch des faszinierenden **Baobab-Waldes bei Andavadoaka** (ca. 60 km) an. Dort sind imposante Affenbrotbäume *(Adansonia grandidieri)* mit wuchtigen, flaschenförmigen Stämmen und bizarr verwinkelten Kronen zu sehen. Um einen Tag auf einer einsamen Insel zu verbringen, lassen Sie sich mit einem Fischerboot auf die vor der Küste liegenden Inseln bringen, zum Beispiel Nosy Hao.

Schlafen, Essen

Luxus

Paradisier: Das beste Strandhotel von Ifaty bietet schön eingerichtete Bungalows direkt am Strand. Geschmackvoll gestaltete Anlage mit Restaurant und Ausflugsservice. Gehört zur Agentur Madagascar Discovery.

Kurz vor dem Dorf Mangily gelegen, T 032 07 660 09, www.paradisier.net, €€–€€€

Neu gestaltet

Dunes: Eine komplett umgestaltete Anlage, die mit dem alten Dunes Hotel nicht mehr viel gemein hat. Netter Service und empfehlenswertes Restaurant.

Südl. der Ifaty-Bucht, T 032 07 109 16, www.lesdunesdifaty.com, €€

Angenehm

Nautilus: Gehobene Bungalowanlage am Meer mit angeschlossener Tauchbasis (Deep Sea Club).

Ranobe-Bucht, T 032 04 848 81, www.nautilusmada.mg, €€

Ruhig

Jardin de Beravy: Kleines Strandhotel mit acht einfachen, sauberen Zimmern. Restaurant mit Meeresfrüchten und französischen Spezialitäten.

Ambalaboy, RN 9, 17 km nach Toliara, 3 km vor Ifaty, T 032 40 397 19, €

Atmosphäre

Bamboo Club: Die 24 Bungalows sind im heimischen Stil erbaut. Es herrscht eine nette, etwas alternativ wirkende Atmosphäre.

Am nördlichen Ende der Ifaty-Bucht, T 032 04 004 27, www.bamboo-club.com, €–€€

Unendliche Ruhe
Salary Bay: Reetgedeckte Bungalows direkt am Strand.
Salary, T 032 84 036 49, www.salarybay.com, €€–€€€

Jenseits der Routen
Laguna Blu: Kleine Bungalows mit Veranda am Strand.
Andavadoaka, http://resortmadagascar.com, €€

Bewegen

Tauchen und Schnorcheln
Tauchbasen am Strand: Das weit draußen im Meer liegende Riff ist vom Strand aus nur mit Booten erreichbar. Diese sowie das benötigte Equipment werden von am Strand befindlichen Wassersportzentren ausgeliehen. Auch Tauchkurse werden angeboten, z. B. von Atimoo, einer Tauchbasis beim Hotel Mora Mora in Mangily (T 032 04 529 17, www.atimoo.com). Fünf Tauchgänge kosten für einen Taucher 160 €, für zwei 210 €, Tauchlehrgang Scuba 245 €. Die Preise beinhalten die Bootsfahrt, das Equipment und den Tauchführer. Eine weitere Tauchbasis ist dem Hotel Nautilus angeschlossen.

Hochseefischen und Wale beobachten
Lagon Vision: Die Wassersportbasis des Franzosen Jacques Poussars liegt beim Hotel Nautilus. Ausflüge zum Hochseefischen kosten 70 €/Std. Im Südwinter gibt es manchmal auch die Möglichkeit, Wale vor der Küste zu beobachten, wenn auch meist nicht so gut wie vor der Ostküste (40 €/Std. pro Boot).
T 032 04 777 23, jacquotifaty@yahoo.fr

Spazieren im Dornenwald
Reniala-Reservat: Das private 45 ha große Reservat liegt im Hinterland von Mangily. Es ist zu Fuß, mit Geländewagen oder einem Zebukarren (5 €/Pers. hin und zurück) zu erreichen. Geöffnet tgl. 7.30–17.30 Uhr, Eintritt inkl. Tour 3,50 € (1,5 Std.) bzw. 10,50 € (5–6 Std.). Die geführten Wanderungen vermitteln viele Informationen über die einzigartige Pflanzenwelt und führen u. a. zu einem Baobab mit 12,5 m Durchmesser.

Infos

Die Strände von Ifaty und Mangily sind über eine gute Asphaltstraße nach 22 km ab Toliara zu erreichen. Für die Strecke muss etwa eine halbe Stunde Fahrzeit eingeplant werden. Taxis-Brousses von Toliara (Ticket ca. 2 €) brauchen fast doppelt so lange.

- **Weiterfahrt nach Morombe:** Die ausgebaute Straße RN 9 führt von Ifaty weiter nach Norden bis zum Mangoky-Fluss. Kurz vorher zweigt eine Piste nach Westen ab, die zur Stadt Morombe (s. S. 220) führt. Taxis-Brousses (hier oft in Form umgebauter Lkws) enden meist in Morombe.

Südlich von Toliara

Über die Straße Route d' Intéret General gelangt man von Toliara aus auf die Nationalstraße RN 7. Einige Kilometer außerhalb der Stadt zweigt die Piste nach Anatsogno ab.

Anatsogno (St-Augustin) C 24

Das Fischerdorf liegt direkt am Wendepunkt des Steinbocks, oberhalb der Mündung des Onilahy-Flusses. Seine

TOUR
Bäume, die heilig sind

Ausflug nach Miary

Infos

C 23

Anreise: Da nur wenige lokale Minibusse nach Miary fahren, ist es einfacher, sich in Toliara ein Taxi zu mieten (ca. 30 000 MGA, ca. 7 €). Mit dem eigenen Fahrzeug erreicht man Miary in etwa 30 Min. über die Verlängerung der Route de l'Université.

Besuchszeiten und Eintritt: Fremden wird nur tagsüber (ca. 7–17 Uhr) Einlass gewährt. Der Eintritt beträgt ca. 2 € plus Trinkgeld für den Führer; extra Obolus für das Königsgrab.

Alte Bäume haben in vielen Kulturen eine besondere Bedeutung. Sie dienen als Sitz von Göttern oder werden mit den Geistern von Verstorbenen in Verbindung gebracht. Ein besonders beeindruckendes Exemplar ist in **Miary** 17 km nordöstlich von Toliara zu bewundern. Bei der Ankunft in dem kleinen Ort werden Sie sicherlich zunächst von ein paar Kindern begrüßt. *Vazaha,* wie weiße Europäer in Madagaskar genannt werden, kommen nicht oft hierher. Nach einem kurzen Spaziergang stehen Sie vor einem ›Wald aus einem Baum‹: ein riesiger **Banyan-Baum** *(Ficus sp.),* der inmitten eines eingezäunten Platzes steht.

Aus einem Baum wird ein Wald

Dieses so überaus beeindruckende ›Baumgebilde‹ wurde strenggenommen nur über eine ›Leiche‹ zu dem, was es heute ist: Banyan-Bäume benötigen wie alle Würgefeigen einen Wirtsbaum für ihr Wachstum. Ihre Samen keimen nicht im Boden, sondern werden von Vögeln auf den Ästen eines Wirtes ausgeschieden. Der aus dem Samen entstehende Keimling bildet lange Luftwurzeln, mit denen sich die Pflanze versorgt. Haben diese langen Wurzeln sich erst einmal im Boden verankert, wachsen sie zu Stämmen heran und der Wirtsbaum stirbt unter der Last der Würgefeige ab. Durch seine zahlreichen, zu Stämmen werdenden Luftwurzeln kann dann sogar im Laufe der Jahrhunderte aus einem einzelnen Baum ein kleiner ›Wald‹ entstehen.

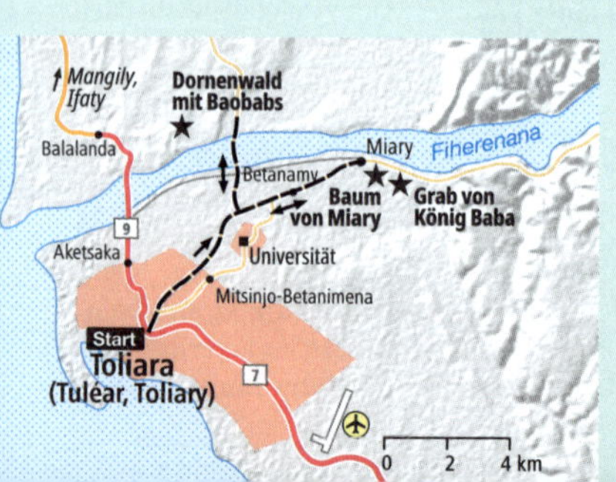

Geschenke für die Ahnen

Der auf mindestens 700 Jahre geschätzte und majestätisch wirkende Banyan-Baum wird seit Jahrhunderten von den Menschen verehrt. Das Areal um den Baum darf nur barfuß und mit Genehmigung eines Ahnenwächters betreten werden. Für einen Besuch ist es erforderlich, ein Geschenk in Form einer Flasche Rum mitzubringen, die den Ahnen zur Besänf-

tigung dargeboten wird. Der heilige Baum von Miary soll heilende Kräfte haben, die ihm die dort lebenden Geister der Verstorbenen verleihen. Viele Kranke kommen hierher, um sich Linderung oder Erlösung von dem Übel zu erbitten. Sogar Ex-Präsident Zafy soll den Baum einst besucht haben.

Dem Banyan-Baum von Miary werden heilende Kräfte zugesprochen.

Die Legende von Miary

Die Legende um den Baum von Miary besagt, dass einst eine große Dürre herrschte und sogar der nahegelegene große Fluss Fiherenana auszutrocknen drohte. Ein Zauberer erschien dem König Baba und empfahl ihm, seine 12-jährige Tochter zu opfern, damit der Fluss weiterhin Wasser führe. Zum Wohl seines Volkes opferte der Herrscher seine Tochter, doch an der Stelle, an der sie begraben wurde, begann nach kurzer Zeit ein Baum zu wachsen. Seitdem gedenken die Menschen des königlichen Opfers.

Das Grab des Königs

Nur einige Hundert Meter weiter liegt etwas abseits das **Grab von König Baba.** Er war einst Herrscher der im Gebiet lebenden Masikoro, bevor sie von den Sakalava verdrängt wurden. Das Grab darf ebenfalls nur barfuß und mit Führer besucht werden.

Noch mehr heilige Bäume

20 km nordwestlich von Miary und am besten von dort zu erreichen befinden sich in einem **Dornenwald** zahlreiche Baobabs. Neben dem Banyan-Baum von Miary gelten in Madagaskar auch alte und dementsprechend große Baobab-Bäume als heilig. Sie haben in der Regel nur lokale Bedeutung, oft nur für die Bewohner eines Dorfes. Auch sie sind als Ruhestätte für Ahnen sehr beliebt. Bei einem Spaziergang im Dornenwald lassen sich daher immer wieder Heilige Bäume mit unterschiedlichen Geschichten finden. Begeben Sie sich ruhig in die Hände eines erfahrenen lokalen Führers und lassen sich überraschen, was der Dornenwald verbirgt und welche Geschichten er zu erzählen weiß.

S

STRANDHOTELS ABSEITS DER REISEROUTEN

Die Strandhotels nahe **Anakao** sind eine gute Alternative zu den Hotels im nördlich gelegenen Ifaty. Sie liegen sehr abseits – nur mit einem Boot zu erreichen – und garantieren damit erholsame Tage abseits der Reiserouten. Das vorgelagerte Riff sowie die Nähe zu den kleinen vorgelagerten Nosy Satrana und Nosy Vé bieten Ausflugsmöglichkeiten für Tauchbegeisterte und Vogelliebhaber. Ein Tagesausflug mit Picknick wird von den Hotels organisiert und ist ein wunderschönes Erlebnis.
Es empfehlen sich die folgenden Bungalow-Hotelanlagen: **Le Prince Anakao** (T 020 944 39 57, DZ 20–45 €), **Safari Vezo** (T 034 07 602 52, www.safarivezo.com, DZ ab 68 €) und **La Landaka** (T 020 94 922 21, www.lalandaka.com, DZ 33–74 €).

Lage ist wunderschön, flankiert von weißen Sanddünen und einem Naturpool in einer Felsenhöhle. In den Blickpunkt der Geschichte geriet das Dorf 1646, als die Briten in der Bucht landeten, um von dort aus Madagaskar in Besitz zu nehmen. Der Plan ging jedoch schief und die wenigen überlebenden Briten zogen wieder ab.

Anakao

C 24

Südlich der Flussmündung befinden sich herrliche Sandstrände. Diese sind wie das Dorf Anakao allerdings schwer zu erreichen, da es im Mündungsbereich keine Brücke über den Fluss gibt. Anakao ist daher nur per Boot von Toliara aus oder mit einem Fahrzeug bis **Sarodrano** und von dort per Boot zu erreichen. Seit einigen Jahren gibt es akzeptable Hotels, sodass sich Anakao trotz der abgeschiedenen Lage zu einer Konkurrenz zu Ifaty entwickelt (s. Kasten).

Nosy Vé

C 25

Ein Highlight ist die Anakao gegenüberliegende Insel Vé, die bereits 1529 von den Portugiesen als Ankerplatz genutzt wurde. Die Franzosen errichteten Ende des 19. Jh. einige Verwaltungsgebäude (Reste noch zu sehen), bevor sie nach Toliara zogen. Heute stellt die Insel ein Heiligtum der örtlichen Vezo dar, die zweimal im Jahr für eine Zeremonie (Soro Vorombe) hierher kommen, um von den Geistern gute Fischfänge zu erbitten. Nosy Vé besitzt wunderschöne Strände und eine Brutkolonie der Rotschwanz-Tropikvögel *(Phaethon rubricauda)*.

Seit 2018 gehört die Insel zum neuen **Parc National Nosy Vé-Androka.** Dieser erstreckt sich über 914 km^2 und ist in insgesamt neun Parzellen eingeteilt. Im marinen Teil des Parkgebietes leben 140 Korallen-, 240 Fisch- sowie 5 Meeresschildkrötenarten und neben Walen und Delfinen auch die seltenen Dugongs. Der Park ist über Wasser und zu Land zu erreichen und liegt 80 km Luftlinie von Toliara entfernt bzw. 40 km südlich von Anakao.

Infos

- **Nationalpark:** tgl. 8–16 Uhr, Ticket 45 000 MGA (ca. 10 €) plus Gebühren für den Parkführer. Tickets im MNP-Büro in Toliara oder direkt im Parkbüro am Eingang des Nationalparks. Das Parkbüro vermittelt auch Führer.

• **Anfahrt:** Zu erreichen ist der Nationalpark über die RN 10 in Richtung Fort-Dauphin bis Betioky, von dort zweigt eine Piste Richtung Küste entlang des Itomboina-Korridors ab.
• **Übernachten:** Es gibt keine Übernachtungsmöglichkeiten.

Parc National Tsimanampetsotsa C 25

Tsimanampetsotsa ist eines der ältesten Schutzgebiete Madagaskars. Bereits 1927 wurden der gleichnamige See und seine Umgebung unter Schutz gestellt. Den Status als Nationalpark erhielt das Gebiet allerdings erst 1999. Geschützt wird auf einer Fläche von 432 km² der See sowie Teile des Dornenwaldes. Dieser gedeiht in küstennahen Ebenen auf einem Boden, der reichlich mit Kalkstein durchsetzt ist. In diesem Kalkstein befinden sich in dem Gebiet, das sich bis auf 160 m Höhe erstreckt, auch einige Grotten.

Typisch für diesen Lebensraum sind, als eine der wenigen hier lebenden Lemurenarten, die Kattas. Der Dornenwald ist auch Lebensraum des seltenen Großen Streifenmungos *(Galidictis grandidieri)*. Im Park leben des Weiteren 112 Vogelarten, darunter fünf Arten der endemischen Gattung der Seidenkuckucke *(Coua)*.

Der See, dem der Park seinen Namen verdankt, besteht aus Brackwasser, einer Mischung aus Süß- und Meereswasser. Während der Regenzeit (Dez.–März) vergrößert sich der See um bis zu 30 % und erreicht dann ein Ausmaß von etwa 20 km Länge und 3 km Breite. Der Tsimanampetsotsa ist für Naturliebhaber besonders interessant, da er die seltene Möglichkeit bietet, von April bis November Rosa Flamingos *(Phoenicopterus ruber)* zu beobachten.

Schlafen

Es gibt zurzeit nur zwei Campingplätze am Nationalpark; Zelte und Verpflegung müssen selbst mitgebracht werden. Die nächste Übernachtungsmöglichkeit sind zwei einfache Unterkünfte im Küstenort Beheloka, südlich von Anakao (von dort am besten mit einem Boot zu erreichen), sowie ein Hotel im Dorf Ambola:

Idyllisch

Ambola: Bungalow-Hotel direkt am eigenen Strand. Verschiedene Aktivitäten, u. a. Ausflüge zum Tsimanampetsotsa-Nationalpark und Bootstouren zum Riff.
T 034 435 53 13, www.ambola-madagascar.com, €

Infos

• **Eintritt:** tgl. 7–17 Uhr, Ticket 45 000 MGA (ca. 11,50 €) plus Gebühren für den Parkführer. Tickets im ANGAP-Büro in Toliara oder direkt im Parkbüro am Eingang des Nationalparks (Westseite des Sees). Das Parkbüro vermittelt auch einen Parkführer.
• **Anfahrt:** Zu erreichen ist der Nationalpark über die RN 10 und eine bei km 146 abzweigende, 102 km lange Piste. Die Anfahrt dauert fast einen ganzen Tag! Eine zweite Zufahrtsmöglichkeit besteht über die Küstenpiste über Soalara nach Beheloka. Diese Piste ist aber nur eine Alternative, wenn die Fähre über den Onilahy-Fluss funktioniert (3,5 Std.). Dann fährt einmal wöchentl. auch ein Taxi-Brousse von Toliara nach Beheloka. Etwas einfacher ist die Anfahrt vom Meer her mit einem Boot, z. B. von Anakao aus. Dort helfen die Hotels bei der Organisation. Die Abzweigung von der Küstenpiste zum Nationalparkbüro ist nicht leicht zu finden, ein von den Hotels gestellter Guide kann da sehr hilfreich sein.

Die Südspitze

Regio Incognita — Der selten von Reisenden besuchte extreme Süden des Landes bietet mit seiner nur rudimentär vorhandenen Infrastruktur noch viel Raum für eine Menge Abenteuer.

Seite 125

Berenty-Reservat

Nirgendwo sind Lemuren so leicht zu beobachten wie in diesem privaten Schutzgebiet am Mandrare-Fluss: die schönen Kattas mit ihren geringelten Schwänzen oder die weißen Larvensifakas, die scheinbar tanzend die Waldlichtungen überqueren. Lohnend ist auch eine Nachtwanderung: Unter dem meist klaren Himmel bringen Maus- und Wieselmakis Leben in den gegen das Mondlicht bizarr wirkenden Dornenwald. Eulen gleiten lautlos dahin, Chamäleons schlafen auf dünnen Zweigen am Wegesrand.

Endlose Weiten und sandiger Untergrund. Leben hier Menschen?

Seite 118

Mahafaly-Gräber

Im Süden Madagaskars kann man noch zahlreiche traditionell gestaltete Grabstätten des Mahafaly-Volkes sehen.

Seite 119

Unterm Sternenhimmel

Im Süden Madagaskars ist der Nachthimmel oft sternenklar. So kann man den eindrucksvollen Sternenhimmel der Südhalbkugel in seiner vollen Pracht bewundern – ein einmaliges Naturschauspiel, das man zum Beispiel auf dem Kirchplatz von Ampanihy genießen kann!

Seite 122

Réserve Spéciale du Cap Sainte Marie

Berühmt ist das Cap Sainte Marie vor allem wegen seiner zahlreichen Schildkröten.

Seite 118

Réserve Spéciale Beza Mahafaly

Weitab von den gängigen Reiserouten erhält man hier einen Eindruck von der faszinierenden Flora und Fauna des Südens.

Seite 121

Nosy Manitsa

Eine abgelegene, einsame Insel, buchstäblich am Ende Madagaskars gelegen. Einst fanden dort niederländische Seeleute ihr letzte Ruhestätte. Nur selten besucht, laden heute die weißen Sandstrände zum Erholen und Baden ein.

Seite 127

Parc National d'Andohahela

Zu Fuß geht es durch drei Klimazonen mit ihren unterschiedlichen Pflanzenwelten – vom Regenwald über die Übergangszone mit ihren Dreieckspalmen bis hin zur Sukkulentenwelt der Trockenzone.

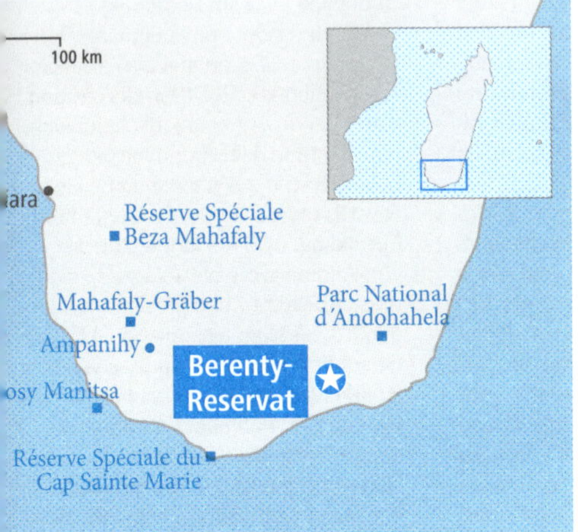

Leguane huschen über die heißen Felsen im Tsimelahy-Gebiet des Andohahela-Nationalparks.

tanisch gibt es im Süden eine nge Interessantes zu entdecken. ch kurze Reisestopps geben die glichkeit, die Landschaft und Flora sich wirken zu lassen.

Abseits der Reiserouten

W

Weite Teile des Südens gehören zu den am wenigsten bereisten Gebieten Madagaskars. Das liegt vor allem an der unzureichenden Infrastruktur, d. h. den schlechten Pisten und kaum vorhandenen Unterkünften. Viele Naturschutzgebiete können nur mit Campingausrüstung besucht werden. Eine Reise in den Süden ist auch heute noch ein Abenteuer und sollte daher gut vorbereitet sein. Ein Allradfahrzeug ist dafür unerlässlich.

Dennoch ist eine Erkundung der Südspitze der Insel sehr lohnenswert. Abseits jeglicher Touristenströme erlebt man ein noch ursprüngliches Madagaskar. Die Vegetation mit ihren interessanten sukkulenten Pflanzen, allen voran die typischen Baobabs, gibt immer wieder Anlass zum Halten und Staunen. In den drei selten besuchten Nationalparks Tsimanapesotse, Bezaha Mahafaly und Andohahela wird man wahrscheinlich mit sich und der Natur alleine sein.

Wegen der schlechten Pisten und der langen Fahrt sollten Sie sich das Abenteuer gründlich überlegen. Erkundigen Sie sich auch nach der aktuellen Sicherheitslage in dem Gebiet.

O

ORIENTIERUNG

Infos: Im Süden selbst gibt es kein Infobüro. Unterstützung bei der Planung einer Tour bieten die Tourismusämter in Toliara (s. S. 106) und Tolagnaro (s. S. 139) sowie die dort ansässigen Reiseagenturen.

Anreise und Weiterkommen: Die Südspitze wird am besten von Toliara im Westen oder von Tolagnaro (Fort Dauphin) im Osten aus bereist. Von Toliara führt die RN 10 in den Süden, eine Piste in unterschiedlich schlechtem Zustand. Bei Ambovombe gelangen Sie auf die etwas bessere RN 13, die bis an die Ostküste führt. Für die ca. 500 km lange Strecke von Andranovory bis Tolagnaro sind ohne Abstecher und Besichtigungen mind. zwei Tage einzuplanen. Um die Besonderheiten des Südens wirklich zu erfassen, sollte man sich eine Woche Zeit nehmen. Eine theoretische Alternative zur Erkundung der Südspitze bietet die 10 km westlich von Ihosy nach Süden abzweigende RN 13. Der 370 km lange Abschnitt über Betroka nach Ambovombe ist allerdings in einem katastrophalen Zustand. Alle oben genannten Strecken werden nur unregelmäßig von Taxis-Brousses bedient.

Von Toliara nach Betioky

Die Reise in den tiefen Süden startet in der Stadt Toliara (s. S. 101). Von dort sollten Sie bereits früh morgens aufbrechen. Nach 65 km auf der RN 7 Richtung Osten wird der Ort **Andranovory** erreicht. Hier zweigt die RN 10 Richtung Süden ab und die Pistenstrecke beginnt.

Tongobory D 24

Zunächst geht es durch eine recht eintönige Landschaft, in der Dornenbüsche vorherrschen. Nach etwa einer Stunde Fahrt (26 km) verlässt man das südwestliche Plateau, ein kurzes Stück alte Asphaltstraße führt hinunter in die Ebenen. Dabei bietet sich eine schöne Aussicht auf die tieferliegenden Gebiete. Zwischen Kilometer 52 und 53 befindet sich die Stelle, an der die Strecke den Wendekreis des Steinbocks kreuzt.

Nach etwa drei Stunden Fahrt wird Tongobory erreicht. Der Ort liegt am Onilahy, einem der größten Flüsse Südmadagaskars. Wie ein breites grünes Band zieht er sich durch die ansonsten eher trockene Landschaft. Eine Stahlbrücke führt auf die andere Seite des Flusses und des Ortes.

Mahafaly-Gräber D 24

Bereits während des ersten Streckenabschnitts konnte man entlang der Straße die eine oder andere Grabstätte des Volksstammes Mahafaly sehen, der im Südwesten Madagaskars beheimatet ist.

Aloalo genannte Holzstelen schmücken die Gräber der Mahafaly.

Die Mahafaly sind hauptsächlich Rinderhirten und wie die Sakalava für ihre großen Einzelgräber bekannt. Nach der Flussüberquerung des Onilahy erreicht man nun ein Gebiet mit besonders schönen und vor allem gut erhaltenen Mahafaly-Gräbern.

Die Grabstätten werden in rechteckiger Form errichtet und mit einer etwa 1 m hohen Mauer – ursprünglich aus aufgeschichteten Steinen, heute mehr und mehr aus Beton – eingefasst. Die Wände dieser neueren Gräber werden malerisch verziert, entweder mit typischen Ornamenten und Motiven der Mahafaly oder mit Bildern, die symbolisch für den Toten bzw. sein Leben stehen. Das Innere der Mauer wird mit Steinen aufgefüllt und in der Mitte der Tote in einem erhöhten Steinaufbau eingebettet.

Auf den Gräbern finden sich zahlreiche Zebuschädel. Diese stammen von den während der Beerdigungsfeier geschlachteten Zebus. Nach den Feierlichkeiten kommen die Tierschädel auf das Grab und noch Jahrzehnte später kann anhand der Schädelanzahl der Reichtum der bestatteten Person erahnt werden. Des Weiteren verzieren die Mahafaly ihre Gräber mit hölzernen Stelen. Neben traditionellen Symbolen tragen diese Aloalo auf ihrer Spitze eine Abbildung, die als Symbol für die wichtigen Dinge im Leben des Toten stehen.

Betioky

D 24

Von den Gräbern dauert es noch etwa eine Stunde, bis Betioky erreicht ist. Der Ort wäre nicht weiter erwähnenswert, diente er nicht als Ausgangspunkt für einen Besuch der noch 35 km entfernten Réserve Spéciale Beza Mahafaly (s. rechts) sowie des Nosy-Vé-Androka-Nationalparks (s. S. 112).

Schlafen, Essen

Konkurrenzlos

Tsaramandroso: 16 einfache Bungalows mit Dusche (Kaltwasser). Das kleine Restaurant bietet nur madagassische Speisen (rechtzeitig vorbestellen!).

Betioky, an der Straße Richtung Reservat, T 033 09 414 79, €

Réserve Spéciale Beza Mahafaly

D 24

Das kaum besuchte Spezialreservat gehört mit 600 ha zu den kleinsten Schutzgebieten Madagaskars und besteht aus zwei Vegetationsbereichen, zum einen aus einem Galeriewald am saisonalen Fluss Zanamena, zum anderen aus einem Bereich mit dem für den Süden typischen Dornenwald. In Beza Mahafaly leben 21 Arten von Säugetieren, darunter Larvensifakas, Kattas und der nachtaktive Graubraune Mausmaki *(Microcebus griseorufus)*. Insgesamt 102 Vogelarten sind im Reservat bekannt. Dazu gehören u. a. die Braunstirn-Newtonie *(Newtonia archboldi)*, der Schmalschnabel-Vanga *(Xenopirostris xenopirostris)* und der Madagaskar-Sperber *(Accipiter madagascariensis)*. Des Weiteren gibt es 39 Arten von Reptilien und Amphibien. Bisher sind zudem 210 Pflanzenarten im Reservat beschrieben. Darunter zählen im Dornenwald *Alluaudia procera* und *Pachypodium geayi* sowie *Tamarindus indica* im Galeriewald.

Im Südsommer kann es mit Temperaturen bis 40 °C recht heiß werden. Der Park verfügt nur über spartanische ouristische Einrichtungen. Neben dem Parkbüro an der Straße gibt es eine Forschungsstelle mit einem **Botanischen Garten** und ein kleines **Museum** u. a. mit einer Insektenausstellung.

Schlafen

Im Reservat steht ein **Campingplatz** (ohne Einrichtungen, T 034 49 401 95) zur Verfügung, das gesamte Equipment sowie Essen, Wasser, Kochutensilien etc. sind mitzubringen (€).

Bewegen

Tierbeobachtung

Geführte Wanderungen: Im Reservat werden Halbtageswanderungen angeboten. Um die Chance auf gute Tierbeobachtungen zu erhöhen, sollte man früh, vor 8 Uhr, losgehen. Eine Nachtwanderung (ab 18.30 Uhr) ist ebenfalls interessant.

Das Lieblingsfutter in Griffweite – so mögen es die Kattas und halten sich deswegen gerne in Tamarindenbäumen auf.

Infos

- **Eintritt:** Der Eintritt für das Reservat ist im Parkbüro zu entrichten und beträgt 45 000 MGA (ca. 11,50 €). Hinzu kommt noch eine Gebühr für den Parkführer, die sich nach Länge der Wanderung und Anzahl der Personen bemisst.
- **Anfahrt:** Das Beza-Mahafaly-Reservat ist von Betioky aus 35 km entfernt (1,5 Fahrstunden). Vom Beginn der RN 10 in Andranovory bis Betioky sind es etwa vier Fahrstunden.

Ampanihy und Umgebung

Im weiteren Verlauf der RN 10 befindet sich bei Kilometer 146 die Abzweigung zum gut 100 km entfernten Parc National Tsimanampetsotsa (s. S. 113). Kurz vor dem Etappenziel Ampanihy (26 km) muss der Manakaravavy-Fluss durchfahren werden. Die Piste ist auf dieser Strecke zurzeit sehr schlecht, für die Fahrt bis Ampanihy muss mit 1 bis 1,5 Stunden gerechnet werden.

Ampanihy E 26

Die kleine Stadt Ampanihy (›Ort der Fledermäuse‹) hat sich zu einem Zentrum der Produktion von Angora-Wolle entwickelt. Die Angora-Ziegen wurden in den 1970er-Jahren eingeführt, und ein Entwicklungsprojekt kümmerte sich um die Verarbeitung der Wolle und den Vertrieb von daraus hergestellten Mohair-Teppichen. Durch Kreuzungen mit herkömmlichen Hausziegen nahm jedoch die Qualität der Wolle immer

So mächtig können Baobabs werden – sie spenden Schatten (zumindest zur Regenzeit, wenn sie Blätter tragen), dienen als Lehne, und viele davon sind den Einheimischen heilig.

weiter ab, sodass das Projekt gegen Ende der 1980er-Jahre zunächst zum Erliegen kam.

Erst Mitte der 1990er-Jahre wurde die Teppichverarbeitung wieder aufgenommen. Mit Unterstützung der EU kamen erneut reinrassige Angora-Ziegen nach Madagaskar. Die Verarbeitung und Herstellung kann besichtigt werden. Der Kauf der Mohairteppiche selbst lohnt wegen der größeren Auswahl eher in Toliara (s. S. 101).

Im Zentrum von Ampanihy fällt eine weiß-getünchte katholische **Kirche** auf. Der Bau mit zwei quadratischen Türmen steht auf einem Platz, der von Flammenbäumen gesäumt wird. Nachts spannt sich über Kirche und Platz ein grandioser Sternenhimmel.

Ausflug zum heiligen Baobab

📍 E 2

Von Ampanihy aus bietet sich ein Ausflug zum heiligen und größten Baobak
der Gegend an. Die Fahrt führt zunächst 6 km die RN 10 zurück nacl
Norden, bei einer Gruppe von **Mahafaly-Gräbern** geht eine Piste links ab. Dε
die mit einem Allradfahrzeug gut zt
befahrende Piste sich häufig gabelt
sollte ein örtlicher Führer in Ampanihy mitgenommen werden. Nach einer Stunde Fahrt und 22 km wird de
große **Baobab** erreicht. In seinen dicker
Ästen halten sich tagsüber Flughund
zum Schlafen auf. In einer Baumhöhl

am Fuß des Baobabs lebt eine Madagaskar-Boa.

Der Baobab oder Affenbrotbaum hat eine für Bäume etwas ungewöhnliche Form. Besonders während der Trockenzeit, wenn der Baum keine Blätter mehr trägt, sieht es so aus, als ob er kopfüber mit den Wurzeln gen Himmel wachse. Interessanterweise erzählt man in den drei Gebieten, in denen der Baobab vorkommt (Madagaskar, Afrika, Australien) eine ähnliche Geschichte, wieso der Baum so aussieht, wie er aussieht:

In Madagaskar war es Gott Zanahary, der die Welt erschuf. Er sah auf sie herab und war zufrieden. Er erfreute sich an all den Pflanzen und Tieren. Doch eines Tages bemerkte er, dass eine Pflanze sehr arrogant und hochnäsig den anderen gegenüber war. Der Baobab behauptete von sich, die schönste und mächtigste Pflanze zu sein. Zanahary gefiel das gar nicht und stellte ihn daher zur Rede. Er erklärte ihm, dass alle Pflanzen gleich wichtig seien und dass alle ihren Platz auf der Erde hätten, ganz egal, ob sie große oder kleine, viele oder wenige Blüten haben. Doch der Baobab hatte kein Einsehen. Weiterhin erhob er sich hochnäsig über die anderen Pflanzen. Eines Tages wurde Zanahary darüber so wütend, dass er den Baobab mit einer Hand herausriss und ihn kopfüber wieder in den Boden rammte. Seitdem wächst der Baobab ›verkehrt herum‹.

Schlafen, Essen

Einfach

Angora: Die einfachen Bungalows befinden sich etwas abseits des angeschlossenen Restaurants und haben jeweils WC/Dusche (kaltes Wasser), abends Strom durch Generator.

Im Zentrum nahe dem Markt gelegen, T 033 12 232 82, €

Noch einfacher

Filaos: Die zwei Bungalows und vier Zimmer haben jeweils WC/Dusche (kaltes Wasser).

Hauptstraße am Ortsende, T 033 23 141
72, €

Infos

- **Flug:** Ampanihy verfügt über eine Landepiste und kann mit einem kleinen Charterflieger erreicht werden.
- **Auto:** Eine schlechte Piste führt Richtung Südwesten zum Küstenort Androka und dem Cap Andriamanao.

Nosy Manitsa D 27

Am Ende der Welt

Die Piste von Ampanihy am Flugplatz vorbei Richtung Südwesten ist sehr abenteuerlich und sollte nur mit gutem Equipment sowie ausreichend Wasser und Verpflegung befahren werden. Es geht durch eine Halbwüste, die kaum je ein Europäer gesehen hat. Die Piste führt vorbei am Hatokaliosky-Gebiet, für das ein Schutzstatus geplant ist, und endet am Strand von **Ampalaza.** Ein abgelegenes, einsames Plätzchen, man fühlt sich am Ende der Welt, am Ende Madagaskars ist man auf alle Fälle. Mit Glück bringt Sie ein Fischer mit seinem Boot hinüber auf die kleine Nosy Manitsa.

Ein holländischer Friedhof

Nosy Manitsa (›Kalte Insel‹) hat eine bewegte Vergangenheit. 1498 erreichte der portugiesische Seefahrer Vascao da Gama als erster Europäer auf der Seeroute um Afrika das indische Festland. Der Seeweg nach Indien war gefunden. Die Holländer erfuhren von dem Erfolg der Portugiesen und rüsteten ihrerseits eine Expedition aus, um den Portugiesen den lukrativen Handelsweg nicht alleine zu überlassen. Die Expedition startete knapp 100 Jahre nach der Entdeckung des Seeweges am 2. April 1595 mit vier Schiffen und insgesamt 249 Mann in Richtung Afrika. Am 11. August 1595 erreichten sie nach der Umrundung des Kaps der guten Hoffnung die Mossel Bay. In der nachfolgenden Zeit verschlechterte sich der Gesundheitszustand einiger Besatzungsmitglieder. Die Holländer irrten um Madagaskar herum, kamen auch nach Mauritius, fanden aber nicht nach Indien.

Am 14. September 1595 ankerten die vier Schiffe vor der kleinen madagassischen Insel Manitsa, um dort 20 bis 30 Besatzungsmitglieder zu beerdigen, die an Skorbut gestorben waren. Die Holländer verzeichneten die kleine Insel daraufhin in Seekarten als Hollandsche Kerkhof (›Holländischer Friedhof‹).

2013 fand ein Student der Geschichte an der Universität Amsterdam alte Aufzeichnungen und Karten von dieser Expedition und war sich anhand seiner Recherchen sicher, dass es sich dabei um die Insel Manitsa handelt. Im Jahr 2015 führte eine Expedition unter Leitung der Universitäten Amsterdam und Antanannarivo auf die Insel, um dort Nachforschungen anzustellen. So wurden ein holländischer Anker sowie menschliche Knochen gefunden, die sich nach Untersuchungen als die der 1595 verstorbenen Seeleute entpuppten.

Zum Cap Sainte Marie

Auf der weiteren Fahrt von Ampanihy auf der RN 10 in Richtung Südosten befinden sich erneut schöne **Mahafaly-Gräber.** Die Piste ist nun recht schlecht, bis zum Ort **Amborompotsy** werden ca. 1,5 Stunden benötigt. Eine Stunde später, 61 km vor **Beloha,** wird ein kleiner Fluss überquert. Nach einer weiteren Stunde (ca. 130 km nach Ampanihy) führt eine Abzweigung nach Lavanono an die Küste.

Auf dem weiteren Verlauf der RN 10 gibt es zwei Abzweigungen zur Réserve Spéciale du Cap Sainte Marie, von Ampanihy aus gerechnet bei Kilometer 143 und bei Kilometer 163.

Lavanono

E 27

Das kleine Fischerdorf befindet sich an einem schönen, endlos erscheinenden Sandstrand. An touristischen Einrichtungen findet man hier nur ein einziges Hotel, dieses jedoch eignet sich gut als Basis für einen Besuch im Spezialreservat Cap Sainte Marie.

Schlafen

Ideal zum Besuch des Reservats

Lavanono Eco-Lodge: Die Hotelanlage bietet sich für Reisende an, die das rund 25 km entfernte Reservat Cap Sainte Marie besuchen möchten. Die einfachen DZ sind im traditionellen Antandroy-Stil eingerichtet.

Lavanono, T 033 08 656 51, 032 22 187 37, www.lavanono.com, €

Réserve Spéciale du Cap Sainte Marie

E 27

Das **Cap Sainte Marie** ist der südlichste Punkt Madagaskars. Es ist Teil eines 1750 ha großen Gebietes, das als Spezialreservat 1962 unter Schutz gestellt wurde. Dieses liegt direkt an der Küste und reicht bis auf Höhen von 200 m. Ungewöhnlich für diesen Teil Madagaskars ist die Steilküste, die bis zu 192 m aufsteigt. Hier weht meist das ganze Jahr über ein kräftiger Wind. Die durchschnittliche Tageshöchsttemperatur beträgt 19 bis 23 °C.

Die Gegend ist bekannt als Fundstelle von Knochen und Eierschalen des legendären Vogel Rock (Elefantenfußvogel, *Aepyornis maximus*). Das Schutzgebiet hat zudem eine der höchsten Schildkrötenpopulationen der Welt, durchschnittlich ca. 3000 der ansonsten seltenen Strahlenschildkröten *(Geochelone radiata)* pro Quadratkilometer leben dort. Ein Grund ist wohl die Tatsache, dass es bei den Antandroy Fady ist, Schildkröten zu essen. Des Weiteren finden sich im Reservat 14 Vogel- und weitere Reptilienarten. Vor der Küste sind zwischen Juni und Oktober oft Buckelwale *(Megaptera novaeangliae)* zu sehen.

Bemerkenswert ist auch die Flora am Cap Sainte Marie. Durch den permanenten Wind wachsen die Pflanzen nicht besonders hoch. Einige endemische Pflanzen sind dort zu Hause, wie das Wolfsmilchgewächs *Euphorbia capsaintemariensis.*

Schlafen

Es gibt noch keine festen Übernachtungsmöglichkeiten im oder am Reservat, nächstliegende Übernachtungsmöglichkeiten sind in Lavanono (s. S. 122) und Betany (s. S. 123). Um den strapaziösen An- und Abfahrtsweg nicht am selben Tag zu bewältigen, ist Zelten die beste Alternative. Einfache Zelte können beim Reservatsbüro gemietet werden. Auch Restaurants oder Geschäfte fehlen. Alle Speisen und Getränke müssen mitgebracht werden!

Infos

- **Eintritt:** Das Parkbüro befindet sich im Nordwesten des Reservats an der Zufahrtsstraße. Der Eintritt beträgt 45 000 MGA (ca. 11,50 €). Hinzu kommt ein Entgeld in vergleichbarer Höhe für den Parkführer.

Betany (Faux-Cap) F 27

Der kleine Ort ist den meisten Madagassen noch unter seinem kolonialen Namen bekannt, der mittlerweile zu Foa-Kapy ›malagasysiert‹ wurde. Betany, am besten über eine gute Piste vom 27 km entfernten Ort **Tsiombe** aus zu erreichen, liegt bereits im Siedlungsgebiet der Antandroy, eines halbnomadisch lebenden Volkes. Bis zur französischen Kolonialzeit glaubten die Europäer irrtümlich, dort sei der südlichste Punkt der Insel.

Das Dorf lebt vom Fischfang und etwas Landwirtschaft wie Rinderzucht und Anbau von Maniok und Süßkartoffeln. Montags findet ein Wochenmarkt statt. Ein herrlicher weißer Sandstrand lädt zum Baden und Spazieren ein. In den Sanddünen der Umgebung lassen sich mit Glück noch Eierschalen des ausgestorbenen Riesenvogels Rock finden (Ausfuhr nur mit Genehmigung!).

Schlafen, Essen

Idylle inbegriffen

Libertalia: Das Hotel hat seine besten Zeiten hinter sich, wohl auf Grund der Lage ›am Ende Madagaskars‹ ist es heute überteuert. Dennoch bietet es die beste

Dünen aus weißem Sand säumen den Strand von Betany.

Übernachtungsmöglichkeit vor Ort. Sieben Bungalows haben Blick aufs Meer.
Am Ende der Hauptstraße direkt am Strand, T 032 07 560 41, €–€€

Einfach

Cactus: Die zwölf einfachen Bungalows stehen auf einer Düne oberhalb des Strandes, sehr einfache sanitäre Einrichtungen.
Oberhalb des Libertalia-Hotels, T 033 14 967 17, 034 17 973 98 (wegen meist schlechter Verbindung Reservierung auf den Anrufbeantworter hinterlassen), €

Bewegen

Ausflug

Tour zum Cap Sainte Marie: Das Libertalia-Hotel bietet Ausflüge mit Allradfahrzeug zum Reservat an (ca. 1,5 Std. Fahrzeit). Einen Ausflugswunsch sollte man möglichst vorher anmelden.

Naturerlebnis

Walbeobachtung: Von Juni bis Oktober kann man Buckelwale an der Küste beobachten, zuweilen schon direkt vom Strand aus. Ein Boot bringt Sie den Walen etwas näher. Zu organisieren sind die Touren über die Hotels. Auch einige Fischer bieten ihre Dienste an, hier sollten Sie sich allerdings vorher die Boote genau anschauen.

In Richtung Tolagnaro

Ambovombe

G 27

Die Stadt Ambovombe (›Ort der vielen Brunnen‹, ca. 68 000 Einw.) ist die Hauptstadt der Antandroy und ein wichtiger Verkehrsknotenpunkt der Region: Hier stößt die RN 10 auf die RN 13, eine etwas löchrige Asphaltstraße, die Ihosy im Norden mit Tolagnaro an der Ostküste verbindet.

Montags vormittags ist **Wochenmarkt** und viele Antandroy kommen von weither, um Zebus oder ihre Erzeugnisse zu verkaufen. Es gibt einfache Restaurants und sehr einfache Hotels zum Übernachten. In der Gegend außerhalb der Stadt fallen etliche windschiefe Bäume auf, die aufgrund des starken Windes nur in eine Richtung wachsen. Bis zum nächstgrößeren Ort Amboasary sind es gut eine Stunde Fahrzeit.

Amboasary

G 26

Die kleine Stadt mit 46 000 Einwohnern erstreckt sich 35 km von Ambovombe entfernt zu beiden Seiten des Mandrare-Flusses. Sie teilt sich dadurch in die Stadtteile Nord und Sud. Sie werden durch eine alte, 415 m lange Eisenbrücke verbunden, die von der Firma des Gustave Eiffel (Erbauer des berühmten Eiffel-Turmes) errichtet wurde. Der 270 km lange Mandrare-Fluss ist einer der wichtigsten Flüsse des Südens. Sein Wasser wird auch für die Sisal-Produktion genutzt. Östlich seiner Mündung in den Indischen Ozean liegt der **See Anony**, an dem man Flamingos beobachten kann.

Schlafen

In Amboasary selbst gibt es keine Unterkünfte, aber 3 km vom Ort Ifotaka entfernt, am Ufer des Flusses Mandrare, existiert mit dem **Mandrare River Camp** ein luxuriöses Zeltcamp mit sechs festen Zelten. Es organisiert auch Touren in die Umgebung wie zum See Anony (T 032 40 825 83, www.madaclassic.com, €€€).

Berenty-Reservat

G 26

Versteckt in den Sisalplantagen nördlich von Amboasary liegt das Berenty-Reservat, nur erreichbar über eine nicht näher ausgeschilderte Piste, die linker Hand vor Amboasary von der RN 13 abzweigt. Der private Naturpark ist Madagaskars bekanntestes Schutzgebiet. Es gehört der französisch-stämmigen Familie DeHeaulme, die während der Kolonialzeit in der Gegend riesige Sisalplantagen anlegte. Ein kleiner Rest der ursprünglichen Vegetation wurde vor der Rodung verschont und 1936 als privates Schutzgebiet deklariert. Seit 1980 ist der 258 ha große Park auch für Besucher zugänglich.

Berenty steht als Begriff für mehrere kleine Schutzzonen mit unterschiedlicher Vegetation. Das eigentliche Berenty-Reservat besteht aus einem Galeriewald, der westlich am Ufer des Mandrare-Flusses liegt. Der in zwei Parzellen (Malaza und Ankoba) geteilte Wald wird durch Tamarindenbäume

UNTERM STERNENHIMMEL

Ein überwältigendes Naturschauspiel können ›Nachteulen‹ im **Berenty-Reservat** erleben: Da es hier im äußersten Süden Madagaskars keine großen Städte und kaum Elektrizität gibt, herrscht nachts eine tiefe Dunkelheit und der Himmel ist entsprechend klar. Dies erlaubt es, den eindrucksvollen Sternenhimmel der Südhalbkugel in seiner vollen Pracht zu genießen. Wo ist das Kreuz des Südens? Ein wirklich einmaliges Erlebnis!

dominiert. Hier leben Kattas *(Lemur katta)*, Larvensifakas *(Propithecus verreauxi)* und ausgesetzte Rotstirnmakis *(Eulemur rufus)*, die dort natürlicherweise nicht vorkommen.

Die Kattas mit ihren schwarz-weiß gestreiften Schwänzen sind das Wahrzeichen der madagassischen Nationalparks und durch ihre weite Verbreitung in europäischen Zoos auch bei uns recht bekannt. Nach einer kalten Nacht sitzen die Tiere gerne in den Kronen der Bäume oder auf einer sonnigen Lichtung und wärmen sich mit ausgestreckten Armen an den morgendlichen Sonnenstrahlen.

Die hauptsächlich auf Blattnahrung spezialisierten Sifakas sind auch als ›tanzende Lemuren‹ bekannt. Um eine breite Lichtung oder einen Weg zu überqueren, gehen sie auf den Boden und ›tanzen‹ auf zwei Beinen zum nächsten Baum. Diese interessante Fortbewegungsart ist in Berenty dank der breiten Besucherwege mit etwas Geduld gut zu beobachten. Neben den Lemuren leben eine große Kolonie Rote-Madagaskar-Flughunde *(Pteropus rufus)* sowie verschiedene Vogelarten im Park. Besonders schön ist der am Boden lebende Riesencoua *(Coua gigas)*.

Zum privaten Schutzgebiet zählen auch einige Parzellen mit ursprünglichem Dornenwald. Hier sind vor allem Didieraceen, Aloen und Euphorbien anzutreffen. Der Dornenwald ist beliebt für eine Nachtwanderung. Mit Glück sind die nachtaktiven Grauen Mausmakis *(Microcebus murinus)*, Westliche Fettschwanzmakis *(Cheirogaleus medius)* und Weißfuß-Wieselmakis *(Lepilemur leucopus)* zu sehen.

Arembelo-Museum

An der Einfahrt zur Réserve de Berenty (hinter dem Restaurant) befindet sich das private **Museum zur Kultur der Antandroy** (›Die im Dornenwald leben‹). In

Sisalplantagen umgeben das Berenty-Reservat.

dem kleinen, aber feinen Museum wird ausführlich die Geografie und Natur der Gegend sowie die Lebensweise des Volkes dargestellt. Alltags- und Kultgegenstände sind ebenso ausgestellt wie eine naturgetreue traditionelle Hütte. Im ersten Stock befindet sich eine Ausstellung zum Kunsthandwerk der Antandroy. Außerdem ist eines der wenigen vollständig erhaltenen Eier des Elefantenfußvogels zu sehen.

Tgl. 9–17 Uhr, Eintritt frei

Schlafen

Naturnah

Berenty Lodge: Einzige Übernachtungsmöglichkeit für Parkbesucher. 13 Bungalows und 13 DZ mit Dusche/WC. Strom durch einen Generator (nur zeitweise). Der Preis für die Unterkunft beinhaltet gleichzeitig den Parkbesuch inklusive Führer.

Am Rand des Berenty-Reservats gelegen, T 032 05 416 88, zu buchen über SHTM, T 020 92 217 58, 032 054 16 98, www.madagascar-resorts.com, €–€€

Essen

Rustikal

Berenty Restaurant: Die einzige Möglichkeit zum Essen und Trinken im Park. Angeboten wird in der Regel ein Menü, bei großem Andrang auch schon mal ein kleines Buffet. Das Mitbringen von Verpflegung und Getränken in den Park bzw. zur Lodge ist nicht gestattet.

Bewegen

Erlebnis

Nachtspaziergang: Mit Führer sind abends im Dornenwald Tiere und am Himmel Sterne zu beobachten, Dauer ca. 1 Std. (s. auch Kasten s. S. 125).

Infos

Der Besuch des Naturparks ist nur nach vorheriger Buchung möglich! Ein Ausflug kann in jedem der zur SHTM-Gruppe gehörenden Hotels in Tolagnaro gebucht werden (Le Dauphin, Le Croix de Sud, Miramar, s. S. 138). Das Pauschalpaket beinhaltet Hin- und Rückfahrt, Übernachtung mit Halb- oder Vollpension, Eintritt in den Park sowie Parkführer. SHTM-Büro in Antananarivo: Tanjombato, T 020 24 743 49, 032 05 465 30, www.madagascar-resorts.com.

Parc National d'Andohahela — H 26

Nicht weit vom Ort Amboasary und dem Berenty-Reservat entfernt, befindet sich der Parc National d'Andohahela. Der 760 km² große Nationalpark wird noch recht wenig besucht, obwohl die Infrastruktur, zumindest was das Wandern betrifft, schon recht gut ist – für Naturliebhaber allemal eine Alternative zum etwas überlaufenen Berenty-Reservat.

1999 bekam der Park den Silver Otter Award als bestes ökotouristisches Projekt des Jahres. Der Profit durch die Eintrittsgebühren von Andohahela finanziert mehrere Projekte für 77 000 Bewohner der Umgebung.

Drei Parkteile

Der Nationalpark besteht aus drei räumlich getrennten Gebieten, die in Höhen zwischen 120 und 972 m liegen und jeweils ein sehr unterschiedliches Stück Natur bewahren. Im ersten Teil des Parks wird der südlichste Bereich des madagassischen **Regenwaldes** geschützt, im zweiten Teil die sogenannte **Übergangszone** (Tsimelahy), jenes Gebiet, das sich zwischen Regenwald und trockenem Dornenwald erstreckt. Das Gebiet bildet die Grenzregi-

W

WO, WIE, WER, WAS?

Zur **Übergangszone** gelangt man über eine von der RN 13 beim Dorf **Ankarera** ausgeschilderte Piste (Allradfahrzeug!). Nach 8 km (30 Min.) ist der Eingang mit einem kleinen Infozentrum und Toiletten erreicht. Ein 3,7 km langer Rundwanderweg (ca. 2 Std.) erschließt das Gebiet. Der Eingang zum **Dornenwald** liegt bei **Mangatsiaka** (Parcelle 2) ca. 10 km westlich/östlich der Abzweigung zur Übergangszone. Hier sollte man möglichst früh eintreffen, denn mittags kann es recht heiß werden. Zur **Regenwaldzone** gibt es zwei Zufahrtswege: Von Amboasary kommend 19 km vor Tolagnaro (ausgeschildert) sowie 11 km vor Tolagnaro. Letzterer zweigt in **Manambaro** von der RN 13 ab und erreicht nach 30 km den Ausgangspunkt für den Manangotry-Rundweg (8 km). Das **Parkbüro** befindet sich in **Malio,** nahe dem Bevava-Fluss.

on der ethnischen Volksgruppen Antandroy und Antanosy. Im dritten Teil (Mangatsiaka) befindet sich der **Dornenwald** mit seiner einzigartigen Pflanzenwelt.

Flora und Fauna

Das Klima variiert sehr stark in den drei Teilen des Nationalparks. Während im Regenwaldteil die jährliche Niederschlagsmenge bei 1600 bis 2000 mm liegt, sind es im Dornenwaldgebiet nur 500 bis 700 mm. Die Temperaturen im Regenwald sind meist nicht ganz so warm, wie sie es im trockenen Teil von Andohahela sind. Durch die unterschiedlichen Lebensräume innerhalb des Nationalparks findet sich eine große Anzahl unterschiedlicher Tier- und Pflanzenarten, darunter 15 Lemurenarten, 129 Vogelarten, 75 Reptilienarten und 50 Amphibienarten. Zu den vorkommenden Lemuren gehören der Larvensifaka, der Katta und der Halsbandmaki *(Eulemur collaris)*. Da Lemuren im Nationalpark nicht in so unnatürlich großer Zahl vorkommen wie im Berenty-Park, sind diese nicht so leicht zu entdecken. Jahreszeit, Tageszeit und Glück entscheiden, ob und welche Halbaffen man bei einer Wanderung sehen kann. Eine Besonderheit des Parks ist die Dreieckspalme *(Dypsis decaryi)*. Sie ist endemisch und kommt nur in der Übergangszone vor.

Schlafen

Im Nationalpark gibt es außer Campingplätzen zurzeit noch keine Unterkünfte. Am Eingang zur Übergangszone Tsimelahy stehen einige Schutzdächer für Zelte sowie eine einfache Küche und sanitäre Anlagen zur Verfügung, die eine einfache Übernachtung im Nationalpark ermöglichen. Informationen dazu erteilt die Nationalparkbehörde in Tolagnaro (T 034 49 401 86, ahl@parcs-madagascar.com). Auf dem Gelände um den jeweiligen Parkeingang ist einfaches Camping möglich (€).

Infos

- **Informationszentrum:** 5 km westlich des Ortes Ranopiso (48 km ab Amboasary, 39 km ab Tolagnaro).
- **Eintritt:** Der Eintritt für einen Tag beträgt 55 000 MGA (ca. 14 €) für Erwachsene und wird im Büro des jeweiligen Parkteils bezahlt. Parkführer nehmen pro Rundweg etwa 2,50 €, sie sind an den jeweiligen Ausgangspunkten der Wanderungen stationiert.
- **Anfahrt:** Der Park ist gut von Amboasary oder von Tolagnaro (Fort Dauphin) aus über die teilweise mit Schlaglöchern gespickte Nationalstraße RN 13 zu erreichen.

Lieblingsort

Vielfalt pur

Der **Parc National d'Andohahela** (📍 H 26) ist ein ganz besonderes Schutzgebiet, denn es erstreckt sich von der Regenwaldzone bis hin zum trockenen Dornenwald. Am faszinierendsten erscheint dabei die **Tsimelahy** genannte Übergangszone mit Flüssen und Bächen sowie herrlichen Aussichten auf die grünen Hügel des Parks. In diesem Parkbereich zeigt sich die ganze Vielfalt der Flora, und auf den Felsen des Flussbettes sonnen sich Leguane und Skinke.

Die Ostküste

Feuchtes Grün — Die Region des Regenwaldes wartet nicht nur mit einem üppigen Grün auf, sondern bietet zudem viele Möglichkeiten, auf Wanderungen diverse Lemurenarten in der Natur zu beobachten.

Seite 154

Nosy Sainte Marie ✪

Die kleine Insel wenige Kilometer vor der Ostküste Madagaskars ist ein Tropenparadies, wie es im Buche steht – mit üppig grüner Vegetation und leuchtend weißen Sandstränden. Da es hier kaum Autos gibt, ist Nosy Sainte Marie ideal für eine Erkundung per Rad.

Seite 167

Sambava

Die Nordostküste ist das größte Vanille-Anbaugebiet der Welt. In Sambava, einer Stadt im Herzen dieser Region, betört Sie der süße Duft der Vanilleblüten.

Hier gedeiht 75 % der Weltproduktion von Vanille.

Seite 156

Piratenfriedhof

Nosy Sainte Marie war während der großen Zeit der Seefahrt ein beliebter Piratenunterschlupf. Aus dieser Zeit zeugen noch einige hellhäutigere Inselbewohner und ein malerisch gelegener Piratenfriedhof beim Hauptort Ambodifototra.

Seite 133

Tolagnaro

Umgeben von den Ausläufern des Ostküstengebirges, weißen Sandstränden und traumhaften Buchten gehört die auch Fort Dauphin genannte Stadt zu den landschaftlich schönsten Madagaskars.

Seite 166

Masoala Forest Lodge

Die traumhaft gelegene Zeltlodge am Rand des Masoala-Nationalparks bietet einmalige Impressionen: einsame Strände, Regenwaldtouren und Walbeobachtungen.

Seite 149

Le Bateau Ivre

Dieses ungewöhnliche Restaurant in Toamasina verwöhnt seine Gäste in einem ehemaligen öffentlichen Schwimmbad.

Seite 141

Ivato

Ein Besuch in diesem Dorf bei einem der letzten Könige Madagaskars ist ein besonderes Erlebnis. Der Ältestenrat empfängt gerne Besucher und erzählt die Geschichte des kleinen Volkes an der Ostküste, das für seine Papierherstellung berühmt ist.

Seite 146

Pangalan-Kanal

Ein Erlebnis jenseits der Touristenströme bietet eine Bootsfahrt entlang schmaler Kanäle und zahlreicher Seen, die oft nur durch eine Sanddüne vom Indischen Ozean getrennt sind.

Fast überall besteht die Möglichkeit, mit Einheimischen in Kontakt zu kommen, gemeinsam zu afrikanischen Rhythmen zu tanzen.

n der Hafenstadt Toamasina herrscht
m Abend meist noch reges Treiben.
n zahlreichen Bars und Clubs treffen
ich die Nachtschwärmer nicht nur
m Wochenende.

Die immergrüne Küste

D

Die bis zu 1800 m hohe Gebirgskette entlang der Ostküste beschert diesem Teil Madagaskars üppigen Regen. Der Osten ist daher das ganze Jahr über grün und es wachsen alle erdenklichen tropischen Früchte. Im feuchtwarmen Klima der flachen, durchschnittlich nur 10 bis 20 km breiten Küstenzone gedeiht der Küstenregenwald. Dahinter, in den Hochlagen mit seinen etwas angenehmeren Temperaturen, erstreckt sich der sogenannte Bergregenwald. Eine große Artenfülle an Tieren und Pflanzen ist dort beheimatet. Das größte Schutzgebiet Madagaskars, der Masoala-Nationalpark, schützt diesen besonderen Lebensraum. An vielen Stellen der Ostküste haben allerdings Plantagen den Regenwald verdrängt. Bananen, Litschis, Kaffee und Vanille sind nur einige der vielen exotischen Gewächse, die hier angebaut werden.

An der Ostküste befindet sich mit Toamasina der größte Hafen Madagaskars sowie ein ehemaliger Schifffahrtsweg: der parallel zur Küste verlaufende Pangalan-Kanal. Dem nördlichen Küstenbereich sind zwei interessante Inseln vorgelagert, das Strandparadies Nosy Sainte Marie und das Naturparadies Nosy Mangabe.

ORIENTIERUNG

O

Anreise und Weiterkommen: Das Reisen entlang der Ostküste ist sehr beschwerlich, da es in einigen Regionen an geeigneten Straßen oder notwendigen Brücken fehlt. Manche Gebiete wie etwa die Bucht von Antongil im Nordosten erreicht man besser mit dem Flugzeug oder vom Meer aus. Es empfiehlt sich daher, die Orte an der Ostküste in jeweils kurzen Abschnitten oder als einzelne Abstecher vom Hochland oder vom Norden aus zu bereisen. Vor allem für Individualreisende gestaltet sich das Reisen entlang der Ostküste schwierig. Taxi-Brousse-Verbindungen gibt es nur im Umfeld größerer Ortschaften wie Tolagnaro, Manakara, Mananjary, Toamasina, Antalaha und Sambava. Längere durchgängige Strecken sind nur mit einem guten Allradfahrzeug zu meistern.

Die rund 2000 km lange Ostküste fällt unter Wasser recht steil ab, sodass das Baden an den endlos erscheinenden, kilometerlangen Sandstränden an ungeschützten Abschnitten nicht ungefährlich ist. Hier gilt es aufzupassen, denn eine Strandaufsicht gibt es nicht.

Tolagnaro (Fort Dauphin)

H 26

Die Stadt am südöstlichen Ende des Inselstaates ist bei den Madagassen noch immer unter ihrem kolonialen Namen Fort Dauphin bekannt. Bei der Schreibweise des Mitte der 1970er-Jahre eingeführten madagassischen Namens sind sich bis heute nicht alle einig. Er variiert von Tolagnaro über Tolanaro bis Toalanaro. Am Ende ist aber immer die gleiche Stadt gemeint: Fort Dauphin. Auf einer Halbinsel gelegen, umgeben von fünf Buchten und im Rücken begrenzt durch die Ausläufer der östlichen Gebirgskette, ist sie sicher die am schönsten gelegene Stadt Madagaskars. Aufgrund der abgeschiedenen Lage wurde der rund 60 000 Einwohner zählende Ort allerdings in den letzten Jahrzehnten etwas stiefmütterlich behandelt. So pittoresk die Landschaft um Tolagnaro auch ist, die schlechten Straßen und die zahlreichen verfallenen Häuser ließen die Stadt lange Zeit in einem schlechten Licht erscheinen. Hinzukamen eine schwierige Wirtschaftslage und fehlende Arbeitsplätze.

VORSICHT BEIM BADEN IM MEER

Das Schwimmen und Baden im Indischen Ozean ist an der Ostküste nicht immer ungefährlich. An den so schönen Stränden sind aufgrund der stark abfallenden Küstenlinie teilweise starke Strömungen vorhanden. Wegen des meist fehlenden schützenden Riffs können Haie bis in Strandnähe kommen. Sicheres Baden ist daher nur an wenigen ausgewiesenen Stränden möglich.

Das änderte sich, als das kanadische Bergbauunternehmen Rio Tinto begann, über eine Tochtergesellschaft in den Bergen hinter der Stadt Titaneisen abzubauen. Am Ende der Galions-Bucht wurde ein

Blick auf den Fischerhafen von Tolagnaro (Fort Dauphin)

Tolagnaro

Ansehen
1. Fort Flacourt mit Museum
2. Friedhof
3. Libanona Beach

Schlafen
1. Kaleta
2. Le Dauphin
3. La Croix de Sud
4. Talinjoo
5. Vinanibe Lodge
6. Du Phare
7. Le Port
8. Village Petit Bonheur

Essen
1. Miramar
2. La Vanille
3. Anosy Resto
4. Las Vegas

Einkaufen
1. Markt

Bewegen
1. Pic St-Louis

Ausgehen
1. Mafana Club
2. Florida

neuer Tiefseehafen gebaut (Ehoala), die Straßen umfassend erneuert und mehrere Tausend Arbeitsplätze geschaffen. Das Projekt ist allerdings nicht unumstritten, brachte es doch eine umfassende Naturzerstörung mit sich und viele Ausländer in das zuvor so abgeschiedene Städtchen.

Das Wetter in Fort Dauphin ist sehr unbeständig. Da die Stadt zur Klimazone der Ostküste gehört, kann es das ganze Jahr über immer mal wieder zu Regenschauern kommen. Ein stetiger Wind sorgt für überraschende Wetterwechsel, gleichzeitig allerdings auch dafür, dass es in der Stadt nicht ganz so schwül ist wie in anderen Ostküstenorten.

Geschichte

An der Südostspitze Madagaskars entstanden die ersten europäischen Siedlungen der Insel. Schon 1504 landeten Portugiesen an der Flussmündung des Ambinanibe, allerdings nicht freiwillig,

denn ihr Schiff wurde bei einem Sturm zerstört. 1527 wurden die letzten Überlebenden von Einheimischen getötet. Gut hundert Jahre später gründeten Franzosen dort ihren ersten permanent besetzten Stützpunkt auf Madagaskar: 1642 kam zunächst eine französische Abordnung unter Führung von M. Pronis zu einer Bucht nördlich von Fort Dauphin, die sie Ste-Lucie nannten. Wenige Monate später zogen sie weiter nach Süden und errichteten 1643 auf einer Halbinsel ein Fort. Den Ort benannten sie Fort Dauphin, nach dem französischen Kronprinzen, dem späteren König Louis XIV. Nach immer wieder aufflammenden Kämpfen mit den Einheimischen verließen die letzten Franzosen 1674 die Stadt. Bis zu ihrer Rückkehr sollten mehr als 200 Jahre vergehen. Das zurückgelassene Fort bekam später den Namen Flacourt, nach einem der damaligen französischen Anführer. Dieser hatte nach seiner Rückkehr nach Frankreich ein umfassendes Buch über Madagaskar geschrieben, das für mehr als 150 Jahre die wichtigste Informationsquelle der Europäer über Madagaskar war.

Stadtrundgang

Die Innenstadt von Tolagnaro liegt auf einer Halbinsel, die von drei Seiten vom Meer umspült wird. Sie ist recht über-

Lieblingsort

Keine Haie in Sicht!

Tolagnaro ist von der Lage her sicherlich die schönste Stadt Madagaskars. Sie erstreckt sich auf einer Halbinsel, von mehreren Buchten sowie den grünen Bergen der Ostküste umrahmt. Der **Libanona Beach** ❸ (s. S. 137) im Südwesten der Stadt ist der einzige ungefährliche Badestrand von Tolagnaro, an den übrigen Stränden drohen starke Strömungen und auch unliebsame Hai-Besuche. Durch eine Steilwand abgeschirmt von der Stadt, lässt es sich hier gut entspannen – auch wenn die Wellen an diesem Strand eher zum Spielen denn zum Schwimmen einladen.

sichtlich, sodass sich die Stadt leicht zu Fuß erkunden lässt. Beginnen Sie an der Hafenstraße **Avenue du Maréchal Foch,** die Hauptstraße mit einigen Geschäften und Souvenirläden. Zwischen den Häusern genießt man einen herrlichen Blick auf die riesige Bucht und den kleinen Hafen. An der Küste liegen einige Schiffswracks, die in den letzten Jahrzehnten hier strandeten.

Richtung Südosten gehend erreicht man den zentralen **Place de France** mit einem kleinen Park und der Post. Von dort bietet sich ein Blick auf die Reste des 1643 von den Franzosen errichteten **Fort Flacourt** ❶, das heute vom madagassischen Militär genutzt wird. In einem Teil des Forts wurde ein Museum eingerichtet, das von der langen Geschichte dieses Ortes und seiner Menschen berichtet. Von dort bieten sich auch herrliche Ausblicke auf die Buchten um die Stadt (T 033 02 176 05, Mo–Sa 8.30–11.30, 14.30–19 Uhr, Eintritt 10 000 MGA, ca. 2,60 €, da im Militärbereich gelegen, Besuch nur mit Führer).

Rechts neben der Post führt der Weg zur nächsten Bucht. Links sind noch die Mauern des alten Gefängnisses zu sehen. Die Straße führt dann an der Bucht entlang, mit herrlichen Aussichten. Rechts passieren Sie den **Friedhof** ❷. Bei klarem Wetter ist der Hausberg **Pic St-Louis** (529 m) gut zu sehen.

Einige Hundert Meter weiter liegen rechts einige Ruinen des kolonialen Krankenhauses. Rechts führt bald eine Straße hinab zur nächsten Bucht und dem **Libanona Beach** ❸ (s. S. 136). Nach dem Hotel Le Miramar macht die Straße einen Knick nach Norden. Kurz darauf taucht links die langgezogene **Baie des Galions** auf.

Nun geht es am Stadion vorbei bis zur nächsten Kreuzung und dann weiter rechts. Am alteingesessenen Hotel **Le Dauphin** 2 vorbei führt die Straße zurück zum Ausgangspunkt.

Ausflüge in die Umgebung

Nahampoana-Reservat

7 km außerhalb von Fort Dauphin liegt auf einem ehemaligen Kolonialanwesen das private Nahampoana-Reservat. Es handelt sich dabei um den ehemaligen Garten einer wohlhabenden Familie und das ihn umgebende Land. Bei einem Spaziergang sind verschiedene hier angesiedelte Lemuren zu sehen. In dem idyllischen Park sind außer Spaziergängen auch Bootstouren und bei dortiger Übernachtung auch Nachtwanderungen möglich.

Eintritt inkl. Führer 8 €, Hin- und Rücktransfer ab 2 Pers. 8 €, Preis für DZ 35 €, DZ mit Gemeinschaftsbad 28 €

Domaine de la Cascade

Eingebettet in die Berglandschaft liegt etwas außerhalb der Stadt in **Manantately-Soanierana** die Domaine de la Cascade. Dabei handelt es sich um ein ehemaliges koloniales Anwesen, zu dem ein Garten und 136 ha naturbelassenes Land gehören. Um den Blickfang, den mehrstufigen Wasserfall, wurden insgesamt 17 km Wanderwege angelegt. Verschiedene Reptilien und Amphibien können entdeckt werden. Um Lemuren zu sehen, müsste eine der längeren Wanderungen unternommen werden.

T 034 11 221 23, https://en.domainedelacascade.com, Di–So 8–17 Uhr

Mandena-Wald

Der bei Tolagnaro Titaneisen und Zirkon abbauende Minenkonzern Rio Tinto hat als Ausgleich für seine Naturzerstörungen ein Naturschutzgebiet eingerichtet. Das 230 ha große Gebiet, in dem verschiedene Wanderwege angelegt wurden, liegt nördlich von Fort Dauphin am Anandrano-Fluss und Andampy-See. Besuche über Madena Tours möglich (T 034 65 04426, www.facebook.com/mandena.tour).

www.riotintomadagascar.com

Weitere Ausflugsziele

34 km westlich von Tolagnaro befindet sich in **Ranopiso** an der RN 13 ein kleines **Arboretum,** in dem die Pflanzenvielfalt des Südens zu sehen ist (tgl. 9–17 Uhr, Eintritt 4 €).

Tolagnaro ist außerdem guter Ausgangspunkt für Ausflüge in den **Parc National d'Andohahela** (s. S. 127) und das privat geführte **Berenty-Reservat** (s. S. 125).

Schlafen

Kolonialstil

1 **Kaleta:** Das alte Stadthotel wurde komplett saniert und ist heute eines der besseren Hotels der Stadt. Große Zimmer mit Klimaanlage, exzellentes Restaurant, Schwimmbad und Massage.

Über dem Hafen gelegen, T 020 92 212 87, www.kaletahotel-fortdauphin.com, kaletaresa@moov.mg, €€

Alteingesessen

2 **Le Dauphin:** Le Dauphin ist das älteste Hotel der SHTM-Gruppe, der halb Fort Dauphin gehört. Sehr unterschiedliche Zimmer, schöner Garten und gutes Restaurant.

Bd. No. 1, T 020 92 217 58, 032 05 416 83, www.madagascar-resorts.com, €€–€€€

Stadtoase

3 **La Croix de Sud:** Das La Croix de Sud bietet 32 Zimmer, die um einen tropischen Innenhofgarten gruppiert sind.

Bd. No. 1, neben bzw. gegenüber dem Dauphin und gleiche Kontaktdaten wie dieses, €€–€€€

Strandnähe

4 **Talinjoo:** Herrlich gelegenes Hotel mit schön eingerichteten Zimmern mit Balkon. Modernes Restaurant mit guter Küche.

Südl. des Libanona Beach, T 034 05 212 35, www.talinjoo.com, €€€

Ruhig

5 **Vinanibe Lodge:** Schöne Lodge direkt am See, ideal zur Erholung und zum Wassersport.

10 km außerhalb am Vinanibe-See, T 032 054 16 98, €€

Zentral und ruhig

6 **Du Phare:** Direkt in der Innenstadt, etwas abseits der Hauptstraße gelegen, dadurch angenehm ruhig. Gratis WLAN.

Auf einer kleinen Anhöhe am Beginn der Av. de M. Foch, T 032 04 853 36, hoteldupharef tu@hotmail.fr, €

Außerhalb

7 **Le Port:** 15 Zimmer in einem Bau unweit des Amparihy-Sees und 10 Bungalows auf einem Hang direkt an der Hauptstraße im Ort.

An der RN 12A, 800 m nordwestl. des Zentrums, T 032 11 001 88, www.leport-hotel.com, €

Standard

8 **Village Petit Bonheur:** Kleines Hotel mit zehn Zimmern und einigen Bungalows im Garten. In der Nähe des Libanona-Strandes.

Auf dem Weg hinunter zum Libanona Beach, T 020 922 12 60, €

Essen

Beste Lage

1 **Le Miramar:** Auf einer Felszunge mit wundervollem Blick auf den Libanona Beach auf der einen und die Galions-Bucht auf der anderen Seite. Durchschnittliche Hausmannskost mit freundlichem Personal. Auf Bestellung auch gegrillte Langusten.

Oberhalb des Libanona Beach, €–€€

Für den großen Appetit

2 **La Vanille:** Nettes Restaurant mit guter Auswahl von Meeresfrüchten bis Pizza.

Ampasikabo, T 032 40 657 46, deriazi@yahoo.fr, €

Mit Meeresblick

3 **Anosy Resto:** Kleines einfaches Restaurant mit madagassischer Küche.
T 033 20 368 47, €

Preiswert und lecker

4 **Las Vegas:** Das Restaurant bietet madagassische Speisen und Pizza. Von dem offen gestalteten Gästebereich können Sie das Leben auf der Straße oder am Abend das Treiben des gegenüberliegenden Club Florida beobachten.
An der RN 13 gegenüber dem Gina Club, €

Einkaufen

Das Zentrum der Stadt ist klein und überschaubar. Die wenigen Souvenirgeschäfte befinden sich in der Hafenstraße Av. de M. Foch.

Für den täglichen Bedarf

1 **Markt:** Außerhalb des kolonialen Zentrums befindet sich bei der Einfahrt in die Stadt (RN 13) rechter Hand der zentrale Markt von Tolagnaro. Dort kaufen die meisten Einwohner ihre Lebensmittel sowie einfache Haushaltsdinge ein.
Tgl. 6–17 Uhr

Bewegen

Kleine Bergtour

1 **Besteigung des Pic St-Louis:** Der Hausberg von Fort Dauphin lässt sich recht einfach erklimmen, ein halber Tag sollte jedoch einkalkuliert werden. Mit dem Taxi geht es ins 3 km nördlich gelegene Antanifotsy zum Ausgangspunkt der Wanderung. Bis zum Gipfel, von dem aus man einen wundervollen Blick über die Stadt und die Küste hat, sind es etwa 2 Std., zurück 1,5 Std.

Ausgehen

In-Treff

1 **Mafana Club:** Populärster Club. Besonders Fr, Sa und So sehr gut besucht. Mafana bedeutet ›heiß‹, und das ist durchaus wörtlich zu nehmen.
Am Anfang der Av. de M. Foch gelegen

Geschmackssache

2 **Florida:** gegenüber dem Restaurant Las Vegas. Hauptsächlich madagassische und afrikanische Musik, mit Außenterrasse.

Infos

- **Office du Tourisme de Fort Dauphin:** Rue Realy Abel, T 020 92 213 59, 032 02 846 34, www.fort-dauphin.com, sobaf@fernet.net. Sehr hilfreiche Anlaufstation für Infos zu Ausflügen, Unterkunft, Transport oder für die Suche nach einem einheimischen Führer für private Touren.
- **MNP/WWF Office:** oberhalb der Av. de M. Foch, T 020 92 212 68, Mo–Fr 8–12, 14–17 Uhr. Das Büro erteilt Informationen zum Besuch des Andohahela-Nationalparks (s. S. 127).
- **Air Fort Service:** Av. de M. Foch, T 020 92 212 24, www.airfortservices.com. Die Agentur organisiert verschiedene Touren in die Umgebung und vermittelt Mietwagen.
- **Flug:** Der Flughafen befindet sich in der Nähe der RN 13 (ca. 15 Min. vom Zentrum entfernt). Von dort gibt es fast tgl. Verbindungen nach Antananarivo und Toliara (teilweise über Morondava). Madagascar Airlines, T 020 92 211 22.
- **Taxi-Brousse:** Einen öffentlichen Busverkehr gibt es tgl. zu allen Orten entlang der RN 13 bis Ambovombe, zudem große Überlandbusse nach Toliara und Antananarivo (über Ihosy und Fianarantsoa). Die Fahrt dauert zwei Tage und ist wegen des

schlechten Zustands der RN 13 zwischen Ambovombe und Betroka eine Tortur.

- **Stadtverkehr:** Der Innenstadtbereich von Fort Dauphin ist so klein, dass man alles bequem zu Fuß erreichen kann. Ansonsten stehen einige Taxis, meist alte R4, zur Verfügung. Preis innerhalb der Stadt ca. 1 €, zum Flughafen 2 €.

Von Tolagnaro nach Manakara

Vangaindrano J 23

Der Weg von Tolagnaro (Fort Dauphin) nach Vangaindrano ist eine sehr abenteuerliche Strecke, die nur mit einem Allradfahrzeug und guter Vorbereitung zu bewältigen ist. Schon einige Kilometer hinter Fort Dauphin endet der ausgebaute Teil der RN 12A, es folgen rund 220 km teils schwierige Pistenstraße.

Für die Fahrt sollte genügend Diesel mitgenommen werden. Zum einen gibt es keine Tankstellen, zum anderen müssen mehrere Flüsse auf einfachen Fähren überquert werden. Diese haben manchmal keinen Diesel mehr, sodass der Betrieb nur mit mitgebrachtem Diesel gewährleistet ist. Außerdem ist auf genügend Trinkwasser und Nahrung zu achten. Für die Strecke sind mindestens vier Tage einzuplanen, es gibt keine Hotels auf dem Weg!

Die Landschaft entlang der Strecke erscheint in allen Grüntönen, denn die Vegetation ist aufgrund des Klimas sehr üppig. Plantagen, Kulturland und Reste des Regenwaldes lösen sich immer wieder ab. Die Piste führt immer mal wieder so nah an der Küste vorbei, dass der Indische Ozean und sein weiter Horizont zu sehen sind.

Im 35 000 Einwohner zählenden Ort Vangaindrano angekommen, ist die Zivilisation wieder etwas näher. Vangaindrano liegt am Mananara-Fluss, 12 km von der Küste entfernt. Dort beginnt die ausgebaute Nationalstraße RN 12 Richtung Norden.

Réserve Spéciale Manombo K 23

Das 41 km nördlich von Vangaindrano gelegene Reservat schützt seit 1962 einen 5320 ha großen Rest des Küstenregenwaldes, der insgesamt eine Fläche von 15 000 ha einnimmt. Das Reservat wird durch die Hauptstraße RN 12 in zwei Teile zerschnitten. Ein Teil liegt im Südosten des Dorfes Manombo zwischen der RN 12 und dem Indischen Ozean. Der zweite Teil befindet sich nordwestlich von Manombo, westlich der RN 12.

Im Wald leben acht Lemurenarten, darunter eine der seltensten, der Weißkragenmaki *(Eulemur cinereiceps)*. Weitere Lemuren sind der Schwarz-weiße Vari *(Varecia v. variegata)*, Brauner Mausmaki *(Microcebus rufus)*, Östlicher Wollmaki *(Avahi laniger)* und der Graue Bambuslemur *(Hapalemur griseus)*. 58 Arten von Vögeln kommen vor. Eine seltene Amphibienart ist nur hier zu finden: der kleine Frosch *Mantella bernhardi*. Im Gebiet lebt die größte Anzahl von Erdschneckenarten auf Madagaskar. Auch für botanisch Interessierte gibt es einiges zu entdecken, 90 % der Pflanzenarten des Reservats sind endemisch, darunter der für das Gebiet typische Baum *Hintsia bijuga*.

Schlafen

Es gibt keine Unterkunft oder Restaurants am Reservat, nur einen ausgewiesenen Campingplatz (Equipment sowie Verpflegung sind mitzubringen). Nächste Übernachtungsmöglichkeit ist der Ort Farafangana (s. unten).

Infos

- **Eintritt:** tgl. geöffnet, Eintritt 45 000 MGA (ca. 11,50 €). Das Parkbüro befindet sich im Dorf Bemelo, T 032 07 595 26, 033 23 050 74; dort bezahlt man den Eintritt und erhält einen Führer. Es gibt noch keine offiziell angelegten Wanderwege, aber die örtlichen Parkführer kennen sich aus.

Farafangana K 22

Der Küstenort Farafangana liegt ca. 68 km nördlich von Vangaindrano und zählt rund 40 000 Einwohner. Während der Kolonialzeit war der Ort ein beliebter Treffpunkt für die in der weiteren Umgebung als Plantagenverwalter arbeitenden Franzosen. Farafangana verfügt über einen kleinen Flughafen, wird aber nur zweimal wöchentlich mit einer Twin Otter von Madagascar Airlines angeflogen.

Infos

- **Taxis-Brousses:** Verbindungen nach Süden Richtung Vangaindrano und nach Norden Richtung Vohipeno und Manakara.

Vohipeno und Ivato K 21

Vohipeno, 58 km nördlich von Farafangana, ist die Hauptstadt der Antaimoro. Dieses Volk entstand vermutlich im 14. Jh. durch die Vermischung von Einheimischen mit arabischen Einwanderern. Die Antaimoro waren die ersten Madagassen, die lesen und schreiben konnten – das arabische Sorabe. Sie erlernten zudem die Herstellung von Papier aus Maulbeerbaumrinde. Dieses traditionelle Papier wird heute noch hergestellt (s. S. 84).

Bei Vohipeno bietet sich die außergewöhnliche Möglichkeit, dem König der Antaimoro einen Besuch abzustatten. Der Herrscher residiert im Dorf **Ivato** einige Kilometer flussabwärts. Von Farafangana aus kommend führt die RN 12 beim Dorf **Vohitindri** über eine Brücke. Die nächste Piste rechts führt zum Dorf am Matitanana-Fluss. Bei der Ankunft von Gästen kommt der Ältestenrat zusammen und erzählt gerne die Geschichte der Antaimoro und beantwortet Fragen. Lokale Führer zum Besuch des Königs, einem der letzten Madagaskars, bekommen Sie in Manakara (s. S. 141).

Beim Dorf Ivato liegt eine kleine **Moschee,** deren Ursprünge auf das Jahr 1423 zurückgehen. Der alte verfallene Bau wurde allerdings schon im Jahr 2000 durch einen Neubau ersetzt.

Manakara K 21

Die heute rund 53 000 Einwohner zählende Stadt ist der Endpunkt der von Fianarantsoa im Hochland herunter führenden Eisenbahnstrecke. Nach ihrer Fertigstellung 1937 entwickelte sich Manakara – durch den Pangalan-Kanal (s. S. 146) in zwei Hälften geteilt – vom Fischerdorf zu einem kleinen Handelszentrum.

Im Gebiet zwischen dem Kanal und dem Ozean liegt der ursprünglich koloniale Teil der Stadt, **Manakara Be.** Auch wenn er durch zahlreiche Zyklone in den letzten Jahrzehnten arg in Mitleidenschaft gezogen wurde, lässt sich der Glanz der vergangenen Tage noch immer erahnen. Breite gerade Straßen, verfallene Villen und eine Allee von Filao-Bäumen am Ufer sind noch Relikte aus jener Zeit.

In Dörfern wie Ivato ist zum Schutz vor Wasser und Ungeziefer die Speicherhütte auf Stelzen errichtet.

Auf der anderen Seite des Kanals befindet sich die Neustadt **Tanambato** mit dem Bahnhof.

Schlafen

Am Meer

Parthenay Club: Bungalow-Hotel mit Restaurant, Meerwasserpool und Tennisplatz.

Manakara Be, Ambalafary, T 034 29 803 14, www.parthenayclub-manakara.com, €

Einfach nett

Vanille: Neben dem Haupthaus mit fünf Zimmern und Restaurant gibt es 100 m weiter ein Gebäude mit weiteren vier Zimmern. Das Hotel betreibt außerhalb von Manakara am nördlichen Strandabschnitt einige große, aber einfache Bungalows mit Dusche und Strom (Generator). Sie liegen ca. 30 Min. Fahrt vom Stadtzentrum entfernt (auch mit Piroge über den Pangalan-Kanal in 2 Std. zu erreichen).

Im Zentrum am Stadion, T 020 72 210 23, www.facebook.com/Lavanillemanakara, hotellavanillemanakara@yahoo.fr, €

Einfach

Chambres d'hôtes Lac Vert: Kleines Restaurant mit leckeren Menüs, u. a. Langusten.

Tanambao, T 034 19 918 75, lacvert.e-monsite.com, €

Zentral

Sidi: Die Zimmer sind unterschiedlich ausgestattet und gepflegt, durch den gleichfalls im Haus untergebrachten Nachtclub kann es vor allem am Wochenende etwas laut sein.

Im Zentrum der Stadt, T 033 02 803 90, sidihotel@moov.mg, €

Außerhalb am Strand

Eden Sidi: Zwölf Bungalows und sechs Zimmer direkt am Meer gelegen.
13 km südlich von Manakara am Managnano, T 020 72 212 85, 032 40 298 02, €

Zentral

Leong: Neueres Stadthotel mit einfacher Ausstattung.
Im Stadtteil Tanjondava, €

Essen

Schmackhaft

La Gourmandise: Vielleicht das beste Restaurant der Stadt, europäische und madagassische Küche, Meeresfrüchte.
Am Marktplatz, Di–So zum Mittags- und Abendtisch, €–€€

Am Wasser

La Guinquette: Gutes Essen zu fairen Preisen.
Manakara Be, nahe dem Strand, T 020 72 213 92, Mi–Mo mittags und abends bis 21 Uhr geöffnet, €

Ausgehen

Zentral

Sidi Club: Größter Nachtclub von Manakara im gleichnamigen Hotel.
Im Zentrum, T 020 72 212 85, 032 40 298 02

Infos

- **Flug:** Der kleine Flughafen wird zurzeit nicht im Linienverkehr von Madagascar Airlines angeflogen.
- **Bahn:** Die Strecke führt hinauf ins Hochland nach Fianarantsoa. Abfahrt von Manakara Mi, Fr, So 6.45 Uhr, die Fahrzeit beträgt ca. 10–14 Std. Fahrpreise 1. Klasse 40 000 MGA, 2. Klasse 16 000 MGA, Fahrkarten vorbestellen unter T 020 75 513 55, fce@blueline.mg.
- **Taxi-Brousse:** Die Station für Fahrten Richtung Fianarantsoa und Mananjary liegt am Ortsausgang (RN 12).
- **Stadtverkehr:** Im innerstädtischen Verkehr herrschen Pousse-Pousse vor. Die Fahrer von Manakara gelten als die aufdringlichsten in Madagaskar. Als Alternative stehen einige wenige Taxis zur Verfügung.

Mananjary und Umgebung

L 19

Von Manakara weiter der RN 12 folgend, mündet diese in **Irondo** in die von Fianarantsoa kommende RN 25. Folgt man dieser Straße Richtung Nordosten, wird nach insgesamt 144 km nach Manakara die mit rund 36 000 Einwohnern nächstgrößere Stadt Mananjary erreicht. Hier lebt mit den Antambahoaka das kleinste Volk Madagaskars. Der Ort oberhalb der Mündung des gleichnamigen Flusses liegt etwas abseits der Reiserouten und wird daher von Touristen kaum besucht. Am Wochenende gibt es dort einen großen **Fischmarkt.**

Nördlich von Mananjary, im Dorf **Ambohitsara,** befindet sich der Weiße Elefant, eine Steinskulptur, die von der örtlichen Bevölkerung verehrt wird. Ob dieser wirklich einem Elefant ähnelt, sei dahin gestellt. Die Menschen hier glauben, dass die ersten Anhänger des Propheten Mohammeds, die nach Madagaskar kamen, diese Steinskulptur mitbrachten.

Schlafen

Stilvoll

Vahiny Lodge: Stilvoll eingerichtetes Bungalow-Hotel mit Swimmingpool und

Gewürz-Boutique. Bootstouren auf dem Kanal.
Am Pangalan-Kanal, T 032 024 68 22, www.vahinylodge.com, vahinylodge@yahoo.fr, €€€

Freundlich

Sorafa: Bungalow-Hotel mit Pool.
Maritime Bd., T 020 72 09201, 034 142 68 95, www.sorafahotel-mananjary.com, T 034 142 68 95, €

Strandnah

Jardin de la Mer: Doppelzimmer und Bungalows in einem herrlichen tropischen Garten mit wunderbarem Blick aufs Meer.
Ambinany, T 034 07 896 39, www.jardindelamer.net, €

Essen

Essen und Ausflüge

Route des Epices: Eines der besten Restaurants der Stadt. Empfehlenswert sind das Fischfilet à la Vanille oder die Languste in rotem Pfeffer. Mit Ausflugsmöglichkeiten auf dem Pangalan-Kanal.
Direkt an der Hauptstraße (RN 25) gelegen, T 033 022 98 45, www.pangalane.com, €

Bewegen

Ins Hochland

Ausflüge: Von Mananjary aus bieten sich Ausflüge ins Hochland zum Ranomafana-Nationalpark (ca. 115 km entfernt, s. S. 68) und nach Fianarantsoa (ca. 145 km entfernt, s. S. 75) an. Beide sind über die Asphaltstraße RN 25 erreichbar.

Ausgehen

Nachtleben

Palace Nightclub: Einziger nennenswerter Nachtclub der Stadt, am Rande des Zentrums.

Feiern

- **Sambatra:** Großes Beschneidungsfest, das alle sieben Jahre stattfindet. Alle Jungen unter zehn Jahren werden bei einem gemeinschaftlichen Ritual während der Feierlichkeiten beschnitten. Mit Auftritten von Musik- und Tanzgruppen erstreckt sich das Sambatra-Fest über vier Wochen. Das nächste traditionelle Sambatra wird 2028 stattfinden.

Infos

- **Flug:** Der kleine Flughafen wird zurzeit nicht im Linienverkehr von Madagascar Airlines angeflogen.
- **Taxi-Brousse:** Die Station für Fahrten Richtung Fianarantsoa und Manakara liegt am Ortsausgang (RN 25).
- **Stadtverkehr:** Im innerstädtischen Verkehr herrschen Pousse-Pousse vor. Außerdem gibt es einige Taxis.

Von Mananjary nach Toamasina

15 km hinter Mananjary zweigt von der RN 25 die RN 24 ab und endet nach 31 km in **Vohilava.** Nach 3 km gabelt sich die RN 24, rechts verläuft die RN 11 Richtung Norden. Die sehr schlechte Pistenstraße führt über **Nosy Varika** nach **Mahanoro.**

In Mahanoro beginnt die RN 11A, die allerdings nur eine schlechte Piste darstellt. Der Ort besitzt zwar einen kleinen Flugplatz, der aber nicht im Linienverkehr von Madagascar Airlines angeflogen wird. Etwa 40 km weiter nördlich ist **Ilaka** erreicht, von hier an wird die Piste etwas besser.

30 km weiter befindet sich **Vatomandry,** von dort sind es knapp 50 km bis zur gut ausgebauten RN 2 Richtung Toamasina.

Ampasimanolotra (Brickaville) M 15

Ampasimanolotra, auch **Vohibinany** genannt, liegt am Fluss Rianila, direkt an der RN 2. Hier quert die Eisenbahnlinie von Andasibe kommend die Nationalstraße und führt an der Küste entlang weiter bis Toamasina. In der Nähe von Ampasimanolotra beginnen einige Reiseveranstalter mit einer Bootstour auf dem Pangalan-Kanal (s. S. 146).

Zahlreiche kleine Seen, die durch den Kanal verbunden werden, befinden sich in der Nähe. Einer dieser Seen, **Ampitabe,** hat sich mit ruhigen Hotels und Wassersportmöglichkeiten zu einem beschaulichen Urlaubsziel gemausert (s. Kasten; zu erreichen auch mit der Bahn, Bahnhof Andranokoditra).

ÜBERNACHTEN IM ›NEST DER TRÄUME‹

Direkt am **Ampitabe-See,** in der Nähe des Dorfes mit dem poetischen Namen **Akanin'ny Nofy** (›Nest der Träume‹, M 14) liegt das **Hotel Bushhouse.** Die im heimischen Stil gehaltenen Bungalows liegen mit Blick auf den See, Gäste werden mit hauseigenen Booten am Kanal nahe der RN 2 abgeholt. Ein eigener Naturpark mit Lemuren und anderen Tieren lädt zu interessanten Spaziergängen ein. (www.boogie pilgrim-madagascar.com, **€–€€** inkl. Halbpension).

Toamasina (Tamatave) N 13/14

Die Stadt Toamasina (›Es ist salzig‹) liegt am Ende der RN 2 an einer ins Meer ragenden Landspitze. Dadurch ist sie von zwei Buchten umgeben: die nördliche Bucht von Toamasina und die südliche Bucht von Ivondro. Toamasina ist die mit Abstand wichtigste Hafenstadt Madagaskars und mit rund 300 000 Einwohnern die zweitgrößte Stadt des Landes. Sie ist Hauptstadt der gleichnamigen Provinz und zentraler Ort des Volkes der Betsimisaraka.

Neben dem wichtigen Überseehafen befindet sich hier Madagaskars einzige Erdölraffinerie, die die gesamte Insel mit Treibstoff versorgt. Toamasina verfügt über eine Universität und einen internationalen Flughafen.

In früheren kolonialen Zeiten hielten etliche Nationen Konsulate in der bedeutenden Hafenstadt. Heute hat Toamasina international nur noch geringe Bedeutung. Ihr Zentrum wird durch einen kolonialen Grundriss geprägt: rechtwinklige Straßen und breite Alleen. Die einst herrliche Uferpromenade ist nach zahlreichen Zyklonen mittlerweile arg in Mitleidenschaft gezogen. Die frühere Prachtstraße macht heute einen traurigen Eindruck.

Geschichte

Toamasina hat eine wechselvolle Geschichte hinter sich. Viele Europäer kamen und gingen: zuerst die Portugiesen, die im 16. Jh. einen Handelsstützpunkt gründeten und den Ort San Thomas nannten. Später suchten europäische Piraten Unterschlupf, dann kamen die

TOUR
Im Rhythmus der Paddelschläge

Bootstour auf dem Pangalan-Kanal

Um die landwirtschaftlichen Waren der Plantagengebiete einfacher zum nächsten Tiefseehafen zu transportieren, legten die Franzosen während der Kolonialzeit einen durchgehend schiffbaren Kanal parallel zur Küste des Indischen Ozeans an. Heute eröffnet der Kanal eine herrliche Möglichkeit, Teile der Ostküste vom Wasser aus zu entdecken.

Ins Gepäck gehören auf jeden Fall Sonnen- und/ oder Regenschutz sowie Trinkwasser und bei längeren Touren auch ein Picknick.

Mitten hinein ins madagassische Leben

Leise, nur mit dem Plätschern der Paddel in den Ohren, gleitet das Kanu auf dem Wasser dahin. Eine leichte Brise weht über die Hügel. Die Ufer sind gesäumt von Elefantenohr und dem Baum des Reisenden, der madagassischen Nationalpflanze. Kleine Dörfer liegen am Ufer, Frauen bereiten Essen zu. Entlang des Pangalan-Kanals entfaltet sich eine madagassische Landidylle. Fischer versuchen mit Angeln, Netzen und Reusen ihr Glück. Neben Fisch sind Flusskrebse eine beliebte Delikatesse. In den Gewässern sind auch Nilkrokodile zu Hause, die allerdings wegen ihrer Bejagung sehr scheu geworden sind. Obwohl die madagassischen Nilkrokodile im Vergleich zu ihren Verwandten auf dem afrikanischen Festland relativ klein sind, haben die Menschen großen Respekt vor ihnen. Uferstellen zum Wasserholen oder Baden sind mit Palisaden aus Holzstöcken vor unliebsamem Besuch geschützt.

Eine neue Wasserstraße

Die vor der Ostküste oft raue See macht es für kleine Boote schwer, die Küste entlangzufahren. Um die Produkte der Plantagen im Osten zu den Märkten

der Städte bzw. für den Export zum großen Hafen nach Toamasina zu bringen, musste ein anderer Verkehrsweg gefunden werden.

An vielen Stellen der Küste befinden sich Sanddünen, dank derer die von den Bergen herabfließenden Flüsse umgeleitet wurden oder durch Stauung Seen bildeten. In den 1940er-Jahren kamen die Franzosen auf die Idee, diese natürlich entstandenen Seen und Flüsse durch einen Kanal zu verbinden, um so einen sicheren Wasserweg entlang der Ostküste zu schaffen. Der Pangalan-Kanal führt von **Farafangana** (📍 K 22) über rund 600 km in die Hafenstadt **Toamasina** (📍 N 14). Oftmals trennt ihn nur eine weniger als 100 m breite Sanddüne vom Indischen Ozean.

Beliebtes Ausflugsziel

Nach der Kolonialzeit verlor der Wasserweg an wirtschaftlicher Bedeutung, die Instandhaltung wurde eingestellt. Heute ist der Kanal durch Versandung nicht mehr durchgehend für größere Boote befahrbar. Doch nach wie vor bildet er eine wichtige lokale Wasserstraße, auf der die Bauern ihre Erzeugnisse auf den nächsten Markt bringen. Ein Abschnitt bei **Ampasimanolotra** (📍 M 15, Brickaville) entwickelte sich ab den 1960er-Jahren zu einem beliebten Ausflugsziel. Für eine mehrtägige Tour eignet sich am besten der Bereich zwischen **Mananjary** (s. S. 143) und **Manakara** (s. S. 141). In dieser Region leben die Antaimoro. Ihre Dörfer sind noch sehr traditionell organisiert, mit einem Clanchef und einem König. Ein Besuch dieser Dörfer ist ein außergewöhnliches Erlebnis und bietet die Möglichkeit, am dörflichen Leben teilzunehmen.

Infos

📍 **M/N 13/14**

Start und Dauer: von Toamasina (Tamatave) zum Ampitabe-See 3 Std., Boote am Kanalhafen von Toamasina oder über Calipso Tours (T 020 53 312 90) mieten. Von Manakara zum Antaimoro-König 2 Std., Boote können bei der eingestürzten Eisenbrücke oder über die Hotels gemietet werden.

Preise: Motorboot für 3 Std. ca. 40 €/Pers. (bei 5 Pers.), Kanus für 4 Std. etwa 10 €/Pers. (bei 2 Pers.)

Engländer und zuletzt die Franzosen. Toamasina war einer der wichtigsten Umschlagplätze für Sklaven im Indischen Ozean. Madagassen wurden vor allem auf die Plantagen von Mauritius und Réunion gebracht. Nach der Eroberung von Mauritius 1810 durch die Engländer interessierten sich diese verstärkt für Madagaskar. In den folgenden Jahren kam es zu Auseinandersetzungen zwischen Briten und Franzosen um strategisch wichtige Plätze auf der Insel, wie den Hafen von Toamasina.

Nachdem König Radama I. 1817 das Volk der Betsimisaraka besiegt und damit auch den Hafen erobert hatte, wurde Toamasina zum internationalen Hafen unter eigener, madagassischer Herrschaft. Den Europäern gefiel das gar nicht, wollten sie sich doch nicht den Gesetzen eines madagassischen Monarchen unterwerfen. 1845 versuchten Engländer und Franzosen in seltener Eintracht den Hafen einzunehmen. Trotz Kanonenhagel auf die Stadt gelang ihnen dies nicht.

Die folgenden Jahrzehnte wurden etwas ruhiger. Die bekannte Weltreisende Ida Pfeiffer erreichte 1856 den Hafen von Toamasina und begann von dort ihre Madagaskar-Reise. 1883 versuchten die Franzosen erneut die Hafenstadt einzunehmen, und diesmal hatten sie Erfolg. Toamasina wurde besetzt und kam unter französische Verwaltung, einige Jahre vor der Gründung der Kolonie (1896). Es begann die Blütezeit der von den Franzosen Tamatave genannten Stadt, zahlreiche Prachtbauten und Villen entstanden.

Doch die Einheimischen bekamen schnell die Schattenseiten des europäischen Paradieses zu spüren. Nach der Kolonialisierung Madagaskars durch die Franzosen wurden die einheimischen Bewohner 1895 aus dem Stadtzentrum vertrieben und in den Außenbezirken angesiedelt. Verursacht u. a. durch die schlechten hygienischen Bedingungen brach 1898 und 1900 die Pest aus. Nach der Installation von Abwasserkanälen und der Trockenlegung einiger Sümpfe am Stadtrand verbesserten sich die Verhältnisse.

Um den Waren- und Personenverkehr mit der Hauptstadt zu erleichtern, wurde 1911 eine Bahnstrecke durch den Regenwald ins Hochland fertiggestellt. Die 372 km lange Verbindung nach Antananarivo dient heute hauptsächlich dem Güterverkehr. Die Entwicklung der Stadt wurde aufgrund starker Zyklone immer wieder zurückgeworfen. In den Jahren 1927, 1986 und 1994 wurde Toamasina durch diese Tropenstürme in großen Teilen zerstört.

Sehenswert

Musée du Port

Auf dem Hafengelände zeigt das **Musée du Port** ❶ eine umfangreiche Fotoausstellung zur Geschichte des größten Hafens. Zu sehen sind viele Fotografien, die Toamasina zu seiner Glanzzeit Anfang des letzten Jahrhunderts festhalten. Des Weiteren werden regionale Funde und Traditionen der an der Ostküste heimischen Volksgruppen präsentiert.

(evtl. geschlossen)

Zoologischer Garten

12 km nördlich von Toamasina liegt am Ivoloina-Fluss, eingebettet in ein 282 ha großes Waldschutzgebiet, ein 4 ha großer **zoologischer Garten** ❷. Der 1963 entstandene Zoo wird von der Madagascar Fauna Group geleitet, ein Zusammenschluss wichtiger zoologischer Gärten, die beim Thema Artenschutz in Madagaskar zusammenarbeiten. Von deutscher Seite aus sind die Zoos aus Münster und Köln mit dabei.

Von hier aus sollen einmal Auswilderungsprogramme in neu geschaffenen Schutzgebieten verwirklicht werden. Etwa zehn Lemurenarten werden gehalten und zum Teil gezüchtet. Sie stammen aus Austauschprogrammen mit Zoos aus Übersee oder aus Beschlagnahmungen der madagassischen Behörden. Für Besucher gibt es Spazierpfade bis 2,5 km Länge, Boote für Fahrten auf dem Ivoloina-See werden vermietet. Infos zur MFG: www.savethelemur.org.

Der Zoo ist zu erreichen über die RN 5 Richtung Mahavelona (Foulpointe). Nach 9 km biegt man links in die Asphaltstraße vor der Ivoloina-Brücke ab (ausgeschildert).

T 020 53 931 68, www.seemadagascar.org, tgl. 9–17 Uhr, Ticket ca. 5,50 €, Führer nochmals gleicher Preis; nächtliche Führung (Beginn 17.30 Uhr) mit der Chance, das Fingertier zu sehen, nach Anmeldung, 5,50 €; Kanufahrt 2,20 €, Camping 1,50 €

Schlafen

Platzhirsch

1 **Sharon:** Die 39 Zimmer haben Klimaanlage, TV und Internet. Das zurzeit wohl beste Hotel am Platz.

Bd. de la Liberation, T 020 53 30420, www.sharonhotel.mg, sharon@moov.mg, €€–€€€

Eine Institution

2 **Le Neptune:** Der weiß getünchte Kolonialbau mit seinen 47 Zimmern hat schon bessere Tage gesehen. Dennoch ein Hotel mit Atmosphäre, einem guten Restaurant, Schwimmbad, Casino und Disco.

35, Bd. Ratsimilaho, T 020 53 322 26, www.hotel-neptune-tamatave.com, €–€€

Strandnähe

3 **Miramar:** Gute Alternative zu den Hotels in der Innenstadt, wenn Sie sich etwas erholen möchten.

Bd. Ratsimilaho, Salazamay, nördlich des Zentrums in Nähe des Strands, T 020 53 332 15, www.miramar-hotel-tamatave.com, €

Schöner Kolonialbau

4 **Le Joffre:** Der alte Kolonialbau erinnert an vergangene Zeiten. Alle Zimmer mit Klimaanlage und TV.

30, Bd. Joffre, T 020 53 323 90, www.hoteljoffre-tamatave.com, €–€€

Zentral

5 **Génération:** 30 Zimmer mit Balkon und Minibar.

Im Zentrum Nähe Hafen, T 020 57 220 22, 020 53 328 34, www.generationhotel-tamatave.com, €

Einfach und sauber

6 **Central:** Preiswertes Stadthotel in zentraler Lage.

16, Bd. Joffre, T 020 53 340 86, www.central-hotel-tamatave.com, €

Essen

Aus alt mach neu

1 **Le Bateau Ivre:** Ein ehemaliges öffentliches, privat renoviertes Schwimmbad bildet die ungewöhnliche Kulisse für dieses Restaurant. Meeresfrüchte und europäische Küche. Abends oft Livemusik.

Bd. Ratsimilaho, Nähe Stadion, T 020 53 302 94, batoivre@moov.mg, tgl. 9–23.30 Uhr, €

Atmosphärisch

2 **Veranda:** Das Haus ist im kreolischen Stil mit viel Liebe zum Detail eingerichtet. Serviert wird internationale Küche. Man kann auch im Freien sitzen.

Bd. Joffre, T 020 53 334 35, Mo–Sa 7.30–14, 19–22 Uhr, €

Fusion

3 **Mora Mora:** Die Küche bietet eine gute Mischung aus madagassischen und französischen Speisen. Der Service ist schneller, als der Name suggeriert.

Bd. Labourdonnais, T 032 02 775 99, Mi–Mo 11–14.30, 18–24 Uhr, €

Italienisch und mehr

1 La Rose des Vents: Guter Platz für italienische und andere europäische Küche.
Im Hotel Sharon, T 020 53 304 20, €–€€

Einkaufen

Süßes

1 La Chocolatière: Schokolade etc.
Bd. Joffre, Mo–Fr 8.30–12, 14.30–18, Sa 8.30–12 Uhr

Mitbringsel

2 Nulle Part Ailleurs: Die ganze Bandbreite an Souvenirs.
69 Bd. Joffre, T 020 53 325 06, Mo–Fr 8.30–12, 14.30–18, Sa 8.30–12 Uhr

Souvenirs & mehr

3 Bazary-Be-Markt: Neben Lebensmitteln gibt es auch eine Menge einheimisches Kunsthandwerk.
Zwischen Rue Amiral Billard und Rue Bertho, Ecke Rue des Hovas, tgl. ca. 7–18 Uhr

Toamasina (Tamatave)

Ansehen
1 Musée du Port
2 Zoologischer Garten

Schlafen
1 Sharon
2 Le Neptune
3 Miramar
4 Le Joffre
5 Génération
6 Central

Essen
1 Le Bateau Ivre
2 Veranda
3 Mora Mora

Einkaufen
1 La Chocolatière
2 Nulle Part Ailleurs
3 Bazary-Be-Markt

Bewegen
1 Nosy Alanana
2 Lambahoany Ecotourism Centre

Ausgehen
1 Pandora Station
2 Queens Club

Bewegen

Schnorcheln und Baden

1 **Nosy Alanana (Îlot aux Prunes):** Diese kleine und bewaldete Insel liegt eine Stunde Bootsfahrt von Toamasina entfernt in der nördlichen Bucht. Das die Insel umgebene Korallenriff macht Lust auf Schnorcheln; Baden ist dort bedenkenlos möglich. Auf Alanana befindet sich auch ein Leuchtturm.

Wandern

2 **Lambahoany Ecotourism Centre:** Das Projekt unterstützt naturnahen und nachhaltigen Tourismus und bietet unterschiedliche Wanderungen sowie sieben einfache Bungalows zum Übernachten an (€). Mit europäischem und madagassischem Frühstück, einfache Mahlzeiten auf Nachfrage, Bar mit Terrasse.
Bd. de la Liberté, T 261 32 719 38 69, www.lambahoany.org, info@lambahoany.org

Ausgehen

1 **Pandora Station:** Recht moderner Nachtclub.
Beim Hotel Miramar, Bd. Ratsimilaho

2 **Queens Club:** Gemischte Musik (europäisch, afrikanisch, madagassisch).
Nähe Hotel Sharon, Bd. Joffre

Infos

- **Fremdenverkehrsamt Toamasina:** 83, Bd. Joffre, T 020 53 91214.
- **Flug:** Madagascar Airlines fliegt tgl. nach Antananarivo und Nosy Sainte Marie, mehrmals pro Woche nach Antalaha, Mananara, Maroantsetra, Sambava. Einzige internationale Verbindung besteht zurzeit nach Réunion (St-Pierre). Madagascar Airlines, T 020 53 327 38, airmadtm@moov.mg. Die französische Air Austral fliegt 2 x wöchtl. nach Réunion (St-Denis). Air Austral, T 020 53 31243.
- **Taxi-Brousse:** Es gibt Busverbindungen entlang der RN 5 nach Mahavelona und Fenoarivo, entlang der RN 2 nach Ampasimanolotra und nach Vatomandry (RN 11A) sowie nach Antananarivo (ca. 8 Std.).
- **Schiff:** Das Boot Cap Sainte Marie fährt die Route Toamasina–Soanierana-Sainte Marie, Abfahrt in Toamasina um 6 Uhr, einfache Strecke nach S.-Ivongo 12 €/2 Std. Fahrzeit, zur Insel Sainte Marie 40 €/4 Std. Fahr- und Liegezeit (www.cap-sainte-marie.com).

Von Toamasina nach Soanierana Ivongo

Die Küste nördlich von Toamasina ist geprägt von Plantagenanbau. In dem Gebiet wächst vieles von dem, was als Gewürz oder exotische Frucht zu uns nach Europa kommt. Von November bis Januar begegnen einem zum Beispiel unzählige Traktoren und Lkws auf den Straßen, die hochbeladen mit Litschis Richtung Hafen von Toamasina fahren. Madagaskar ist neben Südafrika wichtigster Litschi-Produzent Afrikas.

Réserve Naturelle de Betampona M 13

Das rund 45 km nordwestlich von Toamasina gelegene und 2228 ha große Schutzgebiet nahe **Ambodiriana** ist über die Nationalstraße RN 5 zu erreichen. Der Ursprung des Reservats geht auf ein schon 1926 errichtetes Waldschutzgebiet zurück. Der Park schützt den immer weniger werdenden Tieflandregenwald, hier auf einer Höhe von 92 bis 571 m. Es wird von der Madagascar Fauna Group gemanagt. In diesem Gebiet wurde das erste Wiederaussiedlungsprojekt für Lemuren gestartet. In dem Wald lebte nur noch eine Population von 35 Schwarz-weißen Varis – zu wenig, um dauerhaft zu überleben. Durch Auswilderungen von in Zoos geborenen Varis konnte nicht nur deren Zahl erhöht werden, sondern auch frisches Blut in die von Inzucht bedrohte Population gelangen. Das Projekt wird von zahlreichen amerikanischen und europäischen Zoos unterstützt. Neben dem Schwarz-weißen Vari gibt es noch zehn weitere Lemurenarten, fünf Raubtierarten, 93 Vogelarten und 52 Reptilien- und Amphibienarten. In der Vegetation finden sich allein 25 Palmenarten, darunter die endemische und mit 500 Restexemplaren vom Aussterben bedrohte Art *Dypsis tsaravotsira*.

21 Bäche durchziehen das Gebiet, das damit für die regionale Wasserversorgung ungemein wichtig ist. Das Betampona-Reservat besitzt den Status eines Réserve Naturelle Intégrale, womit dieses Gebiet den höchsten Schutz genießt. Es ist daher für Touristen nur mit Genehmigung der Naturschutzbehörde zu betreten!

www.parcs-madagascar.com; www.madagascarfaunaflora.org, Mo–Fr 9–17, Sa 9–12 Uhr, Eintritt 45 000 MGA

Mahavelona (Foulpoint) N 13

Mahavelona liegt 55 km nördlich von Toamasina an der RN 5, die Fahrt über diese schlechte (ehemalige) Asphaltstraße dauert etwa 1,5 Stunden. Der ursprüngliche Name des Ortes lautete Hopeful Point, ein Name, den englische Piraten dem Fischerdorf einst gaben. Foulpoint, wie auch die Madagassen den Ort heute noch nennen, ist seit langem ein beliebter Urlaubsort für die Städter aus Toamasina und Antananarivo. Grund ist der weiße, kilometerlange und von einem Riff geschützte Sandstrand, einer der schönsten Strände der madagassischen Ostküste. Hier finden sich noch alte Villen aus kolonialen Tagen, Fischer zeigen ihren Fang neben mit Palmblättern bedeckten Holzhütten.

Fort Manda

Das Fort wurde 1810 von den Engländern in Zusammenarbeit mit den Madagassen errichtet, zu einer Zeit also, als die Engländer gegen die Franzosen um die

Soanierana Ivongo erscheint nur auf der Touristenlandkarte, weil von hier aus die Boote nach Nosy Sainte Marie starten.

Vorherrschaft im westlichen Indischen Ozean stritten. Als König Radama I. mit seinen Merina-Truppen die Ostküste eroberte, arbeitete er mit den Engländern zusammen. Nach seinem Tod übernahm die den Europäern gegenüber eher kritisch eingestellte Königin Ranavalona I. die Macht und die Engländer mussten das Fort räumen. Der neu eingesetzte Gouverneur Rafaralahy nutzte daraufhin die Festung für seine Truppen.

Fort Manda weist eine runde Grundform auf. Die stabile Mauer verjüngt sich nach oben immer mehr, beginnend von einer 7 m tiefen Basis bis zum schmalen oberen Ende. Die Mauer wurde aus Sand, pulverisierten Korallen und mithilfe von Eiweiß erstellt, da zu dieser Zeit noch kein Mörtel oder Zement zur Verfügung stand. Um die Befestigungsmauer ist ein 10 m breiter und 5 m tiefer Wassergraben angelegt.

Im Zentrum des Forts befand sich die Offiziersmesse sowie die Küche. Im Jahr 1947 suchten hier während des Aufstands der Madagassen gegen die Kolonialherrschaft der Franzosen Frauen und Kinder Schutz vor den Kämpfen. Der madagassische Name Manda bedeutet ›Festung‹ oder ›Schutzmauer‹.

Tgl. 9–17 Uhr, Eintritt 2 €

Schlafen, Essen

Sportlich

Manda Beach: Das beste Hotel am Strand mit 42 Zimmern und Bungalows. Schön im heimischen Stil, mit Palmblättern gedeckte Häuser. Pool, Golfplatz und weitere Sportmöglichkeiten. Flughafentransfer nach Toamasina wird angeboten.

Direkt am Strand, T 034 11 220 00, 033 15 220 00, www.mandabeach-hotel.com, €–€€

Strandnah

Grand Bleu: Die sieben Bungalows, drei Zimmer und die Villa (bis 6 Pers.) liegen direkt am Strand. Die Zimmer sind etwas besser ausgestattet als die Bungalows. Mit Restaurant (Frühstück 3 €).

Am Strand, 100 m südl. vom Hotel Manda Beach, T 020 57 220 06, 032 02 311 61, www.grandbleu-tamatave.com, €

Harmonisch

Génération: Die Anlage ist in einen tropischen Garten eingebettet, die Bungalows stehen malerisch unter Kokospalmen, liegen allerdings zurückgesetzt, nicht direkt am Strand. Die Zimmer sind unterschiedlich ausgestattet.

T 020 57 220 22, 020 53 328 34, www.generationhotel-tamatave.com, €

Infos

- **Flug:** Mahavelona verfügt über eine Landepiste, die von Kleinflugzeugen angeflogen werden kann.
- **Taxi-Brousse:** Die RN 5 verbindet die Stadt mit Toamasina im Süden und Soanierana-Ivongo im Norden. In beiden Richtungen besteht Taxi-Brousse-Verkehr.

Fenoarivo (Fenerive) und Tampolo N 12

Von Mahavelona 25 km weiter die RN 5 Richtung Norden, lag kurz nach dem heutigen Dorf **Mahambo** die ehemalige Hauptstadt des Betsimisaraka-Reiches. Sie wurde allerdings im vorletzten Jahrhundert verlassen. Heute gibt es nichts mehr zu sehen, was darauf hindeutet. Weitere 10 km nördlich der Ort **Antsikafoka,** bei dem die RN22 nach Anjambe von der RN5 abzweigt.

38 km nördlich von Mahavelona liegt der Ort **Fenoarivo.** Sein Name bedeutet ›Viele Tausend‹. In seiner Umgebung befinden sich zahlreiche Plantagen für Gewürznelken

Die RN5 weiter Richtung Norden folgend, liegt 15 km oberhalb von Fenoarivo der Ort **Tampolo** (6000 Einw.) am gleichnamigen See. Unweit davon befindet sich ein knapp 7 km² großes Waldreservat. Es schützt seit 1959 einen Teil des Küstenwaldes und wird von der Universität Antananarivo in Zusammenarbeit mit der amerikanischen Lemur Conservation Foundation gemanagt. Sieben Lemurenarten (u. a. Brauner Maki, Grauer Bambuslemur), 52 Vogelarten und 12 Schlangenarten leben in Tampolo. Es gibt ein **Museum** und ein **Gästehaus** (sechs Betten, www.lemurreserve.org/tampolo.html).

Soanierana Ivongo N 11

Der Ort wird kurz Sivongo genannt. Hier endet der befahrbare Teil der RN 5. Die Strecke von hier aus weiter nördlich ist nur etwas für extreme Abenteurer. Von Soanierana Ivongo aus fahren Boote hinüber nach Nosy Sainte Marie. Um nicht im Ort übernachten zu müssen, empfiehlt es sich, so früh wie möglich anzukommen, um noch ein Boot auf die Insel zu erreichen (erstes Boot 6 Uhr). Zum Bootstransfer s. unter Sainte Marie.

Nosy Sainte Marie Karte 3

Die der nördlichen Ostküste vorgelagerte Insel Sainte Marie ist ein Ort voller Sehnsüchte, Geschichten und Klischees. Schon die Piraten vergangener Jahrhunderte entdecken dort für sich das Paradies. Sonne und Sand, Palmen und Meer, das sind auch heute noch Anziehungspunkt vieler Madagaskar-Besucher. Die Insel hat eine Fläche von rund 200 km² und etwa 18 000 Einwohner. Sie ist 53 km lang und mit 1 bis 6 km Breite relativ schmal. Die kürzeste Entfernung zwischen dem Kap Antsiraka, das wie eine Spitze aus der Ostküste Madagaskars herausragt, und Nosy Sainte Marie beträgt nur 8 km. Zum Hafen des Küstenortes Soanierana-Ivongo ist die Entfernung mit 25 km schon etwas weiter.

Der Name Nosy Sainte Marie ist ein Kompromiss, der sich aus den realen Sprachgewohnheiten ergab. Die Insel heißt offiziell **Nosy Boraha,** allerdings kennen sie die Madagassen hauptsächlich unter ihrem kolonialen Namen Île Sainte Marie. Da sich der französische Name hartnäckig hält, haben pragmatische Madagassen die Bezeichnungen sozusagen vermischt, in dem sie das Wort *île* (›Insel‹) ins Madagassische (›Nosy‹) setzten.

Sainte Marie ist für viele Besucher der Inbegriff eines Tropenparadieses: weiße Sandstrände, Kokospalmen, das warme Wasser des Indischen Ozeans, in dem sich Fische tummeln, nicht zu vergessen die freundlichen Menschen und ein üppig grünes Hinterland. Hinzu kommt, dass die Insel nur über relativ kleine Hotels verfügt und es kaum motorisierten Verkehr gibt. Zum Entspannen, Spazierengehen und Fahrradfahren genau das Richtige …

Geschichte

Die Insel hieß vor der Inbesitznahme durch die Europäer Nosy Ibrahim. Dies lässt auf frühere Besiedlungen durch die Araber schließen. Die Bewohner selber erzählen sich die Geschichte eines Mannes namens Boraha, der von einem Wal ins offene Meer gezogen wurde und nur mit fremder Hilfe (Arabern?) wieder zurückfand. Portugiesische Seefahrer nannten die Insel ab dem 16. Jh. Santa Maria, die Franzosen übernahmen den Namen als Sainte Marie. Die Insel war im 17./18. Jh. ein beliebter Piratenunterschlupf, wovon heute noch ein alter Piratenfriedhof zeugt (s. S. 156). Im 18. Jh. gehörte sie zum Königreich der Betsimisaraka. Deren König Ratsimilaho schenkte die Insel seiner Tochter Betia. Diese verliebte sich in einen französischen Piraten und schenkte wiederum ihm die Insel. Da dieser die Gabe ablehnte, übergab die mittlerweile zur Königin gekrönte Betia die Insel am 30. Juli 1750 dem französischen König.

Das Volk war empört über seine Herrscherin und vertrieb die Franzosen vier Jahre später mitsamt der Königin, die nach Mauritius ins Exil ging. Noch heute erinnert der Strand Bety Beach an die ungeliebte Herrscherin. 1818 landeten französische Truppen auf der Insel, um dem Piratentreiben endgültig ein Ende zu setzen. Unter Führung von Sylvain Roux wurde auf einer kleinen Anhöhe eine Festung errichtet. Reste davon werden heute noch vom madagassischen Militär genutzt. Während der französischen Kolonialzeit diente die Insel von 1901 bis 1957 als Gefangenenlager.

Ambodifotatra

Das Dorf mit dem kaum auszusprechenden Namen ist der Hauptort der Insel. Der Name bedeutet ›Am Fuß des Baumes‹. In früheren Zeiten soll ein großes Exemplar des Strand-Barringtonia *(Barringtonia butonica)* dort gestanden haben, wo sich heute das Dorf befindet. Exemplare der sonst nur in Südostasien vorkommenden Gattung gibt es auf der ganzen Insel. Es handelt sich dabei um einen immergrünen Baum, der bis zu

TOUR
Grabsteine mit Totenschädeln

Spaziergang von Ambodifotatra zum Piratenfriedhof

Infos

Karte 3, B 6

Start/Ziel: Hafen von Ambodifotatra

Länge: 3 km hin und zurück

Eintritt: 4000 MGA oder 1 US$. Die Kanu-Überfahrt kostet ca. 1 €.

Hinweis: Bei Flut werden Sie nicht trockenen Fußes zum Friedhof gelangen, es sei denn, Sie nutzen für die kurze Überfahrt ein Kanu.

Kleine Buchten, weiße Strände und eine üppige Vegetation machen die Insel Sainte Marie zu einem Tropenparadies. Die Piraten früherer Jahrhunderte wussten die strategisch günstige Lage zu schätzen. Erpicht auf reiche Beute, lauerten sie hier im 17. und 18. Jh. den Handelsschiffen aus Asien auf. Heute mag es verwundern, dass Nosy Sainte Marie einst einer der weltweit größten Piratenstützpunkte war. Aber die Lage und die Bedingungen der Insel mit ihrer fruchtbaren Erde und ihrem tropischen Klima waren für die Piraten einfach ideal. Es gab Fleisch, Obst und Gemüse im Überfluss. Und die Handelswege waren nicht weit, um die Schiffe auf ihrem Weg von Arabien und Asien abzufangen.

Ein buntes Völkergemisch

Einer der ersten Piratenanführer von Sainte Marie war Adam Baldridge, der 1691 auf die Insel kam. Bereits 1697 kam es zu einem Aufstand der Einheimischen gegen die Piraten. Die Inselbewohner begannen sich gegen den Diebstahl ihrer Rinder und Lebensmittel zu wehren. Sie warteten auf die Abfahrt von Baldridge und töteten 30 der zurückgebliebenen Piraten. Kein Jahr später siedelten sich erneut Piraten an und in den darauffolgenden Jahren lebten bis zu 1500 Piraten auf der Insel. Ihre Kapitäne waren in der Regel Engländer, die Mannschaften dagegen recht gemischt. Franzosen, Skandinavier und Niederländer suchten zusammen ihr Glück. Zahlreiche Kapitäne kamen und gingen. Einer der schillerndsten war ein gewisser Thomas White. Die Blütezeit der Piraten auf Sainte Marie ging mit seinem Tod 1708 langsam zu Ende. Nachdem zwei weitere Kapitäne, Edward England und Taylor, 1722 die Insel verlassen hatten, war das Kapitel endgültig beendet.

Aber nicht alle ehemaligen Piraten verließen die Insel. Viele blieben, denn sie hatten mittlerweile eine madagassische Frau

und/oder waren mittellos. Sie integrierten sich in die madagassische Gesellschaft und ihre Gene schlummern heute noch in so manchem Inselbewohner.

Zum Piratenfriedhof

Der Spaziergang zum alten Piratenfriedhof führt vom Hauptort der Insel, **Ambodifotatra,** nach Süden. Die Straße verläuft auf einem Damm, der über das kleine Inselchen **Îlot Madame** hinweg die Bucht durchquert. Am Grund dieser Bucht sind noch Wracks von originalen Piratenschiffen zu finden. Nachdem der Damm wieder das ›Festland‹ erreicht, zweigt links ein kleiner Weg ab (ausgeschildert). Dieser führt durch eine lang gestreckte **Fischersiedlung** bis zum Fußballplatz des Dorfes, wo ein Stück Mangrove beginnt. Dort führt der Weg über einen schmalen Damm durch die Mangroven. Dabei sind zahlreiche Winkerkrabben und Schlammspringer zu beobachten. Nach den Mangroven geht ein Pfad links hinüber über eine Treppe auf den Hügel. Wenn Sie den erklommen haben, stehen Sie schon vor dem Eingang des **Cimetière Saint Pierre** und den ersten Gräbern des Friedhofes. Von hier aus haben Sie auch einen herrlichen Blick auf die Bucht und die darin gelegene Pirateninsel **Île aux Forbans** (Nosy Fady).

Erhöht gelegen mit Aussicht – kein schlechter Ort für die letzte Ruhe: der Piratenfriedhof von Nosy Sainte Marie

Sie müssen nicht lange suchen, um auf dem kleinen Friedhof das klassische Piratenzeichen zu finden – den Totenschädel mit zwei gekreuzten Knochen. Auf einem der liegenden Grabsteine am Beginn sind sie in den Stein gemeißelt. Ihr Führer erzählt Ihnen gerne die spannenden Geschichten zu den Personen der Gräber. Allerdings liegen auf diesem Friedhof nicht nur Piraten, sondern auch geflüchtete Verbrecher, Kolonialbeamte sowie einfache Seeleute und Händler. Viele der heute noch erhaltenen Gräber datieren aus einer Zeit (19. Jh.), in der aus den Piraten längst Siedler geworden waren.

20 m hoch werden kann. Er bekommt pinselförmige Blüten, die nachts einen intensiven, süßlichen Duft verströmen.

Das Leben in Ambodifotatra geht einen geruhsamen Weg. Das Angebot an Geschäften ist sehr übersichtlich. Interessant ist ein Besuch des **Wochenmarktes.** Jeden Donnerstag kommen Inselbewohner auch aus entlegenen Dörfern, um ihre Waren zu verkaufen und Neuigkeiten zu erfahren.

Vor dem Ort und der **Baie des Forbans** (›Bucht der Seeräuber‹) liegt eine kleine Insel namens **Îlot Madame.** Ein Damm verbindet die Insel mit Sainte Marie. Auf der anderen Seite der Bucht gelangen Sie zum Piratenfriedhof mit seinen interessanten Geschichten (s. S. 156).

Schlafen

Luxus pur

Princesse Bora Lodge: Schon der Transfer vom Flughafen hat Stil – mit dem Zebukarren. Die Lodge lässt kaum Wünsche offen. Fantastisches Restaurant, diverse Ausflugsangebote und Fahrradverleih. In der Walsaison ist bei mindestens drei gebuchten Nächten eine Bootstour zu den Walen inklusive.

Zwischen Flughafen und Ambodifotatra, T 020 57 040 03, 032 07 090 48, www.princesse-bora.com, €€€

Alteingessen

Soanambo: Eine der ersten Bungalowanlagen der Insel, in einem wunderschönen Garten am palmengesäumten Strand gelegen. Mittlerweile im modernem Stil erneuert.

Zwischen Flughafen und Ambodifotatra, T 020 57 401 37, www.soanambo.mg, info@hsm.mg, €€€

Komfortabel

Lakana: Schöne Anlage mit freundlichem Ambiente, die Bungalows stehen teilweise auf Stelzen und Steinen im Meer und sind durch einen Steg verbunden.

Wohnen über dem Wasser – die Bungalows des Hotel Lakana

Zwischen Flughafen und Ambodifotatra, T 020 57 401 32, www.sainte-marie-hotel.com, €

Einfach gut

Le Libertalia: Die im heimischen Baustil gehaltenen neun Bungalows sind schlicht, aber gut. Das Hotel bietet Bootstouren an (Walbeobachtung) sowie Fahr- und Motorradverleih.

Zwischen Flughafen und Ambodifotatra, T 020 32 027 63 23, www.lelibertalia.com, €

Den Strand vor der Tür

La Crique: Zwölf Bungalows aus Stein und Holz an einer der schönsten Buchten der Insel.

Nördlich von Ambodifotatra, T 020 57 902 45, www.lacrique-saintemarie.com, €€ inkl. Halbpension

Essen

Frisches von Meer

La Bigorne: Meeresfrüchte erwarten Sie hier in kolonialem Ambiente.

Ambodifotatra, €

Gut Aufgetischt

Le Jardin: Gutes Essen und reichliche Portionen. Auch für Snacks zwischendurch.

Ambodifotatra, €

Einkaufen

Neben den Hotels gibt es nur im Hauptort Ambodifotatra einige wenige Geschäfte, darunter auch einige Souvenir-Shops.

Bewegen

Die meisten Hotels auf Sainte Marie bieten verschiedene Bootsausflüge zum Schnorcheln, Tauchen und zur Walbeobachtung an. Daneben gibt es einige Sportmöglichkeiten sowie Verleih von Fahrrädern, Motorrädern und Quads. Sainte Marie eignet sich hervorragend für Fahrradtouren, da es kaum motorisierten Verkehr gibt.

EINE INSEL VOR DER INSEL

Das kleine Eiland **Nosy Nato** (Île aux Nattes, Karte 3, A 7), das vor der Südspitze Sainte Maries liegt, bildet ein Paradies im Paradies. Für Ruhesuchende und Genießer schöner Natur dürfte diese in jeder Beziehung idyllische Insel mit ihren weißen Sandstränden und ganz ohne Straßen der perfekte Ort sein. Kleine Boote bringen die Gäste auf Wunsch hinüber, theoretisch kann die kurze Strecke auch geschwommen werden. Mittlerweile gibt es sogar einige kleine Hotels auf Nosy Nato, sodass man sich der Idylle gleich mehrere Tage hingeben kann. Eine schöne Hotelanlage auf der Insel ist das **Le Maningory.** Rustikal in Holz und Bambus gehalten, liegen seine Bungalows etwas zurückgesetzt vom Strand (T 032 07 090 05, www.maningoryhotel.com, €€, Bootstransfer zum Flughafen). Eine wunderschöne Aussicht genießen Sie von der Dachterrasse des **Maison Blanche.** Von dort kann man die gesamte Insel Nato überblicken, bis hinüber nach Ste. Marie (https://ileauxnattes.net).

Infos

- **Flug:** Der Flughafen liegt am Südende der Insel. In der Hochsaison (Juli–Dez.) tgl. Verbindungen mit Madagascar Airlines nach Toamasina und Antananarivo. Im Norden der Insel befindet sich außerdem eine Landepiste für kleine Charterflugzeuge.

TOUR
Immer an der Küste entlang

Radtour von Ambodifotatra in den Nordosten von Nosy Sainte Marie

Infos

Karte 3

Länge: 70 km hin und zurück

Dauer: 5–6 Std.

Radverleih: in zahlreichen Hotels und im Ort Ambodifotatra (ab 2 €/Tag)

Die Tour startet in **Ambodifotatra.** Auf der Hauptstraße geht es zunächst nach Süden. Kurz vor dem Damm, der auf die andere Seite der Bucht führt, biegen Sie an einem **Pavillon** links ab. Von hier hat man eine schöne Sicht über die Bucht. Unweit davon steht Madagaskars älteste katholische Kirche, **St. Joseph** aus dem Jahr 1857. Der denkmalgeschützte Bau geht zurück auf den französischen Pater Pierre Dalmond und wurde 2023 umfassend renoviert. In der Nähe befinden sich unter einem später vom Militär errichteten Gebäude die Ruinen eines **Piratenbaus,** 2023 begannen Arbeiten zur Freilegung.

Nun fahren Sie die Hauptstraße wieder zurück nach Ambodifotatra und dann weiter entlang der Westküste bis hinauf zur **Pointe des Cocotiers.** Auf der Strecke durchfährt man kleine Dörfer mit traditionellen Holzhütten, und immer wieder taucht links eine einsame kleine Bucht auf, die zu einer Pause oder zum Baden einlädt. Wenn Sie in einem der Hotels an der mittleren Westküste wohnen, beispielsweise in Lonkintsy, dann reicht die Zeit, um die Fahrradtour bis zur Nordspitze der Insel auszudehnen.

Nach dem Ort **Ambatoroa** führt eine Abzweigung rechts hinüber zur Ostseite. Nach etwa 5 km passieren Sie einen Leuchtturm, den **Phare Albrand.** Ungefähr 2 km weiter liegt an der Ostküste das Dorf **Ambodiatafana,** dahinter ein heiliger See. Nehmen Sie jemanden aus dem Dorf mit, der Ihnen das Gewässer zeigt und Sie auf die dort herrschenden Fady (s. S. 284) aufmerksam macht. In Ermangelung an Alternativen muss der gleiche Weg von dort wieder zurück zum Ausgangspunkt gefahren werden.

• **Taxis:** Es gibt nur wenige Taxis auf der Insel. Sie kommen bei Fluganküften zum Flughafen und stehen sonst im Hauptort Ambodifotatra oder an einem der Hotels.
• **Schiff:** Regelmäßiger Bootsverkehr zwischen dem Inselhafen Ambodifotatra und dem Küstenort Soanierana-Ivongo (Überfahrt je nach Bootstyp 1–2 Std.). **Cap Sainte Marie:** Das Boot fährt die Route Toamasina–Soanierana–Sainte Marie und zurück, Abfahrt jeweils um 6 Uhr morgens. Toamasina–Soanierana 2 Std. (28 €), Soanierana–Sainte Marie 1 Std. Fahrzeit (12 €), Gesamtstrecke 40 €, Hin- und Rückfahrtticket 70 € (www.cap-sainte-marie.com); **Princesse Saphira:** T 032 04 681 86, ähnlich schnelle Überfahrt wie bei der Cap. Neben diesen schnellen Booten gibt es noch einige kleinere, langsamere und auch billigere Boote für die Überfahrt (ab ca. 9 €).

Bucht von Antongil

Die Orte an diesem Teil der Ostküste sind meist nur mit dem Flugzeug oder einem Boot erreichbar, da die Straßenverhältnisse meist sehr schlecht sind. Das macht einen Besuch recht teuer und ist zudem sehr zeitintensiv. Dennoch lohnt sich ein Abstecher zu dem einen oder anderen der Orte, die sich durch ihre Abgeschiedenheit ihre Autentizität bewahrt haben.

Mananara Nord und Île Aye-Aye N 10

Die Stadt im Süden der Antongil-Bucht, auch Mananara-Avaratra genannt, wird selten von Fremden besucht. Der Landweg über die RN 5 ist schwierig und die Linienverbindung der Madagascar Airlines eingestellt. Dennoch lohnt sich ein Besuch, denn auf der dem Ort vorgelagerten Insel Aye-Aye (Île Roger) hat man die Möglichkeit, das seltsame Fingertier *(Daubentonia madagascariensis)* in Freiheit zu sehen: Die private Insel wird allgemein Île Aye-Aye genannt, nach dem madagassischen Namen für das Fingertier.

Die 10 ha große Insel dient hauptsächlich dem Anbau verschiedener tropischer Früchte. Dennoch leben hier einige Fingertiere, die in dieser Art von Vegetation leichter zu sehen sind als im dichten Regenwald. Mananara selbt ist Ausgangsort für den Besuch des gleichnamigen Nationalparks.

Schlafen

Meerblick
Aye Aye: Nett eingerichtete Bungalows direkt am Strand.
Am Strand von Mananara, T 033 12 156 24, €

Gediegen
Chez Roger: Kleine Anlage mit sechs Bungalows, die dem Besitzer der Insel Aye-Aye gehört.
Mananara, T 033 19 672 71, €

Meerblick
Tany Marina: Idealer Ausgangspunkt zum Besuch des Parc National de Mananara Nord und Nosy Atafana.
Antanambe, ca. 35 km südlich von Mananara, T 033 01 100 59, €

Bewegen

Inselwelt
Ausflüge: Bootstouren von Mananara nach Nosy Antafana (im Nationalpark Mananara Nord) dauern knapp 3 Std. (eine

Strecke) und kosten hin und zurück rund 100 €. Organisation über eines der beiden Strandhotels.

Inseltouren zur Insel Aye-Aye organisiert das Hotel Chez Roger, Preis 8 €/Pers.

Infos

- **Büro Mananara-Nord-Nationalpark:** im Ortsteil Mahambolona, tgl. 8–17 Uhr, tmv.parks@gmail.com. Informationen über das Gebiet, Tickets für den Besuch des Parks, Hilfe bei der Organisation des Parkführers.

Parc National Mananara Nord

N 10

Der Nationalpark ist in ein gleichnamiges Biosphärenreservat eingebettet, das eine Fläche von 1440 km² einnimmt. Dieses war das erste von der UNESCO ausgewiesene Biosphärenreservat in Madagaskar. Der Nationalpark selber ist ein kombiniertes Schutzgebiet, das Teile des Meeres sowie des Küstenwaldes beinhaltet. Er wurde 1989 gegründet, umfasst eine Fläche von 240 km² und reicht in Höhen bis etwas über 400 m. Das Klima ist tropisch feucht-warm mit Durchschnittstemperaturen von 19 bis 26 °C. Der marine Teil des Parks umfasst 10 km² und beschränkt sich auf das Seegebiet zwischen drei kleinen, der Küste vorgelagerten Inseln: Nosy Antafana, Nosy Rangontsy und Nosy Hely.

Der Sockel, auf dem Mananara liegt, ist 2,75 Mrd. Jahre alt. Durch Erosion entstanden vor ungefähr 770 Mio. Jahren enge, meist gerade Täler, kantige Felsmauern, bei denen die Wasserläufe sich in Kaskaden ergießen. Dieses Landschaftsbild erschwert den Zugang zum Parkgebiet. Die Vegetation ist in den Felsschluchten ungemein üppig und dicht. Die Niederschlagsmenge erreicht enorme 2900 mm pro Jahr.

Im Park leben 13 Lemurenarten, unter ihnen der Büschelohrmaki *(Allocebus trichotis)*, eine der kleinsten Primatenarten der Welt. Er wurde 1875 von Naturforschern entdeckt, anschließend aber nie wieder von Fachleuten gesehen, sodass angenommen wurde, er sei ausgestorben. 1989 machte sich ein Zoologe mit madagassischer Hilfe auf die Suche nach dem Tier und fand wieder einige Exemplare. Von den meist im verborgenen lebenden 17 Kleinsäugerarten kann man nur mit Glück einen zu Gesicht bekommen.

Unter den 57 Vogelarten gibt es einige interessante endemische Arten, wie den Rotschwanzvanga *(Calicalicus madagascariensis)* und den in madagassischen Kinderliedern oft besungenen Madagaskar-Falken *(Falcon newtoni)*, den die einheimischen *Hitsikitsika* nennen. Eine enorme Artenvielfalt zeichnet die Pflanzenwelt von Mananara Nord aus. Insgesamt wurden bisher 1025 Arten entdeckt. Im Meeresteil des Parks leben neben sieben Arten von Süßwasserfischen in den zahlreichen Bächen u. a. 179 Fischarten sowie zwei Arten Reptilien und Säugetiere. Letztere – die seltene Gabelschwanz-Seekuh *(Dugong dugong)* und der nur saisonal anzutreffende Buckelwal *(Megaptera novaeangliae)* – sind nicht immer zu sehen.

Schlafen

Es gibt nur einfachste Unterkünfte, bessere Alternative bietet Camping (Equipment und Verpflegung mitbringen!), z. B.:

Camping

Dorf Sahasoa: Platz für ca. 20 Personen, verwaltet von der Frauengemeinschaft des Dorfes zusammen mit der Parkverwaltung (€).

Infos

- **Eintritt:** tgl. 8–16 Uhr, Eintritt 45 000 MGA (ca. 11,50 €). Neben dem Parkbüro in Mananara (s. S. 162) befindet sich auch ein Büro in Parknähe, und zwar im Dorf Antanambe.
- **Anreise:** Der Nationalpark liegt 280 km nördlich von Toamasina und ist wegen der schlechten Infrastruktur nicht leicht zu erreichen. In Antanambe (RN 5) biegt eine Piste nach Westen ab. Das dem Park am nächsten liegende Dorf Verezanantsoro wird nach 8 km erreicht. Eine andere Möglichkeit ist die Strecke von Mananara nach Sandrakatsy. Sie ermöglicht den Zugang zum westlichen Teil des Nationalparks. Weitere Informationen bietet das Nationalparkbüro in Mananara. Anreise per Boot: Zwischen April und Okt. ist diese Anreise bei ruhiger See möglich, fragen Sie im Büro nach der Situation. Von Mananara zum Nationalpark sind es 1,5 Std. mit dem Schnellboot bzw. 3–4 Std. mit dem normalen Boot; von Antanambe zum Nationalpark sind es mit dem Schnellboot 45 Min. Das Schnellboot hat Platz für 8 Pers.

Maroantsetra

N 8

Der Ort hieß ursprünglich Ambatomasina (›Heiliger Stein‹), wurde dann von den Europäern Port Boynes genannt. Bei der Madagassisierung der Städtenamen erhielt er den noch heute gültigen Namen Maroantsetra. Die Menschen leben hauptsächlich von der Landwirtschaft und vom Fischfang. Am Ortsrand befindet sich auch eine kleine Schiffswerft, in der große Holzboote gebaut werden. Der Ort ist heute Ausgangspunkt für den Besuch von Nosy Mangabe (s. S. 163) sowie des Parc National de Masoala (s. S. 165).

Schlafen, Essen

Unter Palmen

L'Hippocampe: Das Hotel verfügt über Unterkünfte im Ort sowie über Bungalows in der Bucht, nahe des Masoala-Nationalparks.
T 032 703 46 95, www.madahippocampe.com, €

Malerisch

Masoala Resort: Kleine Anlage mit 13 Bungalows.
Maroantsetra, T 033 15 051 52, www.masoalaresort.com, €–€€

Infos

- **Im Internet:** www.maroantsetra.com (Webseite zur Stadt und Umgebung).
- **Büro Masoala-Nationalpark:** T 032 02 675 72, hsalava@yahoo.fr, tgl. 8–17 Uhr. U. a. Auskünfte und Tickets zum Besuch des Nationalparks und der Insel Mangabe.
- **Flug:** Maroantsetra ist aufgrund seiner abgelegenen Lage am besten mit dem Flugzeug zu erreichen. Mehrmals wöchentlich verbindet Madagascar Airlines die Stadt mit Antananarivo (teilweise über Toamasina oder Antalaha).
- **Taxi-Brousse:** Einzige einigermaßen funktionierende Verbindung ist ein Bus entlang der RN 5 nach Mananara. Es besteht keine Straßenverbindung weiter nach Norden Richtung Antalaha!
- **Ortsverkehr:** Maroantsetra kann bequem zu Fuß erkundet werden. Es gibt auch einige klapprige Taxis.

Nosy Mangabe

N 9

Die 520 ha große Insel gehört verwaltungstechnisch zum Parc National de Masoala (s. S. 165). Sie war in frühe-

Lieblingsort

Naturjuwel im Meer

Geschützt durch die Wogen des Meeres liegt eine kleine, grüne Insel in der Bucht von Antongil. Derart abseits gelegen, bietet **Nosy Mangabe** (📍 N 9) einen idealen Lebensraum für seltene Tier- und Pflanzenarten. Ein ursprünglicher, faszinierender Regenwald bedeckt die Insel, in dem die schönen Varis in den Wipfeln der Bäume von Ast zu Ast springen (s. auch S. 163).

ren Zeiten bewohnt, wie u. a. die Gräber *(Hazovato)* von Antimaroa-Familien beweisen. Die Antimaroa sind eine lokale Untergruppe der Betsimisaraka.

Im 17. Jh. unterhielten die Holländer für kurze Zeit eine Sklavenstation auf der Insel. Sie diente zur Verschiffung der Sklaven nach Südafrika und Indonesien.

Heute erfreut sich der Besucher an dem seit 1965 geschützten üppigen Regenwald und fünf Lemurenarten: den Schwarz-weißen Vari, den Braunen Maki und drei nachtaktiven Lemuren. Während einer Nachtwanderung gibt es gute Chancen, einige davon zu sehen, auch das seltene Fingertier. Mit Glück ebenfalls zu entdecken sind die fast perfekt an die Rinde der Bäume angepassten Blattschwanzgeckos. Schnell zu übersehen ist die kleinste Chamäleonart *(Brookesia sp.)*, sie wird nicht größer als ein Daumennagel.

Weitere Inseln 9 O 9

In der Bucht von Antongil liegen südöstlich von Nosy Mangabe noch vier kleinere Inseln: **Ravina, Haramy, Mitomby** und **Milomboka.** Diese teils von bizarr geformten Felsen umgebenen Inseln gehören ebenfalls zum Nationalpark Masoala, eine Anlandung ist allerdings auf Grund ihrer Felsküste sehr schwierig. Von Nosy Mangabe aus lohnt sich aber eine Bootstour um die Inseln herum allemal.

Schlafen

Die meisten Gäste besuchen die Insel als Tagesausflug von Maroantsetra aus. Es besteht allerdings die Möglichkeit, auf der Insel zu zelten (€). Es gibt auch überdachte Zeltplätze – wegen des häufigen Regens ganz praktisch.

Infos

- **Eintritt:** Neben den Parkgebühren muss ein Parkführer angeheuert werden (ab 11,50 €). Tickets und Infos zum Besuch der Insel erhält man in Maroantsetra im Büro des Masoala-Nationalparks.
- **Anreise:** Nosy Mangabe liegt 5 km vom Festland entfernt. Ein Boot benötigt ab Maroantsetra je nach Größe und Motor sowie je nach Wetterlage 20 bis 60 Min. Preis je nach Boot, z. B. von Le Relais du Masoala 69 € für bis zu 6 Personen.

Halbinsel mit Parc National de Masoala 9 O 8/9

Mit einem jährlichen Niederschlag von 3000 bis 4000 mm ist die Masoala-Halbinsel die feuchteste Region in Madagaskar. Die Monate mit der besten Chance auf regenfreie Tage sind September, Oktober und November. Die Tagesdurchschnittstemperatur beträgt 24 °C.

Die Halbinsel beherbergt den größten zusammenhängenden Regenwald Madagaskars – lange Zeit Terra incognita. Mittlerweile gibt es verschiedene Forschungsprojekte, die sich den Geheimnissen des Waldes nähern. Und spätestens seit der Eröffnung der Masoala-Regenwaldhalle im Zoo Zürich ist der einzigartige wie bedrohte Lebensraum auch in Europa ein Thema. Der Zoo Zürich ist auch maßgeblich an der Erforschung und am Schutz des dortigen Regenwaldes engagiert. Ein Besuch in dem riesigen Gebiet ist aber immer noch ein Abenteuer und erfolgt zurzeit hauptsächlich von der Küste aus.

Der weite Teile der Halbinsel umfassende Nationalpark ist zweifelsohne ein Schutzgebiet der Superlative. Mit 2468 km² ist er der größte Naturpark Madagaskars und bietet der Wissenschaft seit mehreren Jahren eine Fülle von neu entdeckten Tier- und Pflanzenarten. Der 1997 gegründete Park erstreckt sich bis zu einer Höhe von 1311 m und umfasst neben der Halbinsel auch 100 km² Meeresgebiet sowie die Insel Mangabe (s. S. 163). In den Regenwäldern der Halbinsel sind 50 % der Tier- und Pflanzenarten Madagaskars zu finden. Zehn Lemurenarten leben dort, darunter vier, die zu den bedrohtesten Primaten der Erde zählen. Und es ist das einzige Gebiet, in dem der Rote Vari *(Varecia rubra)* vorkommt. 1970 wurde in Masoala der Schlichtmungo *(Salanoia concolor)* entdeckt, eine noch nicht erforschte Raubtierart. 102 Vogelarten leben hier, darunter der seltene Madagaskar-Schlangenhabicht *(Eutriorchis astur)*. Er ist endemisch in Nordost-Madagaskar, galt seit 1930 als ausgestorben, wurde aber 1997 wieder gesichtet. Seitdem wurden sieben Paare lokalisiert, davon nisten sechs innerhalb der Masoala-Nationalparkgrenzen.

Auch die Fülle an Pflanzenarten ist erstaunlich und jedes Jahr kommen neue Entdeckungen dazu. Im Nationalpark gedeihen sieben Arten Mangroven, 99 Arten Seealgen und eine endemische Kannenpflanze, *Nepenthes masoalensis*.

Schlafen

Traumhaft

Masoala Forest Lodge: Luxuriöse Zeltlodge, die Gäste reisen per Boot an (Fahrzeit 1–3 Std.). Ein einmaliges Erlebnis: einsame Strände, Regenwaldtouren und Whale Watching (Juni–Sept.). Im Angebot sind auch Touren nach Nosy Mangabe.
40 km von Maroantsetra entfernt, am Strand des Nationalparks, www.masoalaforestlodge.com, Mindestaufenthalt drei Nächte, €€€

Waldnah

Le Petit Relais: Herrlich gelegene, schöne Bungalows an einem Hang am Waldrand unweit des Strandes. Der Bootstransfer von Maroantsetra nach Lohatrozona dauert ca. 1,5 Std.
Lohatrozona (📍 O 9), T 032 40 213 81, petitrelais@gmail.com, €€€ inkl. Vollpension

Infos

- **Eintritt:** tgl. 7–17 Uhr, ca. 11,50 € plus Gebühren für den Parkführer. Das offizielle Büro des Masoala-Nationalparks befindet sich in Maroantsetra (s. S. 163). Informationen zum Nationalpark und Projekten in der Region unter www.masoala.org.
- **Anreise:** Die südlichen Parkbereiche sind über eine schwierige Piste oder per Boot von Maroantsetra aus zu erreichen, der Bereich um Cap Est liegt in der Nähe der Stadt Antalaha (45 km, ca. 4 Std.).

Von Antalaha nach Sambava

Den Küstenabschnitt zwischen Antalaha und Iharana im Norden könnte man durchaus Vanilleküste nennen, denn dort liegt das Hauptanbaugebiet für die begehrten Schoten. Madagaskar ist mit Abstand weltgrößter Vanilleproduzent – Anfang der 1990er-Jahre wurden hier bis zu 90 % der weltweit angebauten Vanille geerntet. Der Anteil ist jedoch in den letzten 20 Jahren auf heute ca. 75 % gefallen. Grund ist die Zerstörung vieler Vanilleplantagen durch immer wieder auftretende Zyklone, die die Vanille zeitweilig zu einem seltenen Gut werden ließ. Diese Situation wurde von einigen anderen Ländern erkannt, die daraufhin ihre eigene Vanilleproduktion starteten oder massiv ausweiteten (Indonesien) und so einen Teil des Vanillemarktes übernahmen. Dahinter steckte sicherlich auch der amerikanische Konzern Coca-Cola, weltgrößter Abnehmer von Vanille, der seine Abhängigkeit von Madagaskar und die dadurch bedingten hohen Vanillepreise senken wollte.

Antalaha

O 7

Die 30 000 Einwohner zählende Stadt liegt im Zentrum des Vanilleanbaus. Die süßlich duftende schwarze Schote ist eine der Haupteinnahmequellen von Antalaha. Allerdings nur soweit es die Wetterbedingungen zulassen. denn die Stadt erlebte in den letzten Jahren eine katastrophale Zeit. Im Jahr 2004 zerstörte ein Zyklon große Teile der Stadt und der Vanilleplantagen. Nach dem mühevollen Wiederaufbau wütete 2007 erneut ein Zyklon und zerstörte die Stadt und fast 90 % der Plantagen. Die Menschen haben in ihrem Unglück großes Stehvermögen gezeigt und wollen sich vom Schicksal nicht unterkriegen lassen. Es ist dieser gebeutelten Region zu wünschen, dass sie für die nächsten Jahrzehnte verschont bleibt und sich wieder etwas erholen kann. In der Stadt befindet sich eine Baumschule zur Züchtung von heimischen Pflanzen, die zur Wiederaufforstung genutzt werden.

Schlafen, Essen

Großzügig

Ocean Momo: Das Hotel besteht aus 20 Bungalows, die teilweise bis zu fünf Personen Platz bieten. Es verfügt neben einem Restaurant auch über Internet, einen Shop (Vanille!) und eine eigene Autovermietung.
Route de Stade Ankoalabe, T 032 02 340 69, www.ocean-momo.com, €–€€

Strandnah

Palissandre: Die Zimmer sind schön eingerichtet und teils klimatisiert.
Rue de la Mer, T 020 88 965 23, h.palissandre@sat.blueline.mg, €

Einfach

Le Cocotier: Die recht simplen Bungalows bieten zwar nicht viel Komfort, sind für den Preis aber ganz in Ordnung. Das angeschlossene Restaurant bietet hauptsächlich gute chinesische Küche.
Stadtteil Basse Ville (Unterstadt), T 032 04 297 30, €

Infos

Antalaha ist über die RN 5A vom Norden her zu erreichen. Vom Süden kommend ist die Straße teilweise extrem schlecht. Die bequemste Anreise bietet das Flugzeug: Madagascar Airlines fliegt Antalaha regelmäßig von Antananarivo sowie von den Nachbarstädten aus an.

Sambava

O 6

Bei einem Spaziergang durch den im Herz der Vanille-Region gelegenen Ort strömt oft ein betörender Duft durch die Straßen. In der Umgebung werden u. a. auch Kokospalmen, Kaffee und Gewürznelken angebaut.

Schlafen

Meeresrauschen

Carrefour: Das Hotel mit 31 Zimmern in unterschiedlicher Ausstattung liegt direkt am Strand und verfügt nur über einen Frühstücksraum.
Am südlichen Strandabschnitt, T 020 88 920 60, hotelcarrefour@yahoo.fr, €

Einfach

Las Palmas: Sechs kleine Holzbungalows abseits des Strandes und ein Restaurant mit bescheidener Auswahl.
Am südlichen Strandabschnitt, T 032 40 073 72, laspalmas.hotel@gmail.com, €

Rustikal am Strand

Orchidea Beach: 12 Zimmer sowie einige einfache Bungalows.

Am südlichen Strandabschnitt, T 020 88 923 24, orchideabeach2@yahoo.fr, €

Infos

Sambava ist über die RN 5A von Iharana her zu erreichen. Einfacher ist es mit dem Flugzeug, Madagascar Airlines fliegt die Stadt regelmäßig von Toamasina, Antsiranana und Antananarivo aus an.

Andapa und Umgebung

Andapa N 7

Die Stadt Andapa liegt rund 100 km südwestlich von Sambava und ist über die relativ gute RN 3B zu erreichen (ca. 3 Fahrstunden). Diese folgt mehr oder weniger dem Verlauf des Lokoho-Flusses. Andapa liegt in einem der größten Reisanbaugebiete des Landes. Durch ihre Höhenlage ist das Klima im Vergleich zum Küstenort Sambava für Europäer gleich angenehmer. Einige einfache Hotels ermöglichen eine Übernachtung im Ort. Gute Gründe für einen Besuch dieses abgelegenen Städtchens sind einige nahe Naturschutzgebiete.

Réserve Naturelle Antanetiambo N 7

Das 25 ha große private Schutzgebiet liegt 6 km nördlich von Andapa und wurde mit ausländischer Unterstützung eingerichtet, um den Nördlichen Bambuslemur *(Hapalemur occidentalis)* zu schützen. Daneben leben auch zahlreiche Vogelarten in dem Gebiet, z. B. die seltene Madagaskar-Ohreule *(Asio madagascariensis)*. Eine eigens eingerichtete Baumschule sorgt für Setzlinge zur Wiederaufforstung und Besuchern werden Einblicke in das Leben und die Kultur des heimischen Tsimehety-Volkes vermittelt. Bei Interesse wird nach einer geführten Wanderung ein traditionelles Gericht serviert. Neben dem Reservat befindet sich zudem eine große Fischfarm, in der Paratilapia gezüchtet werden.

Schlafen

Ruhig

Beanana: Kleines Hotel mit zehn Zimmern, die sich um einen Garten gruppieren.

Am Ortsrand, T 020 88 070 47, 032 07 161 13, hsbeanana@yahoo.fr, €

Infos

- **Réserve Naturelle Antanetiambo:** Eingang beim Dorf Matsobe, T 032 40 118 81, 032 43 643 02, www.antanetiambo.marojejy.com, info@marojejy.com, Eintritt 20 000 MGA/Tag (ca. 5,10 €) plus Gebühren für den Wanderführer (ganzer Tag ca. 6,50 €).

Parc National de Marojejy N/O 7

Das Gebiet wurde 1948 vom französischen Botaniker Professor Henri Humbert das erste Mal nachweislich bereist. Ihm zu Ehren wurde später ein Wasserfall innerhalb des Nationalparks

Alles Handarbeit: die Ernte und die Verarbeitung von Vanille

nach ihm benannt. Bereits 1952 wurde das Waldgebiet unter Schutz gestellt. Im Jahre 1998 bekam das Reservat den Status eines Nationalparks und seit 2007 ist Marojejy als UNESCO-Weltnaturerbe anerkannt.

Der Name bezieht sich auf den höchsten Berg des Gebietes. Der heutige Nationalpark ist 602 km² groß und erstreckt sich über Höhen von 90 bis 2137 m. Er beherbergt u. a. elf Lemurenarten, darunter den seltenen Seidensifaka *(Propithecus candidus)*, 118 Vogel-, 149 Reptilien- und Amphibienarten sowie 275 Farn- und 35 Palmarten.

Ein Besuch ist möglich, die Wanderungen sind allerdings im Allgemeinen recht anstrengend, da jeweils etliche Höhenmeter überwunden werden müssen. Zurzeit ist nur ein Wanderweg ausgewiesen. Er beginnt am Dorf **Manantenina** und führt zum Gipfel des 2132 m hohen **Pic Marojejy.** Für diese Tour werden mindestens zwei Tage benötigt. Die Wanderung ist etwas einfacher, wenn man den Gipfel auslässt und bereits im Camp Marojejy umdreht (s. S. 170).

Infos

- **Eintritt:** tgl. 8–17 Uhr, Tagesticket 45 000 MGA (ca. 11,50 €), Parkführer ab 8000 MGA (ca. 2 €). Ein Büro des Nationalparks befindet sich in Andapa (T 020 88 070 27, angapandapa@moov.mg), ein weiteres am Nationalpark im Dorf Manantenina. Weitere Informationen zum Park und zum Wandern bieten die Webseiten travel.marojejy.com und www.marojejy.com.
- **Anreise:** Manantenina liegt an der RN 5B, 40 km vor Andapa. Mit dem Taxi-Brousse von Sambava oder Andapa kommend, können Sie sich in Manantenina absetzen lassen.

TOUR
Von Hütte zu Hütte

Wanderung durch den Parc National de Marojejy

Infos

N/O 7

Länge:
einfach 12 km bis Camp Marojejy

Dauer: 5–6 Std. bis Camp Marojejy (hin- und zurück 2 Tage)

Der erste Abschnitt führt in etwa 2 Std. vom **Parkbüro** in **Manantenina** über **Mandena** bis zum **Parkeingang** (5,6 km). Für Reisende mit weniger Zeit und/oder Kondition empfiehlt es sich, ab hier nur noch ein oder zwei Stunden in den Wald hineinzulaufen und auf demselben Weg wieder zurückzukehren.

Vom Parkeingang verläuft die weitere Strecke nun oberhalb des Manantenina-Flusses. Auf einer Länge von 4 km gelangt man in 2–3 Std. von 250 auf 450 m und erreicht den ersten Lagerplatz, das **Camp Mantella.** Unterwegs sind immer wieder interessante Entdeckungen zu machen: eine Vielfalt von teilweise sehr kleinen Blüten, verschiedene Pilzformen, Baumfrösche und Chamäleons und mit etwas Glück die schneeweißen Seidensifakas. Das Camp besteht aus sechs einfachen Hütten mit Küchenutensilien und einem Zeltplatz. Ein nur 800 m langer, aber interessanter Pfad führt von hier durch den Regenwald zur schönen **Cascade de Humbert.**

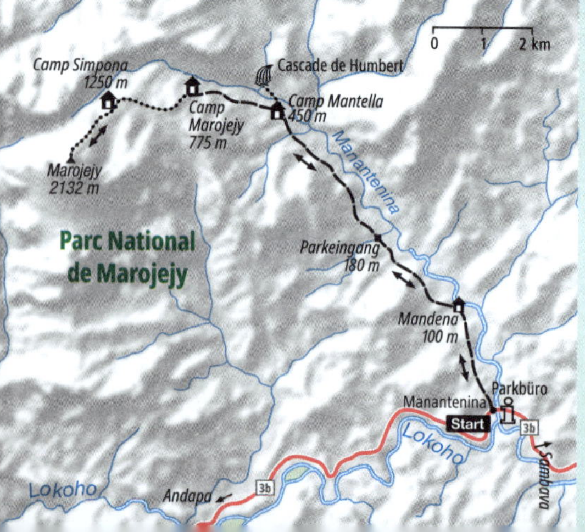

Die zweite, etwas anstrengendere Etappe hat das **Camp Marojejy** zum Ziel, das in 2 km Entfernung auf einer Höhe von 755 m liegt. Für die Strecke sind je nach Kondition mit 1–2 Std. Gehzeit zu rechnen. Für die Anstrengung wird man mit einer grandiosen Pflanzenwelt und teilweise herrlichen Aussichten in die Umgebung entschädigt. Im Marojejy-Camp gibt es vier Hütten sowie ebenfalls ein Zeltplatz.

Réserve Spéciale Anjanaharibe Sud

N 7

Das noch kaum bekannte Reservat besteht bereits seit 1958 und schützt auf 172 km² den stark bedrohten Bergregenwald Madagaskars. Sein Name bedeutet ›Platz des großen Gottes‹. Das Reservat liegt an den östlichen Hängen des Anjanaharibe-Massivs und erstreckt sich über Höhen von 500 bis 2064 m, d.h., bis zur Spitze des Berges Anjanaharibe-Anivo.

Das Gebiet verzeichnet einen enormen Regenfall von über 3000 mm im Jahr. Die Chancen auf trockene Tage sind in den Monaten April, Mai, Oktober und November am besten. In den unteren Lagen werden Durchschnittstemperaturen von 18 °C im Juli und 25 °C im Februar erreicht. In den Höhenlagen, besonders auf den Bergspitzen, kann das Thermometer in den Nächten des Südwinters bis nahe 0 °C fallen.

Tier- und Pflanzenwelt

Anjanaharibe-Sud beherbergt einige zoologische Raritäten, darunter die größte Lemurenart, den Indri, der in seinem nördlichsten Verbreitungsgebiet in einer fast gänzlich schwarzen Farbvariante vorkommt. Eine der seltensten Primatenarten ist der Seidensifaka *(Propithecus candidus)*, der nur hier und im angrenzenden Marojejy-Massiv zu finden ist.

Eine botanische Besonderheit stellt der Takhtajania-Baum *(Takhtajania perrieri)* dar, eine 120 Mio. Jahre alte Pflanzenart. Mit seinen kleinen roten Blüten gehört er zu den ersten blühenden Baumarten der Erdgeschichte. Zwar bereits im Jahr 1909 entdeckt, wurde die Wissenschaft erst wieder 1994 auf die Art aufmerksam und erforscht sie seitdem gründlich.

Wanderungen

Es stehen mehrere Wanderwege zur Verfügung. Der 4,3 km lange **Ranomafana Trail** beginnt an der Piste beim Mandritsarahely-Bach und führt an mehreren Quellen vorbei in den Regenwald. Dann passiert der Weg das Dorf Andranomafana (außerhalb der Reservatsgrenze), überquert den Marolakana-Fluss und gelangt zu einer heißen Quelle. Meist sind während dieser Wanderung Weißkopfmakis *(Eulemur albifrons)* zu beobachten.

Der etwas schwierigere **Takhtajania Trail** führt zu den namensgebenden Bäumen, in deren Nähe oft Rotbauchmakis *(Eulemur rubriventer)* zu sehen sind. Als Fortführung dieses Weges kann man in einer mehrtägigen Tour dem **Summit Trail** auf den 2064 m hohen Anjanaharibe-Anivo folgen. Bei dieser Tour sollten Sie für genug Proviant, Zelte, Träger und warme Kleidung sorgen.

Infos

- **Eintritt:** tgl. 8–17 Uhr, 45 000 MGA (ca. 11,50 €), Parkführer 25 000 MGA (ca. 6,40 €), Träger 15 000 MGA (ca. 3,90 €), Camping 5000 MGA (ca. 1,30 €), anjanaharibe.marojejy.com. Parkführer vermittelt entweder das Parkbüro in Andapa oder man kann sie wie die Träger im Dorf Befingotra anheuern.
- **Anreise:** Von Andapa führen zwei Pisten ins ca. 10 km Luftlinie entfernte Ambodipont. Dort zweigt eine Piste ins insgesamt 20 km von Andapa liegende Andasibe-Mahaverka ab (bis dort Taxi-Brousse-Verkehr). Von dort führt eine schlechte und nur während der Trockenzeit befahrbare Allradpiste über Befingotra zum Reservat. Ohne Allradfahrzeug dauert eine Wanderung direkt von Andasibe-Mahaverka nach Befingotra 2–3 Std. und von Befingotra bis zum Campingplatz am Marolakana-Fluss nochmals ca. 3 Std.

Der Norden

Unberührte Natur — Die Vielfalt des Nordens ist dem Aufeinandertreffen von westlichem Trockenwald und östlichem Regenwald zu verdanken. Vor der Küste liegen traumhafte und kaum bekannte Inseln.

Seite 185

Parc National de Montagne d'Ambre ✪

Dieser Park schützt einen Regenwald, wie er im Buche steht. Durchzogen wird er von Bächen mit hohen Wasserfällen. Neben etlichen Lemurenarten findet man hier zahlreiche Vögel und Reptilien sowie eine artenreiche Flora.

Seite 184

The Litchi Tree

Ein wunderschön restauriertes altes Anwesen in Ambohitra (Joffreville) mit Panoramablick und exzellentem Restaurant in unmittelbarer Nähe zum Regenwald.

Unzählige Buchten gibt es hier, eine schöner als die andere.

Seite 196

Segeltörn um Nosy Be

Madagaskars größte vorgelagerte Insel ist seit Jahrzehnten ein beliebtes Urlaubsparadies. Die benachbarten Eilande allerdings sind noch weithin unbekannt. Auf einem Segeltörn können Sie diese Perlen des Indischen Ozeans kennenlernen.

Seite 194

Ylang-Ylang-Destillerien

Der Ylang-Ylang-Baum liefert einen wichtigen Bestandteil teurer Parfüms. In Destillerien auf Nosy Be wird der kostbare Grundstoff aus den Blüten extrahiert.

Seite 187

Réserve Spéciale d'Analamerana

Das noch wenig besuchte Reservat ist durch seine unterschiedlichen Klima- und Vegetationszonen eines der vielfältigsten Schutzgebiete Madagaskars.

Seite 181

Vahiné Bar

Die Bar in Antsiranana ist vor allem für jüngere Leute ein beliebter Treffpunkt, am Wochenende gibt es Livemusik.

Seite 187

Parc National Ankarana

Die Höhlen dieses Kalksteingebiets bieten diversen Tierarten einen Lebensraum. Die Einheimischen verbinden einige der Höhlen mit den Mythen und Legenden ihrer Vorfahren. Fadys spielen hier daher eine große Rolle.

Seite 178

Pâtisserie Colbert

Kuchen und Gebäck vom Feinsten, dazu Kaffee oder Tee – ein Gedicht. Zu genießen ist dies im Grand Hôtel von Antsiranana, wo eine Zweigstelle der bekannten Hotel-Konditorei Colbert aus Antananarivo residiert.

Die Archipele vor der Küste gelten als die besten Schnorchelgebiete Madagaskars.

e Hafenstadt Antsiranana lädt zu
nem Bummel durch ihre quirligen
raßen ein, und in der Bucht ragt ein
ıckerhut‹ markant aus dem Wasser.

Zwischen Archipelen und Gebirgszügen

D

Der Norden erstreckt sich vom Vulkanplateau Ankaizina, mit seinen beiden Gebirgsmassiven Ambondrona und Tsaratanana, bis hinauf zum nördlichsten Punkt Madagaskars – dem Cap d'Ambre. Das Gebiet ist geprägt vom Zusammenspiel verschiedener Landschaftsformationen und unterschiedlicher Klimazonen. So hat insbesondere das Aufeinandertreffen des feuchtwarmen Ostküstenklimas mit dem trockenen Klima der Westküste interessante mikroklimatische Regionen entstehen lassen. Während im Norden Trockenwälder mit Baobabs genauso zu finden sind wie die Vielfalt des Regenwalds, stößt man im Tsaratanana-Massiv des zentralen Nordens auf den mit 2876 m höchsten Gipfel Madagaskars, den Maromokotro.

In der Region um Antsiranana nördlich des Maromokotro lebt das Volk der Antakarana. Es ist verwandt mit den Betsimisaraka der Nordostküste. Während die Menschen in den Küstenregionen vom Fischfang leben, züchten sie im Inland Zebus. Die Ethnie der Antanarana (»die in den Felsen«) sind mit 350 000 eine der kleineren Volksgruppen. In den Küstenregionen gibt es viele Muslime.

O

ORIENTIERUNG

Infos: Office Regional du Tourisme d'Antsiranana, Rue Colbert, Ecke Rue Flacourt sowie Place Foche, Mo–Sa 8–12, 15–18 Uhr.
Im Internet: www.office-tourisme-diego-suarez.com, www.hotel-nord-madagascar.com
Anreise und Weiterkommen: Der Flughafen von Antsiranana liegt rund 6 km außerhalb der Stadt. Täglich Verbindungen nach Nosy Be und Antananarivo, mehrmals wöchentlich nach Mahajanga. Taxis warten vor dem Terminal (10 000 MGA, ca. 3,50 €). Die Stadt ist auch mit Taxis-Brousses von Ambanja und Sambava erreichbar. Der Busbahnhof liegt im Süden der Stadt.

Antsiranana (Diego-Suarez)

N 3

Antsiranana ist die größte und wichtigste Stadt des Nordens. Mit rund 200 000 Einwohnern und einem kleinen, aber geschäftigen Hafen ist sie das Zentrum der Region. Obwohl der koloniale Name Diego-Suarez offiziell aufgegeben wurde, nennen die meisten Madagassen sie auch über 30 Jahre nach der Umbenennung immer noch liebevoll einfach Diego.

Die Stadt liegt an einer 250 km² großen Bucht und gehört landschaftlich zu den am schönsten gelegenen Städten des Landes. Die riesige Bucht mit ihren weißen Sandstränden lädt zum Baden und Spazierengehen ein. In der Bucht liegt weit sichtbar das Wahrzeichen der Stadt: der ›Zuckerhut‹ (Pain de Sucre). Der heimische Name dieser kegelförmigen Insel lautet Nosy Lonjo. Im Hinterland locken grüne Berge zum Wandern. Der ›Hausberg‹ Montagne des Français, benannt nach dem dortigen Denkmal für die gefallenen Franzosen während der Schlacht gegen die Briten im Jahr 1942, bietet eine gute Aussichtsmöglichkeit auf die Stadt.

Architektur und Infrastruktur des Zentrums sind auch heute noch deutlich von ihrer kolonialen Vergangenheit geprägt: Breite Boulevards und alte Häuser bestimmen ihr Aussehen. Der 1897 mit dem Oberkommando der in der Stadt stationierten französischen Truppen betraute Colonel Joseph Joffre begann ab 1899 mit der Stadtplanung und legte den Grundstein für die heutige Innenstadt. Bereits 1903 wurde er jedoch wieder abberufen.

In den Straßen sieht man ein buntes Völkergemisch. Neben den ansässigen Antankarana gibt es Chinesen, Pakistani, Europäer und alle erdenklichen Mischungen. Da die Stadt Madagaskars größter Marinestützpunkt ist, leben hier auch viele Militärangehörige.

Geschichte

Der ehemalige koloniale Name der Stadt Diego-Suarez geht auf zwei portugiesische Seefahrer zurück. Diego Diaz landete am 10. August 1500 als erster Europäer überhaupt an der madagassischen Küste. Im Februar 1506 folgte ihm Herman F. Suarez und ankerte ebenfalls in der Bucht von Antsiranana. Beide waren mit ihren Schiffen durch einen Sturm zur Nordküste getrieben worden und fanden Schutz in der fast geschlossenen Bucht. In Erinnerung an die beiden Seefahrer verliehen die Portugiesen ihr und dem dortigen Dorf den Namen Diego-Suarez. Der einheimische Name der Hauptstadt der Antakarana lautete damals Antomboka.

Fiktive Demokratie

In der Stadt wird gerne die angeblich historisch belegte Geschichte der Piratenrepublik Libertalia erzählt; sie klingt wunderbar, ist aber wohl doch nur Fiktion. Die in der Bucht heimisch gewordenen Piraten sollen einen Hang zur Gerechtigkeit gehabt und Ideen für eine neue Gesellschaft in Freiheit und Gleichheit verfolgt haben. Sie gründeten eine Republik, in der es die erste funktionierende Demokratie mit Mitbestimmungsrechten sowie eine gerechte Verteilung der erbeuteten Reichtümer gab. Die schöne Geschichte stammt aus der Feder Captain Charles Johnsons alias Daniel Defoes, des Autors von »Robinson Crusoe«.

Buntes Völkergemisch

Dass nach arabischen Seefahrern im 10. Jh. Piraten die Bucht von Antsiranana nutzten, ist dagegen unstrittig. Der geschützte Platz war im 17. Jh. neben Nosy Sainte Marie der wichtigste Piratenstützpunkt Madagaskars. Nach dem Abzug der Piraten wurde es eine Zeitlang etwas ruhiger, bis 1838 die Franzosen die Bucht besetzten und dort 1885 einen Militärstützpunkt errichteten. 1901 errichtete man das erste Gefängnis, obwohl die Zahl der Einwohner noch recht überschaubar war. 1905 lebten 855 Franzosen und weitere 78 Europäer in der Stadt. Dazu kamen 247 Inder, 72 Chi-

0
150
300 m
Leuchtturm
Anse de la Dordogne
Pointe du Corail
Jardin de Pavillion (Place Musique)
Place Joffre
Rue Joffre
Rue Gouraud
Rue Richelieu
Port de la Nievre
Bank
Rue Flacourt
Bank
Rue Castelneau
R. de la République
Bd. Bascilles
Rue de l'Oureq
Rue du Corail
Rue des Quais
Av. de France
Av. de France
Bank
R. Villebois Mareuil
Militärisches Gelände
Boulevard Militaire
Rue d'Imhaus
Rue de l'Abattoir
Hafen
Anse Melville
Rue Sadi Carnot
Imperial Bank
Boulevard Etienne
Boulevard Sakaramy
Rue des Quais
Rue Colbert
Rue de la Marne
Rue Monseigneur Courbet
Rue de Lt. Vaucheret
Rathaus
Rue Lavigerie
Rue Lafayette
Av. Lally Tollendal
Rue Francois de Mahy
Rue Beniowsky
Rue Gauche
Rue Rigault
R. Cabot
Route de la Marine
Baie des Amis
Av. Sourcouf
Bd. Le Myre de Villers
Rue de L'Intendant Poivre
Rue de la Prison
Rue du Gén. Chanzy
Rue Av. Grandidier
Av. Général de Gaulle
Air Madagascar
Place du 14 Octobre
Rue Montcalm
Rue d'Amiral Pierre
Bd. Sylvain Roux
Boulevard Cayla
Rue du Petite Thouar
Rue Dugay Trouin
Bd. J. Laborde
Rue Montcalm
Avenue Pasteur
R. du Suffren
Rue Dugay Trouin
Rue Comores
Avenue Pasteur
Rue Comores
Rue Sainte Marie
Rue Sainte Marie
Avenue Princess Achimo
Route de l'Ankarana
Rue d'Amiral Miot
Rue de Loky
Rue Mozambique
Rue Caen
Rue Bezara Justin
Avenue Villaret Joyeuse
Rue de Fiarantsoa
Boulevard Duplex
Rue Sakalava
Rue de la Reine Betty
Rue du Gl. Drouot
Rue d'Arromanches
Rue Jean Ralaimongo
Avenue P. Tsiranana
Rue des Glorieuses
Rue Sakalava
Taxi-Brousse-Station West
Route de la Pyrotechnie
Taxi-Brousse-Station Süd
Flughafen, Ambanja, Antananarivo

Antsiranana (Diego-Suarez)

Ansehen
1 Markt
2 Place Forch
3 Markthalle
4 Hôtel des Marines
5 Denkmal für Joseph Joffre
6 Kathedrale
7 Englischer Friedhof

Schlafen
1 La Note Bleue
2 Le Grand Hôtel
3 Le Suarez
4 Kings Lodge
5 Emeraude
6 Imperial
7 Le Jardin Exotique
8 Le Petit Paradis
9 Belle Vue
10 Kartiffa
11 Kikoo

Essen
1 Le Melville
2 Balafomanga
3 La Rosticceria
4 Libertalia
5 Le Tsara Be
6 La Grilladon
7 L'Etincelle
8 Le Relais Joffre
9 San Diego Rock Café

Einkaufen
1 Ino Vaovao
2 Azur Artisanat

Bewegen
1 Diego Raid Quad
2 Compagnie Salinière de Madagascar
3 Montagne des Français
4 Tsingy Rouge

Ausgehen
1 Vahiné Bar

nesen und 772 Afrikaner. Die Zahl der Madagassen ist nicht überliefert. Während des französischen Vichy-Regimes nutzten im Zweiten Weltkrieg Japaner die Bucht als Durchgangsstation für ihre Kriegsschiffe und U-Boote. 1942 wurde Antsiranana von den Briten erobert und besetzt. Erst nach dem Sturz des Vichy-Regimes übergab man die Stadt wieder den Franzosen. Die französische Fremdenlegion war noch bis 1975, also 15 Jahre nach der Unabhängigkeit, in Diego stationiert. 1976 wurde die Stadt dann im Zuge der ›Madagassierung‹ in Antsiranana umbenannt – zu Deutsch einfach ›Hafen‹.

Das in der Region lebende Volk der Antakarana bildete trotz starker äußerer Einflüsse in den letzten Jahrhunderten eine Einheit. Sie wurden seit dem 17. Jh. durch einen Monarchen regiert. Bekannt sind König Tsialana I. (1809–22), König Tsialana II. (1823–83) und Königin Binao (1881–1923).

Stadtrundgang

Diego lässt sich gut zu Fuß erkunden. Das kolonialzeitliche Viertel liegt auf einer Halbinsel. Von dort erstreckt sich die Stadt Richtung Süden. In den Straßen dieses Viertels pulsiert das Leben. Hier befindet sich auch der große **Markt** 1. Um Richtung Kolonialviertel zu kommen, nehmen Sie die Rue Bezare Justin, die später in die Rue Suffren übergeht, Richtung Norden und bleiben auf der Straße, die ein wenig später Rue Lafayette heißt.

Mit Erreichen des **Place Forch** 2 haben Sie den Beginn des ehemaligen Kolonialviertels erreicht. Am Platz steht die Stadtverwaltung und neben dem **Denkmal für Philibert Tsiranana,** den ersten Präsidenten des unabhängigen Madagaskars, das Gebäude des regionalen Tourismusbüros. Richtung Norden beginnt die Rue Colbert, die

Einkaufsstraße, sie ist das Herz des Stadtteils. Im oberen Drittel passieren Sie auf der linken Seite die alte **Markthalle** ❸, die heute vom Kulturinstitut Alliance Française genutzt wird. Die Straße endet an der Rue Richelieu. Links weiter folgt auf der rechten Seite die sehenswerte Ruine des **Hôtel des Marines** (s. S. 179).

Folgt man der Straße weiter, kommt der **Hafen** in den Blick. Vom linker Hand erhöht liegenden **Place Joffre** (früher Place de l'Admiral Ronarch) haben Sie eine schöne Aussicht. Auf dem kleinen Platz steht ein **Denkmal für Joseph Joffre** ❺. Der französische Marschall veranlasste einst die Befestigung des Hafens. Die nach ihm benannte Rue Joffre führt zurück zur Rue Colbert. Um wieder zum zentralen Place Foch zurückzugelangen, nehmen Sie die hinter der Rue Colbert verlaufene Parallelstraße, den Boulevard Bascilles, der wiederum in den Boulevard Etienne übergeht.

Ein Abstecher über die Rue Sadi Carnot nach Osten führt zur katholischen **Kathedrale** ❻. Weiter südöstlich über den Boulevard Duplex erreichen Sie die Friedhöfe. Der **Englische Friedhof** ❼ fällt durch seine gepflegten Gräber und den englischen Rasen auf. Dort liegen britische Soldaten, die im Zweiten Weltkrieg 1941/42 bei Kämpfen mit Japanern und Anhängern des französischen Vichy-Regimes ums Leben kamen.

Schlafen

Luxuriös

1 La Note Bleue: Die Farbe Blau ist, wie der Name des Hotels verrät, Programm. Es gibt 16 Zimmer und fünf Suiten und einen spektakulären Blick auf die Bucht und den Zuckerhut.

Rte. de Ramena, T 032 07 125 48, www.diego-hotel.com, bleudiego@gmail.com, €€€

Stilvoll

2 Le Grand Hôtel: Bestes Hotel der Stadt mit 66 Zimmern und gutem Restaurant, schön angelegtem Pool, Casino und Bank. Angenehme Atmosphäre, sehr zu empfehlen ist die hauseigene Pâtisserie Colbert (tgl. 6.30–12.30, 15.30–21 Uhr).

46 Rue Colbert, T 020 82 230 63/64, 032 40 881 43, www.grand-hotel-diego.com, grandhotel_diego@yahoo.fr, €€€

Aussicht

3 Le Suarez: Die 12 Bungalows liegen in einer Parkanlage mit Blick auf die Bucht. Neben einem guten Restaurant gibt es eine Bar und ein Schwimmbad.

4 km außerhalb des Zentrums, www.suarez-hotel.com, €€

Am Fuß des Mt. Français

4 Kings Lodge: Von den acht Zimmern aus hat man einen schönen Blick auf die Bucht. Dem Besitzer gehört auch der nahe gelegene botanische Garten Mille Baobab.

8 km östlich von Antsiranana, T 020 82 225 99, www.kingdelapiste.de, €€

Modern

5 Emeraude: Das Stadthotel hat 18 Zimmer und zwei Suiten.

Rue Rigault, Kreuzung Rue Gauche, T 020 82 225 44, www.hotelemeraude-diego.com, €–€€

Freundlich

6 Imperial: Das mitten im Zentrum liegende mehrstöckige Hotel hat funktional eingerichtete Zimmer mit Klimaanlage.

Rue Colbert, T 020 82 233 39, www.hotelimperial-diego.com, €–€€

Farbenfroh

7 Le Jardin Exotique: Betten mit Moskitonetzen, kleiner tropischer Garten und eine Terrasse zum Meer.

9, Rue Louis Brunet, T 020 82 219 33, www.jardinexotique.hotel-diegosuarez.com, €

Lieblingsort

Pittoresker Ruinencharme

In der Rue Richelieu fällt eine Ruine auf, die vom Glanz vergangener Tage erzählt. Der einst prächtige Bau wurde 1920 als Krankenhaus für Minenarbeiter errichtet, ehe er in ein Hotel der Minengesellschaft umfunktioniert wurde (Hôtel des Mines). Später diente das Gebäude den französischen Marineoffizieren als Quartier und wurde in **Hôtel des Marines** ❹ umbenannt. Von den Fenstern der Ruine, die mittlerweile von Palmen bewachsen ist, fällt der Blick aufs Meer und lässt den Besucher von vergangenen Zeiten träumen.

Romantisch

8 **Le Petit Paradis:** Saubere Zimmer in familiärer Atmosphäre und ein kleiner romantischer Garten.

Rue de la Prison, T 032 47 891 13, www.petitparadis-hotel-diegosuarez.com, €

Einfach

9 **Belle Vue:** Beliebt bei Rucksackreisenden.

35, Rue François de Mahy, T 020 82 210 21, €

Meeresblick

10 **Kartiffa:** Ruhig gelegenes Hotel in der Nähe des Hafens. Einfache, nett eingerichtete Zimmer mit Meerblick.

Rue Richelieu, T 032 07 597 75, www.kikoohotel.com, €

Zentral

11 **Kikoo:** Kleines Hotel im Stadtzentrum mit einfachem Restaurant. Von den oberen Zimmern kann man bis zum Meer schauen.

Rue Castelneau, T 032 07 597 75, www.kikoohotel.com, €

Essen

Nobel

1 **Le Melville:** Sehr gute europäische Küche.

Rue Richelieu, beim Hotel Allamanda, €–€€

Fisch & mehr

2 **Balafomanga:** Eines der besten Restaurants der Stadt. Fisch und Meeresfrüchte aller Art.

Rue Louis Brunet, T 020 82 228 94, €–€€

Italienisch

3 **La Rosticceria:** Das erste italienische Restaurant in Diego. Sehr gutes Essen mit entsprechenden Preisen.

47, Rue Colbert, T 020 82 236 22, larosticceria@moov.mg, Mo–Sa 12–22 Uhr, €–€€

Angenehm

4 **Libertalia:** Bekannt für seine Grillspezialitäten, daneben auch europäische und madagassische Gerichte. Am Wochenende schon mal Livemusik.

Av. Tollendal, €

Charmant

5 **Le Tsara Be:** Guter Platz, um bei leckerem Essen das Treiben auf Diegos Einkaufsmeile zu beobachten.

36, Rue Colbert, T 032 04 940 97, tgl. geöffnet, Mittag- und Abendessen, €

Empfehlenswert

6 **La Grilladon:** Nettes Restaurant mit sehr gutem Essen und gemütlicher Bar, auch schöner Außenbereich. Es gibt nicht nur Grillgerichte, wie der Name vermuten lässt.

Av. Sourcouf, €

Einladend

7 **L'Etincelle:** Kleines, nettes Restaurant mit Speisen zu guten Preisen.

Rue Colbert, gegenüber dem Grand Hotel, €

Romantisch

8 **Le Relais Joffre:** Ein Gartenrestaurant mit preiswerten und guten Gerichten.

Place Joffre, €

Fast Food & Musik

9 **San Diego Rock Café:** Einfacher Speiseplan, beliebter Treffpunkt für die Jugend.

Av. Tollendal, T 020 82 21988, €

Einkaufen

Die **Rue Colbert** ist Antsirananas Flanierstraße. Dort finden Sie alle gängigen Souvenir- und T-Shirt-Läden und auch Bankfilialen, Wechselstuben, Restaurants und Cafés. Der Markt und weitere Shops liegen im südlichen Stadtteil unterhalb der Rue Lafayette.

Große Auswahl

1 **Ino Vaovao:** Große Auswahl an Kunsthandwerk, Schmuck, Rum, Postkarten und T-Shirts. In den großen Ausstellungsraum gelangen Sie, wenn Sie durch den Laden hindurch zum hinteren Bereich gehen.
Rue Colbert, schräg gegenüber dem Imperial Hotel, T 020 82 228 38

Gut sortiert

2 **Azur Artisanat:** Ebenfalls eine gute Auswahl an unterschiedlichem Kunsthandwerk.
Rue Colbert, neben dem Concorde Hotel

Bewegen

Quad-Ausflüge

1 **Diego Raid Quad:** Vermietung von 4WDs, Quad-Ausflüge mit Führer zu bestimmten Ausflugszielen (ab 82 € pro Quad/Tag).
Rue Colbert, Nähe Grand Hôtel, T 032 58 890 77, www.diegoraid.com

Salinenbesichtigung

2 **Compagnie Salinière de Madagascar:** Seit 1895 baut die französische Firma in den Salinen von Antsahampano Salz ab. Nach Voranmeldung kann man die Produktion in den Salinen besichtigen.
T 020 82 213 73, www.salines-diego.com, consalmag@moov.mg

Bergwanderung

3 **Montagne des Français:** Eine schöne Wanderung führt auf den ›Berg der Franzosen‹, von dem Sie eine herrliche Aussicht auf die Bucht haben. Der Pfad beginnt etwa 8 km außerhalb der Stadt Richtung Ramena Beach, nahe der Kings Lodge (s. S. 178).

Reizvoller Ausflug

4 **Tsingy Rouge:** Die sogenannten Roten Tsingys haben mit den echten Tsingys wie in Ankarana (s. S. 187) nicht viel zu tun. Sie erinnern nur ihrem Aussehen nach an die berühmten Felsnadeln aus Kalksandstein. Anders als diese bestehen sie aus sehr porösem Sandstein und sind das Ergebnis neuerer Erosion.
2 Std. Fahrzeit von Antsiranana entfernt (1 Std. Asphaltstraße, 1 Std. rote Sandpiste), etwas abseits der Nationalstraße RN 6, für Individualreisende kostet der Eintritt 10 000 MGA (ca. 3,50 €)

Ausgehen

In-Treff

1 **Vahiné Bar:** Netter Treff vor allem für jüngere Leute, am Wochenende gibt es häufig Livemusik.
32, Rue Colbert, gegenüber BNI-CA, T 020 82 226 53

Feiern

- **Zegny Zo:** Alljährlich findet im Mai ein Straßenfestival statt. Es treten heimische und ausländische Musik-, Theater- und Tanzgruppen auf.

Infos

- **Flug:** Die Stadt Antsiranana verfügt über einen Flughafen und tägliche Verbindungen mit Madagascar Airlines nach Antananarivo und Nosy Be.
- **Taxi-Brousse:** Mit einem Taxi-Brousse kommen Sie zu allen Orten entlang der RN 6 sowie nach Joffreville und zu den Orten entlang der Bucht. Es gibt zwei Stationen, die sich südlich des Marktes befinden: eine an der Route d'Ankarana und eine an der Rue Bezare Justin (Verlängerung der Rue Lafayette).
- **Stadtverkehr:** In der Stadt fahren Taxis, der Preis ist Verhandlungssache (ab 1 €).

Smaragdmeer heißt das Gewässer um Diego – und so sieht es auch aus.

Die Umgebung von Antsiranana

M/N 2/3

Um Antsiranana herum befinden sich wunderbare Buchten und Strände. In der westlich der Stadt liegenden **Andovobazaha-Bucht** liegt der sogenannte **Zuckerhut,** eine kegelförmig aussehende Insel. Folgt man der die Bucht umrundenden Straße N 59b nach Norden, so erreicht man den **Strand von Ramena.** Der schöne breite, rund 2 km lange Sandstrand zieht vor allem am Wochenende viele Stadtbewohner an, unter der Woche ist man – außer einigen Fischern – fast allein. Entlang des Strandes gibt es einige einfache Restaurants und Cafés.

Der schnurgerade Strand endet an einem kleinen Felsen. Dort macht die Küste einen Knick nach Osten und geht in den **Oranga-Strand** über. Dieser liegt allerdings bereits auf Militärgebiet. In dem anschließenden Areal hatte einst die französische Armee ihr Quartier und nach der Unabhängigkeit Madagaskars die Fremdenlegion. Nach dem Abzug Mitte der 1970er-Jahre ging das Gelände in den Besitz der madagassischen Armee über, die es jedoch nie wirklich nutzte. Die Gebäude verfielen zusehends. Als Eigentümer des Areals nimmt das Militär heute Eintritt (10 000 MGA) zum Strand, an dem einige Ruinen von Armeegebäuden stehen, die größte ist das ehemalige Militärkrankenhaus.

Am Ende des Oranga-Strandes wird das **Kap Andramomody** (Cap Miné) erreicht. Von dort hat man eine fantastische Aussicht über die Bucht bis zum Kap Tanifotsy mit der davorliegenden Nosy Volana und dem dahinterliegenden türkisfarbenen Smaragdmeer (Mer d'Emeraude). Eine ähnlich gute Aussicht hat man von dem 1 km weiter südöstlich gelegenen **Leuchtturm.**

Nach einem eher felsigen Küstenabschnitt beginnt nach 1,3 km die **Dünenbucht** (Baie des Dunes). Am oberen Ende befindet sich noch eine alte Geschützstation, von dort erstreckt sich ein traumhafter Sandstrand, an den sich die ebenso lohnende **Taubenbucht** (Baie des Pigeons) anschließt. Nach einem felsigeren Abschnitt liegt gegenüber von Nosy Angongo der gleichnamige Strand.

Kurz danach beginnt die **Sakalava-Bucht** mit der sie begrenzenden **Nosy Tsara.** In dieser Bucht liegen einige Strandhotels, und dort befindet sich auch einer der besten Kitesurfing-Spots des Indischen Ozeans. Im Hinterland erstreckt sich ein fast unberührter Trockenwald mit einigen großen Baobab-Exemplaren *(Adansonia madagascariensis).*

Schlafen

Paradies für Kitesurfer

Royal Sakalava: Bungalowhotel direkt am weißen Strand am Rand des Trockenwaldes, aus dem auch mal Lemuren zu Besuch kommen.

Am südl. Ende der Sakalava-Bucht, T 032 42 384 36, www.sakalava.com, €€

Nosy-Hara-Archipel

M 2

Westlich der Cap-d'Ambre-Halbinsel liegt der verträumte, nach seiner größten Insel benannte **Nosy-Hara-Archipel.** Er besteht aus zwölf kleinen Inseln, deren schroffer Kalkstein und weiße Sandstrände etwa 5 km vor der Küste aus dem azurblauen Meer ragen. Der Archipel ist über eine schlechte Pistenstraße von Antsiranana in Richtung Nordwesten zu erreichen, über **Namakia,** die Salinen von **Andranotsara** und **Mangaoka.** Die **Baie du Courrier** liegt dem Nosy-Hara-Archipel am nächsten. Dort befindet sich auch eine einfache Unterkunft, die Lodge d'Ampasindava. Von hier bringen Fischerboote interessierte Reisende hinüber zu den Inseln. Bei einem solchen Ausflug sollte mindestens eine Übernachtung (Lodge oder Camping) eingeplant werden. Man kann die Tour auch bei einer Agentur buchen, z. B. über www.cap-nord-voyages.com.

Der Archipel steht als Nationalpark unter Schutz, daher ist die Meeresfauna noch recht intakt. Im Wasser tummeln sich viele bunte Fischarten, und Meeresschildkröten nutzen die Strände zur Eiablage – ein wahres Dorado für Schnorchler und Taucher! Dieses abseits jeglicher Reiserouten liegende Inselparadies ist zudem Heimat einiger der letzten Madagaskar-Seeadler *(Haliaeetus vociferoides),* einem der seltensten Greifvögel der Welt.

Als einzige ist die 2 x 0,6 km große **Nosy Hara** bewaldet und beherbergt zwei Lemurenarten sowie eine Reihe von Reptilien, darunter eines der kleinsten Chamäleons der Welt, das erst 2007 entdeckte, etwa 2 cm große Zwerg-Erdchamäleon *(Brookesia micra).* Die anderen Inseln weisen nur spärliche Vegetation auf, darunter aber einige interessante Vertreter der Trockenflorazone wie Baobabs und einen Verwandten des Flammenbaums.

Infos

Fahrten zum Archipel organisieren die örtlichen Agenturen in Antsiranana wie **Le Paradis du Nord,** Av. Princesse Fatima Achimo, T 020 82 21405, www.leparadisdunord-diego.com.

Ambohitra (Joffreville) M/N 3

Das heute etwas verschlafen wirkende Städtchen Joffreville entwickelte sich aus einem 1902 errichteten Militärlager der Franzosen. Im Jahr 1950 wurde die französische Fremdenlegion hier stationiert und der Ort nach dem ersten Militärkommandanten in Antsiranana benannt. Die Militärangehörigen fanden hier oben ein angenehmeres Klima vor als an der Küste.

Nach Abzug der Fremdenlegionäre 1975 verfiel das Städtchen zusehends, und die breite Hauptstraße sowie die Ruine des oberhalb der Stadt sitzenden ehemaligen Krankenhauses wirken etwas überdimensioniert. Die verfallenden Kolonialvillen vermitteln noch einen Eindruck vom früheren Wohlstand des Ortes.

Z

ZIMMER MIT AUSSICHT

Das wunderschöne, restaurierte Hotel **The Litchi Tree** liegt auf einer Anhöhe und bietet einen weiten Blick bis Antsiranana. Im Haupthaus befindet sich ein exzellentes Restaurant, in einem Nebengebäude gibt es fünf geschmackvoll und mit viel Liebe zum Detail eingerichtete Zimmer. Neben dem Grundstück beginnt der Regenwald, wo zahlreiche Vögel beobachtet werden können. Wenn die großen Litschibäume auf dem Grundstück reife Früchte tragen, kommen auch die Lemuren aus dem nahen Wald zum Haus (Ambohitra, oberhalb der Hauptstraße, ausgeschildert, T 033 12 784 54, www.thelitchitree.com, €€).

Seit den 1990er-Jahren kommen mehr und mehr Besucher zum nahe gelegenen Parc Nacional de Montagne d'Ambre (s. S. 185), was dem Ort einen kleinen Aufschwung und neue Hotels bescherte. Unter seinem madagassischen Namen ist die Stadt übrigens kaum bekannt. Allgemein nennt man sie weiterhin bei ihrem französischen Namen Joffreville.

Schlafen

Weitblick

Nature Lodge: 12 hübsche Bungalows mit Veranda. Von der Terrasse des Restaurants schweift der Blick in die Natur, die Bar lädt zu einem Drink ein.

Kurz vor Joffreville, abseits der Hauptstraße gelegen, T 032 07 123 06, www.naturelodge-ambre.com, naturelodge@wanadoo.mg, €€–€€€

Familiär

Le Relais de Montagne d'Ambre: Gästehaus mit vier Zimmern und Gemeinschaftsbad in einem alten Stadthaus. Auf Vorbestellung gibt es leckere Hausmannskost mit frischem Gemüse.

Am oberen Ende der Hauptstraße links halten (ausgeschildert), €

Einfach

Sakay-Tanay: Einfaches Gästehaus in etwas heruntergekommenem Stadthaus mit vier Zimmern, z. T. mit Waschbecken/Toilette.

T 032 04 281 22, €

Essen

Einige Imbissstände findet man entlang der Hauptstraße. ›Richtige‹ Restaurants gibt es nur in den Hotels. In Gästehäusern muss das Essen in der Regel vorbestellt werden.

Bewegen

Wandern

Le Fontenay Nature Park: Das private Waldreservat gehört zum gleichnamigen Hotel. Auf zwei verschiedenen Wanderrouten (auch Nachtwanderungen) können Lemuren und Vögel beobachtet werden. Eine Halbtagestour kostet 12–28 € pro Pers. (je nach Gruppengröße) inkl. Guide und Getränken.

T 033 11 345 81, www.lefontenay-madagascar.com, contact@lefontenay-madagascar.com

Infos

- **Auto:** Zu erreichen von Antsiranana aus über die RN 6 Richtung Süden. Nach ca. 11 km führt eine Abzweigung rechts nach Joffreville (weitere 20 km).
- **Taxi-Brousse:** Es gibt einen regelmäßigen Busverkehr nach Antsiranana.

Parc National de Montagne d'Ambre

M 3

Auf 230 km² erstreckt sich der Regenwald des Amber-Gebirges, davon gehören 182 km² zum **Parc National de Montagne d'Ambre**. Hinzu kommen ca. 48 km² des **Réserve Spéciale de la Forêt d'Ambre,** das etwas abseits des Nationalparks liegt. Der geschützte Bergregenwald befindet sich in Höhen von 850 bis 1475 m.

Das Gebiet beherbergt einen der schönsten Regenwälder Madagaskars. Große Nestfarne umwinden die Äste der Bäume, an denen malerisch Bartflechten im Wind wehen. Schöne Farnbäume und zahlreiche Orchideenarten säumen die Wanderwege. Insgesamt 1020 Pflanzenarten sind hier bekannt, u. a. edle Holzarten wie Palisander.

Die Tierwelt ist ebenfalls sehr interessant. Unter anderem besteht im Nationalpark die Chance, den seltenen Schopfibis *(Lophotibis cristata)* zu sehen. Diese früher auch Mähnenibis genannte Art ist im Wald zu beobachten, zudem 75 weitere Vogelarten. Am Picknickplatz des Parks zeigt sich gerne mal der schöne Ringelschwanzmungo *(Galidia elegans)*. Unter den 60 Reptilienarten des Waldes findet sich auch das hier endemische Amber Bergchamäleon *(Calumma ambrensis)*. Auch Lemuren leben in diesem Regenwald, sind hier allerdings nicht so oft zu entdecken wie z. B. im Ranomafana- oder Analamazaotra-Nationalpark. Mit etwas Glück zeigen sich aber die nur im Norden vorkommenden Arten Sanford-Maki *(Eulemur sanfordi)* und Kronenmaki *(Eulemur coronatus)*.

Im Nationalpark gibt es des Weiteren sechs Seen und einige Wasserfälle zu bewundern. Sie sind teilweise heilige Orte für die heimische Bevölkerung und daher auch mit Fadys (bestimmten Verhaltensregeln) versehen. Obwohl eines der ältesten Schutzgebiete (gegründet 1958) und von Antsiranana leicht zu erreichen, ist die touristische Infrastruktur bislang nicht sehr weit entwickelt. Es gibt zwar einige ausgewiesene Wanderwege und es werden auch mehrere, verschieden lange Wanderungen angeboten (ab 2 Std. bis zu Tagestouren), die wenigen Parkführer gehen allerdings weniger enthusiastisch an die Arbeit. Ein Spaziergang oder eine ausgedehnte Wanderung ist aber aufgrund der wunderschönen artenreichen Vegetation sowie der guten Möglichkeiten, zahlreiche Vogelarten zu beobachten, dennoch sehr empfehlenswert.

TOUR
Wasserfälle und Waldgiganten

Wanderung im Parc National de Montagne d'Ambre

M 3

Start/Ziel: am Parkeingang ca. 4 km westlich von Ambohitra

Länge: ca. 6 km

Dauer: 2–3 Std.

Im Regenwald des **Parc National de Montagne d'Ambre** gibt es mehrere kurze Wanderwege, die perfekt miteinander kombiniert werden können. Wer ein Fahrzeug hat, kann vom **Parkeingang** bis zu einem **Picknickplatz** im Wald fahren, wo alle Touren beginnen. Vogelliebhabern sei allerdings empfohlen, auch die Strecke dorthin zu Fuß zu gehen, da sich die Vögel an und auf dem breiten Weg leichter beobachten lassen als im Dickicht des Waldes.

Der **Antomboka Trail** zweigt vom befahrbaren Hauptweg nach rechts ab und führt am Rand des Regenwaldes ohne steile Passagen direkt zum 80 m hohen **Antomboka-Wasserfall.** Der Pfad ermöglicht immer wieder herrliche Ausblicke auf die vor dem Gebirge liegenden Ebenen bis hinüber zum Meer. Zurück geht es zunächst auf der gleichen Strecke, dann aber biegt man rechts in die ausgeschilderte **Voie des Mille Arbres** (›Weg der tausend Bäume‹) ein. Hier entdeckt man etliche stattliche Urwaldriesen. Empfehlenswert sind auch die Abstecher zu den Wasserfällen **Antankarana** und **Sacrée.** Die Voie des Mille Arbres mündet automatisch in den **Ampijoroana Trail.** Nach rechts führt dieser wieder zum Ausgangspunkt der Wanderung zurück.

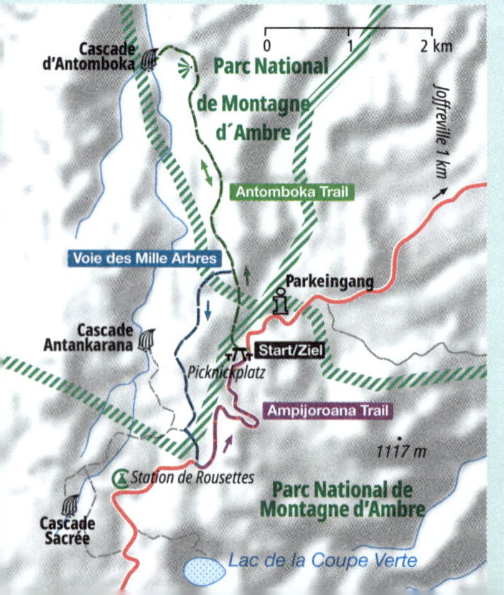

Wieder am Picknickplatz in einer Waldlichtung angekommen, kann man sich dort von der Wanderung erholen und mit Glück einen der seltenen Ringelschwanzmungos sehen, die sich gerne in der Lichtung aufhalten. Wenn man zuvor noch nicht am **Heiligen Wasserfall** (Cascade Sacrée) war, kann man ihn gut in einem kurzen Abstecher vom Picknickplatz aus nach 300 m erreichen.

Schlafen

Direkt am Nationalpark kann man nur zelten. Unterkünfte aller Preisklassen gibt es im 5 km entfernten Ambohitra (s. S. 184).

Infos

- **Eintritt:** tgl. 7–17 Uhr, 55 000 MGA (ca. 14 €) pro Person plus Gebühr für Führer je nach Zeitaufwand.

Réserve Spéciale d'Analamerana

N 3/4

Im Nordosten liegt das wenig besuchte, 347 km² große Spezialreservat von Analamerana. Es ist durch seine unterschiedlichen Klima- und Vegetationszonen eines der vielfältigsten und interessantesten Naturschutzgebiete Madagaskars. In den Trockenzonen sind diverse sukkulente Pflanzen zu Hause. Dazu zählen Arten von Pachypodien und Euphorbien. Eine Besonderheit sind die insgesamt drei Baobab-Arten, die in dem Gebiet vorkommen. In den regenreicheren Zonen des Parks finden sich verschiedene Palmen- und Pandanus-Arten. Auch besonders seltene Tierarten leben in Analamerana, wie der Perrier-Sifaka *(Propithecus perrieri)* und der Schlegel-Vanga *(Xenopirostris damii)*. Daneben sind auch Sanford- und Kronenmakis sowie zahlreiche Vogel- und Reptilienarten zu sehen.

Erkundung des Parks

Von Antsiranana aus gelangt man über die RN 6 ins Reservat und hat zwei Möglichkeiten, das Gebiet zu erkunden. Den nördlichen Teil erreichen Sie auf der RN 6 bis **Sadjoavato** (23 km vor Anivorano). Dort zweigt eine Piste in östlicher Richtung zum Dorf **Ankarongana** ab, von wo die Wanderungen in den nördlichen Bereich des Parks beginnen.

Zum Besuch des westlichen Teils fahren Sie bis **Anivorano** (ca. 50 km von Diego). Dort führt beim heiligen Antanavo-See eine Straße nach Osten, die nach einigen Kilometern in eine Piste übergeht.

Es gibt vor Ort keine touristischen Einrichtungen, mit Ausnahme einiger Wanderwege und Parkführer. Campen ist möglich, das gesamte Equipment (Zelte, Lebensmittel, Wasser) muss allerdings mitgebracht werden. Ausflüge zum Reservat werden von diversen Tourveranstaltern in Antsiranana angeboten. Es sind auch Tagesausflüge möglich.

Parc National Ankarana

M 4

Westlich der Hauptstraße RN 6 liegt der rund 182 km² große Ankarana-Nationalpark. In dem Gebiet befinden sich ebenfalls sogenannte Tsingys, teils scharfe ›Kalksteinnadeln‹, die durch Erosion in Jahrtausenden entstanden sind. Neben den bizarren Kalksteinformationen beherbergt das Schutzgebiet einen der typischen Trockenwälder des Nordwestens, in dem Besuchern eine abwechslungsreiche Fauna begegnet.

Fauna und Flora

Dort leben elf Lemuren-, 14 Fledermaus-, 96 Vogel- und 60 Reptilien- und Amphibienarten (s. S. 188). Gut zu beobachten sind hier nicht zuletzt einige Lemuren, vor allem der Sanford-Maki *(Eulemur sanfordi)* und der Kronenmaki *(Eulemur coronatus)*. Mit ein

TOUR
Mystische Höhlenbewohner

Wanderung zu den Höhlen im Parc Nacional Ankarana

Infos

M 4

Start/Ziel: Haupt- bzw. Südeingang bei Mahamasina an der RN 6

Dauer: Tsingy Meva Trail 2–3 Std. inkl. Abstecher zur Fledermaushöhle

Infos: s. S. 190. Für die Höhlen ist eine Taschenlampe erforderlich. Durch das Restaurant kann ein Picknick organisiert werden (inkl. kalter Getränke!).

Im Kalksteingebiet des **Parc Nacional Ankarana** sind im Laufe von Jahrmillionen zahlreiche Höhlen entstanden, die heute diversen Tierarten einen Lebensraum bieten. Die Einheimischen verbinden mit einigen Höhlen Mythen und Legenden ihrer Vorfahren.

Vom **Haupteingang** führt der **Tsingy Meva Trail** hinein in den morgendlichen Trockenwald. Es lohnt sich, früh aufzubrechen, dann ist es nicht so heiß und zahlreiche Vögel hüpfen von Ast zu Ast. Mit etwas Glück sind auch Lemuren zu beobachten. Vor allem Sanford-Makis *(Eulemur sanfordi)* halten sich gerne im Trockenwald auf. In Baumnischen sind zuweilen sogar nachtaktive Wieselmakis *(Lepilemur ankaranensis)* zu entdecken, die dort den Tag dösend und schlafend verbringen. Zuweilen aber schauen sie die Besucher des Parks mit ihren riesigen Augen schläfrig an. Nach nur wenigen Hundert Metern wird ein Flussbett erreicht, das die meiste Zeit des Jahres ausgetrocknet ist. 2,2 km nach dem Parkbüro erreicht man eine Abzweigung zur 870 m entfernten **Fledermaushöhle** (Grotte des Chauves-souris), eine gut im Wald versteckte Höhle im Randbereich des Gebirges. Um sie zu entdecken, müssen auf dem Weg jedoch erst einmal 165 steile Stufen erklommen werden.

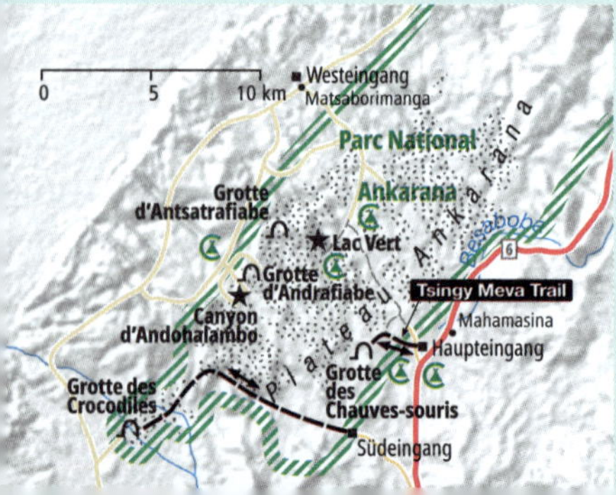

Im dunklen Felsen

Untermalt vom Fiepen der Fledermäuse herrscht eine gespannte Stimmung im dunklen Inneren der Höhle. Schon bald ist der Schein der Taschenlampe die einzige Lichtquelle und bizarre Felsformationen tauchen im Lichtkegel wie Spukgebilde aus der Dunkelheit auf.

Es gibt zahlreiche Höhlen im Gebiet von Ankarana. Das Kalkmassiv aus der Jurazeit befindet sich auf einer

basaltischen Ebene, die 50 m über dem Meeresspiegel liegt. Neben den Höhlen durchzieht ein unterirdisches Flusssystem von 120 km Länge das Kalksteinmassiv. An der Oberfläche ist es stark erodiert, so entstanden die Tsingys, die Kalksandsteinnadeln, für die der Ankarana-Nationalpark ebenfalls bekannt ist.

Zerklüftete Felsen wollen überwunden werden – Holzbrücken machen's möglich.

Die Höhlen von Ankarana liegen im Siedlungsgebiet der Antankarana und waren für diese als Ort für Begräbnisse und Stätte der Ahnen stets von großer kultureller Bedeutung. Während der Eroberungsfeldzüge des Merina-Königs Radama I. dienten die Höhlen der örtlichen Bevölkerung als Zufluchtsstätte. Über Jahrhunderte entstanden Mythen und Legenden. Jede einzelne Höhle hat ihre Geschichte. Gleichzeitig gelten für die Höhlen traditionelle Fadys (Gebote und Verbote, s. S. 229, 284), die jeder Besucher zu beachten hat. In heutiger Zeit beispielsweise das Verbot, Knochen zu berühren, Tiere zu stören oder Stalaktiten bzw. Stalakmiten abzubrechen.

Grotte der Krokodile

Um zwei der interessantesten Höhlen von Ankarana zu besuchen, ist eine weitere Fahrt zum **Südeingang** des Parks erforderlich, von der RN 6 zweigt 22 km südlich von Mahamasina eine Piste dorthin ab. Vom Parkbüro fahren Sie bis zur nahen Nationalparkgrenze und starten die Wanderung zur größten Höhle, der 18 km langen **Krokodilhöhle Ambatoharanana** (Grotte des Crocodiles). Dort leben – für die Menschen der Region – als heilig geltende Krokodile. Sie symbolisieren die Wiedergeburt der Ahnen und sind so vor den Menschen geschützt. Ein ganz besonderes, geheimnisvolles Erlebnis ist es, wenn durch ein Loch in der Höhlendecke Licht das Innere erleuchtet und einen magischen Zauber verbreitet.

wenig Glück können auch tagsüber die nachtaktiven Wieselmakis *(Lepilemur sp.)* an ihren Schlafplätzen (Baumhöhlen) ausgemacht werden.

Die Flora ist besonders im Bereich der Tingys bemerkenswert. In den Nischen haben sich Pflanzen wie das Elefantenfußgewächs *Pachypodium baroni,* der Baobab Adansonia perrieri und der mit dem Flammenbaum verwandte *Delonix velutina* entwickelt.

Wanderungen

Seit einigen Jahren bestehen gute Wandermöglichkeiten (s. S. 188) zu den Tsingys und zu den verschiedenen Höhlen des Parks. Es gibt drei Parkbüros, von denen aus Wanderpfade angelegt wurden. Am einfachsten zu erreichen ist der **Eingang Ost,** an der RN 6 gelegen. Von dort führen mehrere Wege in das Innere des Nationalparks. Der nahe gelegene Trockenwald bietet gute Gelegenheiten, Lemuren und Vögel zu beobachten. Beim abseits gelegenen **Parkbüro Süd** beginnen die Wanderungen u. a. zur **Grotte des Crocodiles** (›Höhle der Krokodile‹). Vom **Parkeingang West,** zu erreichen über eine Piste, die südlich von Anivorano (RN 6) in westlicher Richtung abzweigt, können weitere Höhlen und der **Lac Vert** (›Grüner See‹) erwandert werden.

Schlafen, Essen

Am Parkeingang Ost befindet sich ein einfaches Restaurant. Dort kann Essen im Voraus bestellt werden. Auch als Picknick, das Ihnen dann gegen Mittag zu einem Picknickplatz innerhalb des Parks (mit Allradfahrzeug erreichbar) gebracht wird (inklusive kalter Getränke!).

Luxus einmal anders

Iharana Camp: Luxuriöses Camp des Veranstalters Evasion sans Frontière (Büro in Antsiranana im Grand Hôtel, T 020 82 230 61), das an einem kleinen See am Rand des Nationalparks liegt. Die 2-stöckigen Hütten wurden nach ökologischen Gesichtspunkten errichtet. Das Restaurant serviert traditionelle madagassische Gerichte.

Einige Kilometer hinter Chez Tonton, T 032 11 062 96, www.iharanabushcamp.com, €€€ inkl. Halbpension

Naturnah

Ankarana Lodge: Um Lemuren, Vögel und Reptilien zu beobachten, muss man nur wenige Schritte gehen. Zur Lodge gehört auch ein Restaurant.

1 km vom Parkeingang entfernt, www.kingdelapiste.de, €€€

Ursprünglich

Chez Tonton (Tsingy Relais): Die Zimmer und Hütten sind wie in einem traditionellen Dorf gebaut und angelegt, und man bekommt den Eindruck, in einem normalen madagassischen Dorf zu leben. Die Besitzerin Mme. Sahada kümmert sich aufopfernd um das (leibliche) Wohl ihrer Gäste.

22 km nach dem Parkeingang Ost (ca. bei Km 129 km von Antsiranana) führt eine Piste rechts zum Dorf Ambatomitsangana (etwa 30 Min. Fahrzeit), T 032 40 01460, € inkl. Halbpension

Angenehm

Chez Aurélien: Bungalows mit Toilette und Dusche (Kaltwasser).

200 m vom östlichen Parkeingang entfernt, an der PK 108, T 032 02 786 00, aurelien_ank@yahoo.fr, €

Infos

- **Eintritt:** tgl. 7–17 Uhr, 65 000 MGA (ca. 16,60 €) pro Person plus Gebühr für den Führer (je nach Zeitaufwand ab 25 000 MGA).

Ambilobe und Umgebung

M 4

In ihrem weiteren Verlauf führt die Nationalstraße RN 6 durch den 20 000 Einwohner zählenden Ort **Ambilobe.** Die kleine Stadt am Mahavavy-Fluss, der am Mt. Maromokotra im Tsaratanana-Gebirge entspringt, ist die Hautstadt der Antankarana. Noch heute sollen Angehörige der letzten Könige dieses Volkes in der Stadt leben. In der Umgebung von Ambilobe liegen ausgedehnte Zuckerrohrplantagen – ein Großteil des in Madagaskar produzierten Zuckers stammt von dort.

Bei Ambilobe zweigt eine Straße in Richtung Osten ab und führt in das 160 km entfernte Küstenstädtchen **Iharana (Vohémar).** 100 km von Ambilobe bzw. 60 km von Iharana entfernt liegt der Ort **Daraina** (N 4). In dessen Nähe kümmert sich die private madagassische Organisation FANAMBY um den Schutz des örtlichen Waldes und die dort lebenden Goldkronensifakas (s. Kasten).

Schlafen, Essen

Das **Mamisoa** in Ambilobes Stadtteil Antafiankasaka sowie das **Mahavavy** und das **Golden Hotel** im Stadtteil Antanamariazy sind recht einfach, verfügen aber alle drei über ein Restaurant (€). In Iharana gibt es das schöne **La Baie d'Iharana** (T 032 07 131 49, http://iharana.normada.com, €€).

Ambanja

L 5

Entlang der RN 6 in südwestlicher Richtung folgt als nächster größerer Ort **Ambanja.** Die Stadt liegt im Zentrum eines Kakaoanbaugebiets, nur ca. 15 km von der Küste entfernt, und dient als Anlaufstation für Reisende mit Ziel Nosy Be (s. S. 192). Von Ambanja aus sind die kleinen Häfen **Ankify** und **Antsahompano** über eine Piste gut zu erreichen (ca. 20 km nördl., 1 Std. Fahrzeit). Von beiden gibt es Fährverbindungen nach Nosy Be. Die Bucht, an der sich die Orte

G

EINFACH GOLDIG!

Ein Waldgebiet bei **Daraina** ist Heimat eines der seltensten Primaten der Welt, des Goldkronensifaka *(Propithecus tattersalli).* Er lebt in einem noch ungeschützten Wald, der durch Gold- und Edelsteinfunde in der Gegend stark gefährdet ist. Die Lobby der Goldsucher verhinderte bisher auch eine Einigung, in diesem Gebiet ein offizielles Reservat zu etablieren. Reisende können durch einen Besuch und ihr Interesse die Bemühungen einer lokalen Schutzorganisation unterstützen. Auf der RN 6 nach Ambilobe befindet sich ihr Büro von Iharana kommend am Ortseingang. Ein Führer aus dem Ort bringt Sie für 15 000 MGA in das etwas abseits liegende Waldstück Andrafiamena. Etwa 1 Std. benötigen Sie bis zum Dorf **Andranotsimaty,** in dessen Nähe sich die Sifakas befinden. Die Tiere sind mittlerweile an Menschen gewöhnt und gut zu beobachten. Übernachtungsmöglichkeit bietet das Zebu-Camp einige Kilometer nördlich von Daraina (€€). Weitere Infos: FANAMBY, T 020 22 636 61, association-fanamby.org.

befinden, nennt sich **Baie des Russes.** Der Name stammt aus der Zeit des russisch-japanischen Krieges, als 1904 russische Kriegsschiffe in der Bucht lagen und viele Seeleute an Typhus starben.

Schlafen, Essen

Modern

Le Diamant: Frühstücksservice, aber kein Restaurant. Modern wirkender Hotelbau.

Ambanja, Parallelstraße zur RN 6, T 020 86 502 59, €

Inselblick

Le Baobab: 42 Bungalows im Schatten der Bäume. Das Restaurant liegt malerisch auf einem Felsen mit Blick auf Nosy Komba.

Ankify, 2 km vom Hafen, T 032 07 208 87, €€

Abseits und ruhig

Ankify Lodge: Bungalows mit Bad/WC, von üppiger Vegetation umgeben. Ein gutes Restaurant im Kolonialstil liegt auf einer kleinen Anhöhe.

Ankify, T 032 04 667 81, www.ankifylodge.com, €€

Freundlich

Le Panoramique: Das Hotel organisiert Bootstransfers nach Nosy Be.

Ankify, nahe Strand, T 032 57 712 01, lepanoramique@hotmail.fr, €–€€

Nosy Be und Umgebung

Karte 2

›Große Insel‹, so der madagassische Name Nosy Be in deutscher Übersetzung, ist die größte der Madagaskar vorgelagerten Inseln. Sie ist schon seit einigen Jahrzehnten ein beliebtes Ziel für Strandurlauber. Während Reisende in den Anfangsjahren des Tourismus Nosy Be als erholsamen Abschluss ihrer Rundreise wählten, etablierte sich die Insel bei Sonnenhungrigen aus Europa in den vergangenen Jahren zunehmend als alleiniges Urlaubsziel.

Seit der Flughafen ausgebaut wurde und Charterflüge angeboten werden (zurzeit von Mailand und Paris aus), kommen vor allem Italiener und Franzosen zum Badeurlaub in die neu entstandenen Strandhotels. Aber Nosy Be bietet mehr als nur Badespaß im Indischen Ozean. Die vorgelagerten Riffe mit ihren Schwärmen leuchtend-bunter Fischen sind ein ideales Gebiet zum Schnorcheln und Tauchen. Ein vielfältiges Wassersportangebot bietet Möglichkeiten vom Tretbootfahren bis hin zum Törn auf einer luxuriösen Segeljacht. Und auch die Regionen im Inneren der 325 km^2 großen Insel laden zum Erkunden und Entdecken ein.

Geschichte

Bereits 1649 versuchten die Briten unter Führung von Robert Hunt, Nosy Be in Besitz zu nehmen und eine Siedlung und Handelsstation zu gründen. Der Plan schlug fehl, da die Einheimischen sich gegen die Eindringlinge wehrten und verschiedene Krankheiten den britischen Siedlern zu schaffen machten.

1839, während des Feldzuges von Merina-König Radama I., diente die Insel als Rückzugsort für die bedrängten Sakalava-Herrscher. In ihrer Not wandten sie sich an den Sultan von Zanzibar, der ihnen letztendlich aber nicht helfen konnte. 1840 kam der Franzose Passot nach Nosy Be (franz.: Nossi Bé) und wurde ebenfalls von den Sakalava um Unterstützung im Kampf gegen die

Im Norden von Nosy Be: Auslegerboote am Strand von Ambatoaloak

vordrängenden Merina gebeten. Passot wandte sich an Admiral de Hell, den Gouverneur der Insel Réunion (damals noch Île Bourbon), und leitete die Bitte weiter. Bereits 1841 wurde Nosy Be offiziell von Frankreich annektiert und ein wichtiger Stützpunkt, von dem aus die Franzosen in den folgenden Jahrzehnten ganz Madagaskar kolonialisierten.

Andoany (Hell-Ville)

Karte 2, B 4

Der Hauptort von Nosy Be wurde während der französischen Besatzungszeit von 1841 bis 1960 nach Admiral de Hell benannt. In Unkenntnis der Geschichte assoziierten spätere Reisende Hell-Ville häufig mit einem ›Ort der Hölle‹ (engl.: *hell*), an dem sich in der Vergangenheit vermeintlich schreckliche Dinge zutrugen. Aber weit gefehlt: Hell-Ville (Andoany) ist eher eine Mischung aus Fischerdorf und Handelsplatz. Viele Besucher kommen nur wegen des Hafens hierher (s. S. 196). Doch ein Spaziergang durch den bunten Ort mit seinen mittlerweile zahlreichen Souvenirläden lohnt durchaus.

In Andoany befindet sich ein Friedhof mit russischen Gräbern. Diese erinnern an den fast vergessenen Russisch-Japanischen Krieg zu Beginn des 20. Jh. Einige russische Kriegsschiffe lagen mehrere Wochen wegen technischer Probleme vor Andoany. An die damaligen Leiden der Seemänner knüpft im Übrigen auch das bekannte deutsche Lied »Wir lagen vor Madagaskar« an. Zeilen wie »Und hatten die Pest an Bord. In den Kesseln, da faulte das Wasser. Und täglich ging einer über Bord« haben mehr mit historischen Ereignissen zu tun hat, als die Lagerfeuerromantik

KOSTSPIELIGER DUFT

Interessant ist die Pflanze Ylang Ylang, die auf den Plantagen von Nosy Be wächst. Aus den weißen Blüten wird ein Grundstoff für teure Parfüms gewonnen. Die **Ylang-Ylang-Destillerien** sind einen Besuch wert und befinden sich hauptsächlich im Süden der Insel. Am einfachsten erreicht man die Destillerie am Lemuria Land, die nördlich von Andoany ausgeschildert ist (T 032 03 040 70).

des Mundorgelklassikers dies zunächst vermuten lässt.

Parc National Lokobe

Karte 2, C 4

Naturliebhabern wird dieses mit 862 ha relativ kleine Schutzgebiet gefallen. Es erstreckt sich einige Kilometer östlich von Andoany und ist das letzte auf Nosy Be noch vorhandene Waldgebiet. Ein Besuch ist am einfachsten mit einer organisierten Tour, bei der in der Regel auch ein Mittagessen nach der Wanderung inkludiert ist.

Zunächst fährt man zum Dorf **Ambatozavavy,** von wo aus man per traditionellem Auslegerboot (Lakana) um die kleine **Halbinsel Antafondro** bis zum Strand vor dem Nationalpark paddelt. Von dort geht es zu Fuß weiter, ein Parkführer bringt die Wanderer in die Randgebiete des Lokobe-Waldes. Bei der ungefähr zweistündigen Wanderung kann man neben Mohrenmakis *(Eulemur macaco)* mit etwas Glück auch die eigentlich nachtaktiven Wieselmakis *(Lepilemur dorsalis)* in ihren Schlafbäumen entdecken, oder man begegnet einer Madagaskar-Boa. Diese Würgeschlangen sind für uns Menschen ungefährlich. Daneben leben zahlreiche Chamäleonarten in dem Gebiet, z. B. das unglaublich bunte Panther-Chamäleon *(Furcifer pardalis).*

Ausflüge nach Lokobe werden u. a. von dem Veranstalter Nosy Be Original organisiert (s. S. 199, inkl. Mittagspicknick ca. 30 €/Pers.).

Andilana Beach und Mont Passot

Karte 2, A 2 und B 3

Beliebt ist Nosy Be vor allem wegen seiner Strände. Zahlreiche Buchten mit feinem Sand umgeben die Insel. Als schönster Strand gilt der **Andilana Beach** auf der **Halbinsel Antanimalady** im Nordwesten.

Im Inneren von Nosy Be erhebt sich der mit 329 m höchste Berg der Insel. Der **Mont Passot,** ein erloschener Vulkan, ist ein beliebtes Ausflugsziel. Vor allem zum Sonnenuntergang kommen viele Besucher, um die Stimmung der untergehenden Sonne zu genießen. Vom Mont Passot aus hat man zugleich einen herrlichen Rundumblick über die Insel und kann einige der kleinen vorgelagerten Inseln erkennen.

Nosy Komba

Karte 2, C/D 5

Auf der ›Lemuren-Insel‹ leben Mohrenmakis *(Eulemur macaco),* die recht zahm sind, da sie von Besuchern gefüttert werden. Nur die männlichen Tiere dieser Art haben die namengebende schwarze Fellfarbe. Die weiblichen Exemplare haben ein hellbraunes Fell und weiße Ohrbüschel. Die Insel wird vor allem vormittags aufgesucht. Am Nachmittag kann es zwar heiß werden, aber dann haben Sie die Lemuren fast für sich. Um die ruhigeren Momente der Insel zu genießen, ist eine Übernachtung in einem der durchaus guten Hotels empfehlenswert (z. B. Floraly Kaomba oder Tsara Komba Lodge). Bei einer Wanderung haben Sie vom mit 590 m höchsten Punkt der Insel eine schöne Aussicht.

Nosy Tanikely

Karte 2, B 5

Nicht weit von Nosy Komba entfernt liegt das Marineschutzgebiet des Parc National Marine Nosy Tanikely (s. S. 196). Das Gewässer um diese kleine Insel ist ein absoluter Traum für Schnorchler. Mit Glück sehen Sie auch eine Meeresschildkröte lautlos dahingleiten.

Auf einem Hügel inmitten der Insel steht ein alter **Leuchtturm,** der nach einem 20-minütigen Spaziergang durch einen kleinen Wald zu erreichen ist. Wer die Stufen nicht scheut, hat von oben einen herrlichen Blick über die Inseln. Auf großen Bäumen zur Rechten des Leuchtturms hängen tagsüber zahlreiche Flughunde. Sie warten auf die Nacht, in der sie auf der Suche nach Früchten, ihrer Hauptnahrung, ausschwärmen. Bei Ebbe ist es möglich, Nosy Tanikely zu Fuß zu umrunden.

Nosy Sakatia

Karte 2, A 2

Vor der Westküste von Nosy Be liegt Nosy Sakatia. Die Insel verfügt über schöne Sandstrände, und vor ihrer Südküste hat man beim Schnorcheln beste Chancen, mit Meeresschildkröten zu schwimmen. Bootstouren sind von **Ambondrona** aus zu organisieren. Die Bootsfahrt führt zunächst vorbei an der unbewohnten Insel Tanga und dann in nördlicher Richtung nach Sakatia. Entlang der Küste sieht man viele kleine Buchten, in denen sich teilweise Hotels befinden. Der längste Strand erstreckt sich im Nordosten der Insel. Dabei passiert man die im Osten gelegene, kleine **Nosy Ratsy,** die aufgrund eines Fadys nicht betreten werden darf.

Schlafen

Das Hotelangebot auf Nosy Be hat in den letzten Jahren enorm zugenommen, jedes Jahr entstehen neue Hotels. Informationen und Buchungen unter www.nosybehotel-link.com. Aus der Fülle hier eine kleine Auswahl:

Luxuriös

Amarina: Das Hotel gehört zu den besten der Insel, es lässt fast keinen Wunsch offen. Vor allem von Pauschaltouristen genutzt, für Unternehmungen etwas abseits.
Nosy Be, Befotaka Bay, T 020 86 921 28, www.orahotels.com/oraresortamarinahotel, €€€

Afrikanisches Flair

Vanila: 41 schön gestaltete Zimmer in einem Haupthaus nicht weit vom Strand. Gutes Restaurant, Bar und Schwimmbad.
Nosy Be, T 020 86 92101-03, www.vanila-hotel.com, info@vanila-hotel.com, €€€

Familiär

Chanty Beach: Herrlich direkt am Strand gelegenes, kleines Anwesen.
Nosy Be, 5 km nördlich von Dzamandzar (gegenüber der Insel Sakatia), T 020 86 928 16, www.chantybeach-hotel.com, €€

Meeresblick

Le Grand Bleu: Nicht direkt am Strand gelegen, sondern auf einer Anhöhe mit herrlichem Blick über das Meer. Schwimmbad und viele Ausflugsangebote.
Nosy Be, Andilana Beach, T 033 14 248 16, www.legrandbleunosybe.com, €€–€€€

TOUR
Mit voller (Wind-)Kraft voraus!

Segeltour von Nosy Be zu den Nachbarinseln

Infos

L 4/5

Start/Ziel: Hafen von Andoany

Dauer: 1 Tag (Nosy Komba, Nosy Tanikely) bis mehrere Tage (Nosy Mitsio)

Preise: ab 25 € pro Person (1 Tag)

Planung: Mehrere Anbieter haben ihre Büros in Andoany. Den Kontakt stellen auch die meisten Hotels her.

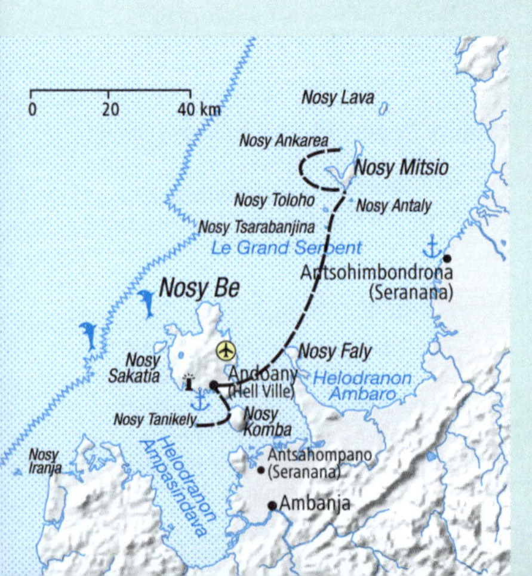

Madagaskars größte vorgelagerte Insel, **Nosy Be,** ist seit vielen Jahrzehnten ein beliebtes Urlaubsparadies. Die benachbarten Inseln und Archipele allerdings sind kaum bekannt. Ein Bootsausflug oder ein mehrtägiger Segeltörn bieten die Gelegenheit, diese Perlen des Indischen Ozeans kennenzulernen.

Am kleinen Hafen von **Andoany** (Hell-Ville) herrscht reges Treiben. Von hier fahren die Fischer hinaus, um ihrer Arbeit nachzugehen. Frauen warten auf die Rückkehr und kümmern sich um den Fang. Verschiedene Fährverbindungen bringen Menschen und Waren hinüber zum ›Festland‹ nach Ankify. Einige Jachten betuchter Besucher ankern abseits des Bootsstegs. Boote liegen bereit für einen Ausflug in die Inselwelt um Nosy Be. Beliebt sind Halb- und Ganztagestouren nach Nosy Komba und Nosy Tanikely.

Die Lemureninsel

Südlich des Hafenstädtchens Andoany liegt schon in Sichtweite **Nosy Komba** (s. S. 194). Die Insel ist berühmt für die dort lebenden Lemuren. Ein kleiner Spaziergang führt zu einer Anhöhe hinter dem Fischerdorf, dort sind die Tiere anzutreffen. Die Mohrenmakis *(Komba)* sind recht zutraulich, sodass man sie aus nächster Nähe beobachten und fotografieren kann.

Wunder unter Wasser

Nach einer weiteren kurzen Fahrt gen Westen erreichen Sie **Nosy Tanikely** (s. S. 195). Seit drei Jahrzehnten schützt ein Marinereservat das Schnorchlerparadies. Bereits zwei Meter vom Strand entfernt sind Sie von betörend bunten Fischen umgeben. Immer wieder kann man neue Farben und Formen entde-

cken. Bei Pauschaltouren ist ein Mittagspicknick auf Nosy Tanikely meist inbegriffen.

Große Vielfalt
Um die weiteren Inseln und Archipele um Nosy Be zu entdecken, sind mehrere Tage einzuplanen. Der wunderschöne **Mitsio-Archipel** liegt rund 60 km nordöstlich von Nosy Be und erstreckt sich über 70 km. Er besteht aus der von Fischern und Farmern bewohnten Hauptinsel, **Nosy Mitsio** (Grande Mitsio), sowie zahlreichen kleineren Inseln. Die Attraktion der Hauptinsel sind ihre an der Nordwestküste liegenden ›Orgelpfeifen‹. Dabei handelt es sich um beeindruckende Basaltfelsen, ein Relikt aus der vulkanisch aktiven Zeit. Es gibt mehrere kleine Buchten, die sich zum Ankern eignen. Die Korallenriffe bieten hervorragende Tauchmöglichkeiten. Sogar Mantas können hier regelmäßig beobachten werden.

Ein authentischer Segeltörn auf einem der traditionellen Tranportsegler!

Eine der Schönsten
Nosy Be am nächsten (ca. 45 km) liegt **Nosy Tsarabanjina,** eine der schönsten Inseln des Archipels mit unterschiedlich gefärbten Felsen und einer interessanten Flora. Auf Tsarabanjina befindet sich auch ein luxuriöses Hotel gleichen Namens (tsarabanjina.constancehotels.com).

Die Hügelige
Vor der Nordwestküste von Nosy Mitsio liegt **Nosy Ankarea.** Die hügelige Insel lädt zum Spazierengehen ein. Von der höchsten Stelle auf 219 m haben Sie einen herrlichen Ausblick auf Mitsio und seine Riffe. In der stellenweise noch weitgehend unberührten Vegetation finden sich neben stattlichen Exemplaren von Elefantenfußgewächsen auch das überaus bunte Panther-Chamäleon *(Furcifer pandalis).*

Wer im Besitz eines nautischen CV Niveau 4/5 ist, kann sich auch eine Jacht chartern und auf eigene Faust auf Entdeckungsreise gehen. Infos zur Vermietung auf www.indianocean-adventure.com.

Gemütlich

L'Ylang Ylang: Kleines angenehmes Hotel mit 12 Zimmern. Die teureren davon haben eine Klimaanlage.

Nosy Be, Ambatoloaka, T 020 86 926 32, www.hotelylangylang.com, hotel.lylang@wandoo.mg, €€–€€€

Stadthotel

Diamant: Für Reisende, die mit der Fähre ankommen oder abfahren, kann es vorteilhaft sein, eine Nacht im Hauptort zu verbringen. Saubere Zimmer mit Klimaanlage.

Nosy Be, 10, La Batterie, Andoany, T 020 86 614 48, madexof@gmail.com, €

Essen

Die größte Auswahl an Restaurants finden Sie im Hauptort Andoany (Hell-Ville).

Pizza & mehr

Nandipo: Restaurant mit Pizzeria und angeschlossener Bar.

Nosy Be, Andoany, Rue Albert I, T 033 44 394 12, nandipomadagascar@yahoo.com, €–€€

Essen & Musik

Le Manava: Europäische und madagassische Küche, große Portionen, sehr lecker.

Nosy Be, Andoany, Rue Reine Tsiomeko (beim Moulin Rouge), T 032 04 394 54, €–€€

Einkaufen

Jedes Hotel hat seinen eigenen Souvenirshop, und in den Touristenzentren haben sich etliche Händler bei den Hotels niedergelassen. Kunsthandwerk und auf Nosy Be hergestellte Wellness-Essenzen kann man überall kaufen.

Bewegen

Das Angebot auf Nosy Be ist fast unüberschaubar geworden. Insbesondere von den Hotels werden alle Arten von Was-

Sonne und Salz machen den Fisch haltbar.

sersport angeboten, auch Wanderungen, Ausflüge zu Nachbarinseln (s. S. 196), Rad- und Motorradverleih etc. Am besten mehrere Angebote vergleichen. Infos: www.nosybe-tourisme.mg.

Segeltrips

Nosy Be Original: Bootstouren z. B. mit Katamaran ab 250 € pro Pers./Tag inkl. Essen (ab 2 Pers.), Inselrundfahrt (95 000 MAG), Ausflüge zum Lokobe-Reservat (100 000 MAG), nach Nosy Sakatia (100 000 MAG), zum Marinereservat Nosy Tanikely (115 000 MAG, kombiniert mit Nosy Komba 125 000 MAG) und nach Nosy Iranja (125 000 MAG).

T 032 48 857 55, www.madadecouverte.com, und Escapades, T 032 05 126 24, www.nosybe-madagascar.com

Ausgehen

Ein Nachtleben gibt es außerhalb der Hotels nur in Andoany und Ambatoloaka.

Moderner Tanztempel

Le Djembe: Mit europäischer Hightech-musik- und Licht- sowie Klimaanlage.

Ambatoloaka, gegenüber Hotel La Bombinera, T 032 871 64 83, Do–Sa 18.30–5 Uhr

Feiern

DONIA: Alljährlich im Mai findet dieses populäre Musikfestival statt. Es treten Musik- und Tanzgruppen aus der Region auf. Daneben gibt es sportliche Wettkämpfe und einen feierlichen Umzug durch Andoany. Infos: www.festival-donia.com.

Infos

- **Flug:** Nosy Be verfügt über einen internationalen Flughafen 12 km nordöstlich von Andoany. Zurzeit bestehen Verbindungen nach Mailand und Paris. Madagascar Airlines fliegt zudem tgl. nach Antananarivo, meist über Antsiranana oder Mahajanga.
- **Taxi-Brousse:** Die Stationen im Hauptort Andoany verbinden diesen mit allen größeren Dörfern auf Nosy Be.
- **Fähre:** Vom Hafen in Andoany aus gibt es zahlreiche Fährverbindungen nach Ankify und Antsahampano. Beide Dörfer liegen unweit der Stadt Ambanja. Die Überfahrt dauert etwa 1,5–2 Std., mit Schnellbooten 30 Min. (5 €/Pers.) und dem Katamaran 20 Min. (4 €/Pers.).
- **Stadtverkehr:** In Andoany und bei größeren Hotels stehen Taxis bereit (Tagesausflüge auf Verhandlungsbasis).
- **Mietwagen:** Bekommen Sie am Flughafen bzw. über die großen Hotels.

Von Ambanja gen Süden

L 5–J 10

Der Hauptstraße von Ambanja aus folgend, geht es weiter Richtung Südwesten. Nach 20 km führt die Straße unweit des Meeres an der **Bucht von Ampasindava** vorbei. Anschließend wird die gleichnamige Halbinsel passiert und wenig später die Ortschaft **Maromandia.** Entlang der Küste sind in Sichtweite vom Strand oft kleine Inseln zu erkennen, etwa die nach dem ehemaligen Merina-König benannte **Nosy Radama** oder die romantische **Nosy Lava.**

Einziger größerer Ort an der weiteren Strecke ist **Antsohihy**. Die Stadt verfügt über einen Flughafen, den Madagascar Airlines zeitweise mit einer Twin-Otter anfliegt. Nach 135 km erreichen Sie **Anbondronamy** und damit die Abzweigung auf die RN 4 nach Mahajanga (s. S. 205). Richtung Süden führt die RN 4 bis Antananarivo (s. S. 17).

Der Westen

Highlights in der Abgeschiedenheit — Die Trockenwaldregion hat mehr zu bieten als der Name vielleicht suggeriert. Speziell angepasste Tierarten, ›Wälder‹ aus spitzen Felsnadeln und als Wahrzeichen: die imposanten Baobabs.

Seite 212

Baobab-Allee ✪

Einen überwältigenden Anblick bieten die majestätisch hochaufragenden Baobabs entlang einer Pistenstraße bei Morondava. Mehrere Hundert Jahre alt sind diese Bäume, die durch eine Laune der Natur eine natürliche Allee bilden.

Seite 214

Kirindy-Wald

Ein besonderes Erlebnis ist es, die Natur nachts zu erkunden und nachtaktive Tiere zu beobachten. Das Mondlicht scheint alle Sinne zu schärfen, Natur wird neu erfahrbar.

Gute Wanderschuhe helfen gegen Dornen und spitze Felsen.

Seite 216

Bootstour auf dem Manambolo

Eine der spannendsten Möglichkeiten, den ›Wilden Westen‹ Madagaskars zu bereisen, bietet diese Bootstour. So können Gebiete erreicht werden, die sonst kaum ein Reisender zu Gesicht bekommt.

Seite 208

Königsgräber der Sakalava

Ein Zeugnis vergangener Königreiche der Sakalava sind diese Gräber bei Mahajanga. Die Wächter bewahren die alten Geschichten und lassen sie in ihren Erzählungen wieder lebendig werden.

Seite 218

Parc National Bemaraha ✪

Die Besonderheit des Parks liegt in den Tsingys genannten ›Kalksteinnadeln‹ – durch Erosion freigelegte, jahrtausendealte, bizarre Felsformationen.

Seite 210

Blues Rock Café

In dieser Bar in Mahajanga können Sie nicht nur nette Leute kennenlernen, sondern auch eine Kleinigkeit essen und Billard spielen.

Seite 203

Parc National Ankarafantsika

Die Trockenwälder des Parks laden zum Wandern und zu kleinen ›Tierexpeditionen‹ ein, bei denen Lemuren und Vögel beobachtet werden können. Interessant ist auch ein Besuch der Zuchtstation für Schnabelbrustschildkröten.

Seite 209

Anjajavy

Dieses Resort in der Mitte von Nirgendwo bzw. rund 120 km nördlich von Mahajanga macht den Traum vom einsamen Sandstrand und unberührter Natur weitab jeglicher Reiserouten wahr. Die luxuriösen Villen lassen keine Wünsche offen.

Fettschwanzmakis fallen während der langen Trockenzeit in einen ›Sommerschlaf‹ – es gibt nichts zu fressen, also besser lange ausruhen.

ehlende Verbindungsstraßen rschweren es, den Westen ›in einem Rutsch‹ zu bereisen. Dann macht eine Strecke per Flugzeug Sinn.

Im Land der Baobabs

M

Madagaskars Westen erstreckt sich von der Mahajamba-Bucht im Norden bis zur Stadt Morombe im Süden. Das Gebiet ist touristisch wenig erschlossen, was in erster Linie auf die dürftige Infrastruktur zurückzuführen ist. Alle größeren Städte der Westküste sind lediglich über schlechte Pisten zu erreichen, sodass manchmal für Strecken von wenigen Hundert Kilometern deutlich mehr als ein Fahrtag benötigt wird. Die Städte sind demgegenüber gut in das Streckennetz von Madagascar Airlines eingebunden, doch bleiben die Verkehrswege zwischen den Orten insgesamt in schlechtem Zustand oder fehlen sogar ganz. Nicht vorhandene Brücken machen das Reisen – bessonders zur Regenzeit – zum Teil ganz unmöglich. Eine wirkliche ›West-Rundfahrt‹ ist daher nicht bzw. nur unter schwierigen Bedingungen möglich. Madagaskars Westen zu bereisen, bedeutet daher, sich einzelnen Zielen punktuell zu nähern.

Das westliche Gebiet stellt eine eigene Klimazone dar. Sie wird nach der vorherrschenden Vegetation auch Trockenwaldzone genannt, denn bestimmt wird sie von einer lang andauernden Trockenperiode. In dieser werfen die meisten Pflanzen ihre Blätter ab. Einige Tiere wie Fettschwanzmakis oder Schildkröten befinden sich dann für einige Monate im sogenannten Trockenschlaf. In der Regenzeit von November bis März fällt etwas Regen, der die Pflanzen wieder ergrünen lässt. Die Flüsse, die aus dem regenreicheren Hochland kommen, wandeln sich in dieser Zeit zu reißenden Strömen.

Im Westen lebt das halbnomadische Hirtenvolk der Sakalava. Ihr Bevölkerungsanteil beträgt zwar weniger als 10 %, doch da sie ein Viertel der Staatsfläche bewohnen, haben sie unter den madagassischen Ethnien das größte Verbreitungsgebiet.

O

ORIENTIERUNG

Infos: Office Regional du Tourisme Mahajanga, Flughafen Philibert Tsiranana, T 020 62 931 88, ortmajunga@moov.mg, www.majunga.org.

Anreise und Weiterkommen: Schlechte Nationalstraßen in Richtung Westen machen das Flugzeug zum angenehmsten Verkehrsmittel für die Anreise. In den Städten stehen Taxis und teilweise auch Pousse-Pousse (Rikschas) zur Verfügung.

Auf der RN 4 nach Mahajanga

Die Stadt Mahajanga (s. S. 205) ist von den Westküstenstädten noch am besten über die Straße zu erreichen. Auch wenn die RN 4 einst eine gut asphaltierte Straße war, reiht sich schon seit Jahren ein Schlagloch ans nächste und macht die 540 km lange Strecke zwischen Hauptstadt und Küste zu einem 12-stündigen Abenteuer. Die RN 4 führt von Antananarivo zunächst an der Réserve Spéciale Ambohitantely (J 14, s. S. 47) vorbei nach **Ambondromamy.** Dort teilt sie sich: Die RN 4 zweigt nach Westen ab, die RN 6 führt geradeaus nach Norden. Auf der Strecke von Ambondromamy nach Mahajanga (152 km) wird nach etwa 38 km ein sehenswerter Nationalpark erreicht.

Parc National Ankarafantsika H/J 10

Der Nationalpark befindet sich auf Höhen von 75 bis 390 m und gehört zu den ältesten Schutzgebieten Madagaskars. Bereits 1927 wurde ein Teil des heutigen Parks unter Schutz gestellt. Den Status eines Nationalparks hat Ankarafantsika jedoch erst seit 2002. Dabei wurden weitere Gebiete (z. B. Ampijoroa) miteinbezogen. Das heute 1350 km² große Areal schützt den für den Westen so typischen Trockenwald und ist gleichzeitig ein wichtiger Lebensraum für seltene Vogelarten. Insgesamt beherbergt Ankarafantsika 129 Vogel- und acht Lemurenarten.

Auf verschiedenen Wanderrouten sind Coquerel-Sifakas *(Propithecus coquereli)*, Braune Makis *(Eulemur fulvus)* und zahlreiche Madagaskar-Leguane zu sehen, zudem eine der größten Schlangenarten Madagaskars, die Madagaskar-Boa *(Acrantophis madagascariensis)*. Zu beobachten sind auch zahlreiche Vögel wie der endemische Rotvanga *(Schetba rufa)* und der seltene Madagaskar Fischadler (s. auch S. 204).

Forststation von Ampijoroa

Am Eingang zum Nationalpark an der RN 4 liegt die **Forststation von Ampijoroa.** Neben dem Nationalparkbüro und einem Campingplatz befindet sich dort auch ein **Zucht- und Forschungszentrum für Schnabelbrustschildkröten.** Ihren Namen bekam die vom Aussterben bedrohte, in Madagaskar Angonoka genannte Schildkröte aufgrund eines langen Vorsatzes am unteren Panzer. Sie gehört mit weniger als 800 Exemplaren zu den seltensten Reptilienarten der Welt. Seit 1986 bemühen sich der Wildlife Preservation Trust und der WWF mit Hilfe weiterer Naturschutzorganisationen um den Schutz dieser größten madagassischen Schildkrötenart. Die Schnabelbrustschildkröte kommt nur noch in einem kleinen Verbreitungsgebiet im Nordwesten vor.

Der rapide Rückgang der imposanten Tiere ist einerseits auf die Abholzung der Wälder, andererseits auf die aus Kontinentalafrika stammen-

NACHTS IM DSCHUNGEL

Jeden Abend um 19 Uhr startet am Nationalparkbüro der **Nightwalk.** Bei dem nächtlichen, ca. 2 Std. dauernden Spaziergang lernt man die nachtaktive Tierwelt kennen – den Gruselfaktor gibt es als kostenlose Beigabe.

Lieblingsort

Fast mit der Natur verschmolzen

Im **Parc National Ankarafantsika** (H/J 10, s. S. 203), hinter dem mythenumrankten **Ravelobe-See,** liegt diese Hängebrücke, die den Wanderer tief in den Trockenwald hineinführt und ihm die Möglichkeit bietet, auch einmal einen längeren Blick auf die dort lebenden Vögel und Reptilien zu werfen. Die mit den Ästen und Zweigen der Pflanzen nahezu verwobene Brücke ist ein idealer Platz zum Verweilen und Beobachten.

den Buschschweine zurückzuführen, denn Letztere können offenbar dem Geschmack der Schildkröteneier nicht widerstehen, nach denen sie im Boden wühlen. 1994 schrumpfte der Bestand auf weniger als 400 Tiere. Durch die Schutzmaßnahmen ist er nun wieder leicht gestiegen. Fast 200 Schildkröten sind bislang allein in der Zuchtstation aus ihren Eiern geschlüpft. Neben dieser seltenen Art werden dort auch andere madagassische Schildkrötenarten gezüchtet und erforscht.

Wandertouren

Zur Erkundung des Nationalparks stehen verschiedene Wanderwege und Touren zur Auswahl. Einen einfachen Spaziergang von knapp 2 Std. beinhaltet die **Tour Baobab.** Schwerpunktthema ist die Flora des Parks, zu sehen sind beispielsweise der Madagaskar-Baobab *(Adansonia madagascariensis)* oder der Krokodilbaum *(Hura crepitans).*

Die 2-stündige, leichte **Tour Coquerel** bietet gute Möglichkeiten, verschiedene Lemuren- und Vogelarten zu beobachten.

Nicht nur der Tierwelt, sondern auch den Besonderheiten der Flora des Gebietes widmet sich die knapp 3-stündige **Tour Retendrika.** 3,5 Stunden werden benötigt, um zu den zahlreichen Gewässern des Nationalparks zu gelangen – so heißt dieser Rundgang entsprechend **Tour Source de Vie.** Eine Bootsfahrt auf einem der Seen kann man dazubuchen.

Schlafen

Einfach

Gîte d'Ampijoroa: Neben mehreren kleinen Zimmern gehören 7 Bungalows mit Bad zur Unterkunft der Parkverwaltung (Kontaktdaten s. S. 205).

Nahe dem Ravelobe-See, €

Naturnah

Ampijoroa Camping: Einfacher Zeltplatz, es gibt eine Küche und Waschgelegenheiten. Auch Zeltmiete.

In der Nähe des Parkeingangs, T 032 05 560 59, €

Einkaufen

Handwerk

Raphiabast: Innerhalb vom Park befindet sich im Dorf Ampombolava (an der RN 4) eine Raphiabastwerkstatt. Den Bast gewinnt man von der Raphia-Palme, deren junge noch nicht entfaltete Blätter damit überzogenen sind. Raffiabast wird auf traditionelle Art mit Naturfarben getönt und dann weiterverarbeitet.

Infos

- **Eintritt:** tgl. 7–17 Uhr, 55 000 MGA (ca. 14 €) plus Gebühr für den Führer entsprechend Gruppengröße und Dauer der Wanderung.
- **Nationalparkbüro in Mahajanga:** T 020 62 780 00, 033 02 131 86, aks@parc-madagascar.com.

Mahajanga (Majunga) G 9

Die Stadt Mahajanga liegt am Mündungsdelta des 525 km langen Betsiboka, an der **Bucht von Bombetoka.** Da der Fluss reichlich Schlamm aus dem Hochland mit sich führt, der sich während der Überschwemmungen in der Regenzeit auf den Böden der ganzen Region ablagert, beschert er den Bauern ertragreiche Felder. Angebaut werden Mais und Zuckerrohr sowie Tabak und Baumwolle.

Geschichte

Mahajanga hieß ursprünglich Mji Angaia, was in der arabisch beeinflussten Sprache der dort lebenden Antalaotra ›Ort der Blumen‹ bedeutet. Die Volksgruppe der Antalaotra umfasst jene Menschen arabischer und indischer Herkunft, die sich einst an der Nordwestküste niederließen und sich später mit den Sakalava vermischten. Schon vor mehreren Jahrhunderten wuchs das ursprüngliche Fischerdorf zu einem bedeutenden Handelszentrum heran. Besonders Araber kamen hierher, um mit den Einheimischen Waren zu tauschen, darunter neben Reis und Gewürzen auch Stoffe, Edelsteine und Sklaven aus dem Inland.

Ab 1740 diente der Ort den Boina, einer Untergruppe der Sakalava, als Hauptstadt und Sitz ihres Königs. Ende des 18. Jh. gerieten die Boina-Sakalava immer mehr unter Druck der expandierenden Merina, und Königin Ravahiny (1780–1808) war die letzte Sakalava-Monarchin, die noch über ein geeintes Sakalava-Reich herrschte. Nach ihrem Tod konnten die Merina weite Teile ihres geschwächten Reiches erobern. Dies hatte zur Folge, dass die untereinander zerstrittenen Sakalava sich noch einmal gemeinsam gegen die Merina erhoben und sie 1825 vorläufig aus großen Teilen des Westens wieder vertreiben konnten.

Mahajanga (Majunga)

Ansehen

1 Hafen
2 Post
3 Kathedrale
4 Rathaus
5 Baobab-Gigant
6 Strandpromenade
7 Leuchtturm
8 Mozea-Akiba-Museum
9 Cirque Rouge
10 Königsgräber
11 Grotten von Belobaka

Schlafen

1 La Piscine
2 Hôtel de France
3 Sunny
4 Coco Lodge
5 Karibu Lodge
6 Antsanita Resort
7 Le Badamier
8 Villa Mena

Essen

1 Marco Pizza
2 Le Zoreole
3 Kohinoor

Einkaufen

1 Bazary Be

Ausgehen

1 Blues Rock Café

Die Franzosen nahmen die Stadt im ersten französisch-madagassischen Krieg ein und setzten sich dort fest. Ihr dort installierter Militärstützpunkt spielte eine wichtige Rolle im zweiten Krieg und bei der endgültigen Eroberung Madagaskars.

In der Stadt lebt eine große Gemeinde von Komorern, die in den letzten Jahrzehnten aufgrund der politischen Wirren in ihrer Heimat hierher kamen. Zudem haben sich viele indische Händler in der 170 000 Einwohner zählenden Stadt angesiedelt.

Stadtbesichtigung

Mahajanga besteht aus zwei Stadtteilen. Die **Altstadt** liegt im Bereich des **Hafens** 1. Dieser Teil ist stark durch die hier seit über 100 Jahren hier lebenden Inder geprägt. In zahlreichen Gewürzläden offerieren sie ihre wohlschmeckenden und wunderbar duftenden Produkte. Die **Neustadt** mit ihren während der Kolonialzeit angelegten rechtwinkligen Straßenzügen befindet sich dahinter.

Das **Zentrum** erstreckt sich in einem Areal, das im Norden von der Avenue de France und im Osten von der Avenue de la République begrenzt wird. Dort finden sich ebenfalls noch einige Kolonialgebäude, beispielsweise die **Post** 2, die weiß getünchte **Kathedrale** 3 mit ihrem auffallenden pyramidenhaft aufsteigenden eckigen Turm und das 1956 errichtete eher schlichte **Rathaus** 4. Durch die langen Handelsbeziehungen mit den Arabern sowie mit den eingewanderten muslimischen Indern gibt es einen hohen Prozentsatz von Muslimen in der Stadt. Das macht sich insbesondere durch die Moscheen bemerkbar, die in Mahajanga öfter mal zu sehen sind.

Das Wahrzeichen Mahajangas ist der wohl größte **Baobab** 5 Madagaskars mit einem schier unglaublichen Umfang von 21,70 m und einem geschätzen Alter von etwa 1000 Jahren. Der Baum steht am Ende der Avenue de France unweit der **Strandpromenade** 6. Der mit Palmen gesäumte Boulevard Poincar, auf dem zahlreiche Sitzbänke zum Verweilen einladen, führt in südlicher Richtung zum **Point de Sable** und dem **Leuchtturm** 7.

Ziele in der Umgebung

Mozea-Akiba-Museum

Das **Mozea-Akiba-Museum** ❽ liegt etwa 4 km nördlich des Zentrums in der Nähe des Strandes *(Plage touristique)*. Das Museum beherbergt Exponate zur Geschichte und Naturkunde der Region. Interessant sind zudem Dokumente, Informationen und Artefakte zur Volksgruppe der Sakalava.

Di–Fr 9–11, 15–17 Uhr, 1 €

Cirque Rouge

Ungefähr 3 km nördlich des Flughafens befindet sich der **Cirque Rouge** ❾, der Platz der ›Roten Erde‹. Bei dem durch Erosion entstandenen farbigen Naturschauspiel präsentiert sich das Gestein in den verschiedensten Rottönen und mit zahlreichen kleinen Canyons und Säulen. Besonders bei Sonnenuntergang erstrahlen die Felsen als grandioses Farbenspiel.

Königsgräber

Die Geschichte der früheren Sakalava-Reiche wird bei den Bestattungsorten der Sakalava wieder lebendig. Die Doany genannten **Königsgräber** ❿ (Tombeaux Royaux) befinden sich ca. 12 km nördlich von Mahajanga. Sie sind von einem Holzzaun umgeben und werden von einem Wächter gepflegt. Innerhalb des Areals steht ein hölzernes Gebäude. In diesem werden in einem Zebuhorn die königlichen Reliquien (Dady) aufbewahrt, z. B. Fingernägel, und Zähne. Dem madagassischen Glauben zufolge leben die Seelen der verstorbenen Könige im Umfeld der Gräber fort, wobei die Dadys die Kraft geben, dass der König weiterleben kann.

Die Reliquien werden bei regelmäßigen Zeremonien, Fitampoha (›königliches Bad‹) genannt, in Öl getränkt und in Wasser gebadet. Diese Elemente sind auch von ostafrikanischen Königsritualen bekannt. Fragen Sie vor dem Betreten des Areals nach möglichen Fadys, die eingehalten werden müssen.

Grotten von Belobaka

Unweit der Mahamavo-Hochebene liegen 12 km außerhalb der Stadt die **Grotten von Belobaka** ⓫. Die 1911 entdeckten Höhlen sind über die N 4 Richtung Antananarivo zu erreichen, etwa 10 km nach der Stadt zweigt bei der Moschee von Belobaka eine Piste nach Norden zu den Höhlen ab.

Schlafen

Sympathisch

1 La Piscine: Die sehr gut ausgestatteten 31 Zimmer liegen in einem ausgedehnten Komplex mit großem Schwimmbad (50-Meter-Becken!) direkt am Meer.

Bd. Marcoz, Mahajanga, T 020 622 41 72, piscinehotel@madatours.com, €€–€€€

Zentral

2 Hôtel de France: Hotel mit 20 Zimmern in einem kolonialzeitlichen Gebäude im Zentrum, 150 m bis zum Meer.

4, Rue du Maréchal Joffre, Mahajanga, T 020 62 237 81, €€

Praktisch

3 Sunny: Ein Hotel mit 40 Zimmern, ausgestattet mit Klimaanlage und Fernseher. Es gibt außerdem ein Schwimmbad sowie diverse Freizeit- bzw. Sportangebote.

Mahajanga, zw. Innenstadt und Flughafen, www.sunnymada.com, sunny@dts.mg, €€

Charme

4 Coco Lodge: Die 16 freundlich eingerichteten Zimmer verfügen über kostenlosen Internetzugang.

49, Av. de France, Mahajanga, T 020 62 20 23, www.coco-lodge.com, contact@coco-lodge.com, €€

LUXUS IM NIEMANDSLAND

Fernab von Straßen und westlicher Zivilisation liegen an der Nordwestküste im ›Niemandsland‹ zwischen Mahajanga und Nosy Be einige luxuriös ausgestattete Fly-in-Strandresorts. Für das entsprechende Geld können Sie hier einen Urlaub an einsamen Stränden genießen und eine fast noch unberührte Natur erleben.
Anjajavy: Die luxuriösen Villen dieses Resorts liegen rund 120 km nördlich von Mahajanga, www.anjajavy.com, DZ ab 420 € inkl. Halbpension.
La Maison de Marovasa-Be: Moramba Bay, 20 km nördlich von Anjajavy, www.marovasabe.com, Preis DZ ab 500 € inkl. Vollpension.
Lodge des Terre Blanches: Diese Lodge liegt in Antanimalandy, 100 km nördlich von Mahajanga und 25 km südlich von Anjajavy, T 032 04 338 20, www.lodgeterresblanches.com, DZ ab 140 € inkl. Vollpension. Flug oder Bootstransfer von Mahajanga oder Nosy Be werden extra berechnet.

Atmosphäre

5 **Karibu Lodge:** Die terrassenförmig angelegte Hotelanlage hat ein modernes afrikanisches Flair. Mit Pool.

Bd. Marcoz, La Corniche, Mahajanga, T 020 62 24710/11, www.karibulodge.net, €€

Am Strand

6 **Antsanita Resort:** Eine herrliche Anlage an einem einsamen Strand mit schön gestaltetem Schwimmbad.

Nördl. von Mahajanga beim Fluss Morira, ca. 1 Std. vom Stadtzentrum und 30 Min. vom Flughafen entfernt, T 020 62 913 63, www.antsanitia.com, antsanitia@antsanitia.com, €–€€

Zentral

7 **Le Badamier:** Die 27 Zimmer und 6 Suiten sind sauber und zweckmäßig eingerichtet.

Av. de la République, Mahajanga, T 020 62 240 65, www.hotelmajunga-lebadamier.com, €–€€

Ruhig

8 **Villa Mena:** Kleines Hotel mit nur 8 Bungalows in ruhiger Lage.

Rue Pasteur Androva, Mahajanga, T 020 62 294 65, www.villamena-hotelmahajanga.com, €

Essen

Papas Rezepte

1 **Marco Pizza:** Exzellente europäische Küche.

Tsaramandroso, T 032 40 032 02, €–€€

Der Indische Ozean lässt grüßen

2 **Le Zoreole:** Die Küche vereint alle Spezialitäten des Indischen Ozeans.

Av. de la Libération, Ecke Av. de France, Mahajanga, €

Indisch und vegetarisch

3 **Kohinoor:** Beliebt nicht nur beim indischen Teil der Bevölkerung. Auch für Vegetarier zu empfehlen.

Rue H. Garnier, Mahajanga, €

Einkaufen

Täglich Brot

1 **Bazary Be:** Der zentrale Markt befindet sich in der Altstadt. Das Angebot umfasst alles für den täglichen Bedarf Nötige. Des Weiteren gibt es in der Straße einige Bankinstitute und diverse Läden.

Av. de la Republique, Mahajanga, tgl. 6–17 Uhr

Ausgehen

Bar und Musik

1 Blues Rock Café: Beliebte Bar, in der auch kleine Gerichte serviert werden. Dazu Billard und Sportübertragungen, an manchen Wochenenden gibt es auch Konzerte.
18, Quai Orsini, Mahajanga, T 032 04 897 80, tgl. ab 19 Uhr

Feiern

- **Fanompoambe:** Im Juli feiert die Sippe der Boeny vom Volk der Sakalava alljährlich das Fest zum Gedenken an die Ahnen der Könige. Dabei werden die königlichen Reliquien in ›heiligem Wasser‹ gebadet.

Infos

- **Office Regional du Tourisme Mahajanga:** s. S. 202
- **Flug:** Madagascar Airlines verbindet Mahajanga mit Antananarivo und Nosy Be. International bieten Madagascar Airlines und Air Austral Verbindungen nach Dzaoudzi/Mayotte (Komoren) und Réunion (St-Denis).
- **Auto:** Mahajanga ist gut über die Asphaltstraße RN 4 von Antananarivo aus zu erreichen (12 Std.). Daneben gibt es die Verbindung zur RN 6 nach Antsiranana.
- **Taxi-Brousse:** Busse fahren in die umliegenden Orte, u. a. nach Katsepy und Marovoay. Überlandbusse verkehren auf der RN 4 bis Antananarivo und auf der RN 6 nach Vaovao und Antsiranana.
- **Überlandbus:** Malagasy Car, www.malagasycar.com, malagasycar@gmail.com, Abfahrt am Hotel La Corniche tgl. 7 Uhr, Ankunft Antananarivo um 17 Uhr, 78 000 MGA (ca. 27 €) inkl. Mittagessen; Transpost, Abfahrt an der Hauptpost in Mahajanga, Fahrzeuge nicht klimatisiert, aber besser als herkömmliche Taxis-Brousses, Mo, Mi, Fr nach Tana 25 000 MGA (ca. 9 €) ohne Essen, auch andere Ziele.
- **Fähre:** Die erste Überfahrt ins 10 km entfernte Katsepy (s. S. 210) beginnt um 7.30, gegen 8.30 Uhr setzt die erste Fähre von Katsepy nach Mahajanga über. Letzte Rückfahrt gegen 16.30 Uhr.
- **Schiff:** Der Franzose J. P. Calloch unterhält zudem eine Schiffsverbindung zwischen Nosy Be und Mahajanga, einmal wöchtl., Fr: Mahajanga–Nosy Be, Mo: Nosy Be–Mahajanga, Fahrtzeit 20 Std. Einige Frachtschiffe nehmen manchmal Passagiere nach Nosy Be und anderen Zielen mit. Informationen bei den Schifffahrtgesellschaften Auximad (Av. de France) und Socotram (Quai Moriceaux).

Die Umgebung von Mahajanga

Anjohibe-Grotte — H 9

Eine gut verborgene Schönheit ist dieses seit 1996 zugängliche Höhlensystem 82 km nordöstlich von Mahajanga. Wegen der schlechten Piste sollte man 3 Std. Fahrzeit dorthin einplanen. Als Lohn für die Mühe erwartet Sie eine beeindruckende Höhle mit Stalagmiten und Stalaktiten. Dort wurden u. a. Knochen ausgestorbener Flusspferde gefunden.

Nosy Antsoheribory — G 9

Auf der anderen Seite der Bombetoka-Bucht liegt der kleine Fischerort **Katsepy,** der mit dem Hafen in Mahajanga durch eine mehrmals täglich verkehrende Fähre verbunden ist. Der Ort ist eine gute Ausgangsstation für die interessanten Ziele südlich von Mahajanga. Dazu gehört Nosy Antsoheribory in der weiter östlich gelegenen Bucht Boeny. Auf der Insel befinden sich die Ruinen einer Stadt der Antalaotra aus dem 16. Jh., von der allerdings nur noch die Grundmauern zu sehen sind.

Kinkony-See F 10

In drei bis vier Stunden von Katsepy aus zu erreichen ist der Kinkony-See. Zu sehen sind vor allem Lemuren und Wasservögel. Es gibt keine touristischen Einrichtungen. Campingausrüstung und Verpflegung muss man selbst mitbringen. Ausreichend Wasser nicht vergessen!

Parc National Baie de Baly E/F 10

Die Piste von **Misinjo** entlang des Nordufers des Kinkony-Sees führt weiter nach **Soalala** an der Baly-Bucht. Soalala gegenüber auf der anderen Seite der Bucht liegt der Nationalpark Baie de Baly et Tsingy de Namoroka. Hier wächst eine vom Aussterben bedrohte endemische Pflanzenart *(Erythrophleum couminga),* und in der Bucht sind einige der extrem seltenen Dugongs (Seekühe) beheimatet.

Parc National Tsingy de Namoroka E 10

Um zum Nationalpark Tsingy de Namoroka zu kommen, zweigt man vor dem Ort **Antandava** auf eine Piste nach Süden ab. Der bereits 1927 als Naturreservat gegründete, 571 km² große Nationalpark ist bekannt für seine Felsnadeln (Tsingy) und das 113 km lange Marosakabe-Höhlensystem, eines der längsten in Afrika. Namoroka ist bisher kaum touristisch erschlossen und nur von Mitte April bis Mitte Dezember zu erreichen.

Schlafen, Essen

Einfach

Chez Chabaud: Sieben einfache Bungalows und ein gutes Restaurant mit frischem Fisch. Die Besitzerin unterhält auch ein Zeltcamp am Kinkony-See.
Katsepy, T 032 07 067 34, c.chabaud@hotmail.fr, €

Morondava und Umgebung

Für die Strecke vom Hochland nach Morondava braucht man reichlich Ausdauer, egal welche der beiden Routen dorthin man wählt. Die etwas bessere RN 34 beginnt in Antsirabe und passiert den Ort **Miandrivazo,** der als Startpunkt für Bootstouren auf dem Tsiribihina-Fluss dient (s. S. 63). Im weiteren Verlauf fährt man auf der RN 34 bis nach **Malaimbandy.** Dort trifft die RN 34 auf die RN 35 in Richtung Morondava.

Eine alternative Strecke führt ab Ivato, 12 km südlich von Ambositra, auf der RN 35 über Malaimbandy nach Morondava. Der erste Abschnitt ab Ivato ist allerdings momentan in einem sehr schlechten Zustand. Von Antananarivo nach Morondava müssen Sie ca. 12 bis 16 Std. Fahrzeit einplanen.

Madagaskars Sightseeing-Klassiker, nicht nur zum Sonnenuntergang: die grandiose Baobab-Allee bei Morondava

Morondava

D 18

Morondava ist eines der historischen Zentren der Sakalava. Sie ist die drittgrößte Hafenstadt an der Westküste, auch wenn der Hafen mittlerweile etwas an Bedeutung verloren hat. Die Bewohner sind größtenteils Vezo, ein mit den Sakalava verwandtes Volk, das überwiegend vom Fischfang lebt. Heute hat sich die 40 000 Einwohner zählende Stadt zu einem landwirtschaftlichen und touristischen Zentrum entwickelt. Letzteres verdankt sie dem Umstand, dass eines der bekanntesten Wahrzeichen Madagaskars vor ihren Toren liegt: die berühmte Baobab-Allee.

Der Stadtteil südlich der Hauptstraße, der im Westen vom Meer, im Osten vom Hellot-Kanal und im Süden von der Mündung des Morondava-Flusses begrenzt wird, nennt sich **Nosy Kely.** Dort sind der Stadtstrand und die meisten Hotels zu finden.

Baobab-Allee

D 17

In jedem Bildband und vielen Filmen über Madagaskar ist die legendäre Baobab-Allee zu sehen. Die auch Affenbrotbäume genannten Baobabs *(Adansonia grandidieri)* sind mehrere Hundert Jahre alt und die natürliche Allee, die sie bilden, ist nichts anderes als eine Laune der Natur. Majestätisch stehen sie in Reih und Glied und geben ein wunderschönes Motiv ab. Die Allee liegt etwa 45 Min. Autofahrt von Morondava entfernt. Wer gern sportlich unterwegs ist, kann sich ein Fahrrad mieten oder mit einem Squad zur Allee fahren. Die beliebteste Zeit für Fotografen ist die Zeit vor dem Sonnenuntergang, da die Baobabs im rötlichen Licht besonders schön wirken.

Eine weitere Attraktion sind die 11 km weiter stehenden **Baobabs Amoureux,** die sich ›liebenden Baobabs‹, die ihren Namen dem Umstand verdanken, dass sich die beiden Stämme der Bäume ineinander verdreht haben.

Sakalava-Gräber D 17

Traditionelle Sakalava-Gräber sind rechteckig und aus Holz. Die Seitenhöhe variiert zwischen ca. 90 und 120 cm. An den vier Ecken werden geschnitzte Holzfiguren platziert, die im Zusammenhang mit dem Leben des Verstorbenen stehen. Sie künden z. B. von Reichtum (Zebus) oder Fruchtbarkeit (Kinder). An der mittleren Westküste finden sich auch Gräber mit erotischen Darstellungen. Leider wurden diese Holzfiguren bei vielen der alten Gräber von Reisenden entwendet und außer Landes geschmuggelt. Und so finden sich auf den leicht zugänglichen Gräbern heute keine Schnitzereien dieser Art mehr. Aufgrund solcher Grabschändungen sind die Sakalava vorsichtiger geworden, wen sie zu ihren Grabstätten bringen. Typische Grabschnitzkunst (auch mit erotischen Darstellungen), können Sie in darauf spezialisierten Holzwerkstätten u. a. in Morondava direkt erwerben, ohne dafür die Gräber zu beschädigen.

Es gibt relativ versteckt liegende alte Gräber, zu denen Sie mit Hilfe und in Begleitung eines Führers gelangen. In Richtung **Belo-sur-Tsiribihina** (D 16) beispielsweise gibt es mehrere Dörfer, in deren Nähe sich solche Sakalava-Gräber befinden. Das nächste heißt **Akirijibe,** 13 km weiter liegt **Antalitoko.** Wenn Sie eine Besichtigung planen, fragen Sie im jeweiligen Ort nach den Gräbern und einem Führer, der Sie begleiten kann. Beachten Sie, dass evtl. Fadys vor Ort einzuhalten sind.

Schlafen

Luxuriös

Palissandre Côte Ouest: Hotel am hinteren Ende der Halbinsel Nosy Kely, in der Nähe des Leuchtturms. Gehobenes Restaurant, Schwimmbad und Barbereich.

Nosy Kely, T 020 95 520 22, www.hotel-restaurant-palissandrecoteouest.com, €€€

Großzügig

Renala au Sable d'Or: Komfortable Bungalows in zwei Reihen an einer Sanddüne am Strand. Gutes, offen gestaltetes Restaurant mit freundlicher Bedienung.

Nosy Kely, T 032 04 976 88, renala.contact@blueline.mg, €–€€

Nett

Baobab Café: Die Zimmer sind recht unterschiedlich. Ein Teil liegt im vorderen Haupthaus, die anderen in einem Gebäude am Swimmingpool.

Nosy Kely, T 020 95 520 12, www.baobabcafe-hotel.net, baobab@blueline.mg, €–€€

Strandleben

Le Masoandro: Doppelzimmer im Sakalava-Stil.

Nosy Kely, T 020 95 523 47, www.chezmaggie.com, info@chezmaggie.com, €–€€

Etwas älter

Les Philaos: Insgesamt 18 Zimmer mit unterschiedlicher Ausstattung auf der dem Meer zugewandten Seite, einige mit Klimaanlage und Kühlschrank.

Nosy Kely, T 020 95 520 81, sica@moov.mg, €

Günstig

Morondava Beach: Die kleinen Bungalows liegen zwischen Palmen unweit des Strandes. Das überdachte Restaurant ist an den Seiten offen, sodass sich die Hitze nicht stauen kann. Gutes Preis-Leistungs-Verhältnis.

Nosy Kely, T 032 402 13 99, www.hotel-morondava-beach.com, mbeach@blueline.mg, €

Essen

Aussicht

La Capannina: Gute Auswahl an verschiedenen Speisen, man hat einen schönen Blick auf die Lagune.

Vom Zentrum kommend kurz vor Nosy Kely gelegen, €

Abseits

Tsikaroe: Etwas außerhalb des Zentrums gelegenes Restaurant mit schöner Terrasse. Unter deutsch/madagassischer Leitung gibt es gutes Essen und eine nette Atmosphäre.

Rue Jirama, Andabatoara, T 032 40 011 50, €

Zentral

MadaBar: Restaurant mit annehmbarer Küche und angeschlossener Bar.

Im Zentrum, T 032 04 783 99, €

Einkaufen

Einige wenige und zum Teil einfache Geschäfte befinden sich auf der **Avenue de l'Indépendance** im Zentrum Morondavas.

Ausgehen

Einige kleine Diskotheken bieten am Abend die Möglichkeit, bei recht gemischter Musik zu tanzen und zu feiern. Im Stadtteil Nosy Kely liegen das **Jamaika** und **My Lord** (Maison Rouge).

Infos

- **Flug:** Täglich mit Madagascar Airlines nach Antananarivo, mehrmals wöchentlich nach Toliara (Tuléar).
- **Schiff:** Ein Schnellboot (Hatea) im Linienverkehr verbindet Morondava mit Belo-sur-Mer. Informationen im Hafen.
- **Taxi-Brousse:** Die Taxi-Brousse-Station befindet sich in der Innenstadt, in der Nähe des Marktes. Es gibt regelmäßige Verbindungen nach Belo-sur-Tsiribihina (ca. 4 Std.) und Antsirabe (ca. 12 Std.), in der Trockenzeit auch Lkw-Busse nach Toliara (2–3 Tage!).

Nördlich von Morondava

Im Norden von Morondava liegen einige Naturschutzgebiete, die einen guten Eindruck von der Vielfalt Westmadagaskars vermitteln. Der Besuch eines jeden Reservats lohnt sich. Relativ einfach in etwa 1,5 Std. Fahrzeit über eine gute Pistenstraße zu erreichen, ist der Kirindy-Wald. Das gilt auch für das 30 km nördlich an der Piste nach Belo-sur-Tsiribihina liegende Andranomena-Reservat (ca. 1 Std. Fahrzeit). Etwas schwieriger und zeitaufwendiger ist ein Besuch des Parc National Bemaraha. Aufgrund schlechter Pisten und der zeitraubenden Flussüberquerung sollten dafür drei Tage einkalkuliert werden.

Kirindy-Wald D 17

Der Kirindy-Wald ist eines der sehr wenigen privat geführten Schutzgebiete auf Madagaskar. Das auch als Swiss Forest

F

DEM FOSSA DICHT AUF DEN FERSEN

Der **Kirindy-Wald** (s. S. 214) lohnt mehr als nur eine Tagesvisite. Durch die Übernachtung in der zwar einfachen, aber akzeptablen **Kirindy Lodge** ist es möglich, seltene nachtaktive Tiere wie den Fossa oder die ungewöhnlichen Riesenspringratten zu sehen. Zwei Fossas streunen in der Dämmerung zwischen den Bungalows umher (T 032 40 165 89, 12 Holzbungalows, Zeltplatz und einfaches, aber gutes Restaurant, €).

bekannte Gebiet liegt 65 km nordöstlich von Morondava und umfasst ein Gebiet von etwa 120 km². Dieser Wald gehört zur neugeschaffenen Menabe-Schutzzone, die sich auf einer Gesamtfläche von 1250 km² erstreckt. Kirindy ist berühmt für seine Madagaskar-Riesenspringratten *(Hypogeomys antimena)*, die allerdings bei einem Abendspaziergang nur mit etwas Glück zu sehen sind. Häufiger zu beobachten sind Rotstirnmakis und Madagaskar-Leguane *(Oplurus cuvieri)* und das größte madagassische Raubtier – der Fossa *(Cryptoprocta ferox)*. Während der Trockenzeit, wenn die Bäume kaum Blätter tragen, kommen Vogelfreunde auf ihre Kosten. Während des Südsommers können die Temperaturen tagsüber auf über 30 °C steigen.

Die Wanderungen führen stets in jenes Gebiet, das sich hinter der DPZ-Forschungsstation erstreckt (die Station des deutschen Primatenzentrums Göttingen ist nicht zugänglich!). Die Länge des Spazierganges ist mit dem Parkführer abzusprechen. Wer Riesenspringratten sehen möchte, nimmt besser an einer Nachtwanderung in die entlegeneren Bereiche teil.

Infos

- **Eintritt:** 35 000 MGA (ca. 9 €) für 1–3 Tage, Parkführer je nach Länge der Wanderung ab 10 000 MGA (ca. 2,60 €) pro Gruppe (1–4 Pers.), 10 000 MGA (ca. 2,60 €) für Nachtspaziergang, Anmeldung im Büro der Forststation CFPF in Morondava am Ortseingang, cfpfmva20051@yahoo.fr.

Andranomena-Reservat D 17

Das Andranomena-Spezialreservat liegt 30 km nordöstlich von Morondava. Eine Piste, die 4 km vor Morondava nach Norden abzweigt, führt in Richtung des Reservats. Wie der Kirindy-Wald gehört das Andranomena-Reservat zur Menabe-Schutzzone. In dem 64,2 km² großen Gebiet sind rund 80 % der Tier- und Pflanzenarten endemisch. Der Trockenwald ist Heimat der seltenen Flachrückenschildkröte *(Pyxis planicauda)*. Daneben gibt es sieben Lemurenarten wie z. B. die Larvensifakas *(Propithecus verreauxi)*, 48 Vogel- und elf Reptilienarten. Auf verschiedenen Wanderwegen kann man das Reservat erkunden und dabei die endemische Flora bestaunen, z. B. den Fony Baobab *(Adansonia rubrostipa)*, den Eierfruchtbaum *(H. voyronii)* oder den Ebenholzbaum *(D. platycalyx)*. Es gibt derzeit allerdings keinerlei touristische Einrichtungen.

Infos

Die Anmeldung zum Besuch des Reservates erfolgt über das Büro von Madagascar National Parks in Morondava (T 020 95 524 20). Einen Führer bekommt man im Dorf Marofandilia.

TOUR
Es ist alles im Fluss!

Bootstour auf dem Manambolo

Um Ankavandra, den Startpunkt der Bootstour, von Antananarivo über Land zu erreichen, sind 1–2 Tage einzuplanen. Ca. 6 Std. braucht man über die weitgehend asphaltierte RN 1 bis Tsiromanomandidy (📍 G 15), einen weiteren Tag für die Piste bis Ankavandra. Vor Ort gibt es ein einfaches Hotel.

Der Wilde Westen Madagaskars ist vielerorts noch schwierig zu bereisen. Eine der schönsten und spannendsten Möglichkeiten bietet eine organisierte Bootstour auf dem Fluss Manambolo. So werden Gebiete erreicht, die sonst kaum ein Reisender zu Gesicht bekommt. Besonders faszinierend ist die Landschaft im Parc National Bemaraha, der zum UNESCO-Weltnaturerbe zählt.

Der Manambolo entspringt am Rande des Hochlandes und fließt in südwestlicher Richtung. Nach dem Nationalpark teilt er sich und seine beiden Arme münden bei Bevoay bzw. Masoarivo in den Kanal von Mosambik.

Der erste Tag auf dem Fluss

Sobald an der Anlegestelle in **Ankavandra** Gepäck und Proviant für die nächsten Tage in den Kanus verstaut sind, geht es hinaus auf den Manambolo, einen der großen Flüsse im Westen Madagaskars. Vorbei an kleinen Dörfern gleiten die Kanus stromabwärts. Menschen holen Wasser am Fluss oder waschen sich. Im Verlauf des ersten Tages nehmen die Siedlungen ab und die Landschaft verändert sich. Die Hügel werden sanfter und die Vegetation trockener als im Hochland. Am späten Nachmittag, rechtzeitig vor der schnell heranziehenden Dämmerung, wird das Nachtlager aufgeschlagen. Weit abseits touristischer Pfade bleibt nur die Übernachtung im Zelt oder unter dem Sternenhimmel. Am nächsten Morgen setzen die Boote die Fahrt auf dem Wasser fort – fahren tiefer hinein in den Westen. Dorthin, wo es keine Straßen gibt und kaum Kontakte zur Außenwelt.

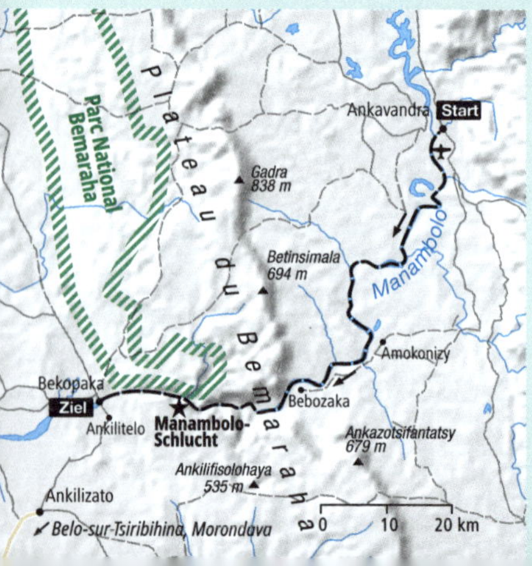

Für die Touristen Erholung, für den Steuermann harte Arbeit

Schluchten und Felsnadeln

Am dritten Tag erreicht man das **Plateau du Bemaraha.** Die Boote gleiten durch die **Gorges du Manambolo,** eine beeindruckende Schlucht. Mit etwas Glück erkennt man vom Boot aus Vögel oder sogar Lemuren. Am Ende der Schlucht wird ein weiteres Mal ein Nachtlager aufgeschlagen.

Nach kurzer Bootsfahrt am nächsten Vormittag gelangt man zur Ortschaft **Bekopaka** und zum Eingang des **Parc National Bemaraha.** So bleibt am Nachmittag noch Zeit, diese einzigartige Landschaft zu erkunden. Der Nationalpark schützt die ungewöhnlichen Felsnadeln, die hier aus dem Boden zu wachsen scheinen – ein Phänomen jahrtausendealter Erosion. Dazwischen wachsen Pachypodien, Euphorbien und Aloen. Und auch Lemuren sind hier heimisch (s. S. 218).

Land der Baobabs

Am Park endet die Bootstour. Es empfiehlt sich, noch einen ganzen Tag im Schutzgebiet zu verbringen, bevor es auf den beschwerlichen Weg zurück in die ›Zivilisation‹ geht. Die ersten 25 km in Richtung **Belo-sur-Tsiribihina** (D 16) sind eine Abenteuerpiste. In dem malerischen Ort, der zu einer Erholungspause einlädt, mündet der für Bootstouren ebenfalls beliebte Tsiribihina. Vom Küstenort führt eine bessere Piste durch eine mit majestätischen Baobabs bewachsene Landschaft zur Hafenstadt Morondava (s. S. 212). In **Morondava** (D 18) angekommen, erwarten uns etwas bessere Hotels und eine tägliche Flugverbindung nach Antananarivo.

Infos

E 15

Start: Antananarivo bzw. Ankavandra

Ziel: Parc National Bemaraha bzw. Morondava

Dauer: 3 Tage auf dem Fluss, mit An- und Abreise ca. 7 Tage

Preise: ab ca. 50 € pro Pers./Tag

Planung: Auf Flusstouren spezialisierte Agenturen sind www.madcameleon.com und www.remoterivers.com.

Pflanzliches Leben in einer Steinwüste: Bemaraha-Nationalpark

Parc National Bemaraha

Seit 1990 ist die fantastische Landschaft der Tsingys in der Region von Bemaraha UNESCO-Weltnaturerbe. Der 1577 km² große Nationalpark liegt auf Höhen zwischen 75 und 700 m. Seine Besonderheit sind die Tsingys genannten Kalksteinnadeln. Diese bizarren Felsformationen entstanden durch Kalkablagerungen von Riffen während einer Zeit, als Gebiete Madagaskars teilweise unter Wasser lagen. Nach der Anhebung wurde der dabei entstandene Kalkstein durch Erosion freigelegt und im Laufe von Jahrtausenden bildeten sich teils messerscharfe spitze Felsauswaschungen.

In den Tsingys de Bemaraha gedeihen zahlreiche Pflanzenarten, die sich zwischen den Kalksteinfelsen eine gut geschützte ökologische Nische erobert haben. Neben der vielfältigen Pflanzenwelt sind im Park 13 Lemuren-, 94 Vogel-, 66 Reptilien- und 22 Amphibienarten heimisch. Allerdings können Besucher nur einen relativ kleinen Teil der Tsingys besichtigen.

Im Randbereich existiert eine Reihe von Wanderwegen. Der **Große Rundwanderweg** führt in 4–5 Std. zu interessanten Tsingy-Formationen und unterschiedlichen Zonen der Trocken- und Feuchtflora. Beim **Manambolo Circuit** (6 km) werden u. a. die Gräber besucht, die den Vazimba zugeschrieben werden. Die Vazimba gelten madagassischer Überlieferung zufolge als Urbevölkerung Madagaskars, die schon vor der Ankunft der Indonesier die Insel besiedelten. Relativ einfach sind der **Andadoany Circuit** (2 km) und der **Tantely Circuit** (2 km).

Schlafen, Essen

Mit schönem Blick

Orchidée de Bemaraha: Auf einer Anhöhe mit schönem Rundblick.

Bei Bekopaka, T 034 07 165 79, www.orchideedubemaraha.com, €

Wie bei den Sakalava

Tsingy Lodge: Die im Sakalava-Stil errichteten Bungalows vermitteln das Gefühl, in einem traditionellen Dorf zu wohnen. Im Restaurant gibt es ein täglich wechselndes Menü.

T 033 11 507 56, www.tsingy-lodge.com, €

Rundum versorgt

Tanankoay: 16 Hütten im heimischen Stil. Das Restaurant serviert gutes Essen (Menü ab 5,50 €), umfangreiches Ausflugsprogramm.

T 032 02 226 62, www.tanankoay.com, €

Infos

- **Anfahrt:** Der Nationalpark ist über die Piste Richtung Belo-sur-Tsiribihina (110 km) zu erreichen. Kurz vor dem Ort muss der Fluss Tsiribihina mittels einer Fähre überquert werden. Von Belo-sur-Tsiribihina sind es noch weitere 100 km Piste bis zum Nationalpark, inklusive einer weiteren Flussüberquerung am Manambolo. Eintritt 55 000 MGA (ca. 14 €)

Südlich von Morondava

Der Süden von Morondava ist noch schwieriger zu bereisen als der Norden. Bisher kommen kaum Reisende in dieses Gebiet. Lohnenswert ist die Natur des **Parc National Kirindy Mite** (nicht zu verwechseln mit dem gleichnamigen Reservat nördlich von Morondava). Aber fehlende touristischen Einrichtungen machen den Besuch zuweilen abenteuerlich.

Belo-sur-Mer C 18

Dieses Fischerörtchen der Vezo, einem mit den Sakalava verwandtem Volksstamm, liegt ca. 70 km südlich von Morondava. Es hat in den letzten Jahren an Beliebtheit gewonnen, da die vor seiner Küste liegenden kleinen Inseln herrliche Schnorchel- und Tauchmöglichkeiten bieten. Zudem gilt der Ort als Basis zum Besuch des Kirindy-Mite-Nationalparks.

Zwischen Belo-sur-Mer und Morondava verkehren Segelschiffe, die in Belo produziertes Salz, aber auch andere Waren und Passagiere transportieren. Für Abenteuerlustige eine erlebnisreiche Möglichkeit, den Ort zu erreichen.

Schlafen

Familiär

Tsara Belo: Holzbungalows am Sandstrand. Das Hotel Renala in Morondava organisiert einen Transfer per Boot (2,5 Std.).

T 033 02 911 64, €–€€

Aussicht

Chez Lova: Mit Restaurant und schönem Blick.

T 032 40 192 49, restolovabelo@yahoo.fr, €

Romantisch

Ecolodge Menabe: Die neun Bungalows mit DZ oder zwei Räumen (Familienbungalows) sind aus regionalen Materialien.

T 033 094 36 32, www.menabelo.com, info@menabelo.com, €

Nosy Andriangory C 19

Gegenüber dem Dorf Belo-sur-Mer liegen im Meer verstreut einige kleine Inseln und Sandbänke, die kaum bekannt sind. Beginnend mit **Nosy Andravoho** im Norden, die im näheren Umkreis von mehreren Sandbänken umgeben wird, bis zur Insel Andriangory, die sich auf der Höhe der südlich von Belo-sur-Mer gelegenen Sandzunge befindet. Die Inseln sind nicht bewohnt, werden aber regelmäßig von Fischern angelaufen, um dort zu ruhen oder auch über Nacht zu campen. Die recht kargen Inseln haben nicht viel zu bieten, aber wer gerne auf eine von Reisenden so gut wie nie besuchten Insel fahren möchte, kann sich von Fischern des Ortes dorthin übersetzen lassen. Wasser und Proviant müssen mitgenommen werden. Es warten einsame Strände, an denen zumindest bei Flut auch gut gebadet werden kann, und tolle Schnorchelstellen mit einer Vielzahl von schönen Fischen.

Parc National Kirindy Mite C/D 18/19

Der 722 km² große Nationalpark gehört zu den neueren Schutzgebieten Madagaskars und wurde 2006 für Besucher eröffnet. Sein Areal umfasst einen Küstenabschnitt südlich von Belo-sur-Mer sowie ein Trockenwaldgebiet im Hinterland. Hier leben zehn Säugetier-, 47 Vogel- sowie 23 Reptilienarten. Es stellt das nördlichste Verbreitungsgebiet der Kattas *(Lemur katta)* dar. Rosa-Flamingos *(Phoenicopterus ruber)* sind nur an wenigen Orten in Madagaskar zu sehen. Auch an den beiden im Parkgebiet liegenden Seen Ambondro und Sirave sind sie lediglich saisonale Gäste. Die beiden Seen bieten auch der akut vom Aussterben bedrohten Bernier-Ente *(Anas bernieri)* Heimat. Zudem wachsen drei Baobab-Arten im Park, der sich in der klimatischen und botanischen Übergangszone vom Südwesten zum Westen befindet. Mittlerweile gibt es auch einige Wanderwege. Ansonsten sind keine touristischen Einrichtungen vorhanden, Campingausrüstung und Verpflegung müssen mitgebracht werden.

Infos

- **Eintritt:** Der Park ist von Mai bis November tgl. 7–17 Uhr geöffnet, 45 000 MGA (ca. 11,50 €) plus Gebühren für den Führer. Die zuständigen Nationalparkbüros befinden sich in Morondava und Belo-sur-Mer.
- **Anfahrt:** Über RN 11 nach Bemanonga (8 km von Morondava), dann 105 km weiter südlich bis zum Park (ca. 3 Std.). Eine Alternative sind Motorboote entlang der Küste (ca. 2,5 Std.).

Morombe B 20

Die etwa 12 000 Einwohner große Kleinstadt liegt malerisch am Kanal von Mosambik und ist vom Rest des Landes weitgehend abgeschnitten. Nur eine 200 km lange sandige Piste verbindet Morombe mit Ifaty und Toliara (10 Std.). Der Landweg Richtung Hochland ist ausgesprochen abenteuerlich, denn die schlechten Pisten sind kaum befahrbar. Morombe verfügt über einen kleinen Flughafen, der zweimal die Woche mit einer kleinen Twin-Otter von Madagascar Airlines angeflogen wird (via Toliara oder Morondava). Morombe hat rund 25 000 Einwohner und ist bekannt für den Kichererbsenanbau. Ein Ort weitab jeglicher Touristenrouten, dennoch der Ausgangspunkt zu den selten besuchten Nationalparks Mikea und Kirindy Mite.

Schlafen

Sympathisch

Baobab: 16 Bungalows in einer netten Anlage. In Andavadaoka führt derselbe Besitzer das Coco Beach (T 034 14 001 58).
T 034 11 001 58, 020 22 427 01 (Büro in Antananarivo), nassim.tahora@gmail.com, €

Einfach

Lakana Volamena: Verschieden ausgestattete Zimmer.
Tsinjorano, am Strand, T 032 02 147 24, www.piroguedormorombe.com, €

Die Umgebung von Morombe

Gegenüber von Morombe liegt eine kleine Insel, und mithilfe von Fischern ist es auch möglich, **Nosy Lava** (B 20) zu besuchen, um ein paar entspannte Stunden am Sandstrand zu verbringen.

Abenteuerlich ist ein Abstecher zum **Ihotry-See** (C 21) im Hinterland von Morombe. Der drittgrößte See Madagaskars führt jedoch zum Ende der Trockenzeit kaum noch Wasser (Aug.–Nov.).

Südlich von Morombe erstreckt sich der **Parc National Mikea** (B 21), wo zahlreiche Baobabs wachsen. Die wenigen Hotels zwischen Morombe und der Salary-Bucht (s. S. 108) helfen bei der Organisation eines Ausfluges, z. B. die Mikea Lodge (www.mikealodge.com).

Auch heute noch keine Seltenheit in den ländlichen Gegenden Madagaskars: der Zebu-Karren als Transportmittel

Das Kleingedruckte

Die Kattas mit geringeltem Schwanz sind Allesfresser – von Früchten über Borken bis zu Chamäleons reicht ihr Nahrungsmittelrepertoire.

Anreise

Mit dem Flugzeug

Die Wahl der Fluggesellschaften nach Madagaskar ist relativ begrenzt, weshalb Flugtickets im Vergleich zu ähnlich weiten Zielen relativ teuer sind. Direkte Linienflüge bieten nur Madagascar Airlines (ab Paris-CDG und Marseille) und Air France (Paris-CGD, mit Anschlussflug ab Deutschland) an. Alternativen mit Umsteigen sind Air Mauritius, Ethiopian Airlines, Airlink ab Johannesburg und Turkish Airlines. Daneben gibt es Charterflüge von Corsairfly von Paris-Orly nach Antananarivo.

Nach der Ankunft am Internationalen Flughafen Ivato sind zunächst die Einreiseformalitäten zu erledigen. In der Ankunftshalle befinden sich Schalter für Ausländer mit und ohne Visum. Falls das Visum noch nicht vor der Reise in Europa besorgt wurde, wird es ohne weitere Formalitäten am Flughafen erteilt. Alle Reisenden müssen eine Einreisekarte ausfüllen, die oft bereits im Flugzeug verteilt wird, jedoch auch im Ankunftsbereich ausliegt. Im relativ überschaubaren Flughafen werden die ankommenden Gäste bereits von einer Schar Einheimischer begrüßt, u. a. von Kofferträgern (Flughafenmitarbeiter tragen gekennzeichnete Overalls), Taxifahrern, Vertretern von Reiseagenturen und sonstigen Helfern. Im Flughafen gibt es mehrere Wechselschalter, dort sollte für den ersten Gebrauch ein kleiner Betrag gewechselt werden. Vor dem Flughafen stehen Taxis für die Fahrt in die Stadt. Sie dauert 45–60 Min., während der Hauptverkehrszeit oft auch länger. Preise für Taxifahrten sind Verhandlungssache. Der offizielle Preis beträgt 70 000 MGA (etwa 15 €), der gegenüber unerfahrenen Ausländern meist überboten wird. Ein Preis bis ca. 20 € ist sicher noch vertretbar. Zudem gibt es noch die preiswerte Möglichkeit ein Taxi-Brousse (öffentlicher Kleinbus) zu nehmen (außerhalb des Flughafengeländes, ca. 0,26 €).

Auf dem Seeweg

Es gibt keinen Schiffslinienverkehr zu einer der Hafenstädte Madagaskars. Möglichkeiten, Madagaskar über das Meer zu erreichen, bieten sich nur im Rahmen einer Kreuzfahrt an (z. B. Hapag Lloyd) oder ggf. auf einem Containerschiff. Die Fahrt von Rotterdam dauert allerdings fünf Wochen.

Bewegen und Entschleunigen

Madagaskar bietet eine breite Palette von Angeboten, sich während des Urlaubes aktiv zu betätigen. Neben dem Klassiker Wandern gibt es verschiedene Möglichkeiten des Wassersports, und zwar an der 4828 km langen Küste ebenso wie auf den Flüssen und Kanälen des Inlands. Darüber hinaus haben Agenturen zunehmend Motorrad- und Fahrradtouren im Programm.

Baden

Die zahllosen Traumstrände entlang der unendlichen Küsten Madagaskars laden zum Baden regelrecht ein. Vor dem Baden sollte allerdings sichergestellt sein, dass dies an der Stelle auch bedenkenlos möglich ist. Denn nicht überall kann gefahrlos gebadet werden. Dies gilt besonders für weite Strecken der Süd- und Ostküste, wo der Uferbereich recht steil ins Meer abfällt und starke Strömungen sowie Haie das Baden verhindern. In weiten Teilen der Westküste hingegen schützt ein vorgelagertes Riff die Badenden. Auch beim Schwimmen im Inland ist Vorsicht geboten, da einige Seen mit Bilharziose verseucht sind. Im Norden Madagaskars sind zudem einige Gewässer heilig. Am besten ist es, sich vor dem Baden bei der heimischen Bevölkerung zu erkundigen.

Bootstouren

Schöne ein- oder mehrtägige Bootstouren kann man z. B. an der Ostküste, auf dem Pangalan-Kanal unternehmen, einem während der Kolonialzeit von den Franzosen künstlich angelegten Kanal, der parallel zur Küste verläuft und an manchen Stellen nur durch Sanddünen vom Indischen Ozean getrennt wird (s. S. 146). Eine schöne Tagestour führt von Manambato nach Toamasina. Bei mehrtägigen Touren ist ein Zelt erforderlich, da in den Dörfern am weiteren Verlauf des Kanals keine Fremdenzimmer angeboten werden.

Im Westen der Insel fließen zwei große Flüsse, die bootstauglich sind: der Tsiribihina (über Antsirabe zu erreichen, s. S. 59) und der Manambolo (Anreise über Ampefy, s. S. 50). Auf diesen Touren bietet sich die einmalige Chance, in Gebiete zu kommen, die mit einem Fahrzeug nicht erreichbar sind. Spezialisiert auf Bootstouren ist die madagassische Agentur Mad Caméléon (Informationen auf deren Internetseite www.madcameleon.com).

Eine Flusstour abseits der üblichen Routen ist auch eine mehrtägige Tour auf dem Mangoky, die in die bizarre Welt der Dornenwälder hineinführt. Mit Start in Toliara ist sie gut an eine klassische Tour entlang der RN 7 anzubinden. Ebenfalls zu empfehlen ist eine Tour auf dem südlich von Toliara fließenden Onilahy. Als besondere Herausforderung gilt eine Wildwasserfahrt auf dem Sahatandra im Osten, die gut mit einem Besuch der Indris im Analamazaotra-Nationalpark zu kombinieren ist. Diese Bootstouren bieten u. a. an: Gondwana Explorer Tours, www.gondwanaexplorer.com, und Tanala Horizon, www.tanalahorizon.com.

Hochseeangeln

Das Angeln auf dem Indischen Ozean ist von allen touristischen Zentren an der Küste aus möglich. Meist bieten die Hotels Hochseeangeln mit eigenen Booten an, oder sie vermitteln eines. Besonders gute Möglichkeiten bestehen von Nosy Be, Nosy Sainte Marie, Ramena (bei Antsiranana), Ifaty (bei Toliara) und Tolagnaro aus.

Klettern

Bergklettern erfreut sich immer größerer Beliebtheit. Eines der schönsten Kletterziele auf Madagaskar ist das Andringitra-Gebirge (außerhalb des Nationalparks). Als Ausgangspunkt dient das Camp Catta (s. S. 87).

Radfahren

Madagaskar ist kein klassisches Radreiseziel, doch wächst der Bereich Rad- und Mountainbike-Touren seit Jahren an. In einigen Orten, vor allem an der Küste, gibt es mittlerweile Möglichkeiten, ein Fahrrad auszuleihen. Für längere Touren lohnt es sich ggf., ein meist aus chinesischer Produktion stammendes Fahrrad vor Ort neu zu kaufen. Für anspruchsvollere Touren sollte besser ein gutes Fahrrad aus Europa mitgebracht werden. Auf Madagaskar gibt es keine Fahrradwege. Die Hauptstraßen, mit Ausnahme der RN 2/7, sind aber nicht sehr stark befahren, sodass

ZWEIRADTOUREN

Z

Ein Veranstalter, der während seiner Rundreise einfache Fahrradtouren anbietet, ist Reisen mit Sinnen (www.reisenmitsinnen.de). Die Fahrradstrecken führen durch Teile des Hochlandes und durch faszinierenden Regenwald hinunter Richtung Ostküste. Fahrradtouren unter Mitnahme des eigenen Fahrrades organisieren Afrika erleben (www.afrika-erleben.de) sowie Bike Adventure Tours (www.bike-adventure-tours.ch). Informationen für Motorradtouren bietet www.madagascar-on-bike.com.

Fahrradfahren recht angenehm ist. Schöner und interessanter ist es jedoch auf den Seitenstraßen. In jeder kleinen Ortschaft gibt es zumindest einen Kiosk, an dem etwas zu trinken oder kleine Snacks (frittiertes Gebäck, Kekse) verkauft werden. Übernachtungsmöglichkeiten bieten nur die größeren Ortschaften, am sichersten zelten Sie an einem Dorfrand (Dorfchef fragen). Dabei genießt man stets die madagassische Hilfsbereitschaft, denn die Bewohner helfen ggf. beim Kochen oder Wasserholen. Einfacher sind Fahrradreisen mit einem Veranstalter. Die Unterkünfte sind im Voraus ausgesucht worden und meist fährt ein Begleitfahrzeug zur Sicherheit mit, wie z. B. bei Reisen mit Sinnen (siehe Kasten).

Tauchen und Schnorcheln

Neben Schwimmen ist Schnorcheln und Tauchen an den Küsten Madagaskars sehr beliebt. Gute Reviere befinden sich entlang der Westküsten-Riffe (z. B. Nosy Vé, s. S. 112) oder vor den Inseln im Norden (z. B. Nosy Tanikely, s. S. 195). Besonders zu empfehlen sind die Inselarchipele abseits von Nosy Be, ganz speziell die Marine-Nationalparks Sahamalaza und Nosy Hara. Weitere Informationen zum Tauchen auf Nosy Be: www.scubanosybe.com.

Wandern und Bergsteigen

Im Gegensatz zum nahen Ostafrika, wo die Natur meist in Safarifahrzeugen erkundet wird, muss sie auf Madagaskar erwandert werden. Nur so lassen sich die faszinierenden Landschaften mit ihren einzigartigen Tieren und Pflanzen wirklich entdecken und kennenlernen.

In den meisten Nationalparks gibt es ausgezeichnete Wanderrouten unterschiedlicher Längen und Schwierigkeitsstufen. Von Spaziergängen bis hin zu mehrtägigen Trekkingtouren. Die meisten Reiseveranstalter haben einige Nationalparks und damit auch Wanderungen in ihr Reiseprogramm aufgenommen. Spezialisiert auf Wandern und Trekking haben sich Veranstalter wie Wikinger Reisen, www.wikinger-reisen.de.

Die madagassischen Nationalparks bieten eine Vielzahl beeindruckender Wanderrouten. Landschaftlich ganz besonders reizvoll ist der Weg zum Pic Imarivolanitra (2658 m) im Andringitra-Nationalpark (S. 86). Für botanisch Interessierte ist die Tsimelahy-Route im Andohahela-Nationalpark unbedingt empfehlenswert.

Individualreisende können mit Hilfe der Parkbüros und örtlichen Führer mehrtägige Trekkingtouren ebenfalls selbst organisieren. Ein Erlebnis ist der Big Tour Trail im Isalo-Nationalpark, der in 4–6 Tagen durch wunderschöne Felslandschaften und die grünen Oasen des Isalo-Gebirges führt (s. S. 92).

Diplomatische Vertretungen

Botschaft der Republik Madagaskar in Deutschland

Seepromenade 92
14612 Falkensee (bei Berlin)
T 03 32 22 31 40
www.botschaft-madagaskar.de,
info@botschaft-madagaskar.de
Mo–Fr 9–12.30, 13.30–16.30 Uhr

Konsulat der Republik Madagaskar in Österreich

Pötzleinsdorfer Str. 96
1180 Wien
T 01 479 12 73, 01 478 15 22
konsulat.madagaskar@vienna.at
Mo, Mi, Do 9–12 Uhr

Deutsche Botschaft auf Madagaskar

101 Làlana Pastora Rabeony Hans
Ambodirotra (Antananarivo)
T 020 22 238 02/03

www.antananarivo.diplo.de
Mo–Do 7–12.30, 13–16, Fr 7–13 Uhr
In dringenden Notfällen: Bereitschaftsdienst der Deutschen Botschaft Daressalam, T (+255) 786 9716 92.

Einreisebestimmungen

Bürger aus Deutschland, Österreich und der Schweiz benötigen für die Einreise nach Madagaskar ein Visum. Dieses kann bei der Botschaft der Republik Madagaskar in Berlin beantragt werden (www.botschaft-madagaskar.de/de/visa), ab 20 €. Ein touristisches Visum für einen Aufenthalt bis 30 Tage und einmaliger Einreise wird bei Anreise auch direkt an den internationalen Flughäfen von Antananarivo oder Nosy Be ausgestellt (bis 14 Tage 10 €, ab 15 Tage 21 €). Zur Erteilung des Visums ist ein bei Einreise noch mindestens sechs Monate gültiger Reisepass mit mindestens einer ganzen freien Seite vorzulegen. Bei der Beantragung eines Visums in der Botschaft ist zudem ein Formular auszufüllen. Dort sind auch Visa für längere Aufenthalte erhältlich (Kosten ab 48 €). Bitte beachten Sie, dass jedes Kind, das ins Ausland reist, unabhängig vom Alter ein eigenes Reisedokument benötigt.

Zollvorschriften

Eingeführt werden können alle Gegenstände des täglichen Bedarfs. Wertvolle elektronische Geräte (z. B. teure Videokameras) müssen bei der Einreise deklariert werden. Devisen können in unbegrenzter Höhe ein- und ausgeführt werden, müssen aber ab einem Gegenwert von 7500 € bei der Einfuhr deklariert werden. Die Einfuhr von Waffen und Drogen aller Art ist strikt verboten.

Edel- und Halbedelsteine, Versteinerungen und Fossilien sowie alte Holzschnitzereien dürfen nicht bzw. nicht ohne entsprechende Begleitpapiere ausgeführt werden. Das Gleiche gilt für endemische Tiere und Pflanzen oder Teile davon. Reisende mit Wohnsitz außerhalb von Madagaskar dürfen bis zu 1 kg Schmuck ausführen, wenn sie Nachweise über den Tausch von Devisen mindestens im Wert des Schmucks vorweisen können.

Elektrizität

Das Stromnetz auf Madagaskar führt wie in Europa 220 V. Die Steckdosen sind französischer Bauart und verfügen über zwei Stifte. Sie sind mit flachen Steckern (Typ C) problemlos nutzbar, Schuko-Stecker passen nicht.

Essen und Trinken

Madagassische Küche

Aufgrund mehrerer Einwanderungswellen wird die madagassische Küche von zwei recht unterschiedlichen Kulturkreisen geprägt, dem asiatischen und dem afrikanischen. Die ersten asiatischen Siedler Madagaskars brachten ihr wichtigstes Grundnahrungsmittel mit – den **Reis**.

Er heißt auf Madagaskar *vary* und wird in der Regel dreimal am Tag serviert. Morgens in Form von Reissuppe *(Vary sosoa)* oder Reiskuchen *(Mofo gasy)*. Beim Mittag- und Abendessen werden zum Reis verschiedene Gemüse (Kartoffeln, Süßkartoffeln, Möhren, Kohl, Maniok, Bohnen) gereicht. Fleisch und Fisch gibt es traditionell nur am Wochenende oder zu Feiertagen. Abgesehen von religiösen oder lokalen *Fadys* (Tabus), wird auf Madagaskar Fleisch vom Rind, Schwein, Huhn, Ente, Truthahn und Fisch gegessen. Ziege und Schaf sind dagegen nicht weit verbreitet. Die Vorliebe für Reis ist allen ethnischen Gruppen gemeinsam. Die Küche ist dennoch regional durchaus unterschiedlich. In küstennahen Gebieten spielt Fisch eine größere Rolle, und an der tropischen Nord- und Ostküste ist

Kokosnuss eine weitverbreitete Spezialität. Im trockenen Westen und Süden Madagaskars kommen Hülsenfrüchte, Mais und Sorghum häufiger auf dem Teller.

Eine **Spezialität** der madagassischen Küche ist das *Romazava.* Dies ist ein Eintopf, der aus Fleisch (Rind oder Schwein) sowie verschiedenen grünen, einheimischen Gemüsen (Anamalao, Tisam, Anatsonga, Anamamy) zubereitet wird. Dieses bei uns nicht bekannte Gemüse erinnert geschmacklich etwas an Wasserkresse und Mangold. Ungewohnt, aber schmackhaft ist *Varanga.* Es besteht aus Rindfleisch, das zunächst weich gekocht wird. Anschließend brät man das in grobe Fasern zerteilte Fleisch in einer Pfanne kross an. Sehr beliebt ist auch *Ravitoto.* Das Nationalgericht ist ein Eintopf, der aus sehr klein gestampften Maniokblättern und fettem Schweinefleisch besteht.

Als **Beilage** wird zum Essen gerne *Rogay* gereicht, eine Art Tomatensalat aus klein geschnittenen Tomaten und Zwiebeln sowie etwas Chili. Die madagassische Küche ist von Haus aus nicht sehr scharf, wobei viele Madagassen durchaus gerne gut gewürzt essen. Die Speisen werden dementsprechend individuell nachgewürzt. Einheimische verwenden dabei gerne *Sakay,* einen Brei aus kleingehackten Chilischoten, Ingwer, Knoblauch und Öl. Ihn gibt es in zwei Varianten: *Sakay pilokely* mit gehackten grünen Chilischoten und *Sakay tsilanindimlahy* mit gehackten großen roten oder gelben Chilischoten. Als **Snack** besonders beliebt sind *Samosas,* kleine dreieckig gefaltete Teigtaschen mit unterschiedlichen Füllungen wie Hackfleisch, Gemüse oder Fisch.

Traditionelle **Desserts** oder **Süßspeisen** sind nicht allzu zahlreich. Als Frühstück weit verbreitet oder als Snack zwischendurch ist *Mofo gasy* beliebt, kleine runde Reisküchlein, die aus einem Reismehl-Rohrzucker-Gemisch bestehen und in einer Metallform (ähnlich wie bei Muffins) mit etwas Öl über glühender Holzkohle gebacken werden. Besonders im Hochland beliebt ist *Koba.* Bei dessen Zubereitung werden Erdnüsse und Zucker zu einem Brei zerstampft, der in Brotform geknetet und mit einer Schicht Reisteig (Reismehl, Zucker, Wasser) umgeben in Bananenblätter eingewickelt gekocht wird. Das geläufigste madagassische Dessert ist jedoch **Obst.** Je nach Jahreszeit gibt es eine mehr oder weniger große Auswahl verschiedener Früchte. Das ganze Jahr erhältlich sind Bananen und Papaya. Saisonfrüchte sind Mangos, Litschi, Rambutan (hier Chinesische Litschis genannt), Mandarinen, Pomelos (hier Pampelmusen genannt), Pfirsiche, Pflaumen, Pok-Pok, Guaven sowie Anononenfrüchte wie beispielsweise der Zimtapfel.

VIELFALT DER GEWÜRZE

Auf Madagaskar, das bei uns lange als Gewürzinsel bekannt war oder als die ‚Insel, auf der der Pfeffer wächst‹, spielen Gewürze für die Küche eine große Rolle. Ein Großteil davon wird auf Madagaskar angebaut und teilweise sogar von hier exportiert. Neben dem bekannten Madagaskar-Pfeffer vor allem Nelken sowie Vanille, von der Madagaskar über die Hälfte der Weltproduktion liefert. Wichtig zum Würzen beim täglichen Kochen sind außerdem Chili, Ingwer, Muskat, Knoblauch, Gelbwurzel, Koriander und Zimt.

Garküchen anstelle von Restaurants

Restaurants in unserem Sinne können sich viele Madagassen nicht leisten. Verbreitet sind daher Garküchen in den Straßen der Städte oder auf den Märkten. Hier werden leicht zuzubereitende Gerichte wie Suppen, Nudeln, gekochte Maiskolben oder Fleischspieße angeboten. In einfachen Speiselokalen (*hotelys*), die in einem kleinen Raum nur ein paar Tischchen und Stühle bieten, ist die Auswahl ähnlich überschaubar und die Speisekarte meist auf Madagassisch. Nur in den von Touristen frequentierten Restaurants gibt es darüber hinaus französisch-, selten englischsprachige Menükarten.

Getränke

Der Madagasse trinkt traditionell *Ranonapango* (›Reiswasser‹) und Tee. Neben schwarzem Tee werden vor allem Kräutertees und dabei gerne Zitronengrastee ausgeschenkt. Kaffee gelangte erst mit den Arabern an die Küste und später dann auch ins Hochland. Auf den Straßen der Städte finden sich »fliegende« Kaffeeanbieter, die mit einer großen Blechkanne, kleinen Tassen und einer Zuckerdose nach Kunden Ausschau halten.

Daneben sind frische Fruchtsäfte sehr beliebt. Neben Orangen-, Passionsfrucht-(Maracuja)-, Guave- oder Litschisaft wird Tamarindensaft angeboten. Bei Letzterem mischt man das angetrocknete Fruchtfleisch der Tamarindenfrucht mit Wasser und kocht es auf, der säuerliche Saft wird mit Rohrzucker nachgesüßt und kalt getrunken.

Die französischen Missionare brachten im 19. Jh. den Weinanbau nach Madagaskar, der dann während der französischen Kolonialzeit verfeinert wurde. Die Weinanbaugebiete liegen im südlichen Hochland, zwischen Fianarantsoa und Ambalavao.

In Antsirabe gibt es eine große Brauerei, die das beliebte THB (Three Horses Beer) herstellt. Aus der gleichen Brauerei (Star) kommt das etwas stärkere Gold und das Leichtbier Queen, des Weiteren ein Mischgetränk aus Bier und Limonade mit dem Namen Fresh. Als nichtalkoholische Getränke sind diverse Limonaden (Achtung: Bourbon Anglais ist extrem süß) und Cola-Sorten gefragt, die selbst in jedem Dorf erhältlich sind.

Einfluss der Europäer

Seit der zweiten Hälfte des 19. Jh. haben französische Koch- und Essgewohnheiten Einfluss auf den madagassischen Speiseplan. Brot gibt es in der Regel in Form von Baguette. In den Städten findet man morgens zuweilen Croissants, am Tag Nudelgerichte mit Gemüse oder Leberpastete. Ein typisches Gericht mit französischem Einfluss ist Maigret de Canard (gebratene Entenbrust in grüner Pfeffersoße) oder die Beilage Macédoine, ein gekochter Gemüsesalat mit Mayonnaise.

Später asiatischer Einfluss

Asiatische Vertragsarbeiter, die während der Kolonialzeit nach Madagaskar kamen, bilden heute den Grundstock der asiatischen Bevölkerung, die hauptsächlich aus Indern, sowie Pakistanis und Chinesen besteht. Diese Gruppen haben ihrerseits die Küche Madagaskars bereichert. Von den Indern wurde z. B. das Currygericht übernommen, das man auch auf Madagaskar in allen möglichen Variationen zubereitet. Von den Chinesen wiederum stammt ein anderes, mittlerweile zu einer Art Nationalgericht aufgestiegenem Essen – das *Misao*. Es besteht aus Spagetti, die mit Gemüse und etwas Fleisch zusammengemischt werden.

Feiertage und Feste

Feiertage

1. Januar (Neujahr)
29. März (Jahrestag des antikolonialen Aufstandes 1947)
1. Mai (Tag der Arbeit)
26. Juni (Nationalfeiertag, Tag der Unabhängigkeit von Frankreich im Jahr 1960)
15. August (Mariä Himmelfahrt)
1. November (Allerheiligen)
25. Dezember (Weihnachten)
sowie die variablen Feiertage Ostermontag und Christi Himmelfahrt

FADY

Das Fady (s. S. 230) ist ein traditionelles Gebot oder Verbot mit meist nur lokaler oder regionaler Bedeutung. Diese ›Tabus‹ nehmen auch heute noch Einfluss auf das alltägliche Leben der Madagassen. Daher sollten sich Reisende auf Madagaskar beim Besuch heiliger Orte nach den örtlichen Fadys erkundigen und ihr Verhalten danach ausrichten. Reiseleiter und örtliche Führer weisen auf die Fadys hin. In Nationalparks sind sie meist auch ausgeschildert.

Traditionelle Feste

Die madagassischen Feste sind regional sehr unterschiedlich, je nach ethnischer Gruppe und lokalen Traditionen. In der Regel gibt es keine festen Termine, da die Festtage nach bestimmten Riten oder von Astrologen jeweils neu bestimmt werden.

Das Jahr der Feierlichkeiten beginnt im Hochland von Madagaskar mit dem **Alahamadibe,** einem Fest, mit dem die Menschen den Beginn des Mondjahres feiern. Durch die Opferung eines Zebus und spirituelle Reinigungen wird hierbei der Segen des Gottes Zanahary erbeten. Zu den größeren Festen gehört das im April/Mai ebenfalls im Hochland stattfindende **Taralily-Fest** (Reiserntefest), bei dem die Bewohner der umliegenden Dörfer zu einem gemeinsamen Festessen zusammentreffen, außerdem gibt es Musik, Gesang und Tanz. Weitere Feste, die im Zusammenhang mit dem Einbringen der Ernte stehen, werden auch in anderen Regionen gefeiert, z. B. das **Santa-Bary-**, das **Petra-Dango-** oder das **Lohavogny-Fest.** Dabei wird den Vorfahren für ihre Unterstützung gedankt und ein Teil der ersten Ernte geopfert oder an den Ortsvorsteher übergeben.

Die Zeit nach der Ernte ist die Periode, in der sich die Madagassen den **Ahnen** zuwenden und zugleich auch ihre Beschneidungssrituale vollziehen. Hierdurch festigt man tradierte gesellschaftliche Regeln und stärkt die sozialen Bindungen. Während die Beschneidung im Hochland **Famorana** heißt, nennt sie die Volksgruppe der Betsimisaraka im Südosten **Zolaza.** Das wohl größte Beschneidungsfest, das **Sambatra,** findet nur alle sieben Jahre im Monat Oktober in Mananjary (Ostküste) statt (s. S. 143). Während des einwöchigen Festes werden alle Jungen der Region gemeinsam beschnitten.

Eine Vielzahl der Feste steht in ganz direktem Bezug zu den Ahnen. Das bekannteste ist die im Hochland begangene **Famadihana**, das sogenannte Totenumbettungsfest (s. S. 280). Bei dieser großen Familienfeierlichkeit nimmt man die in Leichentücher gehüllten Knochen eines Verstorbenen aus dem Familiengrab und trägt sie unter fröhlichem Gesang und Musizieren durch das Dorf. Später werden sie dann, in einem frischen Leichentuch, wieder zurück in das Grab gelegt. Im Verlauf der Zeremonie erzählen die Festteilnehmer dem Verstorbenen die Neuigkeiten aus Familie und Dorf.

Königsahnen

Bei den Sakalava im Westen spielen bis heute Ahnenfeiern für die ehemaligen Könige eine große Rolle. Die Sakalava aus Boina (Region Mahajanga) wiederum treffen sich im Juli zum **Fanompoambe-Fest.** Im Rahmen der Feierlichkeiten reinigt man die Umgebung der Gräber und bietet den Vorfahren Honig und Alkohol dar.

Beim sogenannten Bad der Reliquien wird den Königsahnen gehuldigt. Die Sakalava aus Menabe treffen sich alle fünf Jahre im August in Belo-sur-Tsiribihina zum **Fitapoha-Fest.** Es dient dazu, den Bund mit dem einstigen König zu erneuern und ihm ewige Treue zu versprechen. Die Zeremonien dauern eine Woche lang, nur

Zwei Fliegen mit einer Klappe: Die Gesichtsbemalungen vieler Frauen schützen vor der Sonne und sorgen zugleich für gutes Aussehen.

am Montag und Mittwoch wird geruht, da die beiden Tage den Sakalava als unheilig gelten. Beim Fest stehen Gesang, Tanz und die Opferung eines Zebus im Mittelpunkt. Es gipfelt auch hier im ›Bad der Reliquien‹ als dem Höhepunkt der Festtage.

Im Norden begeht man alle fünf Jahre im November das **Tsanga-Tsaina** (Königsfest) der Antakarana, bei dem ein verzierter hölzerner Balken auf dem Festplatz in die Erde gerammt wird. Während der Pfahl den König und gleichzeitig die Männlichkeit symbolisiert, stellt der Boden unter ihm die Mutter Erde dar und steht damit für Fruchtbarkeit. Das Tsanga-Tsaina-Fest soll die Verbindung zwischen dem historischen König Tsimiharo und seinen Nachkommen stärken sowie den neuen Herrschenden Macht verleihen. Während der Tage sind Pilgerfahrten zum Mitsio-Archipel als ehemaligem Rückzugsort der Könige und zu den unterirdischen Höhlen von Ankarana wichtig. Mit tagelangen Tänzen und Gesang sowie dem Hissen der Königsfahne, auf der ein Halbmond und rote Sterne zu sehen sind, gehört dieses traditionelle Fest zu einem der beeindruckendsten auf Madagaskar.

Festivals

Ende Mai findet auf Nosy Be das **Musikfestival Donia** statt. Das größte Festival im Westlichen Indischen Ozean dauert mehrere Tage; präsentiert werden Musikgruppen aus Madagaskar und der Region (www.festival-donia.com).

Auf Nosy Sainte Marie feiert man Ende August/Anfang September das **Zagnaharibe-Fest** (Festival der Wale) mit Ausstellungen, Kunstmarkt und Konzerten.

Ein international renommiertes Festival ist **Madajazzcar.** An dem **Jazz-Festival** in Madagaskars Hauptstadt Antananarivo nehmen jedes Jahr zahlreiche bekannte Musiker teil (alle Informationen bietet www.madajazzcar.mg).

Geld

Währung

Die madagassische Währung heißt Ariary (MGA). Der Name stammt von der Bezeichnung einer Silbermünze aus vorkolonialer Zeit. Diese wurde ab 1961 neben dem offiziellen Franc Malgache wieder eingeführt, der 2005 abgeschafft wurde.

Die Geldscheine der Währung gibt es in den Werten 100, 200, 500, 1000, 5000 und 10 000 MGA. Daneben sind Münzen zu 50, 20, 10 und 5 MGA im Umlauf.

Wechselkurs (Stand Juni 2023): 1 € = 4808 MGA, 1000 MGA = 0,20 €; 1 CHF = 4917 MGA, 1000 MGA = 0,20 CHF.

Geldwechsel

Geld sollte möglichst schon in der Hauptstadt in madagassische Währung gewechselt werden. In der Provinz ist der Wechselkurs schlechter und der Umtausch nimmt zudem viel Zeit in Anspruch. Teure Hotels und Restaurants sowie einige Souvenirshops akzeptieren zwar Euro, unterwegs auf Madagaskar ist aber die heimische Währung gefragt. Dabei sollte man auf die Mitnahme von relativ kleinen Scheinen achten (500er bis 2000er). Ein 10 000-Ariary-Schein kann auf einem kleinen Markt oft nicht gewechselt werden. In großen Hotels sowie in Souvenirshops kann fast immer mit Euro (oder ggf. mit US-Dollar) bezahlt werden. Auf der Urlaubsinsel Nosy Be ist die Akzeptanz des Euro weit verbreitet.

Geld tauschen alle Banken und lizensierte Wechselbüros, Wechselkursvergleiche sind zu empfehlen. Zum Geldwechseln wird ein Reisepass benötigt. In Antananarivo sind u. a. auf der Avenue de l'Indépendance illegal wechselnde Geldhändler unterwegs, um die man besser einen großen Bogen machen sollte. Fahrlässig ist es, in aller Öffentlichkeit versteckte Geldbörsen hervorzuholen oder in dickeren Geldbündeln nach passenden Scheinen zu suchen. Der benötigte Betrag sollte vorher separat mitgeführt werden.

Das Bezahlen mit Kreditkarte ist auf Madagaskar nicht weit verbreitet. Nur große und teure Hotels akzeptieren die Bezahlung mit Karte, in der Regel Visa und Mastercard. In Antananarivo und in den großen Provinzstädten kann an einigen Geldautomaten der französischen Bankinstitute (Societé General, CA-BNI, BNP-BMOI) mit der europäischen Maestro-Karte Geld abgehoben werden. Da die Bankautomaten (ATM) nicht immer einsatzbereit sind, sollte man sich aber nicht darauf verlassen! Die früher beliebten Reisechecks *(traveller cheques)* sind auf Madagaskar schwer einzulösen. Sie werden nur von großen Bankfilialen akzeptiert. Die zweite Unterschrift sollte hundertprozentig mit der ersten übereinstimmen, sonst wird die Annahme des Schecks verweigert.

Reisekosten

Die Preise in Antananarivo und auf Nosy Be liegen fast auf europäischem Niveau. Dies gilt außerhalb der zwei Regionen ebenfalls für Hotels und Restaurants der oberen Preiskategorie. Auf Märkten oder in madagassischen Restaurants dagegen liegen die Preise deutlich darunter.

Die **Taxifahrt** von Antananarivo-Zentrum zum Flughafen kostet 25–30 €, vom Zentrum Tolagnaro zum Flughafen 3 €. Für ein **Taxi-Be** innerhalb Antananarivos werden ca. 0,25 € berechnet. Die Fahrt mit dem **Taxi-Brousse** von Antananarivo nach Taomasina kostet etwa 10 €.

Der Preis für einfache **Unterkünfte** (Zimmer mit Gemeinschaftsbad) liegt bei etwa 8 €. Im Vier- und Fünf-Sterne-Bereich zahlt man zwischen 100 und 180 € pro Doppelzimmer.

Essen und Getränke in gehobenen Restaurants (meist europäisch geführt) haben fast europäisches Niveau. Je nach Auswahl und Standard des Restaurants kostet ein Gericht zwischen 4 und 12 €. In Restaurants der mittleren Kategorie wird für ein Gericht zwischen 5 und 9 € verlangt, in einfachen Restaurants ca. 2 bis 4 €. Abgesehen von Bars und Restaurantbetrieben der gehobenen Klasse mit ihren Preisen auf ähnlich hohen Niveau wie in Europa kostet ein Bier (THB 0,5 l) etwa 1,50 bis 2 €, eine Cola (0,3-l-Flasche) 0,80 bis 1 €, ein Kaffee/Tee 0,20 bis 0,35 €.

Gesundheit

Vorsorge

Für Madagaskar sind keine Impfungen gesetzlich vorgeschrieben. Es wird lediglich der Nachweis einer Gelbfieberimpfung verlangt, wenn die Einreise nach Madagaskar von einem Gelbfieber-Epidemiegebiet aus erfolgt. Für Reisen in tropische Länder sollte zum eigenen Schutz überprüft werden, ob die bei uns allgemein üblichen Impfungen gegen Tetanus und Polio noch gültig sind. Die Notwendigkeit einer Hepatitis-A-Impfung sollte mit dem Hausarzt abgeklärt werden. Für Reisende, die sich in einer Gruppe auf den üblichen Routen bewegen, sind Typhus- und Cholera-Impfungen nicht notwendig.

Reisekrankheiten

Malaria ist auch auf Madagaskar ein Thema, das Risiko einer Ansteckung regional aber sehr unterschiedlich. Im Hochland und in den Gebirgen relativ gering verbreitet, gibt es an den Küsten eine höhere Ansteckungsgefahr. Das höchste Risiko besteht an der ganzjährig feuchtwarmen Ost- und Nordküste. Immer mehr Mediziner gehen dazu über, keine Malariaprophylaxe zu empfehlen. Um die Bildung von Resistenzen gegenüber den Antimalaria-Wirkstoffen nicht zu fördern, wird geraten, die Medikamente *stand-by* mitzunehmen. Diese werden dann bei Bedarf eingenommen, wenn beim Auftreten der typischen Symptome (hohes Fieber, Schüttelfrost, Gliederschmerzen) kein Arzt verfügbar ist. Letztendlich muss jeder selbst entscheiden, welches Risiko er eingehen möchte.

Apotheken

Jede Stadt verfügt über Apotheken, die auf Madagaskar *Pharmacie* oder *Fivarotam-Panafody* genannt werden. Abseits der Großstädte ist das Angebot an Medikamenten allerdings beschränkt. Benötigte Medikamente sollten daher besser direkt aus Europa mitgebracht werden. Mittel gegen Fieber, Durchfall, Malaria und Schmerzen sind in der Regel aber überall erhältlich.

Ärztliche Versorgung

In allen Städten gibt es private niedergelassene Ärzte sowie Krankenhäuser. Der Versorgungsstandard entspricht nicht dem in Europa. Nur in Antananarivo finden sich einige gut ausgerüstete Arztpraxen und Kliniken. Im Ernstfall sind die nächsten Krankenhäuser mit europäischem Standard auf der zu Frankreich gehörenden Nachbarinsel Réunion zu erreichen (tgl. Flugverbindung). Eine Auslandskrankenversicherung ist zu empfehlen.

MM Clinic
Route de l'Université
Antananarivo
T 020 222 35 55
mm24@wanadoo.mg,
Privatklinik, einige Ärzte sprechen Deutsch, tgl. 24 Std., guter Service, eigener Ambulanzwagen.

Institut Pasteur
Antananarivo
T 020 22 401 64
www.pasteur.mg, ipm@pasteur.mg
Das bekannte französische Institut ist spezialisiert auf Tropenkrankheiten (und keine Klinik für Verletzungen und Brüche und/oder chirurgische Eingriffe).

Informationsquellen

Informationsstellen und Fremdenverkehrsbüros

Schon seit 2013 verfügt Madagaskar nicht mehr über ein Fremdenverkehrsbüro in Deutschland. In der Hauptstadt Antananarivo befindet sich das Hauptbüro des staatlichen Tourismusamtes, Maison de Tourisme genannt. Daneben verfügen einige größere Provinzstädte ebenfalls über regionale Fremdenverkehrsbüros. Die Angaben hierzu finden Sie im Reiseteil beim jeweiligen Ort.

Office National du Tourisme
de Madagascar
im Hauptbahnhof Soarano
Lot IBG 29c Antsahavola
T 020 22 66115
www.madagascar-tourisme.com/de,
ontm@moov.mg
Das Büro erteilt allgemeine Auskünfte über Reisemöglichkeiten auf Madagaskar. Es bietet Broschüren an und einige Land- und Stadtkarten, die käuflich zu erwerben sind.

Die Mitarbeiter sprechen kein Deutsch aber etwas Englisch, bei speziellen Fragen wenig hilfreich. Öffnungszeiten: Mo–Fr 9–17 Uhr. Eine Zweigstelle des Büros im Flughafen Ivato öffnet während der Ankunft internationaler Flüge.

ORTANA (Office Regional du Tourisme d'Antananarivo)
Haus FJKM (neben dem Eingang zum Goethe-Zentrum)
Antananarivo–Antaninarenia
T 020 22 270 51, 034 20 270 51
contact@ortana.mg
www.tourisme-antananarivo.com
Zweigstelle: Esplanade Jardin, Andohalo, T 020 24 600 93, ortanaandohalo@yahoo.fr
Das Tourismusbüro der Hauptstadtregion gibt Tipps für Unternehmungen in der Hauptstadt und Umgebung. Es bietet jede Menge nützlicher Informationen über Hotels, Restaurants, öffentliche Verkehrsmittel, Autoverleih etc. Die freundlichen, gut englisch und französisch sprechenden Mitarbeiter helfen auch bei Planungen über die Region hinaus. Öffnungszeiten: Mo–Fr 9–12, 14–18, Sa 8–12 Uhr.

Im Internet

Das Internet bietet eine Reihe von Websites mit Infos zu Madagaskar, allerdings überwiegend in Französisch und Englisch. Die deutschsprachigen Angebote sind noch überschaubar.

www.botschaft-madagaskar.de Die Botschaft der Republik Madagaskar bietet auf ihrer Homepage einige reiserelevante Informationen und Hinweise in deutscher Sprache.

www.madagaskar.de Interessantes zu verschiedenen Aspekten einer Madagaskarreise hat der Reiseveranstalter Diamir-Reisen auf dieser Internetseite zusammengetragen.

www.africa.com/madagascar Recht allgemein gehaltene Informationen zu Madagaskar.

www.madagasikara.de Diese private deutsche Webseite bringt fast täglich aktualisierte Medienberichte über Madagaskar in deutscher und französischer Sprache. Es gibt einen Chatroom, ein Forum für Diskussionen, Termine zu Fernsehsendungen und Ausstellungen sowie ein Webseiten-Verzeichnis zu Madagaskar.

www.madagaskar-online.de Ein Verzeichnis über deutsche Webseiten, die Informationen zu verschiedenen Themen Madagaskars anbieten.

www.parcs-madagascar.com Die offizielle Internetseite der madagassischen Parkverwaltung informiert über Nationalparks, Reservate und sonstige Schutzgebiete, zurzeit nur in französischer Sprache Version.

www.wwf.de/regionen/madagaskar Informationen der Naturschutzorganisation WWF zu Madagaskar-Projekten.

Internetzugang

Die Verbreitung des Internets steckt noch in den Kinderschuhen. Nur in den großen Städten gibt es eine Reihe von Internetcafés, die ländlichen Gebiete sind meist nur über Mobilfunk an das Datennetz angeschlossen. Infos zu madagassischen SIM-Karten s. S. 241.

Kinder

Die Kinderliebe der Einheimischen schlägt sich in der Begegnung der Madagassen mit den Kindern Reisender nieder: Wer mit Kindern reist, erfährt in aller Regel erhöhte Aufmerksamkeit und Hilfe. In vielen Hotels werden für einen geringen Aufpreis im Zimmer der Eltern Kinderbetten aufgestellt. Einige Unterkünfte bieten auch Familienzimmer an. In den Nationalparks zahlen Kinder bis 12 Jahre nur 25 000 MGA Eintritt.

Klima

Aufgrund der geografischen Verhältnisse unterteilt sich Madagaskar in mehrere Klimazonen: Entlang der Ostküste zieht sich ein Gebirge, das den Großteil der vom Indischen Ozean kommenden Wolken abfängt. Daher ist das Klima der Ostküste das ganze Jahr über feucht. Im heißeren Südsommer entsteht über dem Ozean eine höhere Verdunstung, gleichzeitig kann die wärmere Luft mehr Feuchtigkeit aufnehmen. So kann ein Teil der Wolken über das Ostgebirge hinwegziehen und im dahinterliegenden Hochland abregnen. Nur ein geringer Teil dieser Wolken erreicht den relativ flachen Westen und Süden, weswegen es dort nur selten regnet. Die Wassertemperatur des Indischen Ozeans an Madagaskars Küsten beträgt das Jahr über zwischen 21 und 29 °C.

Madagaskars klimatische Zonen

Zentrales Hochland: Der sogenannte Südsommer (November bis März) ist warm mit einzelnen, zum Teil heftigen Schauern vor allem von Januar bis März. Im Südwinter (Juni bis September) ist es tagsüber mäßig warm, nachts allerdings sehr kalt, in einigen Gegenden bis zum Gefrierpunkt.
Ostküste: Im Osten herrscht generell ein tropisches, feuchtes Klima vor. Dort kann es das ganze Jahr über regnen, besonders aber in der Zeit von Dezember bis März. Der Osten unterteilt sich in zwei Unterzonen, den schmalen, flachen Küstenstreifen sowie den östlichen Gebirgszug. Die Temperaturen an der Küste liegen hauptsächlich zwischen 27 und 35 °C, mit einer relativ hohen Luftfeuchtigkeit. Im Gebirge ist es wesentlich frischer, im Südsommer zwischen 24 und 29 °C, im Südwinter zwischen 18 und 25 °C, nachts kühlt es ab, je nach Höhenlage teilweise auf unter 12 °C.
Westküste: Im Westen herrscht trockenes und warmes Klima vor. Im Südsommer ist es tagsüber heiß (30 bis 42 °C) mit vereinzelten Schauern, im Südwinter trocken und warm (21 bis 28 °C).
Südwesten: Das Gebiet zwischen Morombe und Amboasary hat halbwüstenhafte Bedingungen. Dort ist es im Südsommer heiß (Mitte bis Ende 30 °C), im späten Südsommer (März bis Mai) kommt es gelegentlich zu kleinen Regenschauern. Der Südwinter dagegen ist tagsüber warm (um 25 °C) und sehr trocken. Nachts kann es etwas frischer werden und die Temperaturen fallen teilweise unter 20 °C.

MADAGASKARS WETTER IM INTERNET

www.wetteronline.de/madagaskar: Allgemeine Wettervorhersage für ganz Madagaskar.
www.wetter.com: Wettervorhersage für 20 verschiedene Städte.
www.klimadiagramme.de/all_af.html: Klimadiagramme zu verschiedenen Städten Madagaskars.

Jahreszeiten

Frühjahr: Die Regenzeit dauert in der Regel bis Ende März. Der April kann noch wechselhaft sein, im Mai ist es dann meist trocken (bis auf die Ostküste). Dies ist eine schöne Reisezeit, da nach dem Regen die Vegetation überall sprießt und im März/April die Reisfelder des Hochlands in saftigem Grün erstrahlen.

Sommer (Südwinter): Die Monate Juni bis August sind die kühlsten auf Madagaskar. Die Bezeichnung ›kühl‹ trifft vor allem auf das Hochland sowie auf die östlichen Bergregionen zu. Dort kann es dann nachts empfindlich kalt werden. In den übrigen Gebieten herrschen dagegen angenehm warme Temperaturen vor (20–28 °C).

Herbst: Unser Herbst ist gewissermaßen der Südfrühling. Von September bis November wird es im Hochland und in den Bergen der Ostküste langsam

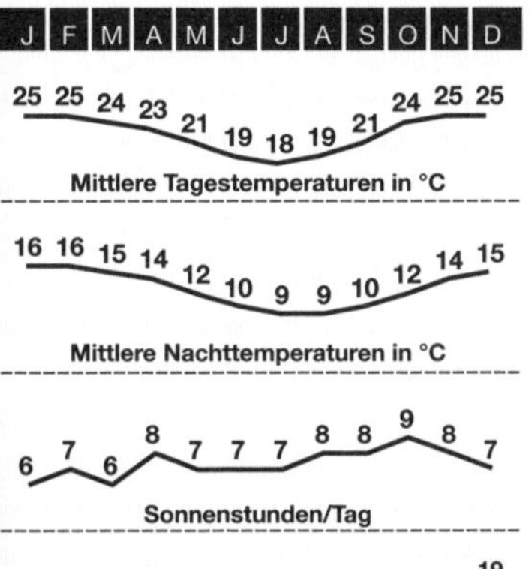

So ist das Wetter in Antananarivo.

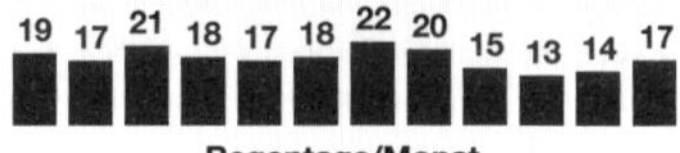

So ist das Wetter in Toamasina.

wärmer. Zum November hin können erste Regenschauer eintreten. Im September/ Oktober bekommen die meisten Lemuren (Halbaffen) ihre Jungtiere und etliche Blumen und Bäume tragen Blüten.

Winter (Südsommer): Im Südsommer von Dezember bis März ist Regenzeit auf Madagaskar. Besonders im Hochland und an der Nord- und Ostküste kann es mitunter tagelang heftig regnen. Februar und Anfang März ist die Zeit, in der es immer wieder einmal Zyklone gibt, wie die Wirbelstürme im westlichen Indischen Ozean genannt werden. Einige Hotels haben in dieser Zeit geschlossen.

Was gehört in den Koffer?

In unserem Sommer (Südwinter) sind für das Hochland und die Nationalparks an der Ostküste (Bergregenwald) auf jeden Fall Pullover und eine Jacke erforderlich! Bei Reisen an die Ostküste ist ganzjährig eine leichte Regenjacke zu empfehlen. Regenschirme sind für Wanderungen im Regenwald nicht geeignet. Ansonsten sollten im Koffer leichte Baumwollkleidung, Sonnenschutz (Sonnenhut und Sonnencreme) sowie Badesachen nicht fehlen. Für Wanderungen sind zudem festes Schuhwerk und ggf. Wanderstöcke von Vorteil. Da das Stromnetz auf Madagaskar nicht immer zuverlässig ist, sollte eine Taschenlampe mitgenommen werden.

Lesetipps

Die Auswahl an Büchern über Madagaskar im Buchhandel ist recht überschaubar.

Michael Flach und Corina Haase: Madagasikara – Insel meiner Träume. Magdeburg 2007. Der sehr persönliche Bildband nimmt Sie mit auf eine interessante Bilderreise durch Madagaskar. In wunderschönen Aufnahmen wird dabei auch die Vielfalt der großen Insel Madagaskar vorgestellt.

Andreas Osterhaus: Madagaskar. München 1997. Ein Taschenbuch zur Geschichte des Landes. Der Autor spannt einen Bogen von der geologischen Frühzeit bis zur kommunistischen Phase nach der Unabhängigkeit.

Ida Pfeiffer: Verschwörung im Regenwald – Die Reise nach Madagaskar. Basel 1999. Eine ungewöhnliche Frau reist im 19. Jh. alleine durch Madagaskar. Ihre Erzählungen bieten interessante Einblicke ins dortige Leben unter Königin Ranavalona I.

Jean-Luc Raharimanana: Haut der Nacht – Erzählungen aus Madagaskar. Unkel 1997. Der Autor versucht in diesen Geschichten, dem teils erschreckenden Alltag auf Madagaskar ein literarisches Gesicht zu geben: Es geht um Armut, Gewalt und das Leiden, das damit verknüpft ist. Die Protagonisten befinden sich am Abgrund, im Angesicht des Todes, am Rande des Wahnsinns oder verlieren sich in Zynismus.

Michelle Rakotoson: Dadabe – Ein Kurzroman und zwei Erzählungen aus Madagaskar. Göttingen 1998. Die in Frankreich lebende madagassische Schriftstellerin hat bereits eine Reihe von Theaterstücken und Geschichten geschrieben. Nur wenige gibt es bisher auf Deutsch. Die Geschichten erzählen vielschichtig über gesellschaftliche und ganz persönliche Probleme der madagassischen Figuren. Regionale Besonderheiten und die Schönheit der Insel geraten dabei ebenso in den Blick wie die Auseinandersetzung mit einer Welt, die zwischen traditionellen und modernen Werten hin und her pendelt.

Albrecht G. Schaefer: KulturSchock Madagaskar. Bielefeld 2011. Als kultureller Leitfaden gedacht, informiert das Buch über die Alltagskultur und Traditionen der Madagassen und gibt wichtige Verhaltenstipps.

BUCHTIPP B

Martina Hatchwell: Essen wie auf Madagaskar, 2006. Mit einem Einblick in die Geschichte der Insel und in den Alltag, botanische und historische Beschreibung der wichtigsten Gewürze und Kräuter sowie typische madagassische Rezepte.

Renate Matthews und Markus Zuber: Cuisine solaire Madagaskar, Rezepte aus der Sonnenküche, 2005. Bildband mit 40 Rezepten und vielen Fotografien. Mit dem Kauf des Buches wird das Projekt ADES (Herstellung und Verkauf von Solarkochern auf Madagaskar) unterstützt.

Medien

Auf Madagaskar ist die Medienlandschaft zwar vielfältig, beschränkt sich aber hauptsächlich auf die Hauptstadt Antananarivo. Dort gibt es eine ganze Reihe von Fernsehsendern, Radiostationen, Zeitschriften und Tageszeitungen. Außerhalb der Hauptstadt befinden sich nur in den großen Provinzstädten Ableger der großen Radio- und TV-Sender. Tageszeitungen gibt es nur in Großstädten mit täglichen Flugverbindungen. Alle Medienformate nutzen die Sprachen Malagasy und/oder Französisch. In sämtlichen Medienbereichen sind sowohl staatliche als auch private Medienfirmen aktiv. Die Berichterstattung ist relativ frei, d. h. es gibt offiziell keine Zensur. Aus den Flugzeugen übrig gebliebene französisch- und englischsprachige Zeitungen werden manchmal vor dem Postamt der Oberstadt von Antananarivo verkauft. Deutschsprachige Medien sind in Madagaskar kaum zu bekommen.

Nationalparks

Madagaskar verfügt zurzeit über 26 Nationalparks. Diese werden von der staatlichen Behörde Madagascar National Parks verwaltet. Die bekanntesten sind der Analamazaotra- und der Ranomafana-Nationalpark im Osten sowie der Isalo-Nationalpark im Westen. Mehrere Parks schützen neben

einem Landteil auch die Meeresfauna, darunter Mananara Nord, Masoala, Nosy Hara, Nosy Tanikely und Sahamalaza. Die meisten Nationalparks sind für Besucher zugänglich. Für den Besuch muss ein Eintrittsgeld entrichtet werden, je nach Park zwischen 45 000 und 55 000 MGA. Alle Schutzgebiete dürfen nur mit offiziellen Parkführern erkundet werden. Diese werden von den örtlichen Parkbüros vermittelt. Ihr Entgelt ist unterschiedlich, Preislisten hängen in den Büros aus. Die Öffnungszeiten sind in der Regel 7/8–17/18 Uhr.
www.parcs-madagascar.com

Öffnungszeiten

Landesweit einheitliche Öffnungszeiten existieren nicht.
Geschäfte: Mo–Fr 8–12, 14–18, Sa 8–12 Uhr; **kleine Läden/Kioske:** tgl. ca. 6–22 Uhr; **Märkte:** ca. 6–16 Uhr; **Supermärkte:** Mo–Sa 8–20, So 9–14 Uhr; **Banken:** Mo–Fr 8–11, 14–16 Uhr; **Post:** Mo–Fr 8–12, 14–17, Sa 8–12 Uhr

Reisen mit Handicap

Reisende mit Handicap finden in Madagaskar kaum auf sie zugeschnittene Angebote. Nur wenige Hotels sind barrierefrei. Hilfreich sind örtliche Agenturen, die Reisen nach persönlichen Vorgaben organisieren (s. S. 240).

Reiseplanung

Nur wenig Zeit? Madagaskar zum ersten Kennenlernen

Madagaskar ist 1,5-mal so groß wie Deutschland, mit einer kaum ausgebauten Verkehrsinfrastruktur, sodass Reisen auf der großen Insel gut geplant sein sollten. Wenn Sie nur wenig Zeit mitbringen, sollten Sie daher auch den einen oder anderen Flug einplanen und sich per Auto oder Bus entlang der besser ausgebauten Strecken bewegen. Von der Hauptstadt Antananarivo aus sind das zum Beispiel die RN 2 in Richtung Ostküste sowie die RN 7 in den Südwesten. Letztere ist die beliebteste Route, die vom Hochland und den anschließenden Grasebenen am Andringitra und Isalo-Gebirge vorbei bis in den halbwüstenhaften Südwesten führt. Von ihrem Endpunkt, der Stadt Toliara, fliegt Air Madagascar Sie täglich wieder zurück in die Hauptstadt. Diese Tour ist bereits in einer Woche zu schaffen.

Welche Sehenswürdigkeiten sollten Sie besuchen?

Zu den touristischen Highlights des Landes zählt vor allem die einzigartige Natur und so gehören die Nationalparks zu den wichtigsten Sehenswürdigkeiten: Sie schützen die große Vielfalt an endemischen Pflanzen wie die beeindruckenden Baobabs, die Tierwelt mit ihren interessanten Lemuren (Halbaffen) und deren jeweiligen Lebensräume, vom dichten Bergregenwald der Ostküste bis zu den malerischen Granit- und Sandsteingebirgen im Süden. Kulturell bietet

PREISE

Die im Reiseteil des Buches angegebenen Preise beziehen sich auf ein Doppelzimmer ohne Frühstück bzw. ein Hauptgericht.

Schlafen
€ = unter 50 €
€€ = 50 bis 100 €
€€€ = über 100 €

Essen
€ = unter 10 €
€€ = 10 bis 15 €
€€€ = über 15 €

Madagaskar vor allem dank seiner unterschiedlichen Ethnien, in denen sich Afrikanisches und Asiatisches mischt, interessante Sehenswürdigkeiten. Besonders lohnenswert ist eine Fahrt in den Süden zu den beeindruckenden Grabmälern der Antandroy und Mahafaly. Auch wenn die Pisten dorthin schlecht sind, so entschädigen die interessant gestalteten Gräber doch für die Anstrengung und den Komfortverzicht, die eine Fahrt durch dieses kaum besuchte Gebiet unweigerlich mit sich bringt. Im Hochland von Madagaskar kann man dagegen der royalen Vergangenheit der Insel nachspüren. Das Spektrum reicht vom weithin sichtbaren Rova, dem Palast der Königin in der Hauptstadt Antananarivo, bis zur Sommerresidenz in Ambohimanga mit ihrem traditionellen Königshaus, das noch eine Vorstellung vermittelt, wie die Holzgebäude im Hochland vor der Ankunft der Europäer aussahen.

Sie sind das gängige Transportmittel in Madagaskar und transportieren alles: Taxis-Brousses.

Bus oder Jeep – wie bereist man Madagaskar am besten?

Die Wahl des Verkehrsmittels ist letztlich eine Frage des Geldbeutels sowie der verfügbaren Reisezeit. Im Prinzip sind die meisten Orte Madagaskars mit Überlandbussen, den sogenannten Taxis-Brousses (Busch-Taxis), zu erreichen. Eine Ausnahme bilden einige abseits gelegene Nationalparks. Die Busse sind sehr preiswert, jedoch auch oft in einem schlechten technischen Zustand, die Sitze sind schmal und unbequem. Die Abfahrtszeit ist recht variabel und meist geht es erst los, wenn das Fahrzeug voll besetzt ist. Zum Be- und Entladen werden immer mal wieder längere Stopps eingelegt, und abseits der asphaltierten Straßen kommen die Busch-Taxis oft nur sehr langsam voran. Strecken von mehreren Hundert Kilometern dauern in der Regel ein bis zwei Tage. Der Vorteil dieser Fortbewegung: Sie ist billig und man bekommt interessante Einblicke in das Leben der Madagassen auf dem Land. Auch wer nur wenig Französisch spricht, kann so die große Insel gut bereisen.

Wer auf etwas Komfort beim Reisen Wert legt und gerne selbst entscheidet, wo angehalten wird, ist mit einem Mietauto mit Fahrer weitaus besser bedient. Allerdings hat diese Art des Reisens auch ihren Preis. Alle örtlichen Agenturen bieten Allradautos mit Fahrer an, meist gegen eine Tagespauschale.

Wo kann man am besten wilde Tiere beobachten?

Madagaskars Halbaffen, die Lemuren, leben in unterschiedlichen Klimazonen und Landschaften, sind jedoch keine Kulturfolger und daher nur in den wenigen noch verbliebenen natürlichen Lebensräumen zu sehen. Gute Chancen, Lemuren in freier Wildbahn zu beobachten, haben Sie im Analamazaotra- und im Ranomafana-Nationalpark sowie in der Nähe der Schluchten im Isalo-Nationalpark. Auch private und kommunale Schutzgebiete wie die Reservate Berenty und Nahampoana bei Fort Dauphin oder der Anja-Park bei Ambalavao bieten zum Teil sehr gute Möglichkeiten Lemuren zu sehen.

Die schönsten der zahlreichen Chamäleon- und Geckoarten finden Sie an der Nord- und Ostküste. Im Indischen Ozean um Madagaskar tummeln sich unzählige Fischarten, außerdem Wale, Gliederfüßer und Meeresschildkröten. Die besten Möglichkeiten für Schnorchler und Taucher bietet die Nordküste, genauer gesagt die Inseln vor der Küste. Zu den bekanntesten zählt das Marinereservat von Nosy Tanikely bei Nosy Be. Auch weiten Teilen der Westküste ist ein Korallenriff vorgelagert, das allerdings nicht mehr so artenreich ist wie das an der Nordküste.

Welche Strände sind empfehlenswert?

Sollten Sie Lust auf ein paar Tage am Strand verspüren, dann sollten Sie die Strände von Nosy Sainte Marie kennenlernen. Weißer Sand und Palmen sowie ausschließlich kleine Hotels machen die schmale Insel an der Ostküste zum tropischen Paradies. Wer jedoch mehr als nur Strand im Sinn hat und gerne nebenbei etwas unternehmen möchte, der findet auf der größeren Insel Nosy Be im Norden reichhaltigere Gestaltungsmöglichkeiten. Diese reichen vom Wassersport über Inselausflüge bis hin zu Wanderungen durch Kulturlandschaften oder in Lokobe, dem einzigen Naturreservat der Insel. Als schönster Strand auf Nosy Be gilt Andiana Beach. Besonders reizvoll sind jedoch auch die Strände der abseits liegenden, kleinen Inselchen wie denen des Nosy-Hara-Archipels.

Sightseeing abseits der ausgetretenen Pfade?

In Madagaskar sind nur wenige Nationalstraßen durchgängig asphaltiert. Daher ist für Fahrten in diese weniger erschlossenen Gebiete immer mit einem Mehraufwand an Zeit und Organisation zu rechnen. Mit einem guten Allradfahrzeug und einer Prise Abenteuerlust lassen sich aber auch in Madagaskar interessante Orte jenseits der gängigen Routen erfahren. Jedoch sollten vor einer solchen Reise immer aktuelle Informationen über die Pistenverhältnisse und die Sicherheitslage eingeholt werden. Zudem wird davon abgeraten, auf diesen Strecken selbst zu fahren, besser sollten Mietautos mit heimischem Fahrer gewählt werden.

Lohnenswert sind Touren zur Südspitze der Insel oder in den Westen (Morondava, Mahajanga). Eine Tour entlang der Ostküste ist aufgrund der sehr schwierigen Straßenverhältnisse und zahlreicher zu überquerender Bäche und Flüsse nur Profis zu empfehlen. Der Norden Madagaskars bietet, obwohl die meisten Rundreisen vom Hochland Richtung Südwesten verlaufen, ebenso ganz besondere Reize und eine große Vielfalt an Landschaften und Möglichkeiten. Von Antsiranana (Diego-Suarez) aus lässt sich der Nordteil gut erkunden – sei es der Regenwald im Montagne-d'Ambre-Nationalpark oder die bizarren Felsnadeln (Tsingys) im Ankarana-Nationalpark. Zudem bietet die Inselwelt vor der Küste vom abgelegenen Nosy-Hara-Archipel ganz im Norden bis zu den Radama-Inseln im Nordwesten eine Fülle an traumhaften Stränden und faszinierenden Unterwasserlandschaften. Lassen Sie sich von dieser Region verzaubern.

Organisiert reisen

Einige abseits gelegene Nationalparks sind mit öffentlichen Verkehrsmitteln nicht oder nur umständlich erreichbar. Für solche Ziele bietet es sich an, über eine örtliche Agentur einen Ausflug zu organisieren. Für Reisende, die sich vor Ort um nichts mehr kümmern möchten, sind von Deutschland aus gebuchte Rund- und Studienreisen mit erfahrenen Reiseleitern die richtige Wahl.

Reiseagenturen in Deutschland und der Schweiz

Entweder mit deutschen Reiseleitern (Studienreisen) oder örtlichen Deutsch/Englisch sprechenden Guides (Erlebnisreisen/Rundreisen). Kosten je nach Tour und Leistungen 2500–5000 €.

Meiers Weltreisen: Frankfurt, T 069 153 22 55 32, www.meiers-weltreisen.de. Klassische Rundreisen.

World Insight: Köln, T 02236 38 36-0, www.world-insight.de. Verschiedene preisgünstige Touren.

Studiosus: München, T 089 500 60-0, www.studiosus.com. Gehobene Studienreisen.

Reisen mit Sinnen: Dortmund, T 0231 589 79 20, www.reisenmitsinnen.de. Studienreisen mit Radtouren und Wanderungen.

Priori: Basel, Schweiz. T 061 332 19 27, www.madagaskarhaus.ch. Umfangreichstes Madagaskar-Programm im deutschsprachigem Raum. Gruppenreisen zu unterschiedlichen Themen und individuelle Beratung.

Tanala Horizon: Adelshofen, T 09865 941 72 94, www.tanalahorizon.com. Klassische Reiserouten, außergewöhnliche Expeditions-, Themen- und Fotoreisen.

Reiseagenturen vor Ort

Bei einem örtlichen *Tour Operator* (teils Deutsch sprechend) können individuell zugeschnittene Reisen gebucht werden. Angeboten werden oft auch Mietwagen mit Fahrer. Informationen zu weiteren madagassischen Reiseagenturen finden Sie auf der französischsprachigen Website www.go2mada.com.

Malagasya Travel: Anjahana, Antananarivo, T 02022 378 69, www.malagasya-travel.mg.

Madagascar Grace Tours: Ankadimbahoaka (gegenüber FJKM-Kirche), Antananarivo, T 032 07 920 15, www.gracetours.mg, mgt@moov.mg.

Setam: 56, Av. de 26 Juin, Antananarivo, T 020 222 98 07, www.setam-madagascar.com, setam@iris.mg.

NOTRUFNUMMERN

Es gibt auf Madagaskar kein einheitliches Notrufsystem. Bei Notfällen im Hotel sollte man sich an die Rezeption wenden. In der Hauptstadt Antananarivo gelten folgende Telefonnummern:

Polizei: 117
Feuerwehr: 118
Sperrung von Bank- und Kreditkarten: +49 116 116

Sicherheit

Madagaskar gilt als sicheres Reiseland. Aber wie in vielen Ländern sind einige Verhaltensvorschriften zu beachten. In Antananarivo gibt es geübte Taschendiebe. Bei einem Stadtspaziergang sollten daher alle Wertgegenstände im Hotel bleiben oder gut am Körper versteckt sein. Das gilt auch beim Besuch von großen Märkten. Ein Spaziergang alleine nach Einbruch der Dunkelheit sollte vermieden werden. In den Provinzstädten ist es dagegen etwas ruhiger. Generell gilt allerdings auch dort, dass das offene Mitführen von Wertgegenständen (z. B. teuren Uhren, Schmuck) möglichst vermieden werden sollte.

Auf Madagaskar leben keine für Menschen gefährlichen Tiere. Es gibt keine großen Raubtiere und alle Schlangenarten sind für Menschen harmlos. Skorpione sind selten, deren Stiche können allerdings sehr schmerzhaft sein.

Souvenirs

Beliebte Mitbringsel aus Madagaskar sind Gewürze aller Art, vor allem Vanille ist preiswert zu bekommen. Typisch sind

HANDELN

Die Preise in Geschäften sowie für Lebensmittel auf den Märkten sind Festpreise. Bei allen anderen Produkten, vor allem Souvenirs, kann und sollte gehandelt werden. Zumeist können Ausländer nicht in dem Maße Preise herunterhandeln wie Einheimische.

dem Grabschmuck nachempfundene Schnitzereien wie die sogenannten *Aloalo.*

Praktisch für zu Hause sind die vielen aus Fasern der Raphia-Palme hergestellten Taschen, Platzdeckchen und Körbe oder Utensilien aus Zebuhorn wie Bestecke, Becher und Salzstreuer. Ein besonderes Souvenir ist sicher eines der typischen madagassischen Musikinstrumente. Die Bambusgitarre *Valiha* etwa wird oft mit schönen Schnitzereien versehen. Ein Souvenir-Klassiker aus Madagaskar ist das Spiel Solitaire mit Kugeln aus echten Halbedelsteinen.

Einen großen Überblick über die Souvenirs bekommt man auf dem Marché d'Artisanat außerhalb von Antananarivo, auf dem Weg zum Flughafen. Für den täglich geöffneten Markt sollte man sich viel Zeit nehmen zum Stöbern. Sinnvoll kann es auch sein, die Produkte direkt am Ort der Herstellung zu erwerben. Holzschnitzereien zum Beispiel im Hochlandstädtchen Ambalavao, Edelsteine und Gegenstände aus Zebuhorn in Antsirabe, bestickte Tischdecken in Antananarivo, Mohairteppiche in Toliara und Vanille von der Ostküste, wo sie sicher am frischesten ist.

Straßenkinder

Auf Madagaskar gibt es in einigen großen Städten Straßenkinder, die bettelnd durch die Straßen ziehen. Ein Teil der Kinder sind keine wirklichen Straßenkinder, sie werden von ihren Eltern zum Betteln geschickt und können so nicht zur Schule gehen. Auch an einigen touristischen Orten gibt es Kinder, die betteln. Sie sollten ihnen nie etwas zustecken, da Sie sie damit zum weiteren Betteln ›erziehen‹. Wenn Sie Zeit haben, laden Sie ein Kind zum Essen an einer der Garküchen an der Straße ein. Besser noch, Sie unterstützen Initiativen, die sich um Kinder und Straßenkinder professionell kümmern. Ein Verein, der gute Arbeit leistet, und sich um die Straßenkinder von Antananarivo kümmert, ist Zaza Faly e. V. (›glückliches Kind‹). Bei einer vorherigen Anmeldung ist auch ein Besuch der Einrichtung möglich (weitere Informationen unter www. zaza-faly.de).

Telefonieren

Das Mobilfunknetz ist gut ausgebaut und deckt zumindest die größeren Ortschaften sowie die wichtigen Nationalstraßen ab. Mehrere Anbieter stehen zur Verfügung (Telma, Orange, Airtel), eine SIM-Prepaidkarte kostet nur wenige Euro. Für Vieltelefonierer ist dies die preiswertere Alternative zu den meist sehr teuren Telefongesprächen vom Hotel aus. In großen Städten gibt es zudem Telefonshop-Anbieter auf der Straße, das sind kleine mobile Stände, die ein Telefon für Gespräche zu festen Minutenpreisen bereithalten. Die Preise stehen zumeist auf einer Papptafel.

Auch deutsche Vertragshandys können auf Madagaskar genutzt werden. Roamingpartner von T-Mobile sind Telma und Airtel, von Vodafone Orange und Airtel. Handys mit deutscher Prepaidkarte funktionieren nicht.

Festnetznummern beginnen mit 020 (+ Vorwahl + Rufnummer), Handynummern mit 03 (+ Ziffer des Mobilfunkanbieters + 7-stellige Rufnummer). Ländervorwahlen: Deutschland 00 49, Österreich 00 43, Schweiz 00 41, Madagaskar 00 261.

Trinkgeld

Bei persönlichen Dienstleistungen wird auch auf Madagaskar ein Trinkgeld erwartet. In Restaurants beispielsweise ist es üblich, den Rechnungsbetrag stets aufzurunden. In den Hotels der touristischen Zentren erwarten die Zimmermädchen ebenfalls einen kleineren Geldbetrag (als Anhaltspunkt dient umgerechnet bis 0,50 € pro Nacht).

Bei einheimischen Führern, die keinen öffentlich ausgeschriebenen und damit feststehenden Preis haben, gilt mindestens ein Trinkgeld in Höhe des jeweiligen Eintrittsgeldes (der Museen, Privatparks etc.) als angemessen. Aber auch die Nationalparkguides, für die Entgelte offiziell festgelegt sind, erwarten darüber hinaus noch einen Obolus für eine gelungene Führung. Trinkgeld sollte stets in der Landeswährung gezahlt werden. Für Fahrer und Reiseleiter am Ende der Reise gelten die internationalen Standards (ein bis zwei Euro pro Tag und Person). Mit den Trinkgeldern sollte aber immer auch die Zufriedenheit über die erbrachte Leistung zum Ausdruck gebracht werden.

Übernachten

In Antananarivo findet man eine große Vielfalt an Hotels und Gästehäusern. Auch in den touristisch sehr frequentierten Orten wie auf Nosy Be, Sainte Marie und entlang der Nationalstraße RN 7 (Antananarivo–Toliara) gibt es ein gutes Angebot von Hotels verschiedener Kategorien. In weniger besuchten Regionen ist die Auswahl aber weiterhin bescheiden. Dies gilt insbesondere für den Westen, den Nordosten und den Süden des Landes.

Auf Madagaskar gibt es keine Reservierungszentrale für Hotels und die Hotelbuchungsmaschinen im Internet erfassen bislang kaum Hotels auf der Insel. Möglichkeiten für direkte Online-Buchungen bieten zurzeit www.reservations.mg und www.airbnb.de an. Buchungen können ansonsten direkt bei den Hotels vorgenommen werden oder über einen Reiseveranstalter bzw. eine örtliche Reiseagentur (s. S. 240) sowie www.priori.ch. Eine Zusammenstellung von Hotels und Restaurants bietet auch die Webseite des Verbandes der Hotels und Restaurants auf Madagaskar: www.madagascar-hotels-online.com (französisch).

In vielen Hotels wird das Frühstück extra berechnet! Bei einigen Hotels ist zudem auch die Übernachtungssteuer *(Vignette Touristique)* von derzeit 5000 MGA (ca. 1,40 €) nicht im Zimmerpreis enthalten und wird aufgeschlagen.

Stadthotels

In allen größeren Städten gibt es mittlerweile gute bis sehr gute Hotels, die auch gehobenen Ansprüchen genügen. Neben einer mit europäischem Komfort vergleichbaren Ausstattung, verfügen sie über Internetanschluss, gute Restaurants, Bars und Swimmingpools. Das gilt neben der Hauptstadt Antananarivo besonders für die Städte Antsirabe, Ant-

Die Zeltplätze sind reichlich rustikal, bieten jedoch viel wilde Natur und gelegentlich putzige ›Aufpasser‹.

siranana, Fianarantsoa, Tolagnaro, Toliara und Toamasina. Internationale Hotelketten sind mit Ausnahme der Hauptstadt (franz. Accor-Gruppe) nicht vertreten. Die Eigentümer sind größtenteils auf Madagaskar lebende Europäer.

Strandhotels

Durch italienisches und französisches Engagement gibt es auf Nosy Be seit einigen Jahren Strandhotels mit internationalem Standard. Ebenfalls gute, allerdings kleinere Hotels, hat die Insel Sainte-Marie zu bieten. Sehr gute Strandhotels findet man darüber hinaus in Ifaty (an der Südwestküste bei Toliara) sowie einige luxuriöse Fly-in-Resorts an der Nordwestküste. Die meisten Strandhotels sind bemüht, bei der architektonischen Gestaltung madagassische Baustile und Kunsthandwerk mit einfließen zu lassen.

Lodges in Nationalparks

Die Nationalparks Madagaskars sind touristisch sehr unterschiedlich erschlossen. Manche bieten eine breite Palette an Unterkünften und Aktivitäten, andere haben außer einem Campingplatz nichts vorzuweisen. Nationalparks mit mittlerweile guter Infrastruktur sind: Analamazaotra, Isalo und Ranomafana. Bei weiteren Parks gibt es zumindest Übernachtungsmöglichkeiten, teilweise auf niedrigem Niveau. Dazu gehören die Parks von Andringitra, Ankarafansika, Ankarana und Montagne d'Ambre. Nähere Infos zu Unterkünften in diesen Gebieten finden sich im Reiseteil.

Campingplätze

Die Ausstattung ist sehr einfach bis nicht vorhanden. Nur wenige Zeltplätze verfügen über Toiletten, Wasch- oder Kochgelegenheiten. Gerade bei Zeltplätzen in abgelegenen Parks muss in der Regel für alles selbst gesorgt werden. Ausgewiesene Campingplätze in Ortschaften gibt es nicht. Auf Nachfrage ist es möglich, im Garten einiger Hotels zu zelten. In Dörfern sollte man den *Chef de Fokontany* (›Dorfchef‹) um Erlaubnis bitten.

HOCHSAISON AUF MADAGASKAR

Sie dauert von Juli bis Oktober. In dieser Zeit sollten Flüge sowie Unterkünfte der gehobenen Klasse möglichst im Voraus gebucht werden.

Gästehäuser/Pensionen

Diese Form der Unterkunft ist auf Madagaskar noch relativ neu. Zwar gibt es in Antananarivo schon seit Jahren Angebote von Gästehäusern und kleinen privaten Pensionen, doch in anderen Städten beginnt die Entwicklung erst. In Zusammenarbeit mit Entwicklungsorganisationen wird versucht, heimische Familien bei der Einrichtung und dem Betreiben zu unterstützen. Durch diese Form der Hilfe zur Selbsthilfe möchte man ihnen die Möglichkeit geben, am Tourismus mitzuverdienen.

Ein gelungenes Beispiel dafür stellt die Altstadt von Fianarantsoa dar. Dort vermieten einige Familien jeweils ein bis zwei schön hergerichtete Zimmer in ihren traditionellen Häusern. Die Ausstattung und die Einrichtung in diesen Häusern sind sehr unterschiedlich und reicht vom aufwendig restaurierten Altbau mit Komfortbad bis zum einfachen Zimmer mit Gemeinschaftsbad.

Umgangsformen

Auf Madagaskar geht es meist etwas gemütlicher zu. *Mora mora* (›langsam‹) wie die Madagassen es selbst nennen. In Büros wie Banken und Postämtern wird vieles akribisch geprüft und eingehalten, was mitunter sehr zeitraubend sein kann. Geduld ist gefragt, ungeduldiges Verhalten gilt als unhöflich. Beim Besuch von Gräbern und Kultstätten können örtlich bestimmte Kleidervorschriften gelten. Im Hochland sind kurze Röcke und Shorts nicht gern gesehen, an den wärmeren Küsten erregt das aber kein Aufsehen. Auf FKK sollte verzichtet werden.

Verkehrsmittel im Land

Überlandbusse/Taxis-Brousses

Im Verkehr zwischen den Städten sind Minibusse und Busse mittlerer Größe im Einsatz, die Taxis-Brousses (Busch-Taxi) genannt werden. Sie verkehren von Busbahnhöfen, die meist an der Ausfallstraße liegen. In den Ticketbüros am Busbahnhof kann bereits am Vortag ein Fahrschein erworben werden, ansonsten vor Abfahrt direkt im Bus. Die Strecken und Preise sind genau angegeben und festgelegt. Erste private Busunternehmen haben vor Jahren begonnen, einige Strecken mit komfortableren Überlandbussen zu bedienen, die etwas bequemer sind als die herkömmlichen Taxis-Brousses (Malagasy Car, T 034 225 88 88, www.malagasycar.com; Cotisse Transport, T 032 110 27 33, www.cotisse-transport.com). Eine Alternative sind die Busse von Transpost nach Toliara und Mahajanga, ihr Büro ist im Postamt der Oberstadt (nahe Hôtel Colbert, T 033 12 96915).

Preise für Taxi-Brousse-Strecken
von Antananarivo nach
... Antsirabe: 12 000 MGA
... Toamasina: 40 000 MGA
... Mahajanga: 50 000 MGA
... Ampefy: 9000 MGA
... Manakara: 41 000 MGA
... Toliara: 65 000 MGA
... Antsiranana: 90 000 MGA
... Fort-Dauphin: 130 000 MGA

Bahn

Madagaskar verfügt über vier Bahnstrecken, jedoch werden nur noch zwei Strecken sowie eine Teilstrecke im Linienverkehr für Passagiere genutzt. Zum einen die Bahnlinie von Fianarantsoa nach Manakara, sowie von Moramanga nach Ambatondrazaka und des Weiteren der Abschnitt von Moramanga nach Ambila und Toamasina. Zweimal wöchentlich fährt ein Passagierzug in beide Richtungen. Über die anderen Strecken (Antananarivo–Antsirabe und Antananarivo–Toamasina) wird zurzeit nur noch Güterverkehr abgewickelt.

Die Eisenbahnlinie FCE verbindet Fianarantsoa im Hochland mit Manakara an der Ostküste

Eine weitere Möglichkeit bilden die Charterzüge der Madarail. Der Micheline ist eine Art Schienenbus mit 19 Plätzen. Für die Strecke Tana–Antsirabe benötigt er 6 Std. (ca. 80 € pro Pers./bei 19 Pers.), für Tana–Andasibe 5 Std. Für größere Gruppen bietet sich der Trans Lemurie Express mit ein oder zwei Waggons mit je 50 Plätzen an. Er benötigt von Tana nach Antsirabe 7 Std. und nach Andasibe 6,5 Std.

Madarail, Bahnhof Soarano, Av. de l'Indépendance, Antananarivo, T 020 22 345 99, tourisme@madarail.mg, www.madarail.mg

Mietwagen

Der Mietwagenverleih für Selbstfahrer ist nicht sehr verbreitet. Viele Agenturen vermieten ihre Wagen inklusive Fahrer – in einem Land ohne Notruf und Werkstattsystem sicher ein Vorteil. Zudem kennen sich die Fahrer auf den meist nicht ausgeschilderten Straßen besser aus. Zu beachten ist, dass für Fahrten jenseits der Nationalstraßen oftmals ein Allradfahrzeug notwendig ist. Der Preis für ein Fahrzeug pro Tag beinhaltet in der Regel bereits die Kosten für den Fahrer (Gehalt, Unterbringung und Verpflegung). Zum Fahren auf Madagaskar ist der europäische Führerschein ausreichend. Für den Fahrer besteht Anschnallpflicht.

Neben den internationalen Firmen gibt es eine ganze Reihe einheimischer Autoverleihfirmen, die in der Regel preisgünstiger sind. Weitere Informationen bei ORTANA, dem Fremdenverkehrsbüro der Hauptstadtregion.

Taxi, Tuctuc und Pousse-Pousse

In allen größeren Städten gibt es Taxis, teils auch in Form von dreirädrigen Tuctucs. Diese können auf der Straße angehalten werden, wobei man einfach den Arm hebt. Taxistände befinden sich an Bus- und Bahnhöfen und vor größeren Hotels. Es gibt kein Taxameter. Der Fahrpreis wird bei Fahrtantritt ausgehandelt. Am besten vorher im Hotel oder Restaurant Erkundigungen nach dem Preis für die Strecke einholen. Das Gleiche gilt für die in einigen Städten noch üblichen Pousse-Pousses, die Rikschas für 1–2 Personen.

Öffentlicher Nahverkehr

Der öffentliche Nahverkehr in den Städten wird fast ausschließlich mit Minibussen durchgeführt, Taxi-Be (›großes Taxi‹) genannt. Sie fahren auf festgelegten Strecken von der Innenstadt zu einem Ziel am Stadtrand. Die Strecke und Liniennummer sollte auf einem Schild in der Windschutzscheibe oder auf dem Dach ausgewiesen sein. Gehalten wird an festgelegten Stellen, die selten gekennzeichnet sind. Der Fahrpreis wird beim mitfahrenden Schaffner bezahlt. Für Ausländer ist das System schwer zu durchschauen und die Fahrer sprechen meist nur madagassisch.

AUTOVERMIETUNGEN

Alle Firmen unterhalten auch ein Büro am Flughafen Ivato.
Avis: Socimex Ankorondrano, Route Des Hydrocarbures, Antananarivo, T 032 05 276 00, www.avis.com, Mo–Fr 7.30–12.30, 14.00–17.30, Sa 9–12 Uhr.
Europcar: Point Marais, Mahamasina, Antananarivo, T 020 233 36 47, www.europcar.com, Mo–Sa 8–12, Mo–Fr 14–18 Uhr.
Hertz: Rue du Docteur Raseta, Antananarivo, T 020 232 54 54, www.hertz.com, Mo–Fr 7.30–12, 14–17.30, Sa 9–12 Uhr.

Zebu-Karren

Die gängigste Transportmethode im Süden und traditionell im Hochland ist der Zebu-Karren. Eine Art Holzkutsche, die von einem Gespann von zwei Zebus gezogen wird. Für Ungeübte werden lange Strecken allerdings schnell zur Tortur. Möglichkeiten, eine Fahrt im Zebu-Karren auszuprobieren, gibt es z. B. in Ifaty (s. S. 106), die dortigen Hotels vermitteln solche Fahrten.

Wasser

Leitungswasser sollte auf Madagaskar weder getrunken noch außerhalb der Hauptstadt zum Zähneputzen verwendet werden. Wasser in Flaschen gibt es in jedem Ort zu kaufen.

Zeit

Madagaskar gehört zur ostafrikanischen Zeitzone. Sie ist der Mitteleuropäischen Winterzeit um 2 Std. voraus. Während der Sommerzeit beträgt der Zeitunterschied nur noch plus 1 Std.

Sprachführer Madagassisch

H

HINWEISE

Die Madagassen sprechen eine einheitliche Sprache, Malagasy genannt. Alle ethnischen Gruppen sprechen verschiedene Dialekte, sodass sie sich untereinander teilweise nur schwer verstehen. In den Hotels und Restaurants wird in der Regel neben madagassisch auch französisch sowie teilweise englisch gesprochen. Mit einigen Grundkenntnissen in Französisch kommt man gut zurecht. Es ist aber auch nützlich, sich einige gängige Wörter in Madagassisch anzueignen und die richtige Aussprache (z. B. für Ortsnamen) zu lernen. Im madagassischen Alphabet gibt es die Buchstaben C, U und X nicht, einige werden außerdem unterschiedlich zum Deutschen ausgesprochen: so O wie U, J wie DS, das H wird nicht gesprochen. Bei der Aussprache liegt die Betonung auf der vorletzten Silbe. Die letzte Silbe ist meist kaum hörbar.
Beispiel: Antananarivo = Ntananariv(u), Nosy Be = Nus(i) Be

Allgemeines

Guten Tag/ Guten Morgen	manahoana
Hallo	salama
Auf Wiedersehen	veloma
Danke/Vielen Dank	misaotra/~betraka
Bitte	tsy misy fisaorana
Entschuldigung	azafady
Ja/nein	eny/tsia
Wer?/Was?	iza?/inona?
Wie?/Wie viel?	ahoana?/firy?
Wo?/Wohin?	aiza?/hakaiza?
Woher?	avy aiza?
Wann?	rahovina?
Ich/du	aho/ianao
Gut/schlecht	tsara/ratsy
Billig/teuer	mora/lafo
Schnell/langsam	haingana/miadana
Groß/klein	be/kely
Schön/dreckig	tsara tarehy/maloto

Unterwegs

Haltestelle	fijanonan'ny bus
Auto	fiara
Benzin	lasantsy
Schiff	sambo
Rechts	havanana
Links	havia
Geradeaus	mahintsy any aloha
Auskunft	filankevitra
Abfahrt/Abflug	fiaingana
Ankunft	fahatongavana
Gepäck	entana
Handgepäck	entana antanana
Zoll	doany
Postamt	paositra
Geöffnet	mivoha
Geschlossen	mihidy
Kirche	fiangonana
Museum	trano vakoka
Strand	morontsiraka
See	farihy
Ort/Stadt	tanàna/vohitra
Insel	nosy
Straße	lalana
Brücke	tetezana
Parkplatz	parkina

Zeit

Tag	andro
Woche	herinandro
Monat	volana
Jahr	taona
Heute	androany/anio
Gestern	omaly
Morgen	rahampitro

jetzt	izao
Spät/später	taraiky/taraikiraiky
Früh/früher	aloha/alohaloha
Am Morgen	amin'ny maraina
Am Nachmittag	amin'ny Tolakandro
Am Abend	amin'ny hariva
In der Nacht	amin'ny Alina
Montag	alatsinainy
Dienstag	talata
Mittwoch	alarobia
Donnerstag	alakamisy
Freitag	zoma
Samstag	asabòtsy
Sonntag	alahady
Feiertag	andro fety

Notfall

Hilfe!	vonjeo!
Gefahr!	loza
Polizei	polisy
Krankenhaus	trano fitraboana
Arzt/Zahnarzt	dokotera/~panao nify
Frauenarzt	dokotera ho an'ny vehivavy
Apotheke	fivarotam-panafody
Medikament	fanafody
Schwanger	bevohoka
Unfall	loza
Verletzung	maratra
Schmerzen	fanaintainana/ mangirifiry
Krank	marary
Blut	rà
Röntgen	radiò
Schlaftablette	fanafody mampatory

Übernachten

Einzelzimmer	efitra ho an'olontokana
Doppelzimmer	efitra ho an'olondroa
Bett	fandriana
Gästehaus	tranombahiny
Hotel	hotely
Mit WC	misy gaboné
Toilette	trano fivoahana
Dusche	trano fidiovana
Mit Frühstück	miaraka amin'ny sakafo maraina
Rechnung	faktiòra

B

MADAGASSISCHE BEGRIFFE UND IHRE BEDEUTUNG

Cotier	Bezeichnung für die Küstenbewohner (aus dem Franz.)
Fady	Traditionelles Gebot oder Verbot
Famadihana	Totenumbettung bei den Merina
Gasy	Kurz für Malagasy (die Sprache sowie die Madagassen)
Hira Gasy	Traditionelles Sprech- und Musiktheater
Imerina	Reich der Merina
Lakana	Einbaum, Piroge
Lamba	Gewebtes Tuch, Kleidung
Lamba mena	Totenschleier
Maki	Allgemein für Lemur
Ombiasy	Traditioneller und ritueller Heiler
Pousse-Pousse	Rikscha (vom französischen *pousse* = schieben)
Rova	königlicher Palast
Sambatra	Beschneidungszeremonie
Tana	Kurzwort für die Hauptstadt Antananarivo
Tavy	Brandrodung
Taxi-Brousse	»Busch-Taxi«, privater, öffentlicher Transport (Auto, Minibus, Bus)
Tsingy	Spitze Kalksteinformationen
Valiha	Bambus-Gitarre
Vazaha	Ausländer/Weißer

Ermäßigung	fihenambidy
Nachricht	hafatra
Handtuch	servieta
Wasser	rano
Küche	laozia

Einkaufen

Preis	vidiny
Geld	vola
Wechselgeld	famerimbola
Kreditkarte	carte de Credit
Trinkgeld	kadòa
Bezahlen	mandoa vola
Postamt	paositra
Brief/Karte	taratasy/karta postaly
Briefmarke	Hajia
Metzgerei	mpivaro-kena
Bäckerei	panao mofo
Markt	tsena
Lebensmittel	zava-pihinana

Im Restaurant

Messer/Gabel/Löffel	antsy/forisety/sotro
Glas/Teller	vera/lovia

Zahlen

0	zero	12	roa ambin' ny folo
1	iray	20	roapolo
2	roa	30	telopolo
3	telo	40	efapolo
4	efatra	50	dimam-polo
5	dimy	60	enimpolo
6	enina	70	fitompolo
7	fito	80	valompolo
8	valo	90	sivifolo
9	sivy	100	zato
10	folo	200	roanjato
11	iraika ambin'ny folo	1000	arivo

WICHTIGE SÄTZE

Allgemeines

Freut mich, Sie kennenzulernen.	Faly mahafantatra anao aho.
Ich heiße …	… no anarako
Wie geht es Ihnen?	Manao ahoana ianao?
Ich verstehe nicht	tsy azoka
Ich spreche kein Malagassisch.	tsy miteny malagasy aho.

Unterwegs

Wo ist … die Taxi-Brousse-Station?	Aiza ny … fijanonan ny taxi-brousse?
Wann treffen wir uns?	Rahoviana isika no ihaona?
Ist dieser Platz frei?	Malalaka ve ity toerana ity?

Notfall

Ich habe – Fieber	Miakatra hafanana aho
– eine Erkältung	voan'ny sèry aho
– Kopfschmerzen	marary loha aho
– Bauchschmerzen	marary kibo aho

Übernachten

Haben Sie ein freies Zimmer?	Manana efitra malalaka ve ianareo?

Einkaufen

Haben Sie …?	Ianao ve manana …?
Was kostet das?	Oatsinona ny vid in'io/ito?
Das ist zu teuer.	Iafo loatra, Iafo be.
Ich brauche …	…mila … aho
Ich suche …	mitady … aho

Im Restaurant

Ich möchte reservieren	mila mamandrika … aho
Ich möchte bestellen	te hanafatra …
Guten Appetit	mazotoa homana
Prost!	ho ela velona
Die Rechnung, bitte.	faktiora aza fady

Kulinarisches Lexikon

Gewürze/Zubereitung

jorofo	Gewürznelken
kary	Curry
mamy/mangidy	süß/bitter
masika	scharf
sakamalao	Ingwer
sakay	Chili
sira/dipoavatra	Salz/Pfeffer
siramamy	Zucker
tongolo gasy	Knoblauch
vanilla	Vanille

Eier und Milchprodukte

atody/dobera	Eier/Butter
fromazy	Käse
omelety	Omelett
yaortà	Jogurt

Fleisch

akoho	Huhn
atidoan-kena	Gehirn
atin-kena	Leber
bitro	Kaninchen
ganagana	Ente
gisa	Gans
henakisoa	Schweinefleisch
henomby	Rindfleisch
henondry	Lammfleisch
lambo	Wildschwein
lelan'omby	Zunge
saosisy	Wurst
vorontsiloza	Truthahn

Fisch und Meeresfrüchte

akorandriaka	Muscheln
angisy	Tintenfisch
foza	Krabben
oran-dranomasina	Languste
lamatra	Thunfisch
trondro	Fisch

Gemüse und Beilagen

anana	Gemüse
baranjely	Aubergine
karaoty	Karotte
laisò	Kohl
mangahazo	Maniok
ovy	Kartoffeln
pitipoà	Erbsen
poivron	Paprika
salady	Salat
tongolo	Zwiebel
tsaramaso	Bohne
vary	Reis
voatabia	Tomaten

Obst

akondro	Banane
mananasy	Ananas
manga	Mango
paiso	Pfirsich
paoma/poara	Apfel/Birne
papay	Papaya
voaloboka	Weintrauben
voanjo	Erdnuss, Kokosnuss
voasary	Orange

Süßspeisen und Backwaren

biski/mofo mamy	Kekse/Kuchen
mofo	Brot
tantely	Honig

Getränke

dité	Tee
kafé tsotra	Kaffee schwarz
kafé misy ronono	Kaffee mit Milch
labiera	Bier
rano (- misy gazy)	Wasser (mit Kohlensäure)
ranom-boankazo	Saft

Das

Die RN 7 führt der Länge nach durchs Hochland und sorgt für fantastische Aussichten – wie hier auf den Bischofshut bei Ihosy.

Magazin

Daten und Fakten

Zweitgrößter Inselstaat der Welt — Doch nicht nur seiner Ausdehnung wegen gilt Madagaskar einigen auch als siebter Kontinent, so besonders ist seine Entstehung und seine Natur. Ein Land zwischen Afrika und Asien.

Geografie und Natur
Madagaskar ist nach Grönland, Neuguinea und Borneo die viertgrößte Insel der Welt. Sie lässt sich in fünf geografische Zonen einteilen: Die Ostküste, an der sich ein Höhenzug erstreckt, der einen Teil der Wolken des Indischen Ozeans abfängt und das feuchte Klima im Osten verursacht; das Hochplateau, das sich auf einer Höhe zwischen 800 und 1500 m befindet; der Norden mit dem Tsaratanana-Massiv und der mit 2876 m höchsten Erhebung der Insel, dem Mt. Maromokotro; der Westen mit seinen Trockenwäldern sowie schließlich der noch trockenere Südwesten.

Die Einzigartigkeit der madagassischen Natur liegt begründet in der frühen Trennung der Landmasse vom afrikanischen Kontinent vor etwa 160 Mio. Jahren sowie in der abgeschiedenen Insellage. Nur dadurch konnten sich ältere Tier- und Pflanzenarten länger halten bzw. ungestört weiterentwickeln. Auf Madagaskar sind fast 80 % der Pflanzen und Tiere endemisch, das heißt sie kommen nur auf dieser Insel und nirgends sonst vor. Hervorzuheben sind die Lemuren (Halbaffen), die nur hier die Evolution überdauert haben.

Geschichte
Nach der ersten Besiedlung der Insel zunächst durch Asiaten aus dem indonesischen Raum (ab dem 1. Jh. n. Chr.) und später von Afrikanern (ab dem 5. Jh. n. Chr.) entstanden verschiedene Volksgruppen mit eigener Kultur, aber gemeinsamer Sprache. Ab dem 16. Jh. bildeten sich die ersten Königreiche. Das Merina-Reich entwickelte sich ab dem 18. Jh. zum größten und mächtigsten und beherrschte im 19. Jh. große Teile Madagaskars. Nach einigen vergeblichen Versuchen der Europäer, für längere Zeit auf der Insel Fuß zu fassen, eroberten die Franzosen Mitte des 19. Jh. Madagaskar und machten es 1896 zu einer ihrer Kolonien, die bis ins Jahr 1960 Bestand hatte. Nach der Kolonialzeit erlebte der unabhängige Staat verschiedene politische Systeme.

Staat und Verwaltung
Die Republik Madagaskar (Repoblikan'i Madagasikara) ist seit 1998 eine präsidiale Demokratie mit einem Premierminister an der Spitze der Regierung. Angelehnt an das französische System ist der Präsident mit weitreichenden Befugnissen ausgestattet. Ebenso hat das Militär eine gewisse Machtposition, die bei politischen

S

STECKBRIEF

Lage und Fläche: Madagaskar liegt im westlichen Indischen Ozean auf 12° bis 25° südlicher Breite und 43° bis 51° östlicher Länge, in etwa auf der Höhe von Mosambik. Es hat eine Fläche von insgesamt 587 041 km², eine Nord-Süd-Ausdehnung von 1600 km und eine Ost-West-Ausdehnung zwischen 450 und 580 km.
Hauptstadt: Antananarivo (etwa 1,4 Mio. Einw.).
Einwohner: Madagaskar hat rund 28 Mio. Einwohner, die sich auf 18 ethnische Gruppen verteilen. Ca. 1 % der Einwohner sind Ausländer (Asiaten und Europäer).
Sprache: Die Madagassen sprechen Malagasy, eine aus dem indonesischen Sprachraum stammende Sprache, die in verschiedenen Dialekten auf der gesamten Insel gesprochen wird. Daneben ist die ehemalige Kolonialsprache Französisch offizielle Amtssprache, aber hauptsächlich nur in der gebildeten Bevölkerungsschicht verbreitet. Von 2007 bis 2010 war Englisch Amtssprache.
Zeitzone: Madagaskar gehört zur ostafrikanischen Zeitzone. Der Unterschied beträgt zur westeuropäischen Winterzeit + 2 Std., zur westeuropäischen Sommerzeit + 1 Std.
Landesflagge: Die Nationalflagge Madagaskars wurde 1958 offiziell eingeführt und basiert auf den weiß-roten Farben des Imerina-Reiches. Das Grün steht für die Küstenbewohner.

Auseinandersetzungen zutage tritt. Nach dem Putsch von 2009 fanden 2013 freie Wahlen statt; keiner der ehemaligen Präsidenten durfte teilnehmen.

Ursprünglich war Madagaskar in sechs Provinzen (Faritany) eingeteilt; diese Strukturierung wurde Ende 2009 abgeschafft. Die wichtigste regionale Gliederung stellen heute die 22 Regionen dar. Diese wiederum teilen sich in insgesamt 116 Distrikte. Neben dem Parlament, das alle fünf Jahre gewählt wird, besteht eine zweite Kammer als Vertretung der Regionen.

Wirtschaft und Tourismus

Madagaskar gehört zu den ärmsten Ländern der Welt, verfügt aber über Bodenschätze wie Graphit, Chrom, Eisenerz, Nickel, Phosphat, Gold sowie Edel- und Halbedelsteine. Bedeutendster Sektor der Wirtschaft ist die Landwirtschaft. Angebaut und exportiert werden Reis, Vanille, Kaffee, Tee, Zuckerrohr, Gewürze (Nelken, Pfeffer), Kakao, Erdnüsse, Litschi, Baumwolle und Sisal. Der Tourismus spielt für die heimische Wirtschaft noch eine untergeordnete Rolle, obwohl sich die Regierungen seit 1992 verstärkt um einen Ausbau bemühen.

Bevölkerung

Die Bevölkerung Madagaskars setzt sich aus 18 verschiedenen ethnischen Gruppen zusammen. Die beiden im Hochland lebenden Völker der Merina (27 % der Gesamtbevölkerung) und Betsileo (12 %) sind asiatischer (indonesischer), die anderen 16 hauptsächlich afrikanischer Abstammung. An den Küsten leben Ethnien mit leichtem arabischen Einschlag.

Religion

Rund 50 % der Madagassen bekennen sich zum Christentum, etwa die Hälfte davon zum Katholizismus, die andere Hälfte verteilt sich auf die protestantischen Kirchen. Ein großer Teil von etwa 40 % der Madagassen hängt traditionellen Religionen an, wobei die Übergänge zu den Weltreligionen oft fließend sind. Etwa 7 % der Bevölkerung sind Muslime. ■

Zwei Inseln – zwei Konzepte

Paradiesische Erholung — Viele Reisende gönnen sich im Anschluss an ihre Rundreise durch Madagaskar ein paar ruhigere Tage zum Entspannen. Was eignet sich besser dafür als einer der schönen tropischen Inselstrände?

Zur Auswahl stehen die vorgelagerten ›Badeinseln‹ Nosy Be an der Nordwestküste und Nosy Sainte Marie an der Ostküste. Beide gehen im Tourismus ganz unterschiedliche Wege. Denn die eine, Nosy Be, wurde und wird zu einem touristischen Zentrum mit internationalen Hotels und entsprechender Infrastruktur ausgebaut. Die andere, Nosy Sainte Marie, konnte sich bislang dagegen erfolgreich wehren und bietet als Gegensatz beschaulichen Strandurlaub in kleinen, einfachen Hotels weit ab von jeglichem Rummel.

Nosy Be – die Große im Norden

Die größte der vorgelagerten Inseln an Madagaskars Nordwestküste ist schon seit Beginn des organisierten Tourismus auf Madagaskar in den 1960er-Jahren ein Schwerpunktziel der Reisenden sowie der Tourismusplanungen. Nach ersten Erfolgen, strand- und sonnenhungrige Europäer für das madagassische Paradies zu gewinnen, bereitete der wirtschaftliche Niedergang während der kommunistischen Zeit unter Diktator Ratsiraka in den späten 1970er- und 1980er-Jahren dem Traum von einem florierenden Tourismus ein jähes Ende.

Anfang der 1990er-Jahre herrschte nach dem Machtwechsel zunächst Aufbruchstimmung. Madagaskar sollte für den Pauschaltourismus geöffnet werden. Die Branchenriesen Neckermann und TUI nahmen sich der Destination an. Das Engagement dauerte allerdings nur kurz. Nach zwei Jahren gaben beide deutschen Veranstalter wieder auf. Auf Nosy Be war die Hotel- und Versorgungslage damals noch zu schwierig und die Veranstalter wollten sich finanziell nicht umfangreicher einbringen. Erste Versuche, neue Hotels zu etablieren, scheiterten an der madagassischen Korruption.

Erst Ende der 1990er-Jahre begann mit dem Einstieg der Italiener auf Nosy Be ein grundlegender Wandel. Den Investoren war klar, dass nur eine direkte Flugverbindung nach Europa eine dauerhafte

Auf Nosy Sainte Marie werden tropische Träume wahr.

N

ZU DEN INSELNAMEN

Der Name **Nosy Sainte Marie** für die Insel an der Ostküste hat sich in den letzten Jahren als Bezeichnung etabliert. Er entstand aus der Zusammenführung des madagassischen und des kolonialen Namens der Insel. Der offizielle madagassische Name lautet eigentlich Nosy Boraha: *Nosy* bedeutet Insel, *Boraha* soll, so eine Vermutung, vom Wort Abraham oder Ibrahim abstammen und auf die ersten ausländischen Siedler zurückgehen, die wahrscheinlich im 15./16. Jh. auf die Insel kamen. Die Portugiesen nannten die Insel später Santa Maria, woraus die Franzosen dann Île Sainte Marie machten. Nach der Umbenennung der Orte mit kolonialen Namen in den 1970er-Jahren hat sich der madagassische Name Nosy Boraha dann nie wirklich durchsetzen können.
Die Erklärung des Names von **Nosy Be** (ausgesprochen Nussi Bé, mit weitgehend verschlucktem i) ist hingegen weitaus einfacher: Er bedeutet schlicht ›große Insel‹.

Auslastung von Strandhotels gewährleisten würde. Investitionen in Strandhotels, die nur auf Anschlussgäste nach Rundreisen warteten, schienen nicht rentabel zu sein. So wurde der Flughafen von Nosy Be modernisiert und vergrößert, um Charterflieger von Europa aufnehmen zu können. Ein neues Strandresort entstand und weitere Infrastrukturmaßnahmen griffen. Heute stellt Nosy Be das einzige regionale Ziel in Madagaskar dar, das es in die Kataloge der Pauschalreiseveranstalter geschafft hat.

Für Nosy Be entscheiden sich in erster Linie die Reisenden, die neben Erholung bei Sonne, Sand und Strand auch aktiven Urlaub suchen. Und da hat Nosy Be einiges zu bieten: Schnorchelreviere und Tauchschulen, ein Naturschutzreservat (Lokobe) mit Lemuren und Reptilien, ein Marine-Reservat (Nosy Tanikely) und mehrtägige Segelausflüge zu anderen Archipelen. Eine Anzahl von Restaurants bietet Abwechslung, vor allem im Inselhauptort Hell-Ville.

Nosy Sainte Marie – die Verträumte im Osten

Wer entlang der traumhaften Strände dieser kleinen, aber recht langgezogenen Insel vor der Ostküste Madagaskars entlangspaziert, der kann sich gut vorstellen, warum sich einst die Piraten dieses Fleckchen Erde als erholsamen Rückzugsort und Versteck ausgesucht hatten. Bis heute hat Sainte Marie viel von seinem Charme und seiner Ruhe bewahren können.

Auf diesem Eiland finden sich nur kleine Hotels, die es mit harter Lobbyarbeit geschafft haben, den großen Tourismuszirkus von sich fernzuhalten. Der Kampf der alteingesessenen kleinen Tourismusbetriebe hatte den Erfolg, dass die Regierung sich später ein alternatives Konzept für die Weiterentwicklung der Insel zu eigen machte. Seither ist klar, das auf der beschaulichen Insel Sainte Marie keine anonymen Gebäudekomplexe gebaut werden, sondern kleine und zum Teil durchaus feine Hotels die touristische Zukunft des Eilands prägen. Noch heute gibt es kaum motorisierte Fahrzeuge auf der Insel. Ein idealer Ort also, um abseits der Traumstrände zu spazieren oder auch das Fahrrad zu nutzen.

Und so ist die Insel das Ziel der Reisenden, die neben entspannter Erholung am Strand, die Abgeschiedenheit lieben, die sie den Einheimischen oft näher kommen lässt. ■

Demokratie und Demonstration

Wie in vielen anderen ehemaligen Kolonien — hatte auch die Demokratie auf Madagaskar einen schweren Stand. Aber auch interessierte Bürger, die sich nicht alles gefallen ließen.

Die Madagassen hatten nicht viele Möglichkeiten, sich in Demokratie zu üben. Während der Monarchie oder der französischen Besatzungszeit waren die Voraussetzungen dafür nicht gegeben. Selbst nach der Unabhängigkeit 1960 und der Wahl des ersten Präsidenten folgte schon bald das jähe Ende der ersten Demokratieversuche. 1972 brachte ein Putsch das Militär an die Macht. Ab 1975 verfestigte sich die Militärdiktatur durch Admiral Didier Ratsiraka. Seit dem Ende der Einparteienherrschaft 1991 versucht sich Madagaskar nun erneut in Demokratie.

Friedlicher Umsturz

Die politische Emanzipation der Madagassen begann Ende der 1980er-Jahre, als sich mehr und mehr Kritik und Widerstand gegen das herrschende System und die politische Struktur im vom Militär beherrschten Einparteienstaat entwickelte. Diese Entwicklung mündete in den Jahren 1990/91 in großen Demonstrationen gegen das herrschende Regime. Interessanterweise in genau jener Zeit, als sich auch in Mittel- und Osteuropa Widerstand gegen die diktatorischen Regime regte.

In der ersten Hälfte des Jahres 1991 gingen über Wochen hin mehrere Hunderttausend Menschen tagtäglich auf die Straße, um friedlich für einen Politikwechsel zu demonstrieren. Diese für Afrika enorme Bewegung für Demokratie blieb fast unbemerkt von der Weltöffentlichkeit, die zu der Zeit einzig mit dem Wandel in Europa beschäftigt schien. Durch die ›Macht des Volkes‹ kam es schließlich zu einer Übergangsregierung und 1993 zu den ersten freien demokratischen Wahlen seit zwei Jahrzehnten.

Ein neues System

Wie in Osteuropa hatte auch Madagaskar Probleme bei der Umstellung von seiner kommunistischen Staatswirtschaft zur freien Marktwirtschaft. Vielen Madagassen ging es dadurch erst einmal schlechter, weshalb die politische Stimmung im Laufe der Amtszeit Präsident Zafys zusehends kippte. Immer mehr Menschen sehnten sich nach der ›guten alten Zeit‹ zurück – durchaus eine Parallele zu der in Osteuropa spürbaren Tendenz. Bei den Wahlen 1996 machte sich die allgemeine Unzufriedenheit deutlich bemerkbar. Die meisten waren enttäuscht, dass der Regimewechsel nicht die erhoffte Besserung ihrer Lebensumstände brachte. Bei der Stichwahl zwischen Präsident Zafy

Mit Beginn der Übergangsregierung im März 2009 versammelten sich täglich tausende Anhänger von Marc Ravalomanana, um für seine Wiedereinsetzung als Präsident zu demonstrieren.

und dem zurückgekehrten Ex-Diktator Ratsiraka standen die Wähler, wie viele es sahen, vor der Entscheidung zwischen Pest oder Cholera. Ratsiraka profitierte von der Unzufriedenheit der Bevölkerung und gewann die Wahl.

Ex-Diktator Ratsiraka – und kein Ende

Didier Ratsiraka schien geläutert und versprach eine »ökologische Republik«. Allerdings dauerte es nicht lange, bis seine Familie wieder verlorenes wirtschaftliches Terrain zurückerobert hatte und die Wähler wähnten sich bald in einem politischen Albtraum. Nichts wurde wirklich besser, politische Resignation aufgrund mangelnder Alternativen machte sich breit.

Neue politische Hoffnung keimte auf, als 1999 ein neuer Bürgermeister in Antananarivo gewählt wurde. Marc Ravalomanana machte sich in der Hauptstadt einen guten Namen, indem er neue Ideen einbrachte, die Infrastruktur verbesserte und die hygienischen Verhältnisse in der Stadt deutlich verbesserte. Als Inhaber einer erfolgreichen Lebensmittelproduktion, trauten ihm viele auch eine bessere Wirtschaftspolitik zu. Bei den Wahlen kam es zum Showdown mit Ratsiraka, der in einem Eklat endete.

Das Wahlergebnis im Dezember 2001 wurde von der Opposition mit dem Vorwurf von Wahlfälschung nicht anerkannt. Um Ravalomanana zu unterstützen, gingen Zehntausende von Bürgern auf die Straße der Hauptstadt und demonstrierten gegen die Wahlmanipulation. Ratsiraka schlug mit Hilfe des Militärs zurück. Ein offener Machtkampf entwickelte sich zwischen den beiden Lagern. Nur durch den Einfluss der Vereinigten Staaten von Amerika konnte der Ausbruch eines Bürgerkrieges verhindert werden. Ratsiraka gab auf und ging zum zweiten Mal nach Frankreich ins Exil.

Der Hoffnungsträger

Nach der Übernahme des Präsidentenamtes im Juli 2002 begann Marc Ravalomanana sich sogleich um die Wirtschaft und die Modernisierung des Landes zu bemühen. Sein besonderes Interesse galt nicht zuletzt dem Naturschutz. Leider zeigte sich nach einigen Jahren des Regierens, dass auch der Hoffnungsträger vor Selbstbereicherung nicht gefeit war – seine eigene Firma soll durch illegale Hilfen auf Kosten des Staates profitiert haben.

Auch wenn sich in wirtschaftlicher Hinsicht die Verhältnisse positiv veränderten, den meisten Madagassen ging es nicht wirklich besser. Als die Teuerung der Nahrungsmittel durch die internationale Wirtschaftslage unaufhaltsam spürbar wurde, lastete man ihm das persönlich an. Im Dezember 2007 standen Kommunalwahlen an und Ravalomanana zeigte, dass er aus den Fehlern seiner Vorgänger nichts gelernt hatte.

Trotz starker Behinderungen durch den Präsidenten wurde allerdings in der Hauptstadt der Bürgermeisterkandidat der Opposition ins Amt gewählt. Im Laufe des Jahres 2008 begann der neue Bürgermeister Andry Rajoelina mit Anschuldigungen gegen den Präsidenten. Angebliche Vergehen in seiner eigenen Zeit als Bürgermeister der Hauptstadt wurden ihm dabei unterstellt. Nicht wenige vermuteten Ex-Diktator Ratsiraka im fernen Paris als den heimlichen Drahtzieher. Die politische Stimmung in der Bevölkerung begann zu kippen, als bekannt wurde, dass der Präsident einen Vertrag mit der koreanischen Firma Daewoo abschloss, in dem es um die Abtretung von 1,5 Mio. ha Land zum Anbau von Getreide für die asiatische Firma ging – ein beginnender Trend, bei dem sich bevölkerungsreiche asiatische Staaten Nahrungsquellen für die Zukunft sichern wollen.

Missbrauch der Wähler?

Ab Januar 2009 kam es immer wieder zu Demonstrationen, um die Position des Bürgermeisters zu stärken und Aufklärung für die von ihm vorgebrachten Vorwürfe zu fordern. Diese eskalierten im Februar, als im Zuge der Demonstrationen die Geschäfte des Präsidenten ausgeraubt und angezündet wurden. Die Krise endete vorläufig mit dem Rücktritt des Präsidenten im März 2009. Ungeklärt blieb zunächst, ob die Bürger sich wieder eines schlechten Präsidenten entledigt haten oder ob sie im Kampf der politischen Lager missbraucht wurden, um dem nächsten schlechten Präsidenten Platz zu machen. Andry Rajoelina wurde am 21. März 2009 vom Militär als Übergangspräsident vereidigt.

Letzte Entwicklungen

Im Juni 2009 wurde Ex-Präsident Ravalomanana in Abwesenheit in einem Schnellverfahren wegen Amtsmissbrauch zu vier Jahren Gefängnis verurteilt. Unter Vermittlung des ehemaligen mosambikanischen Präsidenten Chissano kam es zu einem Treffen aller ehemaligen Präsidenten (Ratsiraka, Zafy, Ravalomanana) mit Rajoelina in Maputo, bei dem eine gemeinsame Übergangsregierung aller Parteien beschlossen wurde, an der die ehemaligen Präsidenten allerdings nicht selbst beteiligt sind. Zurück in Madagaskar weigerte sich Rajoelina zunächst, den Plan umzusetzen. Nur durch internationalen Druck kam die nationale Übergangsregierung zustande. Rajoelina wurden je ein Co-Präsident von Albert Zafys Partei CNR und der TM, der Partei von Marc Ravalomanana, zur Seite gestellt.

Bei den Präsidentschaftswahlen Ende 2013 gewann der von Rajoelina unterstütze Kandidat Hery Rajaonarimampianina die Stichwahl. ■

Königreiche und Dynastien

Über mehrere Jahrhunderte — lässt sich die Geschichte verschiedener Königreiche und Dynastien auf Madagaskar zurückverfolgen. Doch kein Reich war je so machtvoll wie das der Merina.

Als der französische Naturforscher, Historiker und Geograf Etienne de Flacourt im Jahr 1648 im heutigen Tolagnaro ankam, existierte dort bereits ein kleines Königreich namens Madécase. Der Franzose leitete den Namen wahrscheinlich von dem Wort Malagasy ab, wie die Einheimischen sich nennen.

Wie Flacourt berichten viele Reisende jener Zeit über Königreiche und Herrscher. Bis zum 17. Jh. hatten es allerdings nur die im Westen lebenden Sakalava geschafft, ein einheitliches, großes Reich zu etablieren. Der Rest des Landes war in unzählige kleine Reiche aufgesplittert.

Beginn der Merina-Herrschaft

Auch die Merina im Hochland hatten im 17. Jh. noch mehrere Herrscher. Der Tradition nach residierten die Könige auf dem höchsten Hügel der Umgebung. Viele sahen sich als Halbgötter und als Mittelpunkt des Universums. Mitglieder der königlichen Familie wurden Andriana genannt.

Durch die vielen herrschenden Könige sollen im 18. Jh. etwa 20 % der Merina-Bevölkerung zur königlichen Kaste gezählt haben. Die Bürgerlichen hießen Hova und verwalteten sich vor Entstehung der königlichen Kaste vermutlich selber.

Die erste Zusammenführung mehrerer kleiner Merina-Reiche zu einem größeren Reich gelang König Andriamasinavalona Anfang des 18. Jh. Schon zu Lebzeiten verfügte er jedoch, dass sein Reich unter seinen vier Söhnen aufgeteilt werden sollte. Durch die Wirren eines aufkommenden Bürgerkrieges ging sein Reich allerdings schon vor 1740 unter. Der Bürgerkrieg sollte noch bis etwa 1790 dauern.

Die Einigung der Merina

Ein Merina-König gelangte Ende des 18. Jh. durch den Sklavenhandel zu größerer Macht. Sein Name war An-

Merina-Soldaten blasen zum Alarm im Krieg zwischen Frankreich und Madagaskar (oben); Königin Ranavalona I. trug den Beinamen »die Schreckliche« (unten).

drianampoinimerina (1750–1809). Er begann seine Eroberungszüge 1787 mit dem Sturz des Königs von Ambohimanga. Dort richtete er sich ein und begann die kleinen Reiche der Umgebung unter seine Herrschaft zu bringen. Im Jahr 1795 zog er auf einen anderen, höheren Hügel um – Analamanga, das spätere Antananarivo. Er trieb den Sklavenhandel voran und sicherte sich so Einfluss auch über die Grenzen seines Reiches hinaus. Allein für die Nachbarinseln Réunion und Mauritius wurden zwischen 1767 und 1810 rund 50000 Sklaven exportiert. 1810 stirbt der König, und sein Lieblingssohn, der erst 17 Jahre alte Radama I., wird 1810 sein Nachfolger. Auf dem Totenbett soll er den berühmt gewordenen Satz gesagt haben: »Imerina wurde vereint, das Meer soll die Grenze meiner Reisfelder sein.«

Mitte 1817 eroberte Radama die Hafenstadt Toamasina und kontrollierte dort den Handel mit Wohlwollen der britischen Herrscher.

1820 durften die ersten Missionare der London Missionary Society auf die Insel. Sie wurden vom König beauftragt, eine lateinische Schriftform für die madagassische Sprache zu entwickeln. Bis 1825 hatte Radama I. sämtliche wichtigen Regionen und Häfen Madagaskars erobert, inklusive des bis dato großen Sakalava-Reiches Boina im Westen. Drei Jahre später starb er im Alter von 35.

Ranavalona, die Schreckliche

Auf König Radama I. folgte seine Hauptfrau als Königin, Ranavalona I. Vom Militär bekam sie einen *mpitaiza andriana* (›königlichen Leibwächter‹) an die Seite gestellt, der wenig später ihr offizieller Liebhaber wurde. So verlagerte sich die Macht mehr und mehr hin zur Militärführung, die der bürgerlichen Hova-Kaste entstammte. Um diese Macht für ›ihr‹ Militär zu sichern, ließ Ranavalona I. alle näheren Verwandten Radamas verhaften und exekutieren. Ende 1828 teilte sie den britischen Gesandten mit, dass sie sich nicht mehr an die Verträge mit Großbritannien gebunden fühlt.

Die ersten Europäer wurden des Landes verwiesen und Ranavalona I. verfügte, dass sich Madagaskar wieder stärker auf seine Traditionen besinnen solle. Sie führte die *tagena* wieder ein, eine grausame Methode, mittels Gift Schuldige zu überführen.

Nachdem die Briten von der Königin in die Schranken verwiesen wurden, glaubte Frankreich seine Zeit sei gekommen. Bei einem Überfall der französischen Flotte wurde 1829 die Hafenstadt Toamasina eingenommen, die allerdings kurze Zeit später von den Franzosen wieder aufgegeben werden musste. Ende 1831 verbat Ranavalona I. weitere Taufen zum Christentum, 1835 wurde die christliche Religion ganz verboten und die Missionare verbannt. In den folgenden Jahren wurden Tausende von Madagassen auf Anordnung der Königin hingerichtet oder bei einer *tagena* vergiftet. Ranovalona I. ging daher mit dem Beinamen ›die Schreckliche‹ in die Geschichtsbücher ein.

Einer der wenigen Europäer, der das Vertrauen der Königin besaß, war der Franzose Jean Laborde. Er kam 1831 nach Madagaskar und errichtete für die Königin den ersten Industriekomplex in Mantasoa, wo in den 1840er-Jahren 20 000 Arbeiter arbeiteten.

Madagaskars letzte Monarchen

Als Königin Ranavalona I. im Jahr 1861 starb, wurde ihr Sohn Rakoto als Radama II. zum Nachfolger gekrönt. Im Gegensatz zu seiner Mutter fuhr er einen sehr europafreundlichen Kurs. Radama II. regierte allerdings nur zwei Jahre – bis zu seinem gewaltsamen Tod 1863. Um den Mord an dem König gab es viele Spekulationen. Vermutet wurde ein Auftragsmord vonseiten des oberen Militärs, da Radama zu viel Macht beanspruchte. Bis zum Ende der Monarchie folgten nurmehr Frauen auf dem Thron. Auch diese Tatsache hatte mit der Machtpolitik der oberen Kaste zu tun. Zunächst wurde Radamas zweite Frau Rabodo als Königin Rasoherina gekrönt.

Der wiederkehrende Einfluss der Europäer wurde bald in der Staatsorganisation sichtbar. Ein Premierminister sollte fortan die täglichen politischen Geschäfte führen. Als erster Premierminister wurde 1864 Rainilaiarivony, ein Enkel einer der Generäle von König Andrianampoinimerina, der Königin zur Seite gestellt. Sie heirateten später und Rainilaiarivony wurde die wichtigste politische Person bis zum Ende der Monarchie.

1868 starb Rasoherina nach langer Krankheit. Durch Intrigen des Premierministers wurde wieder eine Frau, diesmal die erste Witwe von König Radama II. zur Königin Ranavalona II. erwählt. Im Verlauf ihrer Regentschaft schafft die Regierung auf Druck der Europäer 1877 die Sklaverei ab. Nach Ranavalonas Ableben wurde im November 1883 die junge 22-jährige Ranavalona III. zur letzten Königin von Madagaskar gekrönt. Sie heiratete ebenfalls den Premierminister und erhielt ihm dadurch die Macht. Nach der Niederlage gegen die Franzosen und der Etablierung einer französischen Kolonie wurde 1897 die Monarchie von den Franzosen abgeschafft. Ranavalona ging zunächst nach Réunion, später in die algerische Hauptstadt Algier, wo sie 1917 starb. ■

Schatzkammer mit Dornen

Der Dornenwald — im Südwesten Madagaskars ist sicher eines der faszinierendsten Biotope weltweit. Eine Vielzahl an ungewöhnlichen Pflanzenarten gibt es dort zu entdecken. Eine Schatzkammer für jeden Naturfreund.

Obwohl die Artenvielfalt Madagaskars durchaus schon in den früheren Jahrhunderten bekannt war, haben Naturwissenschaftler erst nach der Unabhängigkeit des Inselstaates angefangen, sich mit dieser Naturvielfalt intensiver zu beschäftigen. Im Südwesten der Insel kommen aufgrund der klimatischen Verhältnisse die meisten der sukkulenten Pflanzenarten Madagaskars vor. Es sind Pflanzen, die sich in besonderer Weise dem Leben in einem sehr trockenen Lebensraum angepasst haben.

Das Gebiet ist für Botaniker von besonderem Interesse, da 90 % der Pflanzenarten endemisch sind, d. h. nur hier vorkommen. Damit weist das Gebiet den höchsten Prozentsatz an endemischen Pflanzenarten auf der Insel aus. Einer der wegweisenden Pioniere in der Erforschung der madagassischen Flora ist der deutsche Botaniker Professor Werner Rauh, der sich seit 1956 mit dieser Region beschäftigt.

Eine Klimazone für sich

Der sogenannte Dornenwald erstreckt sich im Südwesten der Insel, etwas oberhalb von Morombe (Mangoky-Fluss) an der mittleren Westküste (ca. 200 km nördlich von Toliara) bis hinüber nach Kap Anavaka im Südosten. Er umfasst ein Gebiet, das sich entlang dieser Küste etwa 50 bis 120 km ins Inland erstreckt. Dieses Gebiet (siehe Karte S. 264) ist das trockenste Madagaskars, mit einem jährlichen Regenfall bis unter 350 mm. Eine ungewöhnlich lange Trockenzeit von bis zu neun Monaten ist typisch für die Region. Der wenige Regen, der in der kurzen »Regenzeit« fällt, entlädt sich häufig in Stürmen, die über das Land fegen. Die höchste Niederschlagswahrscheinlichkeit liegt hier im Januar. Die durchschnittliche

T

TOUREN DURCH DEN DORNENWALD

Recht einfach zu besuchen sind die Dornenwälder im Hinterland des Strandortes Ifaty (nähe Toliara) und beim Berenty-Reservat im Süden (Amboasary). Auf der Fahrt von Tolagnaro zum Berenty-Reservat liegt der Andohahela-Nationalpark, der ebenfalls einen Teil des Dornenwaldes schützt. Reisen mit botanischen Inhalten finden Sie u. a. beim Forum Anders Reisen: www.forumanders reisen.de. In Deutschland kann man im Frankfurter Palmengarten einen guten Einblick in die Pflanzenwelt des madagassischen Dornenwaldes bekommen.

Tagestemperatur beträgt im Jahresmittel 26 °C (max. 30– 33 °C, min. 15–21 °C).

Wald voller Dornen

Seine Bezeichnung Dornenwald bekam das Gebiet aufgrund der Tatsache, dass sich eine Vielzahl von Pflanzen mit Dornen oder Stacheln bewehrt, um vor Fressfeinden geschützt zu sein.Die beiden charakteristischen Pflanzengruppen sind die Euphorbien, zu Deutsch Wolfsmilchgewächse, und die Didieraceen (Tentakel-Bäume). Diese endemische Pflanzengruppe bekam ihren seltsamen Namen (engl.: Octopussy Tree) von ihren nach oben strebenden tentakelartigen Zweigen, die mit langen Stacheln gut gegen natürliche Feinde ausgerüstet sind.

Ein Großteil der Pflanzen verliert nach der sogenannten Regenzeit die Blätter, damit während der monatelangen Trockenzeit nicht mehr Wasser verdunstet als nötig. Um in dieser Zeit dennoch über das lebenswichtige Wasser zu verfügen, bilden einige Pflanzen weitläufig verzweigte Wurzelsysteme, andere speichern es in ihren dicken Stämmen oder Wurzeln. So etwa die majestätischen Baobabs, auch Affenbrotbäume genannt, die in ihren aus Fasern bestehenden Stämmen reichlich Wasser speichern – die großen Exemplare bis zu 100 000 l. Sie können bis zu drei Jahre ohne Regen überleben. Von den weltweit nur acht Arten sind alleine in Madagaskar sechs endemisch. Ebenso auf Wasserspeicherung spezialisiert sind die Pachypodien oder Elefantenfußgewächse, in Madagaskar Zwergbaobabs genannt.

Verbreitung des Dornenwaldes

Neues Leben

Kurz vor Beginn der Regenzeit fangen etliche Pflanzenarten des Südwestens an zu blühen. Unglaublich, wie viele Farben dann zu entdecken sind. Mit dem ersten Regen sprießen die frischen grünen Blätter. In wenigen Tagen verwandelt sich eine wie abgestorben wirkende Landschaft in ein grünes Paradies. Weite Teile des ursprünglichen Dornenwaldes sind heute allerdings in Gefahr. Zum einen steigt durch das Bevölkerungswachstum der Druck, Flächen zu roden und zum Anbau von Maniok u. Ä. zu nutzen. Zum anderen steigt der Verbrauch an Brenn- und Bauholz. Daneben verbreiten sich seit einigen Jahrzehnten die ursprünglich von den Franzosen eingeschleppten exotischen Pflanzenarten stark.

Die eigentlich in Mittelamerika beheimateten Feigen-Kakteen *(Opuntia ficus-indica)* und Sisal-Agaven *(Agave sisalana)* vermehren sich schnell. Sie verdrängen dadurch mehr und mehr heimische Arten. Die Opuntien sind allerdings für Menschen und Tiere dieser Gegend auch sehr nützlich. Die Kakteenfeigen genannten Früchte sind bei Menschen, aber auch bei heimischen Tieren wie etwa der wunderschön gezeichneten Strahlenschildkröte sehr beliebt. Auch werden die Pflanzen als lebende Zäune verwendet. ■

Ein Volk – oder viele Völker?

18 verschiedene ethnische Gruppen — haben sich auf der Insel Madagaskar im Laufe der Jahrhunderte gebildet. Das sind jedoch nur die allgemein anerkannten. Daneben gibt es einige weitere kulturell selbstständige Gruppen.

Die Einwanderer aus Asien, die vor rund 2000 Jahren als erste Menschen nach Madagaskar kamen, haben das Land und seine heutige Kultur entscheidend mitgeprägt.

Insgesamt sind allerdings nur zwei der offiziell 18 ethnischen Gruppen Madagaskars reiner asiatischer Abstammung – die Merina und die Betsileo. Beide leben im zentralen Hochland, wo sie die Agrarkultur des Reisanbaus pflegen. Diese Tradition inklusive der Anlage von Terrassenfeldern wurde ebenso bewahrt wie die spezielle Beziehung der Menschen zum Tod und der Glaube an die besondere Stellung der Ahnen. Solcherart Gebräuche und Riten finden sich in ähnlicher Form auch heute noch bei Völkern im indonesischen Raum.

Gemeinsame Sprache

Interessant ist vor allem, dass alle Ethnien die gleiche Sprache sprechen – das Malagasy, das asiatischen Ursprungs ist. Daraus kann man schließen, dass auch die afrikanischen Einwanderer, die später auf die Insel kamen, diese Sprache übernommen haben. Hieraus ergibt sich wiederum die Folgerung, dass die Bewohner Madagaskars schon von Anfang an einen regen kulturellen und wahrscheinlich auch wirtschaftlichen Austausch pflegten.

In den frühen 1990er-Jahren hat man herausgefunden, dass die Sprache einem Dialekt der indonesischen Insel Borneo sehr nahe kommt. Im Laufe der Zeit aber entwickelte jede Gruppe ihren eigenen Dialekt, der die Verständigung einiger Ethnien untereinander recht schwierig werden lässt. Seitdem sich das Machtzentrum und damit die Hauptstadt im Hochland befindet, hat sich der Merina-Dialekt als Hochmadagassisch etabliert. In der Sprache gibt es auch einige afrikanische Elemente. So stammen die Haustierbezeichnungen aus den ostafrikanischen Bantu-Sprachen, da Haustiere erst später über den kurzen Weg von Afrika nach Madagaskar gebracht wurden.

Machtstreben und Abgrenzung

Durch die Bildung verschiedener ethnischer Gruppen aufgrund von Kultur, Geografie, Glaube und Lebensweise wurden die Beziehungen innerhalb der Insel im Laufe der Jahrhunderte schwieriger. Die Gruppen begannen ein Zusammengehörigkeitsgefühl zu entwickeln und sich damit voneinander abzugrenzen. Vor rund 500 Jahren entstanden die ersten kleinen Königreiche, deren jeweilige Herrscher nach mehr Macht strebten. Seit dem die Europäer ab dem 16. Jh. immer wieder auf die Insel kamen, wird von Kämpfen und Auseinandersetzungen zwischen verschiedenen Volksgruppen berichtet. Ab dem 17. Jh. begann sich ein einheitliches Merina-Reich im Hochland zu etablieren, das im 18. Jh. die südlich benachbarten Betsileo mit einbezog. Die Beziehung zu den afrikanischen Küstenbewohnern wurde schwierig, da die aus dem asiatischen Raum stammenden Hochlandbewohner begannen, sie als Menschen zweiter Klasse anzusehen. Die Merina-Herrscher brachten Menschen vor allem von der Ostküste als Sklaven in ihr Reich. Nach der Eroberung weiter Teile Madagaskars blieben die Merina, später auch mit Unterstützung der Europäer, die politisch Mächtigen im Land. Bis heute, lange nach Abschaffung von Sklaverei und Monarchie, gibt es noch Animositäten zwischen den Hochland- und den Küstenbewohnern. Da die vornehmlich afrikanischen Küstenbewohner zahlenmäßig die Mehrheit stellen, gewann bei Wahlen in der Regel ein von dort stammender Präsidentschaftskandidat. 2002 wurde mit Marc Ravalomanana erstmals ein Merina zum Präsidenten gewählt.

Ethnische Vielfalt

Neben den Ethnien des Hochlandes (Merina, Betsileo) stammen die Menschen der anderen Gruppen hauptsächlich von afrikanischen Einwanderern ab. Im Norden Madagaskars leben zwei Ethnien (Antankarana, Tsimihety), die sich in ihrer Lebensweise ähneln.

Die Antakarana an der Küste sind mit dem Hirtenvolk der Sakalava verwandt. Bei ihnen ist wahrscheinlich so manches Piratenblut mit eingeflossen. Zum Schutz vor den Merina hatten sie schon früh eine enge Beziehung zu den Franzosen. Dennoch haben sie sich ihren Glauben an Naturgötter weitestgehend bewahrt.

Das größte Verbreitungsgebiet haben die Sakalava, die den gesamten Westen der Insel bewohnen. Sie sind hauptsächlich Rinderhirten. An der Nordwestküste leben die Makoa. Sie stammen vom Volk der Makua in Mosambik ab.

Die an der Südwestküste lebenden Vezo sind eng mit den Sakalava verwandt. Durch ihre Lebensweise als Fischer an der Küste haben sie im Laufe der Zeit jedoch eine abweichende Kultur entwickelt, die sie heute von ihren rinderhütenden Verwandten unterscheidet.

Im trockenen Süden leben die drei Gruppen der Mahafaly, Antandroy und Antanosy. Sie müssen sich mit den schwierigsten Naturverhältnissen auf Madagaskar arrangieren. Die Mahafaly verehren jeweils einen heiligen Baum in ihren Dörfern. Neben Rinderzucht bauen sie Mais und Maniok an.

Im zentralen Süden leben die Bara, ähnlich wie die Sakalava ein Volk von Rinderzüchtern. Bei den Bara-Männern sind Mutproben, wie das Stehlen von Rindern, Tradition. Für die Frauen bedeutet dies, das ein Mann gut für sie sorgen kann und keinerlei Furcht kennt.

An der oberen Ostküste (etwa von Mananjary bis Sambava) sind die Betsimisaraka als größte Gruppe zuhause. Sie entstanden im Laufe des 18. Jh. aus dem Zusammenschluss mehrerer kleiner Gruppen. Darüberhinaus leben im Osten der Insel insgesamt acht weitere kleine Gruppen. ■

Kinderreichtum wird von allen madagassischen Ethnien als Segen betrachtet.

Literarisches Madagaskar

Die lange unbekannte Insel — hat schon früh Schriftsteller zu Geschichten inspiriert. Heimische und ausländische Autoren widmeten Madagaskar spannende Reiseberichte und hintergründige Erzählungen.

Aufgrund der fehlenden Schriftkenntnisse in Madagaskar gab es bis 1820 keine Literalisierung von Texten. Eine Ausnahme bildete das Volk der Antaimoro, das bereits einige Jahrhunderte seine eigene Schriftsprache, das arabisch geprägte Sorabe pflegte. Märchen (Angano), Sagen (Ohabolana) und Reden (Kabary) wurden ansonsten nur mündlich weitergegeben. Die erste Anthologie, »Malaiische Märchen aus Madagaskar und Insulide«, erschien 1922 in Deutschland.

Der Roman von M. Mezger setzt sich kritisch mit der Rolle der Europäer in ihren Kolonien auseinander.

Eine Schrift fürs Malagasy

Im August 1818 kamen die ersten Missionare nach Madagaskar. Sie verbreiteten neben dem Christentum auch die lateinische Schrift und entwickelten ein Schriftbild für das Malagasy. Zunächst beschränkten sich die Bücher auf christlich-religiöse Texte; als erste madagassische Zeitschrift erschien 1861 »Ny teny soa« (Die gute Lehre).

Während der Zeit der französischen Kolonie übten die Europäer großen Einfluss auf die Literatur des Landes aus. Auch wurde in den neu gegründeten Schulen auf Französisch unterrichtet. Die Literatur erweiterte sich von religiösen Texten zu Theaterstücken, Kurzromanen und Gedichten. Mit der Emanzipierung der madagassischen Schriftsteller nahmen die Konflikte mit der Kolonialmacht stetig zu. Viele Literaten mussten ab 1915 ins Exil oder ihre Arbeit ganz einstellen. Etwa ab 1930 begann sich die Literatur zu wandeln. Mehr und mehr madagassische Literaten schrieben auf Malagasy und versuchten, ihr eigenes kulturelles Erbe in ihren Texten darzustellen. Nach der Unabhängigkeit entspannte sich das Verhältnis zu Frankreich langsam und moderne Schriftsteller entdeckten für sich wieder die französische Sprache.

Hierzulande wurde moderne madagassische Literatur erstmals Ende der 1990er-Jahre in deutscher Übersetzung veröffentlicht. Vor allem Werke der 1948 geborenen Schriftstellerin Michéle Rakotoson, die seit 1983 in Frankreich lebt und dort Theaterstücke und Erzählungen, aber auch einige Romane veröffentlichte. In »Dadabé« (1998) erzählt sie mal amüsant, mal nachdenklich über gesellschaftliche wie persönliche Probleme ihrer Figuren. In »Die verbotene Frau« (2000) zeigt sie ihre Hauptfigur hin- und hergerissen zwischen Tradition und Moderne, zwischen Stadt und Provinz.

Der Blick von außen

In den letzten Jahrhunderten war das Gros der deutschen Literatur zu Madagaskar meist auf Reiseberichte und naturwissenschaftliche Essays beschränkt. Eine der bekanntesten frühen Reiseberichte in deutscher Sprache war der von Ida Pfeiffer, die in den Jahren 1856/57 Madagaskar bereiste. In jener Zeit regierte die fremdenfeindliche Königin Ranavalona I. Ida Pfeiffer gehörte zu den wenigen, die in dieser Zeit überhaupt nach Madagaskar reisten. Interessant sind vor allem ihre Beschreibungen der Hauptstadt und Schilderungen vom Hof der Königin. Sie wird Zeugin eines Umsturzversuchs und muss mit dem in Ungnade gefallenen Jean Laborte, einem früheren Vertrauten der Königin, flüchten. Unter dem Titel »Verschwörung im Regenwald« wurde ihr Reisebericht publiziert.

Exotische Romankulisse

Anfang des 20. Jh. entdeckten deutsche Schriftsteller die Insel vor der Küste Afrikas. Ein Name wie Madagaskar hatte eine gewisse exotische Anziehungskraft, die in der Trivialliteratur genutzt wurde, um das Interesse an Romanen und Erzählungen zu wecken. So erschien 1916 der Detektivroman »Seine Exzellenz von Madagaskar« des schwedischen Autors Anders Eje in deutscher Übersetzung. 1930 wurde Hermann Gerstmayers Roman »Bei den Bergkaffern auf Madagaskar« publiziert, in dem der Autor angeblich »wahre Begebenheiten« von einer ihm unbekannten Insel erzählt. Etwas ernster nahm es Max Mezger (1876–1940), der selbst rund 20 Jahre als Kaufmann auf der Insel lebte. In seinem 1939 erschienenen Buch »Aufruhr auf Madagaskar« verarbeitete er einen Konflikt zwischen Madagassen und den französischen Kolonialherren, der sich 1904 im Südwesten der Insel abgespielt hatte. Der Roman setzt sich sehr kritisch mit der Rolle der Europäer in ihren Kolonien auseinander.

Da Reisebücher über exotische Länder beim Publikum reges Interesse fanden, wurden auch ausländische Autoren ins Deutsche übersetzt. 1954 erschien »Heißes Dorf auf Madagaskar« des Polen Arkady Fiedler. In ihm verknüpft er Reisebeschreibungen mit Geschichten und örtlichen Sagen. Während des Zweiten Weltkriegs und danach war es Friedrich Schnack (1888–1977), der den Deutschen die Insel Madagaskar näher brachte. Bereits 1942 erschien sein Reisebuch »Große Insel Madagaskar«. Hier erzählt er ausführlich über die Gebräuche und Riten der Inselbewohner, über die verschiedenen Landschaften und Kulturen.

Seit den 1970er-Jahren beschränkten sich die Veröffentlichungen über die Insel meist auf eher sachliche Reiseliteratur und Bildbände. Eine Ausnahme ist der 1988 erschienene, sehr persönliche Gedichtband über Madagaskar von Rulo Melchert »Auf dem stierhörnigen Mondkahn«. ■

Natürlicher Reichtum

So lässt sich's leben: Dieser Große Madagaskar-Taggecko (Phelsuma madagascariensis grandis) muss sich zwar etwas strecken, um an den Pollen zu gelangen, doch die süße Nahrung ist alle Anstrengung wert.

Was für eine sagenhafte Zahl — Über 80 % der Tier- und Pflanzenarten Madagaskars sind endemisch, kommen also nur hier vor. Zu entdecken sind sie in zahlreichen Schutzgebieten.

Madagaskars Abgeschiedenheit und Isolation über viele Millionen Jahre haben eine einzigartige und außerordentlich vielfältige Tier- und Pflanzenwelt entstehen lassen.

Die Frage nach der Herkunft

Die große Insel im westlichen Indischen Ozean war ursprünglich Teil des südlichen Urkontinents Gondwanaland. Dieser brach vor etwa 180 Mio. Jahren auseinander und teilte sich in die Kontinente Südamerika, Antarktis, Australien und Afrika sowie die von Afrika abgelösten Teile Indien und Madagaskar. Diese Kontinentaldrifttheorie war bis in die 1980er-Jahre durchaus umstritten. Madagaskar spielte dabei in der Beweisführung eine wichtige Rolle, da sich auf der Insel Tierarten finden, die ihre nächsten Verwandten nicht im naheliegenden Afrika und Asien, sondern in Amerika haben, so etwa die Madagaskar-Boa oder der Madagaskar-Leguan. Auch die *Rhipsalis* (Urkaktus), jene Pflanzen, aus denen sich später die heute bekannten Kakteen entwickelten und deren natürliche Verbreitung auf Amerika beschränkt ist, sind in Madagaskar zu finden.

Zeit zur Anpassung

Durch die unterschiedlichen Klimazonen, die von der Halbwüste im Südwesten bis zu den Regenwaldgebieten an der Nord- und Ostküste reichen, haben sich im Laufe von Jahrmillionen Tier- und Pflanzenarten an ihren jeweiligen Lebensraum angepasst und verändert. Der Kanal von Mosambik war eine Art Schutzbarriere, die nur wenige Arten überwinden konnten. Somit bekamen die madagassischen Arten kaum Konkurrenz und konnten diverse ökologische Nischen besetzen.

Flora vom Feinsten

Madagaskar verfügt mit über 12 000 Arten über eine unglaubliche Pflanzenvielfalt. In den feuchten Regenwäldern finden sich von zierlichen Moosen bis hin zu riesigen Laubbäumen viele Arten auf engstem Raum. Allein 960 Spezies der wunderschön blühenden Orchideen gibt es auf Madagaskar. Dazu über 170 Palmarten. Im trockenen Südwesten finden sich zahlreiche, teils bizarr anmutende Pflanzen, die dem dortigen schwierigen Klima trotzen. So zum Beispiel die majestätischen Baobabs, im Deutschen auch Affenbrotbäume genannt, die in ihren mächtigen Stämmen reichlich Wasser speichern können. Von den weltweit nur acht Arten sind allein in Madagaskar sechs heimisch. Ebenso auf Wasserspeicherung spezialisiert sind die kleineren Pachypodien. Eine Art ziert in Deutschland als Madagaskar-Palme zahlreiche Fensterbänke. Ähnlich wie die Kakteen in Amerika tragen etliche Pflanzen des Südwestens Dornen zum Schutz vor Fressfeinden. Darunter zählen neben den Pachypodien zahlreiche Euphorbien, von denen auf der Insel mehr als 700 Arten vorkommen. Eine dieser Dornenträger aus Madagaskar ist bei uns ebenfalls eine beliebte Zimmerpflanze, der Christusdorn.

Die endemische Sternorchidee (Angraecum sesquipedale) trägt auch den Namen »Stern von Madagaskar«.

Außergewöhnliche Fauna

Fast alle der 151 Säugetierarten (ohne Fledermäuse und Flughunde) sind ausschließlich in der Region (Madagaskar und Komoren) zu finden. Diese hohe Quote an endemischen Säugetieren ist einmalig in der Welt. Sie teilen sich zoologisch in fünf Ordnungen.

Die erdgeschichtlich alte Ordnung der Insektenfresser ist auf Madagaskar mit 30 Spezies vertreten, darunter nur zwei Gattungen von Spitzmäusen. Des Weiteren gehören zur Gruppe die Tenreks (s. S. 276), die sich von Wirbellosen ernähren. Bei den Raubtieren finden sich lediglich acht Arten. Davon erreicht nur die Fossa, ein katzenähnliches Raubtier, eine respektable Größe von bis zu 160 cm Länge.

Die bekannteste und größte Gruppe der Säugetiere Madagaskars sind mit mittlerweile über 100 bekannten Arten die Lemuren (Feuchtnasenaffen). Ihre Herkunft in Madagaskar ist noch nicht abschließend geklärt. Man geht aber davon aus, dass nach der Trennung Madagaskars vom afrikanischen Festland und der evolutionären Entstehung von Halbaffen einige Individuen den Weg über den Kanal von Mosambik mit Hilfe von schwimmendem Holz

Auf Blätternahrung spezialisiert: der Indri, Madagaskars größter Lemur

oder Pflanzenteilen schafften. Die enge Verwandtschaft der madagassischen Lemurenarten untereinander lässt die Entstehung der Artenvielfalt aufgrund einer Ursprungsart möglich erscheinen. Die Entwicklung der Lemurenarten ist dennoch sehr erstaunlich. Vom winzigen Mausmaki bis hin zu den (bereits ausgestorbenen) gorillagroßen Megaladapis reicht die Palette. Sie haben es verstanden, sich auf unterschiedliche Lebensräume und Nahrungsquellen einzustellen. Die im Regenwald beheimateten Indris und Sifakas sind an die Ernährung durch spezielle Blätter angepasst. Den Kattas im Südwesten gelingt es, sich sicher und ohne sich zu verletzen in den dornenbewehrten Ästen zu bewegen.

Makis

Maki ist der generelle madagassische Name für Lemuren. Unter diesem Begriff werden im Deutschen zwölf mittelgroße Arten zusammengefasst, die sich in ihrer Lebensweise nicht sehr voneinander unterscheiden. Viele dieser Makis wurden früher als Unterarten des Braunen Makis angesehen, heute gelten sie als eigene Arten. Sie ernähren sich sehr vielseitig, von Früchten und Blüten, zudem von Insekten und Blättern. Der Rotstirnmaki *(Eulemur rubifrons)* ist oft im Ranomafana-Nationalpark zu sehen sowie im Berenty-Reservat, wo er angesiedelt wurde. Der Mohrenmaki lebt *(E. macaco)* im Norden auf Nosy Be und Nosy Komba.

Bambusmakis

Die Gruppe der Bambuslemuren besteht aus sechs Arten. Am weitesten verbreitet ist der Graue Bambuslemur *(Hapalemur griseus)*, der in den Bambusregionen fast der gesamten Ostküste zu Hause ist. Der Goldene Bambuslemur *(H. aureus)* gelangte zu einiger Berühmtheit, da er erst 1986 entdeckt wurde. Er lebt nur im Ranomafana-Nationalpark und den angrenzenden Gebieten. Alle Arten ernähren sich ihrem Namen entsprechend von Bambus. Sie haben sich allerdings auf verschiedene Teile der Pflanze spezialisiert. Der Große Bambuslemur *(Prolemur simus)* holt sich mit seinem kräftigen Gebiss das Mark aus den Bambusstangen, der Goldene frisst dagegen die Bambustriebe und der Graue wiederum die Blätter.

Fingertiere
Dies ist sicherlich die eigenartigste Lemurenart. Sie hat im madagassischen Ökosysthem die Stellung des Spechtes eingenommen. Mit seinen großen Ohren kann das Fingertier Insekten und Maden auch unter der Rinde hören. Mit seinen langen Schneidezähnen nagt er das Holz auf und zieht mit dem langen Mittelfinger die Beute hervor. Das nachtaktive Fingertier ist selten und sehr scheu und daher nur sehr selten zu sehen. Die beste Möglichkeit dazu bietet Nosy Mangabe.

Indris
Mit einer Körperhöhe von 80 cm ist der Indri *(Indri Indri)* heute die größte noch existierende Lemurenart. Als einziger Lemur ist er nur mit einem Stummelschwanz von 10 cm ausgestattet. Der Indri lebt in den Bergregenwäldern der Ostküste und ernährt sich hauptsächlich von Blättern. Kleine Familiengruppen bewohnen ein Territorium, das sie mit für unsere Ohren seltsamen Schreien (die manche an Walgesänge erinnern) gegenüber anderen beanspruchen. Am besten sind die Indris im Analamazaotra-Nationalpark zu beobachten.

Kattas
Der Katta *(Lemur katta)* mit seinem charakteristischen schwarz-weiß geringelten Schwanz ist wohl der bekannteste Vertreter der Lemuren. Er wird in vielen zoologischen Gärten Europas gehalten und ist daher sicher vielen Reisenden vertraut. Zu beobachten im Berenty-Reservat sowie im Andringitra- und Isalo-Nationalpark.

Der Larvensifaka überwindet den Boden ›tanzend‹ auf zwei Beinen (oben); Katta mit auffällig geringeltem Schwanz (unten).

Mausmakis
Sie sind die kleinsten Primaten überhaupt und machen ihrem Namen alle Ehre. Nur mausgroß sind die nachtaktiven Tiere, die in allen Lebensräumen zu Hause sind, vom trockenen Südwesten bis zur feuchten Ostküste. Mittlerweile sind 24 Arten von Mausmakis bekannt. Etliche von ihnen wurden erst in den letzten Jahren von Wissenschaftlern entdeckt. Für den Laien sind sie in der Dunkelheit allerdings kaum zu unterscheiden. Mit ein wenig Glück kann man sie bei Abendspaziergängen in allen Schutzgebieten der Insel entdecken.

Sifakas
Die mit den Indris verwandten Sifakas sind etwas kleiner als diese und haben einen langen Schwanz. Es gibt insgesamt neun Arten, die in verschiedenen Lebensräumen zu Hause sind, im Trockenwald des Westens genauso wie im Regenwald des Ostens. Sie sind sehr unterschiedlich gefärbt, vom schneeweißen Seidensifaka *(Propithecus canditus)* bis hin zum schwarzen Perrier-Sifaka *(P. perrieri)*. Den unterschiedlichen Sifaka ist gemein, das sie sich überwiegend auf Blätternahrung spezialisiert haben. Die am häufigsten zu sehende Art ist der Larvensifaka *(P. verreauxi)*. Er kommt in den trockeneren Zonen des Südwestens vor und ist dafür bekannt, dass er auch größere Abstände zwischen Bäumen auf dem Boden überwindet, indem er seitlich auf zwei Beinen springt. Das macht den Eindruck, als ob er tanzen würde. Daher auch sein Beiname ›tanzender Lemur‹, zu sehen u. a. im Berenty-Reservat, im Andringitra- sowie im Isalo-Nationalpark.

Varis
Der Schwarz-weiße Vari lebt wie sein naher Verwandter, der Rote Vari, in den Regenwäldern der Ostküste. Er hat ein breites Nahrungsspektrum, frisst aber am liebsten Früchte. Die schön gezeichneten Tiere haben ein sehr plüschiges Fell, um den kalten Winternächten im Bergregenwald zu trotzen. Das ehemalige Wappentier des Kölner Zoos ist scheu und in den Nationalparks der Ostküste selten zu sehen.

Wieselmakis
Diese nachtaktiven mittelgroßen Lemurenarten leben in verschiedensten Lebensräumen über ganz Madagaskar verteilt. Nachdem in den letzten Jahren weitere Arten der Wieselmakis entdeckt wurden, sind heute 26 Arten bekannt, die alle von der nächtlichen Jagd auf Insekten leben und am Tag in Baumhöhlen schlafen. Manchmal können bei einer Tageswanderung in Wäldern schlafende Wieselmakis in Baumhöhlen entdeckt werden.

Raubtiere

Auf Madagaskar leben im Gegensatz zum afrikanischen Festland nur wenige Raubtiere. Die acht Arten gehören zu den Familien der Schleichkatzen und Mangusten und sind relativ klein. Eine Ausnahme macht aber das größte Raubtier Madagaskars, die Fossa *(Cryp-*

LITERATURTIPPS

Klaus Liebel, Wolfgang Schmidt: Madagaskar, Naturreiseführer, Münster 2007.
F. W. Henkel, Wolfgang Schmidt: Amphibien und Reptilien Madagaskars, Stuttgart 1995. Informatives Nachschlagewerk und Bestimmungsbuch.
www.wildmadagascar.org: Informationen zum Thema Natur sowie aktuelle Artikel mit Bezug auf den Naturschutz in Madagaskar.

toprocta ferox). Sie kann ein Gewicht von bis zu 10 kg erreichen.

Die fünf Arten der Madagaskar-Mangusten wiegen nur 600 bis 800 g. Eine ungewöhnliche Nahrungsspezialisierung hat die Ameisenschleichkatze *(Eupeleres goudoti)*, sie ernährt sich hauptsächlich von Erdwürmern. Die Raubtierarten sind überwiegend dämmerungs- und nachtaktiv. Sie sind nur mir viel Glück zu beobachten.

Tenreks
Sie gehören zu den ältesten Säugetierarten, die heute noch die Erde bevölkern. Die Vorfahren der heute auf Madagaskar endemischen Tenreks kamen vor 49 Mio. Jahren nach Madagaskar. Einige der insgesamt 31 Arten erinnern an Igel. Sie sind nachtaktiv und in freier Natur schwer zu beobachten. Der große Tenrek *(Tenrec ecaudatus)* gilt bei einigen madagassischen Völkern als Delikatesse.

Fledertiere
Flughunde und Fledermäuse sind in Madagaskar häufig anzutreffen. Die Tiere schwärmen nach Einbruch der Dunkelheit aus ihren Tagesverstecken und gehen auf Nahrungssuche. Die meist recht großen Flughunde ernähren sich von Früchten, während die meist kleineren Fledermäuse hauptsächlich Insekten fangen. Im Norden gelten Flughunde als Delikatesse, sie sind wegen ihrer Vorliebe für Früchte bei den Bauern jedoch äußerst unbeliebt.

Vögel

Madagaskar ist im Vergleich zum benachbarten Afrika ein eher vogelarmes Gebiet. 283 Vogelarten sind bekannt, davon brüten 209 auf der Insel. Das ist nur rund ein Viertel dessen, was die ostafrikanischen Nachbarstaaten an Vogelarten vorweisen können. Allerdings kommen fünf Vogelfamilien, 37 Vogelgattungen und 109 Vogelarten (das sind 51 % der Brutarten) nur auf Madagaskar vor. Damit hat die Insel, verglichen mit ähnlich großen Ländern, die höchste Prozentzahl an endemischen Vogelarten. Heute sind 41 der madagassischen Vogelarten sehr selten oder gar vom Aussterben bedroht.

Unter diesen besonders hervorzuheben sind die neun Gattungen der Couas, auf Deutsch auch Seidenkuckuck genannt. Sie haben unterschiedliche Lebensräume und Regionen erobert. Der Riesencoua und der Gelbkehlcoua leben hauptsächlich auf dem Boden, während der Spitzschopfcoua im östlichen Regenwald und der Weißkehlcoua im westlichen Trockenwald vorkommt.

Interessant sind auch die 16 Arten der Vangas. Diese Gruppe endemischer Vogelarten hat sich sehr stark an unterschiedliche Nahrung angepasst. Der Sichelvanga beispielsweise hat einen länglichen gebogenen Schnabel, mit dessen Hilfe er Insekten hinter der Rinde oder aus totem Holz hervorholen kann. Der kleine Rotschultervanga mit seinem kurzen, schmalen Schnabel stellt Insekten im Gebüsch nach, während der Helmvanga mit seinem kräftigen blauen Schnabel auch Wirbeltiere verspeist.

Die Gruppe der Papageien ist mit drei Arten nur spärlich vertreten. Zwei davon, die Vasa-Papageien, sind untypisch schwarz-grau gefärbt. Nur das kleine Grauköpfchen hat ein auffälliges grünes Gefieder. Alle drei sind beliebte Haustiere in Madagaskar.

Unter den Greifvögeln besonders erwähnenswert ist der seltene Madagaskar-Fischadler. Der akut vom Aussterben bedrohte Vogel lebt nur noch in wenigen Abschnitten der nördlichen Westküste. Häufiger zu sehen sind die Madagaskar-Falken oder die Schmarotzer-Milane. Nachts unterwegs sind dagegen die große Madagaskar-Ohreule oder die nur 20 cm groß werdende Madagaskar-Zwergohreule.

Der Streifentenrek ist ein Insektenfresser (oben); Fossa, das größte Raubtier Madagaskars (unten).

Chamäelons sind je nach Stimmung, Licht oder Temperatur anders gefärbt (unten).

Die mystischen Rufe im Wald erinnern an mythologische Waldgeister.

Reptilien und Amphibien

Unter den Reptilien, die auf Madagaskar vertreten sind, finden sich einige ungewöhnliche Gattungen. Andere zeichnen sich durch eine große Artenvielfalt aus. Auffallend für eine Insel östlich der afrikanischen Küste sind drei Arten von Würgeschlangen – zur Gruppe der Boas gehörend –, die ansonsten im weit entfernten Südamerika vorkommen. Das Gleiche gilt für die sieben Arten von Leguanen. Sie stammen noch aus der Zeit von Gondwana, lebten also schon bei der Trennung vom Urkontinent hier. Eine andere Reptiliengruppe, die ebenfalls Madagaskar schon seit der Urzeit besiedelt, sind die mit rund 70 Arten vertretenen Chamäleons. Damit ist rund die Hälfte aller Chamäleonarten weltweit in Madagaskar zu Hause.

Auch kann sich die Insel 175 unterschiedlicher Froscharten rühmen. Die kleinen madagassischen Mantella-Frösche erinnern im Aussehen an die bunten südamerikanischen Pfeilgiftfrösche, nur sind diese nicht oder kaum giftig.

Chamäleons

Mit 80 Arten lebt etwa die Hälfte der weltweiten Chamäleonarten auf Madagaskar, darunter die kleinste wie auch die größte Chamäleonart. Diese eigentümlichen Reptilien zeichnen sich durch ihre lange Zunge aus, die zum Erbeuten von Insekten dient. Die Tiere können zudem je nach Licht oder Temperatur ihre Hautfarbe ändern.

Geckos

Die Kletterkünstler, die auf glatten Scheiben mühelos hinauflaufen können, begegnen einem in Madagaskar überall. Am weitesten verbreitet sind die braungrauen nachtaktiven Hausgeckos. Nach Einbruch der Dunkelheit sind sie oft in der Nähe von Lichtquellen zu sehen, um die vom Licht angezogenen Insekten zu erbeuten. Bekannt ist die Insel für ihre Vielfalt an bunten Taggeckos. Die meist leuchtend grünen Tiere sitzen gerne auf großblättrigen Pflanzen, um sich zu sonnen.

Schildkröten

Es leben fünf Arten von Landschildkröten auf Madagaskar, hinzukommen vier Arten Sumpfschildkröten, die allesamt mehr oder weniger stark bedroht sind. Am bekanntesten ist die schön gezeichnete Strahlenschildkröte. Sie lebt im trockenen Südwesten des Landes und wird in Madagaskar auch gerne als Haustier gehalten. Im selben Verbreitungsgebiet ist auch die Spinnenschildkröte zu Hause. Besonders selten sind Exemplare der größten Art, die Pflugscharschildkröte, sowie die kleine Flachrückenschildkröte. Beide haben ein nur noch winziges Verbreitungsgebiet an der Westküste.

Schlangen

Madagaskar hat einen Vorteil gegenüber dem Kontinent: Es gibt keine Schlangenart, die dem Menschen gefährlich werden könnte. Die größten Schlangen sind die drei Arten von Boas. Die Würgeschlangen ernähren sich von großen Nagetieren, Vögeln und Lemuren.

Frösche

In den letzten Jahren sind durch verstärkte Forschungsmaßnahmen über 130 neue Froscharten auf Madagaskar entdeckt worden. Fast alle Froscharten Madagaskars sind endemisch (99 %). Insgesamt leben über 300 Amphibienarten auf der großen Insel. Am bekanntesten sind die roten Tomatenfrösche, die in den Waldgebieten der Ost- und Westküste heimisch sind. Sie können ein Sekret zur Abwehr von Feinden absondern. Besonders schön sind die kleinen und meist bunten Mantella-Frösche. Ihr Farbenspiel erinnert an die südamerikanischen Pfeilgiftfrösche. Besonders im Regenwald jeden Abend lautstark zu vernehmen, aber selten zu sehen, sind die Baumsteigerfrösche. ■

Gräber und Ahnen

Mit nur einem Totenkult ist es nicht getan — Jede Ethnie auf Madagaskar hat unterschiedliche Traditionen mit ihren Toten und den Ahnen der Verstorbenen umzugehen. Ein Teil dieser Riten und die besondere Stellung der Ahnen dürfte das Erbe der asiatischen Einwanderer sein.

Ganz unterschiedliche Traditionen

Im Hochland finden sich traditionell Familiengräber, in denen die Toten einer Familie über mehrere Generationen bestattet werden. In anderen Regionen werden riesige Einzelgräber (bei den Mahafaly) oder Doppelgräber (bei den Antandroy) errichtet. Bei den Antanosy im Südosten aber spielt die Grabstätte selber kaum eine Rolle. Die Toten werden weit weg vom Dorf in einem schmucklosen Grab beerdigt. Hingegen finden sich an den Hauptstraßen bzw. Hauptwegen Gedenksteine, die die Lebenden tagtäglich an die Verstorbenen erinnern sollen.

Vor allem im Westen und Süden wird bei einigen ethnischen Gruppen mit einem traditionell üblichen Grabschmuck die einstige Stellung des Verstorbenen in der Familie bzw. in der Gesellschaft repräsentiert. So ist es bei den Mahafaly Brauch, bei der Beerdigung ein Großteil der dem Toten gehörenden Zebus zu schlachten. Während der Bestattungsfeierlichkeiten werden die Tiere gegrillt, von den Gästen verzehrt und die Schädel anschließend auf das Grab gelegt. Noch Jahre später erkennt man anhand der Anzahl von Zebuschädeln auf dem Grab den Reichtum der dort bestatteten Person.

Grabverzierungen mit symbolischer Bedeutung

Die Mahafaly verzieren ihre Gräber mit hölzernen Stelen. Neben traditionellen Symbolen tragen diese *aloalo* genannten Stelen auf ihrer Spitze einen Hinweis für die wichtigen Dinge im Leben des Verstorbenen, etwa die Darstellung eines Zebu, wenn er eine große Herde hatte, oder eines Autos, wenn er Taxifahrer war.

Der Diebstahl dieser Stelen durch Touristen und die seltener werdenden Bäume haben die Mahafaly in einigen Gegenden dazu veranlasst, die Symbole für das Leben des Verstorbenen auf die Außenmauer des Grabes zu malen. In heutiger Zeit sind das nicht selten auch Plakate des Lieblingsfilms oder ein Flugzeug, das von einer weiten Reise erzählt.

V

VERHALTENSREGELN

Das Besuchen von Gräbern ist in den meisten madagassischen Gesellschaften Fremden, d. h. nicht zur Familie oder dem Dorf gehörigen Personen, verboten. Selbst das Fotografieren stellt in einigen Gegenden (Südwesten) ein Fady, also ein Tabu da. Vor allem Grabplätze sollten daher nicht betreten werden, es sei denn, eine örtliche Person genehmigt und begleitet einen Besuch! Im Reiseteil wird darauf hingewiesen, welche Gräber von Besuchern fotografiert werden können.

Auch die im Westen lebenden Sakalava versahen ihre Gräber mit hölzernen Skulpturen. Viele davon stellten erotische Szenen dar, die Hinweise auf die Fruchtbarkeit des Verstorbenen lieferten. Heutzutage sind Gräber mit solchen Skulpturen kaum noch zu sehen, da sie Grabräuber (meist Touristen) häufig als Souvenir außer Landes brachten.

Feier zur Wandlung der Seelen

Die Totenumwendungsfeier, *famadihana,* ist ein im Hochland bei den Merina und Betsileo verankertes wichtiges Familienfest zu Ehren eines Verstorbenen. Dieses große Fest, zu dem stets die gesamte Familie sowie das Dorf eingeladen werden, und zu dem oft sogar die Verwandten aus Europa eigens angereist kommen, ist für die Familien ein extrem kostspieliges Unterfangen, wofür oft jahrelang gespart werden muss.

Sinn und Zweck der *famadihana* ist zunächst die Umwandlung der Seele des Verstorbenen zu einem höheren, Gott *(Zanahary)* nahestehenden Wesen. Dem Glauben nach lebt die Seele (*fanahay*) des Verstorbenen weiter. Bei der ersten *famadihana* (Umdrehung) wird die Seele in das göttliche Wesen Andriamanitra umgewandelt (gedreht) und lebt fortan in Gottes Reich.

Der Leichnam eines Angehörigen wird im gemeinsamen Familiengrab beerdigt, selbst wenn er längere Zeit nicht mehr bei der Familie oder im Dorf wohnte. Diese Familiengräber bestehen aus einem eckigen, zu etwa einem Drittel in die Erde eingelassenen gemauerten Raum. Zu diesem Raum führt eine Tür, die nur zu Beerdigungen und Feierlichkeiten geöffnet wird. Innerhalb des Raumes werden die Toten in Nischen an den Wänden abgelegt. Alle ein bis drei Jahre wird für den Toten eine *famadihana* organisiert. Es gibt keine feste Regel, wann genau dieses Fest veranstaltet werden soll. Oftmals hängt die Festlegung des Tages mit einem besonderen aktuellen Ereignis zusammen, etwa wenn einem Familienmitglied im Traum der Verstorbene erscheint.

Die Vorbereitungszeit für das Fest braucht mehrere Tage, wenn nicht gar Wochen. Während des Festes ist die Familie für die Bewirtung aller Gäste verantwortlich. Am Morgen versammeln sich die geladenen Gäste, zusammen wird musiziert, gesungen und getanzt. Dann werden feierlich die Tür zum Familiengrab geöffnet und die in Leichentücher gehüllten Überreste des Toten herausgeholt. Während einer kleinen Zeremonie öffnet man das Leichentuch und bettet die Reste des Leichnams, meist nur noch Knochen, in ein neues frisches Leichentuch um. Anschließend trägt man sie unter fröhlichem Singen und Musizieren durch das Dorf. Dabei werden dem Verstorbenen die Neuigkeiten aus der Familie sowie dem Dorf erzählt. Nach der Feier legt man die sterblichen Überreste im neuen Leichentuch wieder zurück ins Grab. ■

Begleitet von Musik werden die Toten in Matten gehüllt zum Familiengrab getragen.

Das zählt

Zahlen sind schnell überlesen — aber sie können die Augen öffnen. Nehmen Sie sich Zeit für ein paar Überraschende Einblicke. Und lesen Sie, was in Madagaskar zählt.

6

von weltweit insgesamt nur acht Baobabarten (Affenbrotbäume) sind in Madagaskar endemisch, das heißt, sie kommen nur dort vor.

9.935

Kilometer Küste hat Madagaskar. Der überwiegende Teil davon besteht aus Sandstränden.

49,4

Grad war die bisher höchste Tagestemperatur, die je in Madagaskar gemessen wurde. Aufgezeichnet von der Wetterstation in Ranohira im Südwesten des Landes.

2,6

Prozent Bevölkerungswachstum – eine kleine Zahl mit einer großen Wirkung: Die Bevölkerung Madagaskars wird sich damit in etwa 25 Jahren verdoppelt haben.

120

Inseln etwa liegen vor der Küste Madagaskars, meist nur wenige Kilometer vom Festland entfernt. Die meisten von ihnen sind unbewohnt.

2.876

Meter hoch ist der höchste Berg Madagaskars, der Maromokotro. Er ragt im Norden der Insel aus dem Tsaratanana-Massiv heraus.

24,1

Prozent der jährlich produzierten elektrischen Energie wird in Madagaskar aus Wasserkraft gewonnen. Nur zwei Prozent stammt zurzeit aus anderen erneuerbaren Energiequellen. In Deutschland beträgt der Anteil an Wasserkraft gerade mal 3 Prozent.

10

Millionen Hektar Wald hat Madagaskar seit 1990 verloren.
Da 97 Prozent der Madegassen mit Holz oder Holzkohle kochen, bleibt der Druck auf die verbleibenden Waldflächen groß.

120

Kilogramm Reis verzehrt ein Madagasse statistisch gesehen pro Jahr. Damit liegen die Inselbewohner weltweit vorne, dicht gefolgt von den Vietnamesen.

3.614

Sonnenstunden pro Jahr hat die Region Menabe, mit Morondava im Zentrum, vorzuweisen. Nirgendwo in Madagaskar scheint die Sonne länger.

2.000

Tonnen Pfeffer produziert die ›Insel, auf der der Pfeffer wächst‹ durchschnittlich pro Jahr. Das entspricht aber gerade einmal 1 Prozent der weltweiten Produktion.

1.100

Meter ist das Hochland Madagaskars durchschnittlich hoch. Das sorgt für angenehme Temperaturen das ganze Jahr über.

16,28

Millionen Mobiltelefone waren 2021 in Madagaskar registriert, was einem Schnitt von 0,56 Mobiltelefonen pro Person entspricht.

2

Ärzte kommen in Madagaskar auf rund 10.000 Einwohner. Zum Vergleich: In Deutschland sind es 44.

235

Kilometer pro Stunde – so schnell fegte der Zyklon Batsirai am 6. Februar 2022 über die Insel und verursachte im Osten Madagaskars schwere Verwüstungen.

0,3

Prozent der erwachsenen Bevölkerung lebt mit HIV. Die Aids-Rate entspricht in etwa der Westeuropas und ist die niedrigste in Afrika südlich der Sahara.

19

Millionen Zebus oder Omby, wie die Buckelrinder im Madagassischen heißen, grasen auf der Insel. Sie symbolisieren zudem Kraft, Stärke und Wohlstand.

28,6

Menschen pro 100.000 Einwohner starben 2016 in Madagaskar im Straßenverkehr. Auf der Nachbarinsel Mauritius gab es im gleichen Zeitraum 13,7 Verkehrstote, in Deutschland waren es 4,1.

22

Millimeter misst das kleinste bisher entdeckte Zwergchamäleon – ausgewachsen wohlgemerkt! Forscher fanden *Brookesia nana* im Norden Madagaskars.

Fady – vom Tun und Lassen

Ein Fady ist ein traditionelles Gebot oder Verbot — das über viele Generationen überliefert wurde und in der Regel nur lokale oder regionale Bedeutung hat. Diese Tabus nehmen teils heute noch Einfluss auf das alltägliche Leben der Madagassen.

»Bitte Schuhe ausziehen«, sagt der Dorfälteste in gedämpftem Ton. Mit Schuhen das Areal des heiligen Baumes der Ahnen zu betreten, wäre eine Missachtung ihrer Würde, mit der man den Zorn der Ahnen auf sich zieht. Der riesenhafte Ficus gilt als Wohnstätte der Seelen der Verstorbenen und ist der örtlichen Bevölkerung heilig. Zur Begrüßung und gleichzeitigen Besänftigung der Ahnen wird an einer bestimmten Stelle am Baum etwas mitgebrachter Rum vergossen.

Wer sich in Madagaskar auf die Reise begibt, wird unweigerlich mit einem Fady in Berührung kommen. Der ursprüngliche Hintergrund der Fady entstammt dem Glauben, dass die Handlung einer Person die Lebenskraft einer anderen Person oder einer Gemeinschaft schwächen sowie einen negativen Einfluss auf das Schicksal nehmen kann. Das steht im Zusammenhang mit dem Glauben an die »lebenden Seelen« der Verstorbenen, die sich an ausgesuchten Orten zusammenfinden, zeitweise aber auch unter den Lebenden weilen. Fady helfen dabei, das familiäre und gesellschaftliche Leben zu regeln. Die Verletzung eines Fady kann Unglück bringen, da die Ahnen verärgert über den Regelverstoß reagieren.

Damit ein Einzelner durch sein Fehlverhalten nicht eine ganze Gemeinschaft ins Unglück stürzt, wurden von Autoritätsseite aus Strafen für das Übertreten oder Nichteinhalten eines Fady eingeführt. Die Nichtbeachtung kann also sowohl die Strafe durch die Lebenden wie die Strafe der Ahnen zur Folge haben. Durch die eigene Bestrafung versucht die Gemeinschaft, der Verstimmung der Ahnen entgegenzuwirken. Des Weiteren ist es möglich, durch bestimmte Riten eine Nichteinhaltung des Fady zu relativieren bzw. wiedergutzumachen, das heißt, die Geister der Ahnen zu besänftigen.

Heilige Stätten

Fady gelten oft an rituellen (religiösen) oder besonderen Orten. Etwa an Seen, in Höhlen oder bei Grabstellen. Ein Besucher solcher Orte sollte immer darauf achten, ob dieser nicht mit einem Fady verbunden ist. Das ist nicht immer einfach, da mancherorts auch allein schon das Reden über ein Fady tabu ist. Um sich dennoch dem Thema zu nähern, ist die Frage nach der Geschichte des Ortes hilfreich, die in der Regel mit dem Fady in Zusammenhang steht. Solcherlei Geschichten wurden von Generation zu Generation weitergegeben und dienen gleichzeitig zur Erklärung des jeweiligen Verbots.

Neben Orten können auch Tätigkeiten oder Verhaltensweisen mit einem Fady belegt sein. In einem Ort ist es vielleicht Fady, sich vor die Tür zu setzen, bei einer Familie ist es Fady, Fleisch von Schafen zu essen. An solch ein Gebot ist man allerdings nicht unbedingt für alle Zeiten gebunden. Eine Aufhebung des Fady kommt zustande, wenn ein Ahne im Traum zu einem Ombiasy (Sternen- und Schicksalsdeuter) oder Dorfältesten spricht und die überlieferte Geschichte in einem anderen Licht erscheinen lässt oder aber von Ahnen eine bestimmte Änderung oder sogar die Aufhebung eines Fady direkt verlangt wird.

Verbote und Verhaltensregeln

Fady können sehr unterschiedlich sein und den gesamten Lebensbereich eines Menschen bestimmen. Sie gelten entweder nur innerhalb einer Familie, eines Dorfes, einer Region oder einer ethnischen Gruppe. So ist es bei den Antandroy Fady, Schildkröten zu essen, während bei den benachbarten Mahafaly Schildkröten als Delikatesse gelten. Seen sind oft mit einem Fady belegt, was unter Umständen mit früheren Unglücksfällen in Verbindung steht. So gibt es im Norden der Insel Seen, in denen heilige Krokodile mit Opfergaben gefüttert werden, um sich so das Wohlwollen der Ahnen zu sichern, die als Strafe tödliche Übergriffe der Krokodile veranlassen könnten.

Auch Gräber und spirituelle Orte sind meist nur mit Opfergaben an die Ahnen zu betreten, da mit einem Besuch deren Ruhe gestört wird. Meist sind die Opfergaben alkoholische Getränke, doch kommen zur Besänftigung der Ahnen auch Tieropfer vor. In der Regel werden Hühner dargebracht, nur selten ein Zebu. Die Opferung ist eine vorbeugende Geste, um um Verzeihung zu bitten, falls ein Fady nicht eingehalten wird. Das madagassische Wort für Entschuldigung steht damit auch in Zusammenhang: *Aza fady* heißt wörtlich übersetzt ›lass es nicht tabu sein‹. ■

Große Grabmäler gelten als Statussymbol.

Szene am Wasser: handkolorierter Kupferstich von Antonio Sasso aus dem Jahr 1843

Reise durch Zeit & Raum

Erst vor 1600 Jahren — wurde Madagaskar von Menschen besiedelt, bis dahin blieb die Insel sich selbst überlassen. Heute leben hier rund 26 Mio. Menschen.

Menschen kommen übers Meer

400–1000 n. Chr.

Als in der Frühzeit unserer Erde der Urkontinent Gondwana auseinanderbricht, löst sich Madagaskar von der Landmasse des afrikanischen Kontinents. Seitdem hatte die Natur viel Zeit, sich auf der großen Insel zu entwickeln. Erst um das Jahr 400 n. Chr. beginnen Menschen, Madagaskar zu besiedeln. Eine erste Einwanderungswelle bringt Menschen aus dem indonesischen Raum auf die Insel, die um das Jahr 800 vom Nordosten Madagaskars Richtung Süden ins zentrale Hochland weiterziehen. Trotz der Nähe der Insel zum afrikanischen Kontinent dauert es bis etwa 1000 n. Chr., bis die ersten Afrikaner den rund 450 km breiten Kanal von Mosambik überqueren. Die in der ostafrikanischen Region Handel treibenden arabischen Seefahrer siedeln sich vereinzelt ab 1200 an einigen Küstenabschnitten im Norden an.

Europäische Verwicklungen

1500–1700

Die ersten Europäer kommen im Jahr 1500 in die Region. Nach der Entdeckung des Seeweges um Afrika 1497 durch Vasco da Gama, erreicht der Portugiese Diego Diaz 1500 zufällig die Küste Madagaskars. 1506 betritt sein Landsmann Fernando Suarez als erster Europäer madagassischen Boden. Die Portugiesen jedoch schenken der Insel keine große Beachtung. Anders die Franzosen, die sich bald für Madagaskar interessieren. Infolge der aufkommenden Piraterie in der Region gründen sie 1642 den Stützpunkt Fort Dauphin an der Südostküste. Zu jener Zeit hatten sich auf Madagaskar bereits einige Königreiche etabliert. Mitte des 17. Jh. gibt es u. a. mehrere Königreiche der Volkgruppe der Merina im Hochland, und im Westen hatten sich die ersten Sakalava-Reiche gebildet.

Zum Anschauen:
Fort Flacourt, Tolagnaro (Fort Dauphin), S. 137,
Sakalava-Gräber, Südmadagaskar, S. 101, 213

Expandierendes Königreich

1795–1883

Im Jahr 1795 macht König Andrianampoinimerina den Ort Antananarivo zum Hauptsitz seines Reiches. Er beginnt damit, die Merina-Reiche zu vereinen und weitere Gebiete zu erobern. Während der Regierungszeit von König Radama I. (1810–28) werden erste Missionsniederlassungen in Madagaskar gegründet (1818/20).

Nach dem Tod von König Radama I. folgt die Regierungszeit von Königin Ranovalona I. (1828–61), der die Veränderungen im Land durch die Europäer nicht gefallen. Ein Jahr nach Veröffentlichung der Bibel in madagassischer Sprache 1835 müssen die christlichen Missionare auf Anordnung der Königin Madagaskar wieder verlassen und das Christentum wird verboten. Im Jahr 1837 werden erste diplomatische Beziehungen geknüpft und der erste Botschafter Madagaskars nach London entsandt.

Nach dem Tod der Königin übernimmt König Radama II. die Herrschaft. In seiner kurzen Amtszeit von 1861 bis zu seinem Tod 1863 hebt er das Verbot der christlichen Lehre wieder auf. Nach dem Mord an Radama II. besteigt Königin Rasoherina (1863–68) den Thron und schließt 1865 einen Freundschaftsvertrag mit den Briten. Ihr wird als erster Monarchin ein Premierminister zur Regierungsführung an die Seite gestellt. Auf Rasoherina folgt Königin Ranavalona II. (1868–83), die ihren Premierminister heiratet und mit ihm zusammen zum Protestantismus konvertiert. Während der Regierungszeit ihrer Nachfolgerin Königin Ranavalona III. von 1883 bis 1897 wächst der europäische Einfluss in Madagaskar.

Zum Anschauen:
Rova – der Palast der Königin, Antananarivo, S. 24

Frankreich macht sich breit

1883–1960

In der Zeit zwischen 1883 und 1885 kommt es zu einem Streit zwischen den Regierungen beider Länder um das Erbe des französischen Konsuls Jean Laborde. Diese Auseinandersetzung nimmt Frankreich zum Anlass, den ersten französisch-madagassischen Krieg zu beginnen. Während dieser Zeit wird im Mai 1883 der erste deutsch-madagassische Freundschaftsvertrag zwischen Königin Ranavalona III. und Kaiser Wilhelm I. geschlossen.

Der Krieg endet 1885 mit der Niederlage der schlecht vorbereiteten Franzosen. Das ändert sich im zweiten französisch-madagassischen Krieg (1894–96), aus dem Frankreich als Sieger hervorgeht und Madagaskar infolgedessen zum französischen Protektorat erklärt. 1896 erhält die Insel den offiziellen Status einer französischen Kolonie. Im darauffolgenden Jahr wird am 28. Februar offiziell die Merina-Monarchie abgeschafft und die letzte madagassische Königin nach Réunion verbannt. Ranavalona III. stirbt 1917 im Exil in Algerien.

Im Land herrscht mehr und mehr Unmut über die Herrschaft der Franzosen. So kommt es ab 1929 zu ersten Demonstrationen in Antananarivo für eine Unabhängigkeit Madagaskars. Zu Beginn der 1930er-Jahre gründet Jean Ralaimongo die erste Unabhängigkeitsbewegung.

Während des Zweiten Weltkrieges wird Madagaskar 1942 kurzzeitig von den Briten besetzt, diese übergeben jedoch 1943 die Insel wieder an die Franzosen unter Charles de Gaulle. Als die Hoffnung auf eine Unabhängigkeit nach dem Ende des Weltkrieges schwindet, beginnt im März 1947 der Große Aufstand gegen die französische Kolonialmacht. Diese schlägt erbarmungslos zurück, rund 80 000 Madagassen kommen ums Leben.

Zum Anschauen:
Avenue de l'Indépendence, Antananarivo, S. 19

Veränderung liegt in der Luft

1958–72

Im Laufe der 1950er-Jahre wandelt sich das politische Klima in Europa in Bezug auf Kolonien. In Madagaskar werden erste politische Gruppierungen und Parteien gegründet, die sich für die Unabhängigkeit des Landes einsetzen. Am 10. Oktober 1958 wird Madagaskar eine Autonome Republik, erste allgemeine Wahlen werden vorbereitet. Am 26. Juni 1960 ist es dann so weit: Mada-

Radama I. wurde als erster König Madagaskars von einem europäischen Staat anerkannt (oben); Illustration des madagassischen Pavillons bei der Pariser Weltausstellung 1900 (unten)

gaskar erhält offiziell die Unabhängigkeit von Frankreich, und Phillibert Tsiranana wird erster Präsident. Aufgrund von immer stärker werdenden Protesten gegen seine Politik sowie auf Druck des Militärs tritt Tsiranana 1972 zurück und General Ramantsoa übernimmt die Macht.

Militär und Kommunismus
1972–90

Im Februar 1975 muss Ramantsoa wegen Machtstreitigkeiten innerhalb des Militärs zurücktreten. Sein Nachfolger Ratsimandrava wird bereits nach wenigen Wochen im Amt ermordet. Ihm folgt Ex-Außenminister Didier Ratsiraka. Im Jahr 1977 kappt Ratsiraka die Beziehungen mit Frankreich und wendet sich dem Ostblock zu. Neben der Umstellung auf ein kommunistisches System, setzt unter ihm auch eine ›Malagassisierung‹ ein, im Zuge derer u. a. die kolonialen Städtenamen geändert werden und Malagasy alleinige Unterrichtssprache wird. 1980 kommt es zum Zusammenschluss der anglikanischen, lutherischen und katholischen Kirche im Council of Christian Churches of Madagascar (FFKM).

Bei einer vorgezogenen Präsidentenwahl wird Didier Ratsiraka 1989 mit 62 % der Stimmen für sieben Jahre wiedergewählt. Wahlbeobachter gehen von massiver Wahlmanipulation aus. Ratsiraka gerät zunehmends unter innen- und außenpolitischen Druck. Nach dem Zusammenbruch des Ostblocks sucht er nun wieder engeren Kontakt zu Frankreich. Im Dezember beschließt das Parlament eine Verfassungsänderung, der Sozialismus bleibt aber in der Verfassung verankert.

Das Volk steht auf
1990–92

Im August des Jahres 1990 lädt der Kirchenbund FFKM zur Versammlung Hery Velona (HV = Lebende Kräfte) ein. Zusammen mit den politischen und gesellschaftlichen Gruppen des Landes will man eine neue Staatsordnung schaffen. Ratsirakas Parteigänger boykottieren die Versammlung, die sich im Verlauf der nächsten Monate zum Koordinierungsorgan der Opposition entwickelt.

Am 10. Juni 1991 ruft die HV zum Generalstreik auf, das Land wird sechs Monate lang weitgehend lahmgelegt. In der Hauptstadt demonstrieren Hunderttausende regelmäßig für einen Regimewechsel. Am 17. Juli gibt die HV eine eigene Übergangsregierung bekannt, Albert Zafy wird deren Premierminister. Der amtierende Premierminister des Militärs, Colonel Victor Ramahatra, verhängt daraufhin den Ausnahmezustand. Das nimmt die HV zum Anlass, zu einem Protestmarsch auf den Präsidentenpalast in Iavoloha aufzurufen. Präsident Ratsiraka, der damit zum Rücktritt gezwungen werden soll, setzt Hubschrauber mit Tränengas und Granaten gegen die friedlichen Demonstranten ein. Der 10. August gilt als Wendepunkt – viele Anhänger Ratsirakas kehren ihm nach diesem blutigen Tag den Rücken, und Frankreich beendete die militärische Zusammenarbeit mit Madagaskar.

Didier Ratsiraka, der Präsident Madagaskars von 1975 bis 1993 und von 1997 bis 2002

Der neu eingesetzte Premierminister Razanamasy stellt am 26. August seine neue Regierung vor, in der auch einige gemäßigte Oppositionspolitiker vertreten sind. Erst nach der Einigung aller Parteien werden am 19. Dezember 1991 die letzten Streiks beendet. Madagaskar liegt wirtschaftlich am Boden.

Eine neue Ära beginnt

1992–2000

Am 19. August 1992 wird ein Referendum zur neuen Verfassung abgehalten, die mit 72 % der Stimmen angenommen wird. Bei den Präsidentenwahlen am 25. November treten acht Kandidaten an. Albert Zafy erreicht 45 % der Stimmen, Ratsiraka 29 % und Rakotonirina 10 %. Bei der anschließenden Stichwahl 1993 gewinnt Zafy und wird daraufhin als neuer Präsident vereidigt. Die sogenannte Dritte Republik beginnt.

Die folgenden Jahre gestalten sich recht turbulent. Im November 1995 geht der Palast der Königin (Rova) durch politisch motivierte Brandstiftung in Flammen auf. Ex-Diktator Didier Ratsiraka kommt aus dem Exil zurück und gewinnt die Wahlen 1996. Im Jahr 1999 wird der erfolgreiche Geschäftsmann Marc Ravolomanana Bürgermeister der Hauptstadt Antananarivo und leitet in den Folgejahren grundlegende Reformen in der Stadt ein.

Turbulente Zeiten

2001–23

Bei den Präsidentschaftswahlen am 16. Dezember 2001 gewinnt Didier Ratsiraka erneut, doch aufgrund von

Manipulationen erkennt die Opposition seinen Sieg nicht an. So kommt es Anfang 2002 zu Ausschreitungen – auf der einen Seite stehen Ratsiraka und Teile des Militärs, auf der anderen Seite Bürgermeister Ravalomanana und dessen Anhänger. Am 29. April entscheidet das höchste Gericht Madagaskars auf Wahlsieg zugunsten von Ravalomanana, der daraufhin am 5. Mai vereidigt wird. Ratsiraka erkennt das Urteil allerdings nicht an, woraufhin einige turbulente Wochen folgen, die auf einen beginnenden Bürgerkrieg schließen lassen. Auf Druck der USA und Frankreich, das seine Unterstützung einstellt, geht Ratsiraka am 5. Juli ins Exil nach Paris.

Der neue Präsident Ravalomanana will sich verstärkt um den Naturschutz kümmern. Beim 5. World Parks Congress in Durban/Südafrika 2003 verkündet er seine Pläne zur Verdreifachung der ausgewiesenen Naturschutzgebiete in Madagaskar. Die folgenden Wahlen 2006 gewinnt Ravalomanana souverän mit 54,8 %. Im Jahr 2007 wird eine neue Verfassung mit weiteren Machtbefugnissen für den Präsidenten verabschiedet und Englisch als dritte Staatssprache eingeführt.

Im Januar 2009 beginnen Demonstrationen gegen Präsident Ravolamanana, nachdem ihm der neue Bürgermeister der Hauptstadt illegale Machenschaften während seiner Zeit als Bürgermeister zur Last gelegt hat. Nicht wenige sehen hinter den aufgestachelten Protesten die in Madagaskar lebenden Franzosen und deren Sympathisanten und Nutznießer. Am 17. März 2009 muss Präsident Ravolamanana auf Druck des Militärs zurücktreten – das den nächsten Bürgermeister Antananarivos zum neuen Präsidenten ernennt, Andry Rajoelina. AU und EU erkennen den neuen Präsidenten nicht an und fordern Neuwahlen. Um den Druck auf das Militär zu erhöhen, werden Hilfsgelder auf Eis gelegt.

Unterstützer des ehemaligen Präsidenten Marc Ravalomanana heißen ihn willkommen, als er aus dem Exil in Paris zurückkehrt.

Auf internationalen Druck hin wird 2011 eine Übergangsregierung gebildet, die von den meisten Oppositionsparteien unterstützt wird. Es wird vereinbart, dass keiner der ehemaligen Präsidenten zur Wahl antreten darf. Nach zahlreichen Verschiebungen finden am 25. Oktober 2013 Präsidentenwahlen statt. Bei der notwendigen Stichwahl am 22. Dezember wird Hery Rajaonarimampianina zum neuen Präsidenten gewählt.

Eine Amtsenthebung des neuen Präsidenten durch das unzufriedene Parlament wird im Juni 2015 vom Verfassungsgericht gestoppt, sodass er bis zu den regulären Präsidentschafts- und Parlamentswahlen 2018 im Amt bleibt. Bei den Ende des Jahres stattfindenden Wahlen treten die vier ehemaligen Präsidenten Madagaskars – Hery Rajaonarimampianina, Andry Rajoelina, Marc Ravalomanana und Didier Ratsiraka – gegeneinander an. Aus der Stichwahl am 19. Dezember zwischen Marc Ravalomanana und Andry Rajoelina geht Letzterer als Sieger hervor. Die nächsten Wahlen finden 2023 statt. ■

Die ausgestorbenen Riesen

Einst war Madagaskar die Heimat — zahlreicher Tierarten, die heute nur noch von Reiseberichten oder Fossilfunden bekannt sind. Etliche dieser nicht mehr existenten Spezies sind erst nach der Ankunft der ersten Menschen, das heißt in den letzten zwei Jahrtausenden ausgerottet worden.

Seit Jahrzehnten beschäftigen sich Wissenschaftler mit dem Leben auf Madagaskar vor Ankunft des Menschen. Zahlreiche interessante Knochenfunde aus jener Zeit wurden gemacht, und bislang sind 25 ausgestorbene Säugetierarten entdeckt worden. Anhand von Gewaltspuren an Tierknochen gehen Forscher davon aus, dass einige Tierarten noch vor rund 2000 Jahren, also bei Ankunft der ersten Menschen auf Madagaskar, gelebt haben müssen und gejagt wurden. Dazu gehören u.a. eine Zwergflusspferdart und das Riesenfingertier *(Daubentonia robusta)*.

Interessant ist, dass es wohl auch in früheren Zeiten keine größeren Raubtiere auf Madagaskar gab. Bis heute ist nur eine verwandte Art der noch lebenden katzenähnlichen Fossa bekannt. Diese war nur wenig größer als ihre heute noch lebende Verwandte. In mündlichen Überlieferungen einiger Regionen ist von einer schwarzen Fossa die Rede. Aufsehen erregten Funde von Tieren, die an afrikanische Erdferkel erinnerten, mit ihnen aber nicht direkt verwandt sind. Es handelt sich dabei um zwei Arten einer eigenen Tierordnung *(Bibymalagasia)*, die bisher nur in Madagaskar gefunden wurde. Die Tiere *(Plesiorycteropus sp.)* waren ursprünglich im Hochland Madagaskars zu Hause. Zudem konnten bisher mindestens drei Zwergflusspferdearten auf Madagaskar nachgewiesen werden. Ein Teil lebte sicher noch bis ins 18. Jh., bevor die Menschen sie endgültig ausrotteten.

Lemuren in allen Nischen

Ursprünglich gab es in Madagaskar eine große Anzahl von Lemurenarten. Durch ihre teilweise extreme Anpassung an Lebensnischen konnten bis zu 20 Arten einen Lebensraum bewohnen. Alle waren Waldbewohner und durch die fehlenden Raubtiere gegenüber den einwandernden Menschen zunächst wahrscheinlich nicht besonders scheu. Die Zerstörung der Wälder, vor allem auf dem Hochplateau, sowie ihre einfache Jagd wurden ihnen zum Verhängnis.

Allein 17 Lemurenarten sind in den letzten 2000 Jahren, also nach der Besiedelung durch den Menschen, ausgerottet worden. Dazu gehören drei Familien, die somit überhaupt nicht mehr existieren. Die Faulen-Lemuren *(Palaeopropithecidae)*, die Affen-Lemuren *(Archeolemuridae)* und die Koala-Lemuren *(Megaladapidae)*. Die Faulen-Lemuren erhielten ihren Namen aufgrund der Tatsache, dass sie eine ähnliche Lebensweise wie die bekannten Faultiere hatten. Unter ihnen sind die größten Lemurenarten überhaupt zu finden. *Archeoindri* zum Beispiel wurde bis zu 200 kg schwer. Unter den großen ausgestorbenen Lemurenarten waren einige, die sich mehr am Boden aufhielten, im Gegensatz zu den auf Bäumen lebenden heutigen Arten. Besonders der Archeolemur lebte fast ausschließlich am Boden.

Es halten sich Vermutungen, dass einige wenige Exemplare der riesigen Lemuren bis vor wenigen Jahrhunderten noch lebten. Der Franzose Etienne Flacourt (1607–60), der 1648 nach Madagaskar kam und zehn Jahre später das erste umfassende Werk über die Insel veröffentlichte, beschrieb 1658 die Begegnung mit einem »kalbsgroßen« Lebewesen mit menschenähnlichem Gesicht. Noch 1952 behauptete ein älterer Mann von der Ostküste, er habe einen Lemuren gesehen, der so groß wie ein siebenjähriges Mädchen war und sich am Boden fortbewegte. Ob all diese Geschichten am Ende wahr sind, lässt sich mit Sicherheit abschließend nicht klären.

Gefiederter Gigant

»Der Vogel war so riesig, dass wenn er seine Flügel ausbreitete, er die Sonne verdunkelte«. – Es war kein geringerer als der berühmte Seefahrer Sindbad, der in seinen Märchen von 1001 Nacht die Geschichte eines riesenhaften Vogels erzählte. »Er packte den Mann mit seinen Krallen und flog mit ihm davon«. Ein Großteil dieser Geschichte des Vogel Rock, wie er genannt wird, ist sicher reines Seemannsgarn. Aber der Ursprung dieses Märchens könnte tatsächlich beim Elefantenvogel von Madagaskar gelegen haben, von dem angenommen wird, dass ihn die Besucher der Insel noch bis ins 17. Jh. hinein leibhaftig zu sehen bekamen. *Aepyornis maximus* ist sein wissenschaftlicher Name, und er war wohl der größte je auf der Erde lebende Vogel.

Verschiedene Fundstellen seiner Überreste zeugen davon, dass der Elefantenvogel einst in allen Regionen der Insel heimisch war. Der schon erwähnte Franzose Etienne de Flacourt berichtet über einen »riesenhaften Vogel, der nicht fliegt«. Es ist anzunehmen, dass er einer der letzten Europäer war, der diesen knapp 500 kg schweren und 3 bis 4 m großen Gesellen noch lebend sah. Außer diesem riesigen, mythenbehafteten Vogel wurden weitere etwa 20 ausgestorbene Vogelarten entdeckt. Unter diesen Entdeckungen sind keine Vögel älter als 20 000 Jahre. ■

Riesenhaft ist schon das Ei des ausgestorbenen Elefantenvogels.

DAS KLIMA IM BLICK

Reisen bereichert und verbindet Menschen und Kulturen. Wer reist, erzeugt auch CO_2. Der Flugverkehr trägt in erheblichem Maße zur globalen Erwärmung bei. Wer das Klima schützen will, sollte sich für eine schonendere Reiseform (z. B. die Bahn) entscheiden – oder die Projekte von atmosfair unterstützen. Atmosfair ist eine gemeinnützige Klimaschutzorganisation. Die Idee: Flugpassagiere spenden einen kilometerabhängigen Beitrag für die von ihnen verursachten Emissionen und finanzieren damit Projekte in Entwicklungsländern, die dort den Ausstoß von Klimagasen verringern helfen. Dazu berechnet man mit dem Emissionsrechner auf www.atmosfair.de, wie viel CO_2 der Flug produziert und was es kostet, eine vergleichbare Menge Klimagase einzusparen (z. B. Berlin – London – Berlin 14 €). Atmosfair garantiert die sorgfältige Verwendung Ihres Beitrags.

Heiko Hooge träumte schon in seiner Kindheit vom Kontinent Afrika, seiner Weite, seinen Tieren und seiner vielseitigen Natur. Nach einer zoologischen Ausbildung in seiner Heimatstadt Köln arbeitete er auf Mauritius und in Südafrika. 1991 folgte die erste Reise nach Madagaskar, das ihn auf Anhieb faszinierte. Mitte der 1990er-Jahre lebte er zwei Jahre auf der Insel und wechselte beruflich als Studienreiseleiter zum Tourismus. 2006 erschien sein erster Reiseführer über Uganda & Ruanda, 2012 über Äthiopien.

Abbildungsnachweis
Anke Munderloh, Stuttgart: S. 54 re. **AWL Images,** Whitchurch (UK): Umschlagklappe vorn (Christian Kober); 273 (ClickAlps); 250/251 (Imagebroker); 12/13 (PhotoFVG) **Heiko Hooge,** Sankt Augustin: S. 19, 15 re., 25, 30, 62, 69, 81, 86, 93, 111, 114 re., 117, 124, 133, 136, 142, 131 li., 157, 130 re., 164, 179, 261 u., 268, 274 o., 274 u., 299 **Huber-Images,** Garmisch-Partenkirchen: S. 41 (Matt Williams-Ellis) **Katja & Josef Niedermeier GbR,** Bergen: S. 200 re., 217 (www.focuswelten.de) **laif,** Köln: S. 8, 57, 58, 267 u., 285 (Berthold Steinhilber); 212, 200 li. (Bruno Morandi); 48 (hemi.fr/Gil Giuglio); 158 (hemis.fr); Titelbild (hemis.fr/Anthony Asael); 10, 198 (hemis.fr/Arnaud Chicurel); 172 re., 193 (hemis.fr/Bertrand Gardel); 255 (hemis.fr/Franck Guiziou); 267 o. (Martin Kirchgessner); 197 (Michael Amme); 258, 291 (Riva Press/Rijasolo); 88 li., 97 (robertharding/Carlo Morucchio); 54 li., 74 (robertharding/Michael Runkel) **Lookphotos,** München: S. 89, 107 (age fotostock) **Martin Kirchgessner,** Frankfurt a. M.: S. 17 **Mauritius Images,** Mittenwald: S. 35, 65, 153 (Alamy/Babelon Pierre-Yves); 189 (Alamy/Blickwinkel); 26 (Alamy/Boaz Rottem); 114 li., 126 (Alamy/China Span/Keren Su); 51, 120 (Alamy/Danita Delimont); 238 (Alamy/Eric Nathan); 293 (Alamy/Joe Blossom); 290 (Alamy/Keystone Press); 7 o. li. (Alamy/Photogilio); 173 re. (Alamy/PhotoStock-Israel); 277 u. li. (Alamy/Rob Gordon); 261 o. (Alamy/The Picture Art Collection); 289 o. (Alamy/World History Archive); 242 (imagebroker/FLPA/Martin H. Smith); 45, 129, 115 re. (imagebroker/Stefan Auth); 286 (Memento/Florilegius); 119, 272 (Minden Pictures/Konrad Wothe); 277 M. re. (nature picture library/Andy Rouse); 222 (nature picture library/David Pattyn); 270/271 (Peter Weimann); 289 u. (World Book Inc.) **Shutterstock.com,** Amsterdam (NL): S. 88 re. (Al More); 55 re. (Apollofoto); 89 li. (blue-sea.cz); 14 li. (Eric Valenne geostory); 15 li. (Ermakov Alexander); 147, 131 re. (Frank TG Herben); 2/3 (Gonzalo Buzonni); 104, 277 o. li. (GTW); 6 (Hajakely); 7 M. re. (lr.s); 14 re. (Martin Mecnarowski); 218 (Monika Hrdinova); 55 li., 169, 130 li., 173 li., 182, 11, 221, 244 (Pierre-Yves Babelon); 201 re. (Port_Folio); 230 (RUBEN M RAMOS); 115 li. (seasoning_17); 7 u. li. (Sichon) **Thorsten Negro,** Heidesheim am Rhein: S. 52, 172 li., 204, 201 li., 2 (www.tanalahorizon.com)

Umschlagfotos
Titelbild: Baobab-Allee bei Morondava
Umschlagklappe vorn: Fischerboote am Strand von Anakao

Kartografie
© KOMPASS-Karten GmbH, A-6020 Innsbruck; DuMont Reiseverlag, D-73751 Ostfildern

Autor: Heiko Hooge **Bildredaktion:** Sima Ebrahimi, Titelbild: Carmen Brunner **Grafisches Konzept und Umschlaggestaltung:** zmyk, Oliver Griep und Jan Spading, Hamburg

Hinweis: Autor und Verlag haben alle Informationen mit größtmöglicher Sorgfalt geprüft. Gleichwohl erfolgen alle Angaben ohne Gewähr. Bitte schreiben Sie uns! Über Ihre Rückmeldung und Ihre Verbesserungsvorschläge freuen wir uns: DuMont Reiseverlag, Postfach 3151, 73751 Ostfildern, info@dumontreise.de, www.dumontreise.de

1. Auflage 2023

Printed in Poland

Offene Fragen*

Isst man in Madagaskar nur Reis?

Seite 226

Nimmt ein Chamäleon die Farbe des Hintergrundes an?

Seite 277

Wie viele Inseln umgeben Madagaskar?

Ist Madagaskar tatsächlich die Insel, wo der Pfeffer wächst?

Seite 283

Fanden Piraten auf der Insel Unterschlupf?

Seite 156

Reicht der Wind zum Kitesurfen?

Seite 183

Ist Malagasy eine afrikanische Sprache?

Seite 253

Gab es in Madagaskar eine Königin?

Seite 261

Ist der Pangalan-Kanal wirklich kein natürliches Gewässer?

Seite 146

Findet man noch einsame Strände?

Hat man auf der Insel einen einigermaßen guten Mobilfunkempfang?

Seite 241

War Englisch einmal die Amtssprache auf der Insel?

Seite 253

** Fragen über Fragen – aber Ihre ist nicht dabei? Dann schreiben Sie an info@dumontreise.de. Über Anregungen für die nächste Ausgabe freuen wir uns.*